教育部人文社会科学重点研究基地
中央民族大学中国少数民族研究中心
中央民族大学少数民族事业发展协同创新中心

ZHONGGUO SHAOSHU MINZU
FEIWUZHI WENHUA YICHAN
CHUANCHENG FAZHAN YANJIU

中国少数民族非物质文化遗产
传承发展研究

王丹◎主编

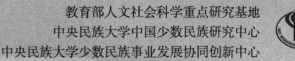
中央民族大学出版社
China Minzu University Press

图书在版编目（CIP）数据

中国少数民族非物质文化遗产传承发展研究／王丹主编．—北京：
中央民族大学出版社，2019.10（2021.6重印）

ISBN 978-7-5660-1676-8

Ⅰ.①中⋯　Ⅱ.①王⋯　Ⅲ.①少数民族—非物质文化遗产—
发展—研究—中国　Ⅳ.①G122

中国版本图书馆 CIP 数据核字（2019）第 109305 号

中国少数民族非物质文化遗产传承发展研究

主　　编　王　丹

责任编辑　李苏幸

封面设计　舒刚卫

出版发行　中央民族大学出版社

　　　　　北京市海淀区中关村南大街 27 号　邮编：100081

　　　　　电　话：68472815（发行部）　　传　真：68932751（发行部）

　　　　　　　　　68932218（总编室）　　　　　　68932447（办公室）

经 销 者　全国各地新华书店

印 刷 厂　北京鑫宇图源印刷科技有限公司

开　　本　787×1092　　1/16　　印张：29.5

字　　数　540 千字

版　　次　2019 年 10 月第 1 版　　2021 年 6 月第 2 次印刷

书　　号　ISBN 978-7-5660-1676-8

定　　价　136.00 元

前　言

　　中国少数民族非物质文化遗产是中华优秀传统文化的重要组成部分。多年来，在各方努力下，中国少数民族非物质文化遗产的保护、传承、发展取得了显著成就。在《关于实施中华优秀传统文化传承发展工程的意见》的精神指导下，为了更好地传承发展中国少数民族非物质文化遗产，及时总结经验，研究方法对策，完善中国非物质文化遗产保护制度，中央民族大学中国少数民族研究中心于2017年5月27日至28日组织举办了"中国少数民族非物质文化遗产传承发展"学术研讨会。

　　"中国少数民族非物质文化遗产传承发展"学术研讨会着力于"少数民族非物质文化遗产"和"传承发展"两大焦点，研讨的议题和内容反映和体现了少数民族非物质文化遗产传承发展与传承人的关系、非物质文化遗产保护与理论概念的关系、非物质文化遗产保护传承与发展的关系、非物质文化遗产保护与学术研究的关系、非物质文化遗产保护的多学科参与与民俗学、民族学、人类学等学科建设的关系等。来自国家民族事务委员会、国家文化和旅游部、中国民间文艺家协会及中国社会科学院、北京师范大学、山东大学、中南民族大学、贵州民族大学、湖北民族大学等京内外高校和科研机构的百余名专家学者围绕会议主题进行了充分而深入的探讨和对话，不仅交流了思想，分享了成果，而且明确了观念，凝聚了共识，在非物质文化遗产保护的现状检讨、非物质文化遗产传承人保护及研修培训、文化生态保护实验区建设、非物质文化遗产与社区参与，以及非物质文化遗产数字化保护与互联网语境等方面取得了突破性进展，为我国少数民族非物质文化遗产抢救保护和传承发展提供了多种思路和可能性。

　　中央民族大学中国少数民族研究中心成立于2000年，是教育部和国家民族事务委员会共建的教育部人文社会科学重点研究基地。少数民族事业发展协同创新中心是2015年为贯彻教育部、财政部《关于实施高等学校创新能力提升计划的意见》的重要精神，协同国家民委民族问题研究中心、国家宗教局、国务院发展研究中心、中国社会科学院民族学与人类学研究所，以及国家民委所属其他五所高校而创办的科研创新平台。目前，中心重点围绕民族文化遗产、边疆研究、中外民族事务比较研究、中国少数民族地区综合社会调查与数据库建设开展学术研究、政策分析、人才培养和舆论引导。中心整合中央民族大学校内外民族文化遗产研究人员，聚焦于非物质文化遗产理论创新研究和少数民族非物质文化遗产传承发展调查研究，在非物质文化遗产保护、少数民族非物质文化遗产传承发展、非物质文化遗产与民族地区社会发展等方面成绩斐然。截至 2016 年底，中心共获得教育部人文社会科学重点研究基地重大项目 37 项，发表论文千余篇，公开出版研究成果百余部；专题打造"边疆发展中国论坛"；先后策划编制了《民族遗产》《民族研究信息》《共识》《民族宗教调研内参》等刊物。教育部《高校智库专刊》民族宗教编辑室设在本中心。

此次"中国少数民族非物质文化遗产传承发展"学术研讨会级别高、覆盖面广，与会的机构、学者多，研讨的议题广泛、内容丰富、信息量大，引起反思的问题也颇具价值和意义。在这里，感谢所有与会的专家学者为会议的成功举办贡献的智慧和给予的支持！为了使专家学者关于中国少数民族非物质文化遗产传承发展的真知灼见惠及更多的学人，我们精选了这次会议的论文，编辑出版本论文集，由于论文集容量有限，许多学者的论文没有收录其中，在此深表歉意！

"中国少数民族非物质文化遗产传承发展"学术研讨会的召开，是我们对中国少数民族非物质文化遗产研究及有关工作所涉及的前沿性、动态性问题的一个探索，我们会努力将这种探索长期坚持下去，以反映学界同仁在这个领域的工作与成就。我们确信，高质量、高水平、高效率的学术研讨一定会有效而积极地助益于我国少数民族非物质文化遗产的保护、传承和发展。

教育部人文社会科学重点研究基地中央民族大学中国少数民族研究中心
中央民族大学少数民族事业发展协同创新中心
2018 年 10 月

目　录

欢迎辞

张艳丽

（中央民族大学总会计师、教授）

尊敬的各位领导、各位来宾：

大家上午好！

值此文化和自然遗产日来临之际，我们相聚在中央民族大学隆重举行"中国少数民族非物质文化遗产传承发展"学术研讨会。我谨代表学校向长期以来在中国少数民族非物质文化遗产领域潜心研究的各位专家学者，对支持和关心中央民族大学的各位领导、嘉宾表示衷心的感谢！对各位的到来表示最热烈的欢迎！

中国是多民族国家，中国少数民族非物质文化遗产是中华优秀传统文化的重要组成部分。多年来，在各方努力下，中国少数民族非物质文化遗产保护、传承、发展取得了显著成就。中央民族大学是中国共产党和中国政府为研究和解决中国的民族问题而创办的，以服务于党和国家民族工作、服务于少数民族社会文化发展为宗旨的大学。关注、投入中国少数民族非物质文化遗产研究是中央民族大学科学研究的重要领域和社会担当，也形成了跨民族学、人类学、民俗学和艺术学等学科的研究传统和"老中青、传帮带"的学术团队，产出了一批优秀的研究成果。

为了更好地传承和发展中国少数民族非物质文化遗产，及时总结经验、研究方法对策，完善中国非物质文化遗产保护制度，中央民族大学中国少数民族研究中心组织举办了这次学术研讨会。我们期待这次研讨会能够在呈现中国少数民族非物质文化遗产多样性，阐释多民族非物质文化遗产是中华文化的基本构成，促进中国少数民族文化遗产与其他文明之间的交流互鉴，增强各民族之间的彼此理解和文化交流方面发挥动员力量、集思广益、凝聚共识的作用。希望各位专家能够围绕会议主题，分享成果，交流思想。最后，预祝此次研讨会取得圆满成功！

祝愿各位领导、嘉宾身体健康！万事如意！

谢谢大家！

中国少数民族民间文化遗产的重要性

邱运华

（中国民间文艺家协会分党组书记、驻会副主席）

尊敬的乌先生，尊敬的魁立老师，各位老师、各位学者、各位同人：

大家早上好！

非常荣幸能够受邀参加本次"中国少数民族非物质文化遗产传承发展"学术研讨会。在中华民族传统节日端午节即将来临之际，我谨代表中国民间文艺家协会向长期致力于我国民间文化理论话语建构的前辈、专家、学者，向诸位学界新锐表示衷心的感谢和节日的问候！感谢大家长期以来为祖国民族民间文化的传承付出的辛勤劳动和做出的巨大贡献。

中央民族大学中国少数民族研究中心长期以来专注于研究中国少数民族民俗文化，是教育部人文社会科学重点研究基地，在学术研究、人才培育和社会文化建设方面，发挥着文化引领的前锋作用。从中华人民共和国成立后的少数民族识别、少数民族社会历史调查，到延续至今的少数民族语言调查、少数民族民间文学调查，中央民族大学的先学前辈和后继学者发挥着令人瞩目的作用。我注意到，民俗学学科作为贵中心的重要学科组成部分，多次承担了国家重点研究工作，在民俗文化学、民间文学学界以及非遗研究领域具有很高的声誉。比如，在20世纪80年代，杨成志、马学良、陶立璠等诸位先生就曾直接参加了中国民俗学的学科重建，直接引起中国民俗学话语体系的建设。他们确立了学科研究方向，建立了学科体系、学术研究成果，特别是民族大学培养的高质量人才至今在教育领域、学术研究领域和社会建设领域发挥着领军和中坚骨干的作用。中央民族大学与中国民间文艺家协会有着长久的友好合作，比如陶立璠先生、邢莉教授、林继富先生等多位学者长期以来以非常积极、认真的态度，本着建设社会主义多民族新文化的宗旨，参与到中国民间文艺家协会多项工作中来，发挥了巨大的作用，在新时代中国先进社会主义文化建设方面留下了光辉的印记。

进入21世纪以来，中央特别重视哲学社会科学领域的中国话语建设，这是进一步坚定文化自信的重要环节。多民族民间文化遗产是中华优秀传统文化的重要组成部分，在各方面的努力下，中国少数民族民间文化遗产保护、传承、发展取得了显著成就，民族民间文学占有很大的比例。2017 年年初，中央发布了《关于实施中华优秀传统文化传承发展工程的意见》，中国文联、中国民间文艺家协会承担了其中的"中国民间文学大系出版工程"，民族民间文学无疑是这一工程的重要组成部分。为了更好地传承发展我国少数民族民间文学，及时总结田野工作经验、研究方法和对策措施，进一步丰富完善我国多民族民间文学的保护，我衷心希望贵中心与中国民间文艺家协会能够继续友好合作，共同为我国优秀传统文化和民族民间文化的传承和保护做出更大的贡献。

最后，预祝大会圆满成功！

谢谢大家！

重视少数民族非物质文化遗产保护的视角

钟廷雄

（国家民族事务委员会文化宣传司副司长）

尊敬的各位领导、各位专家学者：

非常荣幸受邀参加"中国少数民族非物质文化遗产传承发展"学术研讨会，有幸结识众多的专家学者，共同交流少数民族非物质文化遗产传承发展的研究成果。在此，我谨代表国家民委文化宣传司对会议的召开表示祝贺，向与会的专家学者表示敬意！

在当下，"非遗"是一个热门词，说明大家非常关注非物质文化遗产。国家对非遗保护传承非常重视，制定了《中华人民共和国非物质文化遗产保护法》等相关法律，建立了各级非遗名录保护制度和传承人制度，实施国家"非遗"保护工程，支持各级各地开发、利用"非遗"，取得了巨大的成绩，其中，少数民族非遗保护传承也取得了很大的成绩。我们知道，入选《人类非物质文化遗产保护名录》的项目里面涉及少数民族的超过三分之一，入选《国家级代表性保护名录》的也超过了三分之一。这说明，我们少数民族"非遗"保护取得了良好成绩，这些成绩与我们专家的研究、努力是分不开的。中央民族大学在这方面积累了很多的经验和成果，聚集了大批的专家、学者。今天，学校利用它的学科优势、成果优势、人才优势，利用在业内的号召力聚集了一大批的专家。刚才主持人也介绍了，这次会议邀请了一批德高望重的专家，也邀请了一批新锐的专家，在这里共同进行有关少数民族非物质文化传承发展的学术交流，我觉得非常有意义，对我们的工作也是非常有意义的。相对各位学者，我们国家民委的工作偏于应用，理论思考、学术积累不如各位。对于一些具体的工作者来说，我们的工作也偏于宏观，具体的操作不如他们。国家民委作为民族工作部门，我们工作主要是立足于民族政策的贯彻落实，维护各民族的平等权利。我们在文化工作上，特别是在少数民族非物质文化遗产的传承发展上，有我们关注的视角。

一是通过调查研究，提出有利于少数民族文化传承发展的政策建议，这是我们非常重要的工作。长期以来，我们积极参与相关政策的制定，在相关法律、法规和政策上，争取更多的倾向针对少数民族文化的特殊政策，包括国家制定的文化发展纲要等。我们都积极争取、采取针对少数民族非物质文化发展的有关特殊政策。2009 年国家民委牵头起草，并以国务院名义下发的《关于进一步繁荣发展少数民族文化事业的若干意见》，是当前少数民族文化传承发展最重要的专门文件。我们与国家有关部门，包括文化和旅游部、新闻出版广电总局、体育总局、中医药局等，也制定过专门保护发展少数民族文化遗产的政策。

二是利用现有的相关工作机制，推动各方面加强少数民族非物质文化遗产的保护传承工作。我们利用国家民委委员制这样一个工作机制，督促有关委员单位支持少数民族文化工作，在相关工程和重大项目上争取对少数民族文化的倾斜。比如，我们积极参与国家非物质文化遗产工程实施，积极参与少数民族文字出版重大项目实施等。

三是通过搭建全国性的平台，采取相应的工作手段，为少数民族非物质文化遗产的发展提供展示、交流和发展的机会。比如，我们会同有关部门举办全国少数民族文艺汇演、全国少数民族传统体育运动会、中国少数民族文化系列展、中国少数民族声乐舞蹈体育作品展等一系列的展示活动，这些活动也为"非遗"的交流、升华、利用提供了很好的展示交流平台。

四是指导推动地方民族工作部门，包括我们国家民委所属的单位，开展非物质文化遗产的保护传承工作。我们国家民委有六所院校，还有很多文化单位，包括博物馆、歌舞团等，这些单位都是我们保护少数民族非遗方面很重要的工作阵地。

以上我做的这些提示性介绍，目的是借此机会让大家了解一下我们工作的关注重点，目的也是对大家以后与我们的合作有所帮助。我也希望今后我们加强交流合作，取长补短，推动少数民族非物质文化遗产的传承发展。在本次会议上，期待大家各抒高见，了解掌握更多的材料、情况，为我们的工作提供现实依据；也希望大家进行更深入的理论思考，为我们的工作提供理论支持；更希望大家在综合分析研究的基础上，为我们的工作提出更多、更好的意见、建议，尤其是对策性的建议。

谢谢大家！

少数民族非物质文化遗产保护现状及发展前景

乌丙安

（辽宁大学文学院）

截至 2017 年，我国在全世界拥有联合国教科文组织批准公布的 39 项人类非物质文化遗产项目，其中人类非遗代表作名录项目 31 项，急需保护的非物质文化遗产名录项目 7 项，优秀实践名册项目 1 项，遥遥领先，暂居世界第一。其中少数民族非物质文化遗产 13 项，占总数的 1/3 （33.33%），少数民族非物质文化遗产代表性十分突出。国家级非遗中的少数民族项目比例已经达到 45% 以上，远远高于少数民族在我国总人口中的比例。

众所周知，我国少数民族非物质文化遗产的文化多样性优势非常突出。举个例子，很多民族申报非遗项目时，都申报了本民族的传统婚礼。比如蒙古族鄂尔多斯婚礼、回族婚礼，已经是国家级非遗项目。但汉族没有婚礼非遗项目，因为在汉族的文化生态里，传统的婚礼没有得到相应的继承，要么是支离破碎地存在着，要么是受现代化冲击变异了，所以很难找到一个有代表性的汉族婚礼。

再举一个例子说明这个优势。全国 55 个少数民族，几乎都逐级申报了本民族的传统服饰项目。因此，大家可以看到，在全国两会上，少数民族代表、委员的服装色彩鲜艳、醒目，各具民族特色；但是汉族代表、委员至今还没有把汉族传统服装穿到会上来，因为汉族广大民众随着历史的变迁、社会生活的演进，已经不再穿着传统服装了，而绝大多数少数民族在现实生活中还传承着本民族的服装，这就是它的遗产保护优势。保护少数民族非物质文化遗产在现代化中没有被抛弃消亡，这就是我们这些年所着力在做的工作。

在少数民族非遗保护方面，我们有一些无可比拟的优势：一是少数民族非物质文化遗产的多样性非常突出。甚至同一个民族还有着多种不同支系的特色。同样是蒙古族的唱歌，长调、呼麦就是两种完全不同的发声，而被誉为"天籁"的侗族大歌又是另一种不同的和声发声。二是保护民族传统的传承谱系清晰，传承机制完备，代表性传承人一专多能的传承突出。我们在田野调查的时候，会发现很多少数民族非遗传承人是"多面手"，唱民歌的是他，讲民间故事的还是他，主持祭祀活动是他，跳舞是他，民族乐器演奏还是他。三是民族或社区民众从自发到自觉的保护主体性强，民族文化生态区域整体保护的优越条件充分，大型非物质文化遗产活动几乎是全民出动。四是国家依法保护力度强，政府主导的保护政策有鲜明的民族倾斜度。国家制定的保护政策，从一开始就确定，少数民族的项目是优先的，保证每个民族起码能有一个最重要的非遗项目得到充分的保护。

以上说的是我国少数民族非遗保护的优势。经过近十多年的考察，国内外社会文化界人士和媒体对此有目共睹并赞叹不已。因为保护文化多样性是全世界、全地球、全人类必须考虑的美好前景。人类文化不能因现代化而变得单一化，文化多样性的社会进步才是我们追求的共同目标。然而，我们也不能回避，在少数民族非遗保护的进程中，同时还面对着诸多严峻的挑战。

一是现代化急速发展对民族文化生态及非物质文化遗产活态传承的强势冲击，使许多非物质文化遗产加速变异。比如，靠近城镇的一些少数民族的传统婚礼仪式已经出现了某些现代城市婚礼形式，甚至删繁就简，失去了许多传统文化内涵和生动有趣的欢庆形式，出动了时髦的现代交通工具。这里存在着一时难以协调的矛盾——向往现代化，但是现代化却毫不留情地破坏了传统文化的内涵和形式。

二是政府的市场经济导向与政府主导非遗保护方针在实践中产生了不协调的矛盾，不合理地开发或过度开发了非遗保护项目。二者本来是可以协调、不矛盾的。在《中华人民共和国非物质文化遗产保护法》里，特别突出强调在保护非遗的基础上合理利用非物质文化遗产，但是各个地方经常是不顾非遗保护这个前提和基础。因此，我们经常看到，文化和旅游部的文件三令五申要正确对待非物质文化遗产的市场开发，但地方上总是强调以市场经济为主导，把非遗保护纳入市场经济的框架里牟利。

比如少数民族的重大节日，都已经列入国家级非物质文化遗产名录。但是，现在这些节日，几乎都被开发成了各种各样的民族特色旅游项目。这种开发直接冲撞了我们的非遗保护。民族特色旅游把非遗保护项目列入旅游项目，为了迎合游客猎奇心理胡编乱造，使非遗文化内涵严重异化。同时反客为主，使当地民众失去文化主体地位。这个问题是当今非遗保护中最难处理的。有人认为，越是民族的，越要开发，只有旅游开发，才能把非物质文化遗产振兴起来。事实上旅游让很多非物质文化遗产内涵与形式过度改变，在有些地方，旅游开发对传统文化的损害影响逐渐显现，保护起来难度更大。

因此，我特别强调，非遗保护要依法保护、科学保护。当前依法保护的重点，就是做好《中华人民共和国非物质文化遗产保护法》第三十七条的落实："国家鼓励和支持发挥非物质文化遗产资源的特殊优势，在有效保护的基础上，合理利用非物质文化遗产代表性项目开发具有地方、民族特色和市场潜力的文化产品和文化服务。开发利用非物质文化遗产代表性项目的，应当支持代表性传承人开展传承活动，保护属于该项目组成部分的实物和场所。"在利用非物质文化遗产做经济开发前，必须优先制定保护非遗的前提细则，否则就会造成误导和歪曲，在"有效保护的基础上"这句话就变成了一句空话。

三是要遵守非遗保护国际公约中的伦理原则。少数民族大型节日祭祀活动中，用屠宰牲畜祭祀的场面，比如说现场杀猪、宰牛，斗鸡、斗牛或斗狗等活动，都跟国际非遗公约里的伦理原则相冲突，需要在今后的保护工作中特别加以注意。

非物质文化遗产是全人类共享的文化遗产，保护是国际性的共同责任。我们不要把非物质文化遗产仅仅看成本地区、本民族的几个项目，甚至"几个节目"。中国的多民族文化，尤其是非物质文化遗产，根基是扎在本民族生活中的，日子就是那么过的。我们的非遗保护，还是要回到民族民间、回到生活、回到社区，而不仅仅是把它们当成一个项目，看成一个节目来表演。

关于非物质文化遗产
传承人和传承人群

刘魁立

（中国社会科学院民族文学研究所）

一、非物质文化遗产的定义及其流变

中国有 55 个少数民族，少数民族同胞为中华民族的发展做出了巨大贡献。我国非物质文化遗产定义的头一句话与公约的定义并不完全一致，我国的定义强调了"国情"二字。具体而言，中国是一个由 56 个民族组成的和睦的"大家庭"，这就是中国的国情。依据这一国情，我国制定了《中华人民共和国非物质文化遗产保护法》，在法律中点明了"非物质文化遗产是指各族人民世代相传并视为其文化遗产组成部分的各种文化表现形式，以及与传统文化表现形式相关的实物和场所"①。这个定义中提到了"世代相传"，即指它的传承性，这是在整个非物质文化遗产保护过程中要遵循的重要因素和重要依据。所以，有时会用一个具体的年份来限制它，比如一百年，把一些新兴的非物质文化遗产排除在外，因为新兴的非物质文化遗产没有经过时间的考验，没有成为我们世代相传的一个习惯。"视为其文化遗产"说明了它的重要性、珍贵性以及与我们的情感关系，这是对非物质文化遗产认识加深的一个体现。

我们把非物质文化遗产做了一个新的诠解，用了一个新的名称，称之为"文化和自然遗产"，当然后面还有一个冒号"非物质文化遗产"。我认为把两个不同的分析对象放在一起，探讨它们在国际学术领域里面是怎么发展过来的较为合适。1972 年，确立了《文化和自然遗产公约》，经过了许久的努力奋斗，比如说"记忆""人类记忆""世界记忆"，这些名词逐渐靠近了非物质文化遗产的定义。航柯后来提出的建议，就是希望在文化传统方面，在

---

① 《中华人民共和国非物质文化遗产保护法》，北京：法律出版社，2011 年，第 1 页。

非物质性的文化传统方面，包括口头传承都得到保护，后来就出现了"人类记忆"。"人类记忆"是文献，已不再是物质文化和自然，已经靠近了非物质文化遗产。经过30多年不断摸索，不断地努力奋斗，到了2003年，签订了《保护非物质文化遗产公约》，非物质文化遗产才得以被更多人关注。签订《保护非物质文化遗产公约》对世界各个民族的非遗影响十分巨大，对中国亦然。从第一批"人类口头和非物质文化遗产代表作名录"申报成功到现在不过是十几年，但这十几年在整个舆论、人民的情感中亦是日渐提高，这在整个文化生活中较为少见。

二、物与非物之差别

物和非物不能截然分开，但是两者又存在一定的区别。

首先，物要研究，但是不能忽视制作、设计等的非物内涵。只有保护了非物，才能保护物。过去的学人对"物"颇有研究，但是会存在沦落为拜物教的俘虏的弊端，因此对传承人的保护就格外重要。需要保护的不仅是传承人，还有传承人世代传承的技艺。

其次，非物具有可共享性，而物不具备。即物质是唯一的，而非物质是可以共享的。同一首诗、同一首歌可以共同享受、共同占有、共同传承，将来可以让下一代继续这样做，这样的共享性对于未来非常重要，因为民族之间要推进各自的文化，一定是彼此共享的，各个民族如此，在中国的大家庭也是如此，在世界范围也是如此。所以文化共享在整个人类文化发展中占有十分重要的地位。我们需要关注无论陆上丝绸之路，还是海上丝绸之路，它们不仅是物质交流的通道，更是非物质文化遗产交流的通道，对于整个人类的文化推进、文化发展是极为重要的。非物还具有变异性。非物质文化遗产是一个活的生命体，在历史中不断地传承，不断地发展。

最后，非物是以人为载体，而物一旦创造出来，就和人脱离了关系。人接触它、利用它、创造它，就与它有了关系，物被创造出来就变为独立对象。它可能与人发生关系，也可以不发生关系。而所有的非物质文化，所有的对象一定是在人的身上、头脑里、手上。这是为了制定传承者保护这一项规章的最重要的依据。过去，在联合国教科文组织框架下，借鉴了日本或其他民族的经验，出台了《关于建立"人类活珍宝"制度的指导性意见》，提到实现非物质文化遗产最有效保护的手段之一就是保证非物质文化遗产的传承人，进一步发扬这些知识和技能，并将这些知识和技能传给下一代。同时还说，生产工艺品的技术和烹调技艺都可以写下来，可以变成一个文献。但是创造行为是一个没有物的行为，没有物质形式，表演和创造行为是无形的，其技巧、技艺仅仅存在于从事它的人身上。

我国有四级传承人制度。其中，国家级传承人1986位，现已有300多人过世。据统计，可能有12000多个省级传承人，队伍可谓十分庞大。这个队伍是整个中华民族传统文化的"脊梁"——他们是传统文化的传承者，是守护神，中华传统文化的宏伟建筑因他们的努力而建成。

三、激励机制下的传承人和传承人群

非遗传承人在历史长河中留下了一定的笔墨。吕不韦在《吕氏春秋》中谈到"物勒工名，以考其诚"，即产品须刻上工匠的名字，以考察是否尽心尽意了，而后"功有不当，必刑其罪"。该句中的"功"是"功劳"的"功"，意即如果不用功，就会受罪。上述十六字表明，当时问责不仅是所做之物，还包括了背后的人。这是问责制度，与今天非物质文化遗产制度大相径庭。今天的制度是表彰他（她）的功绩，使传承人的地位有所提高，使他们的功绩刻在国人心中，让国人对他们产生一种敬意，也能使不识字的、普普通通的人民群众创造历史的功绩得到提升，得到承认，得到证明。牢记他们的艰辛，提醒自身的文化发展不仅是靠伟大的发明家及主流话语的代表者，同时也靠千千万万的老百姓，充分展现了文化历程。又如习近平同志所说"老百姓的福祉是我们追求的目标"，通过这一制度与平台，促使政府与老百姓能够建立一个良好的关系，在制度下来认识非物质文化遗产的代表者和传承人。

在这里，我想提出几个关键词，分别是"志愿者""公产意识""契约精神"。

其一，所有的传承人，只要确定他是传承人，承认自己是传承人，或者政府承认他是传承人，他就已经成为"志愿者"，他的行为就是志愿者行为。因为他们带着非常重要的情感，或者叫作情怀、胸怀，他们已经把功利置之度外。所谓"志"，就是为了一个非常崇高的、宏大的目标去努力，立下了这样一个志愿。无目标者无志或有小志。而传承人的志是大的，传承人认为这是我们祖宗留下来的，把历史完全地具象化，把它变成自己的亲人，已经变成血肉的一部分。所谓"愿"，即为了刚才所说的立下的宏伟目标舍生忘死、矢志不渝地去做。有志有愿才能做成大事情。这些传承人大多言语朴实，不善表达。"我不能让老祖宗留给我的湘西纸活在我手里流失，不能给湘西纸活

丢脸"，这种朴素的表达将志愿者的胸怀体现得非常深刻。

其二，"公产意识"。《中华人民共和国物权法》中提到，自己的私有财产都有受法律保护的责任，可以占有、利用、保护，可以根据自己的意愿处理私产，但是这些传承人在他确定向政府申报的时候，就已经不再将他所掌握的技能看作私产，而看作民族的、历史的，为将来的孩子们所保留的对象。这就是公产的意识。

其三，"契约精神"。就是他们提出了申请，制订了计划，当然在《中华人民共和国非物质文化遗产法》里面有关于他们义务的，政府责任的法律条文，评定的时候有一定的标准，评定的过程也有严格的规定，他们应该做的事情也非常清楚。例如，必须有精湛的技艺，而且有非常重要的影响，有传承的行为，以上条件都具备才能成为传承人。其评选过程也是非常复杂的，认定了之后，传承人已经与民族、政府和历史，当然以政府为代表者签订了一份合同，他必须履行这份合同。所以在保护非物质文化遗产和保护非物质文化遗产传承人的过程中，应该提倡一种契约精神，一定要关注非物质文化遗产，完成对政府的许诺，同时传承人也必须不断地对传承义务进行总结、报告，因此履约、报告的事情应该得到提倡。

保护是文化自觉的结果，或者叫作文化自觉的体现。过去许多传承人在做活的时候，把它作为求取生活的一种手段，也许并没有把它看成必须加以保护的东西。保护是在当今时代提出来的，在文化自觉的基础上所产生的行为，就是对于所忠诚的事情，应该去自觉地关注它。所以傣族的泼水节等，很难叫作保护，因为其不是文化自觉的表现，而是利益追求的体现。保护非物质文化遗产非常重要的基础就是前述的"文化自觉"。过去虽有传承，但其自觉意识并不强，保护的观念并没有成为必须遵循的观念，所以今天有了进一步的文化自觉，才有了保护的口号摆在大众面前。笔者把传承人作为传承的主体，他的保护就是在文化自觉的基础上的保护，称之为自为保护。

现在常常有人说政府主导、社会参与，事实上，政府在文化保护方面不是主体，在一些方面的确略显不足，因此，公众保护亦是不可忽视的保护方式。公众保护不仅包括政府，还包括学界、商界、传媒等所有的社会力量，有了公众保护，自为保护就变得特别厚实，如果自为保护缺位了，这种公众保护就变成了无本之木，无源之水，不可能存在。而有了公众保护，自为保护就会得到很好的实践、实行，它的活动就变得正当。例如"药发木偶"事件中，传承人家里有炸药被公安局抓，非物质文化遗产的工作人员说这是传承人，他的黑色炸药就是为了做非物质文化遗产的项目，所以就免了牢狱之灾，如此，他们的行为就变为合法、合理、正当的行为。在信仰方面，当诸多信仰列入非遗后，得到相应的保护，还有一些传统，亦是如此。所以它们处在一个好的、和谐的关系之中。

传承人固然居核心地位，但是整个社会对于传承人的支持同样重要，所以整个社会的文化自觉对于传统文化的关注，对于非物质文化遗产保护意识的提升非常重要。没有观众，就没有戏剧的传承，不可能有那些演员不断地将自己的技艺传承下去；没有听众，也就没有了口头传统，所以在社会环境下，群众广泛的文化自觉是非物质文化遗产保护一个非常重要的因素。我们也都是在这样一个重要的历史时刻参与非物质文化遗产保护，参与中华民族文化的积极建设。

文化生态保护实验区
建设要关注的几个问题

马盛德

（文化和旅游部非物质文化遗产司）

自 2007 年我国在福建省设立第一个国家级文化生态保护实验区"闽南文化生态保护实验区"始，我国的文化生态保护实验区建设已走过了整整 10 年的时间。10 年来的不断探索实践，我国的文化生态保护实验区建设已初具规模，目前，全国已设立 21 个国家级文化生态保护实验区（见表 1，第 25 页）。

这 21 个文化生态保护实验区，分布在全国 17 个省区市，其中 11 个是在少数民族地区。全国各省区设立的省级文化生态保护实验区，目前已达到 146 个。十年来，文化生态保护实验区建设在推动我国非物质文化遗产的整体性保护，促进区域性经济社会协调发展等方面发挥了重要的作用。目前，我国文化生态保护实验区建设正处在关键时期，还需要在认识层面进一步厘清思路，明确建设目标，保护工作需要关注以下几个方面的问题。

一、文化生态保护实验区建设的背景

我国"非物质文化遗产"概念下的非遗保护工作走过了 17 个年头，以 2001 年昆曲入选"人类口头和非物质遗产代表作"为重要的时间节点。经过十余年的不懈努力，非遗保护这一关乎人类的共同利益和中华民族文脉传承的事业，在政府的主导下，得到了专家学者的学术支持和社会民众的广泛参与，取得了举世瞩目的成就。非遗保护工作成为我国文化建设事业的一个重要事件、一大亮点。十余年来，我们建立了符合中国国情和非物质文化遗产特点的保护制度和机制，完成了保护工作的顶层设计和重要的基础性工作。如代表性项目的申报制度、代表性传承人的认定制度、法律法规的颁布、文化遗产日的设立、非遗保护专项资金的设置、非物质文化遗产保护方式方法的探索研究，以及由 15 个部委共同参与的非遗保护部际联席会议制度的建立和多学科专家组成的非遗保护工作专家委员会的成立等，这些举措对非遗保护起到了保驾护航的作用。随着非遗保护工作的全面推进和非物质文化遗产理论研究的不断深入，我们逐渐认识到，保护非物质文化遗产仅仅以单一的项目性保护是不够的，也是不完整的，保护工作还要关注到这些遗产项目所孕育和依存发展的文化生态，因为这是遗产项目所赖以生存和发展的土壤，是与遗产相关联的重要因素。任何一项遗产项目绝不是孤立存在的，它的生存和发展与周边整体的生态有着一种内在的关联性，只有关注到遗产项目的这些重要因素和特点，才能使得遗产保护见成效，遗产项目才有可能健康地存活，所以，在非遗保护工作中建立一种整体性保护理念，是一项十分紧迫而重要的任务。

我国开展国家级文化生态保护实验区建设工作，是根据《国务院办公厅关于加强我国非物质文化遗产保护工作的意见》（国办发〔2005〕18 号）："研究探索对传统文化生态保持较完整并具有特殊价值的村落或特定区域，进行动态整体性保护的方式"的精神，以及《国务院关于加强文化遗产保护的通知》（国发〔2005〕42 号）中"加强少数民族文化遗产和文化生态保护区的保护。重点扶持少数民族地区的非物质文化遗产保护工作。对文化遗产丰富且传统文化生态保持较完整的区域，要有计划地进行动态的整体性保护。对确属濒危的少数民族文化遗产和文化生态区，要尽快列入保护名录，落实保护措施，抓紧进行抢救和保护"的要求。另外，2006 年发布的《国家"十一五"时期文化发展规划纲要》中提出，在"十一五"期间，要"确定 10 个国家级民族民间文化生态保护区"。在 2011 年出台的《中华人民共和国非物质文化遗产保护法》[①]（以下简称《非遗法》）中，虽然没有出现文化生态保护区的概念，但在第三章第二十六条中有专门的论述："对非物质文化遗产代表性项目集中、特色鲜明、形式和内涵保持完整的特定区域，当地文化主管部门可以制定专项保护规划，报经本级人民政府批准后，实行区域性整体保护。"其中的"实行区域性整体保护"的表述，正是文化生态保护区建设的核心理念和重点内容。

根据上述文件精神和总体的工作要求，文化和旅游部先后批准设立 21 个国家级文化生态保护实验区，全面实施文化生态保护区建设工作，推进非物质文化遗产的整体性保护。

---

① 李树文等：《非物质文化遗产法律指南》，北京：法律出版社，2011 年，第 14 页。

文化生态保护区建设是我国非物质文化遗产保护方式的一种探索模式，是我国的非遗保护从单一的项目性保护，到关注与非遗项目所孕育、依存发展的人文生态和自然生态实施整体性保护，这是非遗保护在理念和认识层面的一种深化，也是我国在非遗保护领域中的一个创造性举措。文化生态保护区的建设工作在有效推动我国非物质文化遗产保护工作的同时，已引起了联合国教科文组织和一些国家的高度关注。

运用文化生态的概念，通过建立文化生态保护实验区的工作实践，创造性地提出对非物质文化遗产进行整体性保护，既是我国对《保护非物质文化遗产公约》精神认识水平的表现，也是一个文化资源大国履约能力的体现。文化生态保护区概念植入非物质文化遗产保护，是基于非物质文化遗产的动态属性及其与环境、历史和遗产持有人的再创造相互关联的特性，实施整体性建构式保护方式的探索实践模式。①

二、关注人与环境的关系，加强文化生态的保护与修复

关注人与环境的关系问题，是文化生态保护区建设的核心问题。在文化生态保护区里，环境首先强调的是人文环境，而人文环境很多是与观念、思想、信仰等文化表现形式这些精神因素密切相关的。

联合国教科文组织确认，文化标准化、武力冲突、旅游业的开发、工业化、农业区缩减、移民、环境恶化这七个方面的因素直接导致了人类非物质文化遗产的濒危或消失。也就是说，当人类社会走过了漫长的历史进程，进入 21 世纪时，一个显著特征是经济全球化、工业化、城镇化等现代化进程比以往任何一个时期都要快速，于是，人类的生产生活方式单一化、趋同化现象严重。它直接导致了文化多样性和个性化锐减，这是一个具有全球性的共同话题。以中国的情况为例，改革开放 40 年时间，现代化进程快速推进，中国社会发生了深刻的变革。人们无论是思想观念，还是衣食住行等都发生了翻天覆地的变化。人们在分享现代文明成果的同时，也深切地感受到现代化对传统文化生态所带来的巨大冲击，造成许多非物质文化遗产难以有序地传承，生存处于濒危状态。究其根本原因，是文化遗产所依存的传统文化生态发生了根本性的变化。为此，抢救和保护非物质文化遗产，加强非物质文化遗产的整体性保护，保护和修复非物质文化遗产所依存的文化生态，建设文

---

① 文化部非物质文化遗产司：《探索与实践——国家级文化生态保护区建设现场交流会暨专家论坛资料集》，北京：文化艺术出版社，2011 年，第 75—76 页。

化生态保护区，就成为十分紧迫的任务。建设文化生态保护区的最终目标，是将人的生活与自然环境、社会环境协调起来，以建立文化自信、文化自适、文化自觉的可持续发展的和谐结构。实现这一目标是文化生态保护区建设的根本任务。所以，文化生态保护区的建设要紧紧围绕这一主题来开展工作，在建设中需要特别关注文化生态的保护与修复。

　　我们反复强调，文化生态保护区不是经济开发区，也不是文化产业园区。"国家级文化生态保护区是指以保护非物质文化遗产为核心，对历史文化积淀丰厚、存续状况良好，具有重要价值和鲜明特色的文化形态进行整体性保护，并经文化部批准设立的特定区域。"[①] 这是文化部在 2010 年印发的《文化部关于国家级文化生态保护区建设的指导意见》（文非遗发〔2010〕7 号）文件中对文化生态保护区的明确界定。据此，我们对文化生态保护区的建设应该有个基本的认识，就是要认识到以非物质文化遗产为核心的文化生态保护区，其保护的主要对象是创造和传承文化遗产的人及其生存的生态环境。在保护区的建设中，要防止把文化生态保护区错误地理解为一般的经济开发区和文化产业园区，不能一味地去强调开发利用，反对盲目建设，尤其各种以保护名义建设的所谓主题公园、产业园和那些形式主义的楼堂馆所等。文化生态保护区建设不能号召大家都用非物质文化遗产去挣钱，都去搞产业化、市场化，从而忽略文化生态的保护与修复，甚至最终使文化生态遭到破坏，这是一种短视行为，与国家建设文化生态保护区的初衷是完全相悖的。

　　2017 年 7 月，"全国文化生态保护区建设论坛"在青海黄南藏族自治州举行，与会专家学者深入考察了热贡文化生态保护区，目睹了保护区建设在近几年所发生的变化。作为此次论坛的一员，笔者切身感受到了热贡文化生态保护区所发生的变化，并留下了深刻印象。

　　热贡文化生态保护实验区是我国设立的第一个少数民族文化生态保护区，自 2008 年设立以来，经过近十年的努力建设，热贡地区的文化生态得到了明显的修复，生态区内呈现了良好的文化氛围[②]。尤其值得一提的是，多年处于式微状态的藏戏艺术，在热贡生态区内得到了良好的发展，民间自发的藏戏团（队），由 10 年前的 4~5 家，增加到目前的 18 家。藏戏的表演团队，不但有民间村落组成的，也有牧区牧民和学校组建的，还有宗教场所寺院成立的

①　李树文等：《非物质文化遗产法律指南》，北京：法律出版社，2011 年，第 315 页。
②　马盛德：《在新起点上的非遗保护》，《中国文化报》2017 年 10 月 25 日。

藏戏队。藏戏的表演区域跨越农区、牧区、城镇、都市，跨省跨区域交流演出，成为一种常态化行为。这样一种发展态势，有力地促进了藏戏艺术的发展。保护区内藏戏的从业者目前已经达到了 600 余人，这一数字在 10 年前是不可想象的。热贡地区一年一度的传统民俗活动"六月会"，在许多村庄都开展起来了，民俗文化氛围日趋浓厚，民众的参与度越来越高。以唐卡、堆绣、泥塑、木雕、彩绘、壁画、石刻为主要文化表现形式的"人类非物质文化遗产代表作""热贡艺术"更是得到了长足的发展。据统计，目前"热贡艺术"的从业者达到了 3 万余人，广大从业者不仅增加了收入，提高了生活品质，而且带动了热贡地区社会经济的发展，又很好地传承了民族文化。同时，为民族地区的社会稳定、和谐发展发挥了重要作用，建设的一批非物质文化遗产基础设施在非遗保护与传承方面发挥了重要的作用。如新建的"热贡艺术博物馆"，成为文化生态保护实验区内的标志性建筑，场馆的设计民族特色鲜明、功能齐全、内容丰富，成为人们了解热贡文化的重要窗口。保护区内 16 家民间藏戏队都有固定的演出场所，其中藏戏之乡江什加村、浪加村、双朋西村、尖仓村、和日村等，新建了戏台和广场，形成了新的社区文化空间，结束了长期以来藏戏演员露天演出、风吹日晒的历史。现在广大村民们在家门口可以享受到具有现代气息的舞台化的藏戏演出。以国家级代表性传承人和中国工艺美术大师为龙头，根据不同的非遗项目建立的数十个传习所、传习中心、艺人之家等，在遗产的展览、展示、传承、传播等方面，发挥了很好的作用，在文化生态保护实验区建设中具有示范性效应。

热贡文化生态保护实验区建设的探索与实践，使热贡地区的广大民众深切地感受到了非遗保护和文化生态保护区建设所带来的变化，有了一种获得感。这些都源于热贡文化生态保护区建设充分尊重热贡地区"户户有画室、个个是画家"的文化传统和社区少数民族群众热爱藏戏艺术的浓厚的传统文化氛围，得益于保护区建设中对这种文化生态所采取的积极而有效的保护与修复措施。

河南的宝丰说唱文化生态保护实验区，说唱艺术有着深厚的基础，在每年一度的"马街书会"，广大民众自发地去听说拉弹唱成为重要的生活方式。"一日能看千场戏，三天胜读万卷书""以天为幕，以地为台"，是他们生活的真实写照。正是有了这样浓厚的社会文化氛围和良好的文化生态，才使得宝丰说唱文化经久不衰，表现出很强的生命力。

近年来，通过文化生态的保护与修复而发生的变化，不仅反映在文化生态保护实验区内，在其他地区也有着可喜的变化。如在西藏自治区，民间自发成立的藏剧团队发展十分迅速，由十年前的 10 余家，发展到现在的 143 家。逢年过节，或有婚宴等喜庆之事，老百姓都要请藏戏队去表演助兴，这成为当地的一种时尚生活。广大民众的这一新的需求，已经发展成为一种新的社会生态和文化空间，为藏戏艺术的传承传播，营造了良好的氛围。当地文化主管部门积极扶持藏戏艺术的各种表演活动，建立奖励激励机制，树立典型示范点，坚持藏戏艺术为民服务的导向，取得了较好的效果。2007 年有学者在内蒙古自治区进行调查，当时基本找不到会唱长调民歌的人。十年后的今天，这些情况发生了质的变化，如今的内蒙古草原，每逢盛大的节日、重大的活动，长调民歌是不可缺少的。长调民歌的各级代表性传承人成为这些活动的主角，加上地方政府对代表性传承人的有力扶持，开展很多形式多样的长调比赛，使长调民歌走出蒙古草原，登上国际舞台，使这一"人类非物质文化遗产代表作"的影响力越来越大。值得一提的是，内蒙古大学艺术学院，多年前就将长调民歌、呼麦、马头琴、四胡等蒙古族传统音乐引入学校的音乐教育体系中，在全区招生，举办学历班。学校特别聘请了巴德玛等一批著名的长调民歌国家级代表性传承人任教，为学员们传授技艺，探索出了一条"学院式"专业化培养民族音乐艺术人才的路子，取得了很好的效果，为长调民歌等非遗项目的传承做出了贡献。现在的内蒙古大草原，社会文化生态发生了根本性的变化，民族文化氛围日益浓厚，穿民族服饰、拉马头琴、唱长调、跳民族舞蹈，成为草原民众引以为自豪的事情。蒙古民族的生活方式，从传统走向了现代，但民族的传统文化并没有因接受现代文明而走向衰落或消失，相反地二者相互融合，传统与现代在这里找到了契合点，民族传统文化焕发出了新的生命力和时代感，这是十分可喜的成果。这样的生动案例在各地、各文化生态保护实验区内还有很多。这一切变化都充分说明，经过十余年的非遗保护，这些区域内的文化生态得到了较好的修复，社会文化氛围日益浓厚，同时，也有力地证明了非遗保护和文化生态保护实验区建设所发挥的重要作用和取得的重要成果。

三、抓住"文化特色"这个关键点

文化特色是文化生态保护实验区的生命和灵魂。一个民族和一种地域文化的特色是在长期的历史进程中形成的，并深深植根于民族的土壤。"一方水土养育一方人，一方人造就了一方文化"，这一句俗语强调的就是文化的地域性与民族性特点。文化的特色具有持久性，是别人拿不走，也很难学到的。

现在全国各地纷纷打造文化强省、文化强市、文化强县，甚至文化强镇。其实，文化不同于经济建设，很难以强弱来划分、比高低。强弱不具有持久性，而只有特色是可以持久的。文化特色实际上是一种浓缩的民族性，具有这些内涵的文化成品，经过每个时代的过滤，形成精品，积淀了各时代的精粹，保留了最浓缩的民族底色，打上了深深的地域与民族的烙印。可以说，它们属于这个地区，是这些民族所独有的，成为这些民族的灵魂。文化生态保护实验区建设不但要最大限度地去保护、保持这些具有鲜明地域特色和民族特色的文化，还要强化和弘扬这些文化的特色。特色是区别不同文化生态保护区的重要标志。

文化生态保护区应当是一个文化特色鲜明、文化多样性十分丰富的特定区域，有着浓厚的民俗文化，独特的歌舞艺术、戏剧艺术、传统工艺、传统民居、村落等物质文化和非物质文化，以及朴实和谐的社会人文氛围，这是文化生态保护区区别于一般地区和社区的重要标志。理想中的文化生态保护区，居民们在分享现代文明成果的同时，传承着自己特色鲜明的民族文化。营造氛围浓厚的文化生态，还要以特色文化为切入点，这个特色要以传统文化为基础，要把非物质文化遗产与当地的老街、传统村落和民众常态化的生活结合在一起，激发非物质文化遗产在社区中的活力。当然，文化生态保护区建设更重要的是要有千家万户的参与，广大民众自觉地参与是保护区建设中的重要力量。以"国家级格萨尔文化（果洛）生态保护实验区"为例，顾名思义，就是以保护格萨尔史诗而设立的。格萨尔史诗文化是文化生态保护实验区最主要的文化特色，因此，保护和营造良好的史诗说唱文化生态是保护区的核心工作。格萨尔说唱艺人是史诗的灵魂人物，活态传承是格萨尔史诗的基本文化特性，格萨尔生态保护区建设要始终抓住这个根本，否则，保护区就会失去其意义。

我国格萨尔史诗的保护与研究走过了半个多世纪的历程，在搜集、整理、记录、出版、翻译等领域涌现出了很多优秀的成果，为帮助人们进一步了解认识格萨尔这一"人类非物质文化遗产代表作"发挥了重要作用。但是，这一遗产的濒危状态、传承后继乏人问题仍然没有得到改变，目前的状况令人担忧。其间一个重要的原因是在长期的研究中，还没有总结出这一遗产的传承规律和濒危的根本原因，未能制定出有效的保护措施。口头文学类非遗项目的研究领域，长期以来注重文本的研究成为一种主流，对项目的挖掘、记录、整理和出版成为核心工作。目前这一领域有针对性的现状研究和对策性研究成果还不多，尤其对"传承人"这个核心问题的研究和保护还缺乏有力的理论指导。因此，有时还存在着国家层面想出台保护措施，但又苦于缺乏有力的理论研究支撑的问题，最终难以出台有针对性的保护措施，使得这些非遗项目传承濒危的状态没有得到有效遏制。

从非物质文化遗产保护的角度，我们要关注的是遗产的"活态传承"问题，这是非遗保护的核心思想。塞西尔·杜维勒认为，"非物质文化遗产作为活遗产，源于过去，并在当今和未来予以继承。非物质文化遗产并不存活在档案室、博物馆、图书馆或纪念地，相反，它只活在人类的精神世界当中"，"为了立档而立档，或者仅仅在遗产消失之前做记录称不上保护，为了满足研究者科学好奇心的研究称不上保护，除非它能够直接为巩固非物质文化遗产生命力做出贡献。"①。确保非物质文化遗产的生命力，是非遗保护工作的最终目的。这位联合国教科文组织非物质文化遗产处官员的话，十分清晰、明确地阐述了非遗保护的实质。这一重要观点，对我国的非遗保护和研究工作有着重要的意义。

笔者在近些年的非遗保护工作中观察到，一些地方在史诗等口头文学类非遗项目保护方面采取了一系列措施，对遗产的保护发挥了积极的作用。但有些做法所产生的效果，还有待于进一步研究。如把说唱艺人转变为事业编制人员养起来。这一做法的目的是为了使这些流动性较强的民间艺人有一个较为稳定的工作和相对固定的收入，以此达到保护的目的。但是，在调查中发现，这种行政化管理的做法带来了另外一个问题，即他们失去了在民间生活中的那种自由度和特定的民俗文化氛围，这就犹如一个处于风华正茂的演员，突然失去了他施展才华的舞台，他的才艺也就无用武之地。这是一个需要认真研究的问题。对于说唱艺术类非遗项目，我们要加深对其自身规律的认识，关注传承人这个核心问题，要让他们还原于民间，活跃于民间，常言道："活鱼还要在水中看。"解决了稳定的工作，还要考虑如何使他们的才艺得到更好的施展，最大程度地发挥他们的独特作用。积极探索适合史诗等说唱文化生态的保护方式，增强适应能力和生存能力，营造和培育文化生态，把格萨尔等文化生态保护实验区建设成为文化特色更加鲜明、表现形式更加鲜活的文化生态保护区，这是保护区建设的根本任务。

---

① 塞西尔·杜维勒：《前教科文非遗处长在第三届中国成都非物质文化遗产节国际论坛上的演讲》，见成都文化局《第三届中国成都非物质文化遗产节非物质文化遗产国际论坛》，成都：成都时代出版社，2011年，第120-121页。

四、文化与旅游业开展深度融合

旅游是当今人类社会的重要生活方式，旅游业的发展在世界各国的国民经济中占据着越来越重要的地位，并且已经成为许多国家的支柱性产业。成熟的旅游文化，也反映着一个国家和地区经济社会发展的总体水平和发展程度。所以，旅游业的发展也是非物质文化遗产保护工作无法回避的现实问题。我国的旅游业也曾经历从初创阶段到日渐成熟的发展阶段。随着近年来我国非遗保护事业的不断发展和深入推进，很大程度上也促进了旅游业的发展。全国各地非物质文化遗产与旅游的结合，使旅游利用丰富的非物质文化遗产资源开发各种名目的项目来吸引游客、扩大影响力、加快发展的现象十分普遍。当前，从中央到地方，尤其是管理层面越来越认识到文化在旅游发展当中的重要价值和作用，这一点，从近年来一些名称的变化可以看出来。如现在普遍在提法上将"旅游文化"变为"文化旅游"。这两个字在前后的变化，不仅仅是一个顺序上的调整之事，而是体现了中国社会对文化旅游在认识层面上的一种深化。2018 年国家把文化和旅游管理部门合并，成立了"中华人民共和国文化和旅游部"，这是我国改革发展中的重大举措，预示着文化和旅游在未来社会发展中的紧密程度。文化和旅游的结合，既是一种挑战，也是一种机遇。随着各地旅游业的不断发展，人们越来越认识到文化在旅游业发展中的价值和意义，深刻感受到文化是旅游的灵魂，没有文化内涵的旅游是苍白的，空洞的，是不可持续的，这是一个非常重要的观念上的转变。文化生态保护实验区建设需要与旅游业发展进行有机的深度融合，重点要放在非物质文化遗产与旅游的有效对接、开展深度合作上。充分发挥非物质文化遗产在文化旅游发展中的作用，挖掘文化遗产的深层内涵和价值，让游客在文化生态实验区里深切地感受到地域文化和民族文化的独特魅力。

近年来，我国开展了以传统工艺为主的"非物质文化遗产传承人群研培计划"，使非遗产品的品质有了很大的提升，产品的多样化、品质化、时尚化和民族性有了新的进步，一定程度上丰富了旅游文化产品市场。由此可见，非遗产品在文化旅游中发挥着越来越重要的作用。

云南大理地区本身是一个旅游胜地，近年来，大理民族文化生态保护实验区建设中十分注重非物质文化遗产与旅游业的相互融合，开展了一系列有效的对接。保护区内的非遗馆、传习所、传习中心、展览展示基地、民族文化街区等，都与旅游进行了很好的结合，成为旅客重要的参观目的地。以国家级非遗生产性保护示范基地——白族扎染为例，在基地建立了扎染历史博物馆、扎染制作工艺流程作坊、产品展示区、游客体验区和互动区、产品销售区等，提供一条龙服务。游客来到这里，首先要了解扎染的历史，亲眼看见扎染制作工艺流程，知晓产品品质，然后还可以参与体验制作，交流合作，最后在产品购物区里选购自己最满意、最适合的扎染产品。这样的做法，取得了很好的社会效益与经济效益，受到游客的欢迎。在闽南文化生态保护实验区的厦门鼓浪屿，"提线木偶戏"的表演也受到游客的欢迎。值得一提的是，景区在表演场地的选择上进行了认真研究，把木偶戏的表演点放在整个鼓浪屿旅游路线的中段，当游客走到木偶戏演出的小剧场时，已经感到有些疲倦，需要休息调整，正好在这里看一场木偶戏的演出，一边品茶，一边欣赏表演，一边休息。"提线木偶戏"独特的形式感，加之艺术家们精湛的技艺和生动活泼的表演，受到游客的喜爱。游客在这里短暂的休整，欣赏了传统戏曲艺术，得到了审美愉悦，同时也起到了宣传、传播地方戏曲文化的效果。这些做法是值得宣传和借鉴的。

在旅游业发展过程中，游客也是需要正确地引导的，文化生态保护实验区里开展的文化旅游，要充分尊重民族文化传统和民族习俗，不能为了招揽游客编造一些低级趣味、无中生有、捕风捉影或猎奇的所谓的民俗活动，制造"伪民俗"。我们反对把民间具有约定俗成的祭祀性的民俗活动进行反季节表演，这种行为既让传统民俗文化丧失庄严性和神圣性，也使民众丧失了敬畏感，从而使优秀的民族文化变得庸俗化和泛娱乐化。只要我们坚持正确的发展理念，克服急功近利、急于求成的心理，尊重民族文化，遵循非物质文化遗产的规律，非遗保护和文化生态保护实验区建设与旅游业发展，一定能取得相辅相成、相得益彰的效果。

在文化旅游的发展方面，我们还要学习借鉴日本的做法。日本在旅游与遗产保护方面有一些好的做法。如日本的高山县是一个传统文化底蕴深厚的地区，至今保留着传统的古街、民居，传统民俗文化氛围十分浓厚。在古街区，有各种特色商铺，一些具有日本传统民俗特点的文化商品琳琅满目，从特色食品到日常用具，应有尽有。木版画是高山县重要的非物质文化遗产，具有鲜明的地域特色。当地居民开发了一系列以木版画的色彩、图案、样式为主要元素的文化旅游产品，产品品种多达十余种。有装饰性极强的各种挂件；有实用性的各种碟、盘、笔筒、杯垫；有模拟十二生肖和各种动物形象和体态的产品；此外，还有各种用大漆开发的漆盘、首饰盒、碗、碟、筷架、手机壳等生活用品。产品个个精致细腻，美观实用，令人爱不释手，深受游客的喜爱。这些文化产品，既起到了宣传当地文化的效果，又使当地居民增加了收入，提高了生活品质。遗产保护与现代社会生活在这里得到了有机的融合。当游客在这样浓郁的民风民俗和独特的传统建筑格局的环境里漫步体验时，对当地文化的一种尊重和敬畏之心也就油然而生。整个旅游区秩序井然，管理井井有条，街道商铺干干净净，服务热情周到，体现出很高的人文素养和社会道德意识。这样的文化旅游不仅对文化遗产起到宣传、传播作用，而且也将极大改变旅游开发对遗产保护带来负面影响的认知。在旅游业规范化管理和细致周到的服务意识、文化保护意识等方面，日本的实践经验值得我们认真学习、借鉴。

五、政府主导仍然是保护区建设的主要力量

鉴于文化生态保护区建设还处于实验阶段，很多工作、理念思路等都带有探索实践的实验性质，有些工作还需要在实践中不断进行研究总结，然后慎重稳步地实施推进，因此，在现阶段，文化生态保护实验区建设，从宏观管理到政策把握，从科学规划到经费投入以及规划实施等方面，政府还是要起主导作用。要按照生态保护实验区的科学规划，推进各项保护工作；加强规划实施过程的监督与评估。在此基础上，生态保护实验区建设在体现民生方面应发挥积极作用，最大限度地调动广大民众的积极性，使保护区内的民众有获得感。

新时期，在国家级文化生态保护实验区的建设中，应改变以往生态区涵盖的区域过大，建设中相互协调成本高，建设效率低，可操作性不强等方面的弊端。新设立的文化生态保护区须强化精准性，应注重对区域性文化特色鲜明、氛围浓厚的重大群体性传承项目的整体性保护。新设立的"说唱文化（宝丰）生态保护实验区""格萨尔文化（果洛）生态保护区实验区"，就是突出了对区域性说唱艺术这一重要文化形态和文化生态的保护，这是我国文化生态保护实验区建设的又一新的尝试和探索。未来的文化生态保护区建设，还应加强文化类型和特定区域文化的保护。如对传统戏曲文化资源丰富、氛围浓厚、特色鲜明的区域，设立文化生态保护区进行整体性保护；对传统手工技艺类项目较为集中、氛围浓厚、特色鲜明、生态保护相对较好的区域，设立文化生态保护区，进行整体性保护。文化生态保护区建设，在保护我国非物质文化遗产的丰富性和人类文化多样性方面，必将发挥其积极而重要的作用。

表1 21个国家级文化生态保护实验区名单

序号	名　　称	区划范围	设立时间
1	闽南文化生态保护实验区	福建省（厦门市、漳州市、泉州市）	2007年6月
2	徽州文化生态保护实验区	安徽省（黄山市，绩溪县）	2008年1月
		江西省（婺源县）	2008年1月
3	热贡文化生态保护实验区	青海省（黄南藏族自治州）	2008年8月
4	羌族文化生态保护实验区	四川省（阿坝藏族羌族自治州茂县、汶川县、理县，绵阳市北川羌族自治县，松潘县、黑水县、平武县）	2008年10月
		陕西省（宁强县、略阳县）	2008年10月
5	客家文化（梅州）生态保护实验区	广东省（梅州市）	2010年5月
6	武陵山区（湘西）土家族苗族文化生态保护实验区	湖南省（湘西土家族苗族自治州）	2010年5月
7	海洋渔文化（象山）生态保护实验区	浙江省（象山县）	2010年6月
8	晋中文化生态保护实验区	山西省（晋中市；太原市小店区、晋源区、清徐县、阳曲县；吕梁市交城县、文水县、汾阳市、孝义市）	2010年6月
9	潍水文化生态保护实验区	山东省（潍坊市）	2010年11月
10	迪庆民族文化生态保护实验区	云南省（迪庆藏族自治州）	2010年11月
11	大理文化生态保护实验区	云南省（大理白族自治州）	2011年1月
12	陕北文化生态保护实验区	陕西省（延安市、榆林市）	2012年4月
13	铜鼓文化（河池）生态保护实验区	广西壮族自治区（河池市）	2012年12月
14	黔东南民族文化生态保护实验区	贵州省（黔东南苗族侗族自治州）	2012年12月

续表

序号	名　　称	区划范围	设立时间
15	客家文化（赣南）生态保护实验区	江西省（赣州市）	2013 年 1 月
16	格萨尔文化（果洛）生态保护实验区	青海省果洛藏族自治州	2014 年 8 月
17	武陵山区（鄂西南）土家族苗族文化生态保护实验区	湖北省恩施土家族苗族自治州、宜昌市长阳土家族自治县、五峰土家族自治县	2014 年 8 月
18	武陵山区（渝东南）土家族苗族文化生态保护实验区	重庆市黔江区、石柱土家族自治县、彭水苗族土家族自治县、秀山土家族苗族自治县、酉阳土家族苗族自治县、武隆县	2014 年 8 月
19	说唱文化（宝丰）生态保护实验区	河南省宝丰县	2017 年 1 月
20	藏族文化（玉树）生态保护实验区	青海省玉树藏族自治州	2017 年 1 月
21	客家文化（闽西）生态保护实验区	福建省龙岩市长汀县、上杭县、武平县、连城县、永定区和三明市宁化县、清流县、明溪县	2017 年 1 月

（资料来源：2017 年 7 月原文化部非遗司召开的"国家级文化生态保护实验区建设工作座谈会"会议资料。）

民族文化生态保护实验区：少数民族
非遗保护的"中国模式"

肖远平　王伟杰

(贵州民族大学)

大力加强对我国文化生态的保护，维护不同的文化生态系统①内部的稳定平衡，是当前和未来中国文化遗产保护工作的重要组成部分。在传承与保护非物质文化遗产（以下简称"非遗"）的道路上，我国开创性地探索出了整体性保护之路，并不断将之付诸社会实践，为世界范围内非遗的整体性保护提供了可供借鉴的"中国模式"。

一、我国民族文化生态保护实验区建设基本经验

2007 年 6 月 9 日，文化部正式批准成立了闽南文化生态保护实验区，标志着我国在文化遗产保护方面已经进入了整体性的活态保护阶段，这为未来我国文化遗产的保护与传承、发展与创新等方面提供了新的路径。截至 2016 年年底，文化部相继设立了 18 个国家级文化生态保护实验区（见表1），涉及 16 个省区市，其中民族类文化生态保护实验区有 10 个。

表 1　我国设立的 18 个国家级文化生态保护实验区基本情况介绍

序号	名称	省 (市、区)	批准或 授牌时间	保护区域	覆盖面积 (平方公里)	人口 (万人)	主体 民族
1	闽南文化生态 保护实验区	福建	2007 年 6 月 9 日	泉州市、漳州市、厦门 市	2.5 万	1647	汉族

---

① 文化生态系统是文化与自然环境、生产生活方式、经济形式、语言环境、社会组织、意识形态、价值观念等构成的相互作用的完整体系，具有动态性、开放性、整体性的特点。

续表

序号	名称	省(市、区)	批准或授牌时间	保护区域	覆盖面积(平方公里)	人口(万人)	主体民族
2	徽州文化生态保护实验区	安徽、江西	2008 年 1 月	安徽黄山市、绩溪县、江西省婺源县	1.3881 万	200	汉族
3	热贡文化生态保护实验区	青海	2008 年 8 月 27 日	黄南藏族自治州的同仁、泽库、尖扎三县	1.2 万	21.76	藏族
4	羌族文化生态保护实验区	四川、陕西	2008 年 11 月 14 日	阿坝藏族羌族自治州的茂县、汶川县、理县、松潘县、黑水县、九寨沟县、绵阳市的北川县、平武县,陕西汉中市宁强县、略阳县(宝鸡市的凤县也在积极加入此实验区)	4.8468 万	61.27	羌族
5	客家文化(梅州)生态保护实验区	广东	2010 年 5 月	梅州市	1.5925 万	524.96	汉族
6	武陵山区(湘西)土家族苗族文化生态保护实验区	湖南	2010 年 11 月 26 日	湘西土家族苗族自治州	1.55 万	292	土家族、苗族
7	海洋渔文化(象山)生态保护实验区	浙江	2010 年 6 月	象山县	0.65 万	54.17	汉族
8	晋中文化生态保护实验区	山西	2010 年 6 月	晋中市,太原市阳曲、清徐、晋源、小店和吕梁市的离石、汾阳、孝义、交城、文水、柳林、临县	2.3 万	627.5	汉族
9	潍水文化生态保护实验区	山东	2010 年 11 月	潍坊市	1.5859 万	924.7	汉族
10	迪庆文化生态保护实验区	云南	2010 年 11 月 15 日	迪庆藏族自治州	2.387 万	40.5	藏族

续表

序号	名称	省（市、区）	批准或授牌时间	保护区域	覆盖面积（平方公里）	人口（万人）	主体民族
11	大理文化生态保护实验区	云南	2011年1月17日	大理白族自治州	2.95万	350	白族
12	陕北文化生态保护实验区	陕西	2012年5月25日	延安市、榆林市	8.029万	565.39	汉族
13	黔东南民族文化生态保护实验区	贵州	2012年12月31日	黔东南苗族侗族自治州	3.03万	441.72	苗族、侗族
14	客家文化（赣南）生态保护实验区	江西	2013年1月6日	赣州市	3.94万	926.7	汉族
15	铜鼓文化（河池）生态保护实验区	广西	2013年1月	河池市	3.35万	450	壮族
16	武陵山区(鄂西南)土家族苗族文化生态保护实验区	湖北	2014年9月	恩施土家族苗族自治州、长阳土家族自治县、五峰土家族自治县	2.9863万	464.66	土家族、苗族
17	武陵山区(渝东南)土家族苗族文化生态保护实验区	重庆	2014年11月	黔江区、武隆县、石柱县、秀山县、酉阳县、彭水县	1.98万	364	土家族、苗族
18	格萨尔文化果洛生态保护实验区	青海	2015年2月	果洛藏族自治州	7.6万	18.56	藏族

注：本表中数据为课题组成员根据文化部官方网站公布的相关数据，以及地方政府文化生态保护实验区规划、地方政府网站中的最新数据整理所得，截至2016年年底。

从表1可以看出，18个国家级文化生态保护实验区都为"实验区"，表明我国对文化生态保护区的建设还处于一种"摸着石头过河"的探索阶段，并且将是一个长期的探索阶段。经过多年的建设发展，我国实验区建设积累了宝贵的经验。

坚持对实验区内各类资源进行统一的整体性保护。对实验区内的各类资源必须采取不同的保护方式，才能实现实验区内生态建设、文化建设和经济建设的统一协调发展。首先，对实验区内部的各级各类非物质文化遗产代表性项目名录，应当建立非物质文化遗产档案和数据库，利用数字化保护的形式实现对这些名录的记忆；同时应根据非物质文化遗产等的不同类别，采取不尽相同的保护方式，并落实具体的保护经费和保护措施。其次，对实验区内的非遗传承人，更要在经济上和生活上给予特殊照顾；也要对各级传承人进行认定，扩大传承人队伍，争取更多的人进入国家级非遗传承人的队伍中来；第三，就是要扶持和资助传承人进行招徒授艺等传习活动，并对一些濒危技艺的传习人设置奖学金，免除他们的后顾之忧。第四，对待各类文化遗存，不能利用大力度开发的形式发展旅游业，这会对文化遗产造成破坏，应当保护与非遗有关的物质遗存。第五，为了保持整个实验区内的环境，应当修复和维护实验区内的自然生态环境。

遵循固定的科学合理的文化生态保护区的申报及审批程序。2010 年 2 月 10 日原文化部下发的《关于加强国家级文化生态保护区建设的指导意见》中"四、国家级文化生态保护区设立的程序"明确了各地区申报的具体步骤："省文化厅组织专家考察——论证规划纲要——省级人民政府同意——致函文化部并递交申报材料①——文化部审核材料——组织专家实地考察——对规划纲要进行专家评审——设立'国家级文化生态保护实验区'——实验区自身建设成果显著——文化部组织专家进行验收——正式命名'国家级文化生态保护区'"。从以上流程看，研究并编制《文化生态保护区规划纲要》的工作不仅是重中之重，更是申报工作的第一步。因此，整个的申报具体步骤还要在前面加上"组织专家学者编制《文化生态保护区规划纲要》"。

实验区的管理层面，强调政府、专家和社会民众及团体等多元主体共同参与。首先，在实验区的保护和发展中必须发挥各级各地政府的主导作用，号召当地的民众及其他社会团体为实验区的建设统一步调。省（直辖市、自治区）级政府更是可以将实验区的发展建设纳入各地经济社会发展规划，并作为各地的工作考核指标，以刺激当地政府出台推动实验区发展的政策，从而拉动各地的文化设施建设，尤其是公共文化服务体系建设。其次，设立由

①　申请的具体材料包含以下内容：申请地区人民政府和省、自治区、直辖市文化厅（局）设立文化生态保护区的申请、省级人民政府同意设立文化生态保护区的函件、专家论证意见以及《文化生态保护区规划纲要》等。

地方高校和地方文化研究单位文化学者组成的专家咨询机构，为实验区的发展建设提供一定的咨询服务。最后，要调动实验区内各方力量积极参与到实验区的建设中来，尤其是调动普通民众的积极性，发挥其主体性，鼓励各方参与实验区建设。如武陵山区（渝东南）土家族苗族文化生态保护实验区在建设中就确立了"政府主导、社会参与、明确职责、形成合力"的建设原则。

坚持保护优先、开发服从保护的原则，在整体性保护方式下采取多种形式保护各类文化资源。一是坚持在民族文化生态保护实验区内对各类自然资源和文化资源进行本真性保护。二是对实验区内一些较为重点的街区、古镇、村落，采取重点保护策略。三是密切关注非遗与其他各类资源的关联性，针对不同的资源采取较为多样化的保护方式。比如较为濒危的项目必须首先实施抢救性保护；而对于一些可以进行生产的技艺类非遗项目，就应当采取生产性保护。四是在一些民众聚集地，应当加快当地的公共文化服务体系建设。

利用多种途径和手段，尽可能多地获取实验区内保护和发展经费。首先，争取国家的专项保护经费。国家级实验区会获得中央财政拨付专项保护经费，以促进实验区建设及发展工作的持续开展。其次，地方政府应当加大投入，尤其是实行配套经费政策。一旦该地区获得实验区立项，实验区所在地政府就应当将实验区的所需建设经费纳入本级财政预算，确保实验区内有较多的充裕的发展基金开展相关民俗传习活动。再次，就是积极吸引各地的社会企业和个人投资，采取多种形式支持和赞助实验区的发展事业，如建设实验区内的基础设施、民俗文化传习所、文化示范基地等。在热贡文化生态保护实验区的保护及建设上，黄南藏族自治州政府就想方设法增加对生态区建设的资金投入。①

二、民族文化生态保护实验区建设存在的问题与不足

文化生态保护区是我国在非物质文化遗产界的一个创举，无前例和经验可循，因此不可避免地会出现一些未曾有过的发展困难和问题。

跨区域保护带来的管理不便，使相关政策措施不便统一实施执行。尤其是一些跨省份的实验区，单个实验区被分割开来进行保护的现象出现，按照行政区域进行编制类似的建设方案和实行类似的管理模式，会将一个个完整的文化区域分割为多个块状的文化单元，对于一个完整的实验区的发展建设

---

① 李海东：《"热贡文化生态保护实验区"的建设与保护》，新华网青海频道，2009 年 10 月 19日，http://www.qh.xinhuanet.com/rgys/2009-10/19/content_17985280.htm。

有明显的隐忧。徽州文化生态保护实验区虽不是民族文化生态保护实验区，但这方面的问题显得尤为突出。该实验区囊括了古代徽州的一府六县，即安徽黄山市、宣城市绩溪县和江西省婺源县，这就牵涉两省三市在保护实验区建设中的沟通和协调问题。古徽州一府六县从徽州府设立算起已有千余年历史，早已形成他们相近的文化、习俗和方言，形成了牢不可破的文化认同与历史认同；但由于历史上的种种原因，造成了目前同属于徽州文化区却分属两省三市的特殊局面。地跨四川和陕西两省的羌族文化生态保护实验区的建设状况更是出现了管理不便的问题。《羌族文化生态保护实验区规划纲要》明确提出其保护"以茂县为核心区，以汶川、理县，绵阳市北川羌族自治县为重点范围，以阿坝州和绵阳市行政区域及相关地域为羌族文化生态保护实验区的保护范围，与其相对应的现行行政区划范围是：茂县、汶川县、理县、松潘县、黑水县、九寨沟县、绵阳的北川县、平武县等"①，但却并未包含同属于羌族文化生态保护实验区的陕西省宁强县、略阳县以及宝鸡市的凤县，②硬生生地将实验区一分为二。

实验区内民众的主体性发挥不足，以致当地民众的参与度较低。关于设置国家级文化生态保护区的前提有，"当地群众的文化认同与参与保护的自觉性较高"。即使是在实验区的建设过程中，民众的参与也成为各地实验区保护的重要内容。《指导意见》提出要"坚持尊重人民群众的文化主体地位的原则"，更提到要"调动社会各方面力量参与实验区建设"。然而，在《指导意见》"四、国家级文化生态保护区设立的程序"中却鲜有强调当地民众参与的内容，而是指出各地文化厅是申请实验区的主体，而且是规划纲要等重要文件的制定主体，同时可以以文化厅（局）为制定主体的基础上邀请一些非遗保护领域内的相关专家参与，但却始终没有涉及吸引并发动当地民众积极参与申请、规划的内容。遂有学者明确指出，"坚持尊重人民群众的文化主体地位的原则，坚持以人为本、活态传承的原则"的美好设想就很难在具体的建设保护中得以真正体现，故而目前各个实验区内部民众的参与度是十分有限的，并没有发挥群众在保护非遗等文化资源方面的最大作用。

---

① 参见四川省文化厅：《羌族文化生态保护实验区规划纲要》，四川省文化厅网站，2010 年 12 月 1 日，http://www.maoxian.gov.cn/zhuant/fwzwhyc/qzwhstbhsyq/201305/t20130507_ 903209. html。

② 在此需要说明的是，宝鸡市凤县在原文化部批准成立羌族文化生态保护实验区时，并未纳入实验区进行统一保护，后陕西省政府致函原文化部，提出了将凤县列入国家级羌族文化生态保护实验区范围的请求。具体函件内容见：《陕西省人民政府关于将宝鸡市凤县列入国家级羌族文化生态保护实验区范围的函》（陕政函〔2012〕181 号）。

实验区在市场化产业化发展中带来的过度化的开发，使生态资源和文化资源面临着建设性破坏的威胁。如同各类文化遗产的申报热情持续不退一样，生态保护实验区的申报也似乎成为一种时髦的"政绩工程"。然而如同"申遗热"一样，实验区的申报热潮会不会带来众多文化资源破坏的威胁，值得地方政府和文化学者深思。一旦成为国家级文化生态保护实验区，往往成为地方政府开发旅游资源的热点。在社会效益和经济效益的两难选择之下，如何才能兼顾各类文化资源的保护和传承、开发与利用的适度和均衡，恐怕是已有民族文化生态保护实验区的内各级政府十分头疼的问题。然而不幸的是，各个区域似乎都制定了发展实验区内文化旅游业等文化产业的发展措施，这不能不使众多文化学者心有余悸。① 一度以来，我国地方政府的政绩考核都以GDP作为主要甚至是单一的考核指标。如果单一保护而杜绝开发，那么实验区将成为各个省区经济发展中的一根"鸡肋"。重庆市在发展武陵山区（渝东南）土家族苗族文化生态保护实验区时就提出要"发展一批民族特色文化产业"。四川省在发展羌族文化生态保护实验区中提出"采取生产性方式保护非物质文化遗产，合理利用自身价值，将其转化为经济效益和经济资源"②，并认为非遗是其相关产出也是增长经济效益的独特和可资利用的优良资源。

各个文化生态保护实验区都以民族文化或地域文化作为自身的保护对象，从而导致呈现出囊括不完整或者分割的情况出现。受历史因素的影响，同一个文化区域内的县市可能会分属两个甚至多个行政单位。如羌族文化生态保护实验区横跨陕西、四川，实质上贵州、甘肃、云南都有着类似的文化遗产，只是不像徽州文化遗存那样集中。而民族成分、民族语言、民族文化相似的武陵山区，却划分为三个实验区，分别位于渝东南、鄂西南、湘西。这三个实验区都位于我国武陵山区，都为土家族、苗族等民族的聚集地，都是属于我国连片贫困地区，都是土司文化遗产的聚集地。再者黔东南地区也属于武陵山区的范围，同样与渝东南、鄂西南、湘西有着类似的民俗风情和民族成分，但黔东南苗族侗族自治州却申请成功了黔东南民族文化生态保护实验区。2015年7月4日召开的第三十九届世界遗产大会上，"中国土司遗产"入选了

---

① 在此笔者强调的是，并不是发展文化旅游业等文化产业会直接造成当地自然资源和文化资源的破坏，而是顾忌在产业化开发中各级各地政府在具体执行过程中不能很好地把握利用文化资源的度，造成当地文化生态的失衡，使外来文化浅滩登陆并占据主流文化地位，由此带来的文化环境恶化而得不偿失。因为相对于实验区外部的各类文化，实验区内部的文化生态是相当脆弱的，这也是为何设立文化生态保护区的原因之一。

② 参见四川省文化厅：《羌族文化生态保护实验区规划纲要》，四川省文化厅网站，2010年12月1日，http://www.maoxian.gov.cn/zhuant/fwzwhyc/qzwhstbhsyq/201305/t20130507_903209.html。

世界文化遗产名录；而这个遗产名录本身就包括了湖北、湖南、贵州等省份的武陵山区的土司文化遗产，分别为唐崖土司城遗址、播州海龙屯遗址和永顺老司城遗址，与武陵山区土司文化的遗存基本吻合。武陵山区拥有多个国家级土家族苗族文化生态保护实验区的事实，与部分民族没有自身的文化生态保护实验区形成了鲜明的对比。此外，藏族的文化生态保护实验区有三个，同样聚集在青海和云南两省份。

民族文化生态保护实验区的保护与建设缺乏一定的法制与机制保障。我国已经实行的自然生态保护区建设，有法律法规体系来保障其能强制实施。如为了加强自然保护区的建设和管理，1994 年 10 月 9 日中华人民共和国国务院令第 167 号颁布了《中华人民共和国自然保护区条例》；全国人大环境与资源保护委员会于 2010 年 3 月起草了《中华人民共和国自然遗产保护法（征求意见稿）》（人环委函〔2010〕1 号），向社会广泛征求意见；《中华人民共和国环境保护法》更是从 2015 年 1 月 1 日起施行①。由此以来，国家通过限制人的行为来修复自然生态系统的意愿就能得以实现，就能以法律为后盾，强制实施退耕还林，限制打猎、捕鱼，节能减排等活动，并能给予自然保护区以广阔的发展空间。目前，由于国家级民族文化生态保护实验区的设立时间较短，相对应的法律法规体系没有完善，相对应的奖惩机制也在探索之中，因而通过限制人行为来修复文化生态系统的设想就无法可依。于 2011 年 6 月 1 日起施行的《中华人民共和国非物质文化遗产法》，鲜有推动中国国家级的文化生态保护实验区建设发展的条文内容。如果一旦出现了在民族文化生态保护实验区内乱拆乱建的不和谐现象，缺乏法律条文对这些违法行为进行惩处，类似的现象只会愈演愈烈。

三、民族文化生态保护实验区未来建设发展路径探析

为保持我国民族文化生态保护实验区的科学有序地发展建设，维护实验区内的文化生态平衡，在坚持《关于加强国家级文化生态保护区建设的指导意见》（以下简称《指导意见》）七大原则②的同时，学术界须吸取各个实验

---

① 《中华人民共和国环境保护法》自 2015 年 1 月 1 日起施行，中华人民共和国中央政府门户网站，2014 年 4 月 25 日，http://www.gov.cn/xinwen/2014-04/25/content_2666328.html。

② 这七大原则为"坚持以保护非物质文化遗产为核心的原则，坚持人文环境与自然环境协调、维护文化生态平衡的整体性原则，坚持尊重人民群众的文化主体地位的原则，坚持以人为本、活态传承的原则，坚持文化与经济社会协调发展的原则，坚持保护优先、开发服从保护的原则，坚持政府主导、社会参与的原则"。

区的经验教训，为早日建成多个国家级民族文化生态保护区发挥"智库"作用。

（一）合理规避实验区内部管理分割的弊端，构建实验区发展协同统一的领导小组

如何有效地处理实验区内跨行政区域的管理体制和机制问题，是在未来较长的一段时间内实验区发展建设最为棘手的事情之一。在现行的行政管理体制下，应当设立统一的实验区建设的领导机构，有效协同各方关系。省内跨行政区域的实验区，可由实验区所在的省一级政府出面进行协调，建立由主要省领导和分管文化工作的省领导具体牵头和负责，主抓跨省区的组织和协调工作，并成立由实验区内地市一级相关部门组成的实验区保护领导小组，全面负责和协调落实国家和省级层面制定和实施的保护政策和措施。如羌族文化生态保护实验区就可建立由四川和陕西主要领导参加的联合管理机关，并由阿坝州、绵阳市、汉中市和宝鸡市等地市长共同负责实验区的规划与管理工作，双方互相通报工作进展情况，统一规划，统一实施。再者，为实验区的成功建设而专门设置了相同面积的行政区域，且其定位依然为文化生态发展区，如重庆市将渝东南文化生态保护实验区统一规划为渝东南生态保护发展区，是一个很好的经验借鉴，此举能有效防止横跨区县的实验区内部发生多头管理、碎片式管理等情况的出现。另外，未来的民族文化生态保护实验区的划定，应遵循客观现实状况，尊重历史事实，遵守民族文化发展的客观规律，采取跨区域的联合申报制度。

（二）广泛调动社会尤其是民众参与实验区建设的积极性

《指导意见》明确提出了要"坚持尊重人民群众的文化主体地位的原则"，因此如何发动社会力量尤其是实验区内民众的力量参与到实验区的保护与建设中来，形成多元一体的实验区的保护机制，显得尤为重要。首先要加大宣传力度，强调实验区的建设能给当地民众带来实实在在的利益，调动民众的自觉性和主动性，增强实验区内自身的文化自信心和自豪感，形成维护实验区内文化生态平衡的文化自觉。其次要强调以人为本，保障实验区内民众的权利。与我国相对于成熟的自然生态保护区的保护不同，民族文化生态保护实验区保护的对象不仅有"物"，更包含各级非物质文化遗产代表性传承人，即还将"人"作为保护的对象。那么就必须在实验区的申报、规划纲要的制订及执行的各环节，保障实验区内部人民群众的知

情权、参与权、决策权等权利。再次要实现实验区内部的全民动员，促使实验区内政府、民众、企业、传承人、高校等各方面达成共同建设实验区的共识，使公众尤其是当地民众成为实验区建设的主体和成果的受益者，才能调动生产与生活于实验区内广大民众广泛参与的积极性，最终形成政府主导、民众主体、社会参与的良性互动。最后应当设置学术咨询机构，吸纳高校和相关研究机构学者加入实验区建设队伍中来，对实验区的建设提供咨询和指导服务。

（三）加大财政支持力度，积极拓宽实验区资金来源渠道

目前，各个民族文化生态保护实验区的建设资金主要来源于政府下拨的专项建设资金，包含中央下拨资金和省级政府下拨资金，以及省级以下地方政府的配套建设资金。然而，由于实验区内部多数为保护而实行有限度的开发策略，尤其是前期建设经费缺口巨大。尤其是各个实验区内部都要同时进行改善基础设施、完善公共文化服务体系、建设美丽乡村、进行大规模论证调研建设，因此必须拓宽资金来源渠道。另外，民族文化生态保护实验区又多处于我国西部欠发达地区，因而地方政府本就资金有限，继续下拨经费的难度较大。我国对生态实验区的设置都进行了财政拨款，却远远不够。如2014 年安排专项资金 6.63 亿元支持 752 个国家级非遗代表性项目保护、1735名国家非遗项目代表性传承人开展传习活动以及 10 个国家级文化生态保护实验区建设等，虽然经费总量巨大但均摊在每个实验区之内就相对较少。[①] 为贯彻执行《国务院关于编制全国主体功能区规划的意见》，一些实验区的功能区定位将由"开发经济"变更为"禁止开发"，那么一些过快的资源开发利用方式必须禁止或者放缓，这将会影响到地方经济的持续发展，因此功能区定位转变必须有一个缓慢的适应期。为此，《国务院关于编制全国主体功能区规划的意见》提出了明确的财政扶持政策，即"以实现基本公共服务均等化为目标，完善中央和省以下财政转移支付制度，重点增加对限制开发和禁止开发区域用于公共服务和生态环境补偿的财政转移支付。"与此同时，加大力度吸引社会资金、降低资金耗费也是可行之策。如可以积极引导和吸引当地民众加入实验区的建设中来，从而降低政府层面建设实验区的资金额度；同时创新保护形式，吸引社会企业和个人资金纳入实验区保护中，如成立保护当

---

① 《中央财政今年投入 88.43 亿元支持文化遗产保护》，新华网，2014 年 10 月 28 日，http://news. xinhuanet. com/politics/2014-10/28/c_ 1113016179. html。

地实验区的文化生态保护实验区发展基金会等。

（四）对实验区内非物质文化遗产进行地毯式搜索，积极将其申报为更高级别项目名录

目前，实验区建设紧紧围绕《指导意见》的具体要求，"确定重点区域进行整体性保护"。如在文化生态保护区中选择若干自然生态环境基本良好、传统文化生态保持较为完整的街道、社区或乡镇、村落等，作为实施整体性保护的重点区域，因此实验区内部的非遗保护已经形成了"点、片、面"的梯次分明的保护范围。然而，在实验区内部，由于文化生态保护良好，外界文化波及较慢，依然珍藏着众多的非物质文化遗产，众多的非遗项目暂时还没有列入县级、市级、省级乃至国家级的非遗保护名录里面。为此，必须对实验区内部的非遗项目进行地毯式的搜索，对一些能代表区域文化和民族文化的典型项目，尽快地设置为县级非物质文化遗产代表性项目名录，并一步步地由低到高申报为国家级非遗名录；另外必须在设置这些非遗项目为代表性名录的同时，对其非遗传承人也应加快申报步伐，真正地将身怀绝技的老艺人纳入实验区的重点保护对象之内。例如以大理文化生态保护实验区为例，应该加紧对能反映大理文化和白族文化的非遗项目的搜索，并可以在全国范围内推广，给予文化生态保护实验区内的非遗项目众多优待，同时也必须加快对一些与大理文化相关的历史文物、古街遗址、民族村寨等的认定工作。

（五）坚持本真性保护，秉承社会效益优先的发展原则

根据《国民经济和社会发展第十一个五年规划纲要》所确定的四大类主体功能分区，我国多个民族文化生态保护实验区自然是"限制开发区"和"禁止开发区"。那么民族文化生态保护实验区就不能再以牺牲优美环境和文化资源的巨大代价去增加当地的GDP，同时以尽快转型经济发展模式，并尽快将一些高污染高耗能的化工企业淘汰。因为"在禁止开发区域，主要评价生态建设和环境保护，将保护情形与各级干部考核挂起钩来。"那么禁止开发并不是禁止各省区的发展，而是应当扬长避短，因地制宜，深化本地的自然人文旅游，扩大和发展文化产业，改变全国各地民族区域"旅游产品同质化"的怪现象。同时，应当坚持在对各类非遗资源进行本真性原真性保护的基础上，进行生产性保护，适度开发各类文化资源和自然资源，提高当地的社会效益和经济效益。

（六）坚持实验区建设同生态保护、反贫困、公共文化服务体系建设同步进行

实验区的保护、建设及管理必须同其他建设相协调，便于统一规划、统一实施、统一管理，才能适应现代社会飞速发展的步伐。实验区建设要同生态保护、大健康产业发展、反贫困、美丽乡村建设、公共文化服务体系建设相辅相成。每个民族文化生态保护实验区都有着丰富的生态自然资源，因此维护实验区的生态平衡，也是实验区的建设之一。同样地，实验区由于坚持保护优先、开发服从保护的原则，可以依赖良好的环境发展绿色治疗产业、中医药产业等大健康产业等，实现地方文化与经济的协调发展。同时，为保护重点非遗项目而设置的重点保护区域，加快了实验区内的公共文化服务体系建设，提高了当地文化基础设施水平，由此规划建设的博物馆、文化馆和图书馆，一方面是实验区文化建设的一部分，更为实验区内民众文化水平的提升提供了物质基础。鉴于实验区多处于我国的中西部欠发达地区，并多为少数民族聚集的山区，因而实验区内部的反贫困任务也十分艰巨。那么，针对实验区内而下拨的财政资金，必须将生态建设、文化建设、经济建设等结合起来，实现实验区内经济文化社会的全面协调发展。

（七）加快实验区法律法规建设，构建合理的实验区建设机制

尽快完善保护建设国家级民族文化生态保护区的相关法律法规，形成旨在促进实验区和谐快速发展的法律体系。如尽快制定《中华人民共和国国家级文化生态保护区条例》和保护文化遗产的相关法律等。尤其是对其中牵涉民族团结稳定的民族文化生态保护实验区要进行特别规定；严惩危害实验区内部民族文化生态平衡的违法行为。地方政府应该出台相应的法规条例，支持国家的文化生态保护实验区建设，针对一些乱拆乱建、私拉乱扯等行为进行一定程度的制约；针对一些铁路、公路、旅游景区的规划，一定要争取当地文化部门的同意，避免在基础设施的建设中对文化遗产及其生存环境造成建设性破坏，从而造成文化生态的破坏。如《贵州省非物质文化遗产保护条例》在专门的"文化生态保护区"的条款中的规定，能为各地区制定相应的法规时提供一定的参考借鉴。

以社区为中心

——联合国教科文组织非遗保护政策中社区的地位及其界定

杨利慧

（北京师范大学文学院）

"社区"（community）无疑是联合国教科文组织（以下简称为 UNESCO）发动的非物质文化遗产保护工程系统中的一个关键词——在该系统中，"非物质文化遗产"（以下简称"非遗"）从认定、清单编制、保护措施的规划和实施，以及申请进入各类名录的整个过程，都强调"社区最大限度地参与"（widest possible participation of the communities），① 倡导"将社区、群体或个人，置于所有保护措施和计划的中心（at the centre of all safeguarding measures and plans）"，② 主张"相关社区、群体和个人在保护其所持有的非物质文化遗产过程中应发挥主要作用（should have the primary role）"。③ 那么，到底什么是"社区"？它在非遗政策中具有何种重要地位？UNESCO 为何如此强调社区的重要性？社区如何参与非遗保护的各个过程？迄今各缔约国取得了哪些成功的社区参与经验？……这些问题，无疑值得世界各国的非物质文化遗产研究者和从事非遗保护工作的实践者们认真探讨。就笔者有限的目力所及，迄今为止，从 UNESCO 非物质文化遗产政策系统内部出发去探讨社区意义的学术研究成果，国际上已有一些，主要集中在"社区"的含义和边界、社区

---

① 联合国教科文组织：《保护非物质文化遗产公约》第十五条，联合国教科文组织创意处非物质文化遗产科．基本文件．2003 年《保护非物质文化遗产公约》．http：// www.unesco.org/culture/ich. 2014 年中文版；UNESCO. Aide-Mémoire for Completing a Nomination to The Representative List of the Intangible Cultural Heritage of Humanity, For 2016 and Later Nominations ［Z］．No. 28.

② UNESCO. Aide-Mémoire for Completing a Nomination to The Representative List of the Intangible Cultural Heritage of Humanity, For 2016 and Later Nominations. No. 92.

③ 联合国教科文组织，巴莫曲布嫫、张玲译：《保护非物质文化遗产伦理原则》，载《民族文学研究》2016 年第 3 期。

参与非遗保护的实践经验，以及对 UNESCO 有关社区政策的反思等方面，① 而国内的相关研究尚相对较少。总的看来，相比社区的重要性而言，这方面的研究显然亟待深化。

本文试图以 UNESCO 的《保护非物质文化遗产公约》（2003，以下简称"《公约》"）及其部分衍生文件为基础，结合笔者作为 UNESCO 非物质文化遗产评审机构（Evaluation Body）之一——中国民俗学会——非物质文化遗产评审专家团队的一员，于 2015、2016 年两次参与非物质文化遗产评审工作的经历和思考，来阐述社区在 UNESCO 非物质文化遗产政策中的重要性。此外，2011 年 1 月，笔者还曾作为中国观察员之一，全程参加了 UNESCO 在北京举办的"《保护非物质文化遗产公约》·强化国家非物质文化遗产保护能力·培训师培训工作坊"（Strengthening National Capacities for Safeguarding Intangible Cultural Heritage, Training of Trainers Workshop, Beijing, 10~14 January 2011，以下简称"工作坊"），在为期五天的培训中，比较深入地学习了《公约》的精神以及其中对包括"社区"在内的诸多关键词的解释。培训文件中对很多专有术语的阐述比较详细，对《公约》中言简意赅的语汇表达进行了大量说明和进一步论述，对于正确理解《公约》及其衍生文件有重要的补充作用，所以本文也将适当援引和分析。

希望本文能对已有相关研究起到一定的丰富和补充作用，同时也对中国本土的非遗保护实践具有一定的借鉴和促进意义。

一、以社区为中心：社区在《公约》及其衍生文件中的地位

如前所述，《公约》及其各类衍生文件中均十分强调社区在整个非遗保护过程中的重要性。在笔者看来，其重要性主要体现在如下几个方面：

第一，社区认定。在"非物质文化遗产"的认定标准中，社区被置于至关重要的位置。大家知道，《公约》中对于"非物质文化遗产"的界定如下：

---

① 例如，Bak, Sangmee. "The Concept of 'Community' in 2003 UNESCO Convention for the Safeguarding of Intangible Cultural Heritage: Issues and Trends in the Safeguarding and Inscription of Intangible Cultural Heritage." Dangjin, April 10, 2015; Rodoff, Britta and Susanne Raymond. "A Community Convention? An Anylysis of Free, Prior and Informed Consent Given under the 2003 Convention." International Journal of Intangible Heritage, vol. 8, 2013, pp. 153-164; Kim, Hyeonjeong. "The Importance of Communities Being Able to Provide Venues for Folk Performances and the Effect: A Japanese Case Study." International Journal of Intangible Heritage, vol. 3, 2008, pp. 83-94; UNESCO. Expert Meeting on Community Involvement in Safeguarding Intangible Cultural Heritage. http://www.unesco.org/culture/ich/doc/src/00034-EN.pdf. 2006-03-13~15. Tokyo, Japan. 最后访问时间：2016 年 7 月 30 日。

"'非物质文化遗产',指被各社区、群体,有时是个人,视为其文化遗产组成部分的各种社会实践、观念表述、表现形式、知识、技能以及相关的工具、实物、手工艺品和文化场所。这种非物质文化遗产世代相传,在各社区和群体适应周围环境以及与自然和历史的互动中,被不断地再创造,为这些社区和群体提供认同感和持续感,从而增强对文化多样性和人类创造力的尊重。在本《公约》中,只考虑符合现有的国际人权文件,各社区、群体和个人之间相互尊重的需要和顺应可持续发展的非物质文化遗产。"① 这一界定确立了非遗认定的五个标准:①该遗产项目包含在"社会实践、观念表述、表现形式、知识、技能以及相关的工具、实物、手工艺品和文化场所"之内;②该遗产项目"被各社区、群体,有时是个人,视为其文化遗产的组成部分";③该遗产项目"世代相传,在各社区和群体适应周围环境以及与自然和历史的互动中,被不断地再创造";④该遗产项目"为这些社区和群体提供认同感和持续感";⑤该遗产项目"符合现有的国际人权文件,各社区、群体和个人之间相互尊重的需要和顺应可持续发展"。② 在这五条标准中,"社区、群体,有时是个人"的认可,成为某一项目是否能够被认定为非遗的重要标准。也就是说,社区、群体或传承人决定着某一特定的实践或者传统是否构成了其文化遗产的一部分,有权决定某一特定实践或者表达对其认同感及持续感具有重要意义,只有经由他们的确认,特定的实践或者传统才可能从一般性的文化遗产中被遴选出来并成为非物质文化遗产。与此相应,评审机构的专家在对各缔约国提交的代表作名录申报表、急需保护名录申报表等进行评审的过程中,也是依据这五条标准,对所描述的非遗项目进行审查的,申报表是否清晰、充分地描述并证明了社区的认定,成为判定该项目能否列入名录的一个基本依据。

　　第二,社区参与及事先知情同意。《公约》强调整个保护过程(主要包括认定、清单编制、保护措施的规划和实施以及申请进入各类名录等)中都要保持社区最大限度地参与,这成为《公约》及其衍生文件强调社区重要性时经常提及的一个原则:"缔约国在开展保护非物质文化遗产活动时,应努力确

---

　　① 联合国教科文组织:《保护非物质文化遗产公约》第二条,2.1. 联合国教科文组织创意处非物质文化遗产科. 基本文件. 2003 年《保护非物质文化遗产公约》. http:// www. unesco. org/culture/ich. 2014 年中文版。

　　② 联合国教科文组织:"急需保护的非物质文化遗产名录·ICH-01 表"以及"人类非物质文化遗产代表作名录·ICH-02 表",文化部对外文化联络局、联合国教科文组织《〈保护非物质文化遗产公约〉基础文件汇编》,北京:外文出版社,2012 年,第 81、93 页。

保创造、延续和传承这种遗产的社区、群体，有时是个人的最大限度地参与，并吸收他们积极地参与有关的管理。"① 《人类非物质文化遗产代表作名录申报表填写备忘录》（以下简称"《备忘录》"）甚至声明："在委员会及其附属和评审机构所关注的所有话题中，没有任何话题比起社区、群体或个人在非物质文化遗产保护中的最大限度地参与更加受到关注的了。"② 与这一原则相呼应，UNESCO 要求各缔约国在申报各类名录时，不仅应体现社区的广泛参与，而且还应确保社区对申报工作"事先知情同意"（free, prior and informed consent to the nomination），缔约国必须提供书面、音像或者其他形式，证明社区的事先知情和同意。《实施〈保护非物质文化遗产公约〉的业务指南》（以下简称"《业务指南》"）中明确规定，无论是急需保护的非物质文化遗产名录和人类非物质文化遗产代表作名录，还是优秀实践名册，其列入的一条重要标准，便是该遗产项目的申报"得到相关社区、群体或个人尽可能广泛的参与，尊重其意愿，并经其事先知情同意"。③ 正因如此，在"急需保护的非物质文化遗产名录·ICH-01 表"以及"人类非物质文化遗产代表作名录·ICH-02 表"中，第四条（U.4 和 R.4）列入标准均为"申报过程中的社区参与和同意"。依据该标准，缔约国应证实"该遗产项目的申报得到相关社区、群体或个人尽可能广泛的参与，尊重其意愿，并经其事先知情同意"。该条又细分为四个方面，其中前两方面直接关涉社区的参与和知情，对于理解申报过程各个阶段中的"社区参与及知情"有所帮助。

4.a. 申报过程中相关社区、群体和个人的参与

说明相关社区、群体或个人如何积极地参与了准备和编制申报材料的各个阶段。

鼓励缔约国在各相关方的广泛参与下准备申报材料，包括各级地方政府、社区、非政府组织、研究机构、专业中心和其他相关方等。

4.b. 申报中尊重其意愿，并经其事先知情同意

---

① 联合国教科文组织：《保护非物质文化遗产公约》第十五条，联合国教科文组织创意处非物质文化遗产科. 基本文件. 2003 年《保护非物质文化遗产公约》. http：// www. unesco. org/culture/ich. 2014 年中文版。

② UNESCO. Aide-Mémoire for Completing a Nomination to The Representative List of the Intangible Cultural Heritage of Humanity, For 2016 and Later Nominations. No. 28.

③ 联合国教科文组织：《实施〈保护非物质文化遗产公约〉的业务指南》第一章，联合国教科文组织创意处非物质文化遗产科. 基本文件. 2003 年《保护非物质文化遗产公约》. http：// www. unesco. org/culture/ich. 2014 年中文版。

　　　申报该遗产项目尊重相关社区、群体或个人的意愿，经其事先知情同意，这既可通过书面或音像形式，也可通过根据缔约国法律制度及相关社区和群体丰富多样性所采取的其他方式予以证明……①

　　可见，在申报阶段中，社区参与原则的要求是相关社区、群体或个人"积极地参与了准备和编制申报材料的各个阶段"，申报中尊重其意愿，并经其事先知情同意。相对而言，社区参与的要求较易让人理解，可是怎样算是社区"事先知情同意"呢？该如何实践这一要求呢？2011年的"工作坊文件"中，谈及"社区在保护中的角色"时，对上述要点做了进一步的补充："当某一非遗项目的申报——包括保护措施的规划——关涉社区、群体或个人时，他们必须对申报书的准备和提交给予——自由地和自愿地——同意。他们应当被给予充分的信息和时间来做出决定，并被恰当地告知列入之后可能的利益以及任何可能的负面影响。没有他们的知情同意，申报书的准备不应开展，也不应提交给 UNESCO。"② 由此可见，获得社区的知情同意书并非只是简单地令社区、群体或个人代表签字表态，相反，在此之前，应当给社区"充分的信息和时间来做出决定，并恰当地告知列入之后可能的利益以及任何可能的负面影响"，这些才是这一环节更应完成的工作内容。

　　与此相应，在评审机构以及独立评审专家对各类申报表进行评审时，能否充分证明社区的广泛参与及其事先知情同意，是判断一个非遗项目是否符合列入标准的另一个重要维度。这里也许有必要顺带一提：在中国民俗学会迄今参与的两届非物质文化遗产评审中（2015、2016年），工作量最大的一项内容，往往是审查申报书是否体现并符合了"社区参与"与"社区事先知情同意"的原则（U.4，R.4，P.5）。无法证明社区在保护以及申报过程中积极参与并且事先知情同意的申报书，将可能因为未能达到这一标准而使整个申报功亏一篑。不少包括诸多社区和群体参与的申报书，会附上长达数十页甚至上百页的社区知情同意书。

　　第三，以社区为中心。社区的重要性绝不仅仅体现在其广泛参与和事先知情并同意上。在《公约》的诸多衍生文件中，社区被置于更重要的位

---

　　① 联合国教科文组织："急需保护的非物质文化遗产名录·ICH-01 表"以及"人类非物质文化遗产代表作名录·ICH-02 表"，文化部对外文化联络局、联合国教科文组织：《〈保护非物质文化遗产公约〉基础文件汇编》，北京：外文出版社，2012年，第81、93页。

　　② UNESCO. 2003 Convention for the Safeguarding of the Intangible Cultural Heritage: Strengthening National Capacities for Safeguarding Intangible Cultural Heritage, Training of Trainers Workshop. Ratification & Inventorying. RAT 2. 3, Slide 21. 2011-01-10~14. Beijing.

置——在申报和制定保护措施的过程中，社区、群体或个人被视为关键性的主体，在该过程中扮演着中心性的角色，而无视社区的主体性、自上而下（top-down）开展的非遗保护，被明确予以否定。在政府间委员会第八届会议（2013 年 12 月 2 日至 7 日，巴库，阿塞拜疆）上，政府间委员会就呼吁各缔约国"将社区、群体，有时是个人，置于所有保护措施和计划的中心，避免自上而下的方法，确认从社区、群体，有时是个人之中涌现出的办法"。[①] 第十届常会（2015 年 11 月 30 日至 12 月 4 日，温德和克，纳米比亚）通过的《保护非物质文化遗产伦理原则》，第一条便旗帜鲜明地主张："相关社区、群体和个人在保护其所持有的非物质文化遗产过程中应发挥主要作用。"[②]

为什么非遗保护工作应以社区为中心，社区应在其中发挥主要作用呢？《备忘录》中对这一问题有所阐述："缔约国的具体参与是重要的，但是咨询机构也警告，对于国家的过度依赖，会逐渐损害所提出的保护措施的成功和可持续性。"在咨询机构看来，保护措施"不应该仅只由自上而下的、由中央发动的、依赖政府支持的措施而构成——这些往往是短暂的；相反，长期的社区参与、主体的全程参与，却会带来比仅靠政府支持的保护措施更持久的持续性"，咨询机构不赞成一些申报表中处处彰显政府而社区主体的参与性很少得到表现的做法，认为这使可持续性受到危害。[③] 可见，UNESCO 坚持"以社区为中心"的原则，是因为认定只有社区最大限度地参与到保护的整个过程中去，并在其中发挥主要的作用，非遗保护才能可持续地、有效地开展下去。

遗憾的是，正如《备忘录》中指出的，对于发展和保护计划中社区的重要性，一些缔约国"常常缺乏理解和认识"，"社区成员往往只被视为资料提供人或者受益人（beneficiaries），而很少被看作规划和实施保护措施的关键性主体（key actors）"。[④] 这一点，也需要中国各级政府和文化管理部门警醒并改进。

第四，社区受益。在《备忘录》以及《业务指南》中，多次声明非遗项

---

① UNESCO. Aide-Mémoire for Completing a Nomination to The Representative List of the Intangible Cultural Heritage of Humanity, For 2016 and Later Nominations. No. 92.

② 联合国教科文组织，巴莫曲布嫫、张玲译：《保护非物质文化遗产伦理原则》，载《民族文学研究》2016 年第 3 期。

③ UNESCO. Aide-Mémoire for Completing a Nomination to The Representative List of the Intangible Cultural Heritage of Humanity, For 2016 and Later Nominations. No. 91.

④ UNESCO. Aide-Mémoire for Completing a Nomination to The Representative List of the Intangible Cultural Heritage of Humanity, For 2016 and Later Nominations. No. 92.

目的保护及其可持续发展应使社区成为受益方。比如,《备忘录》提到政府间委员会及其附属机构和评审机构都"强调社区参与在保护措施制定过程中的重要性,以使相关社区——而非国家或者私人企业(states or private enterprises)——成为列入名录以及由此带来的日益增加的关注的受益方(the beneficiaries)"。[①] 在论及列入名录以及保护过程中可能带来的商业化及其双刃剑作用时,《业务指南》特别明确地规定应确保其结果使社区受益:"可能源自非物质文化遗产的某些形式的商业活动,以及与非物质文化遗产相关的文化产品和服务的贸易,可提高人们对此类遗产及其重要性的认识,并为其实践者带来收益。这些商贸活动有助于传承和实践该遗产的社区提高生活水平,带动地方经济,增强社会凝聚力。然而,这类活动和贸易不应危及非物质文化遗产的存续力,因此应采取各种适当措施,以确保相关社区成为主要的受益方。"[②] 2015 年,在政府间委员会第十届常会上通过的《保护非物质文化遗产伦理原则》,其多项条款从多个角度重申了《公约》一再强调的社区重要性的原则,其中第七条规定:"创造非物质文化遗产的社区、群体或个人应从源于这类遗产的精神利益和物质利益的保护中受益,特别是社区成员或其他人对其使用、研究、立档、宣传或改编。"[③]

上述四个方面,集中体现了《公约》及其各类衍生文件中的社区原则。那么,为什么 UNESCO 如此强调社区在非遗保护过程中的重要性?梳理各类相关文档可以发现,这一点在《公约》的一开始便有明确的声明:"承认各社区,尤其是原住民、各群体,有时是个人,在非物质文化遗产的生产、保护、延续和再创造方面发挥着重要作用,从而为丰富文化多样性和人类的创造性做出贡献"。2011 年的"工作坊文件"中,曾特别论及这个问题并且有更加详细的解释,其给出的理由如下:

1. 非遗是由人们(the people,社区、群体以及个人)所施行(enacted)和传承的,并由其认同,视之为其文化遗产的一部分;

2. 非遗是该人群(无论被认定或被视为社区、群体,或者在一些案例中是个人)集体遗产的一部分;

① UNESCO. Aide-Mémoire for Completing a Nomination to The Representative List of the Intangible Cultural Heritage of Humanity, For 2016 and Later Nominations. No. 92.

② 联合国教科文组织:《实施〈保护非物质文化遗产公约〉的业务指南》第 116 条,联合国教科文组织创意处非物质文化遗产科. 基本文件. 2003 年《保护非物质文化遗产公约》. http://www.unesco.org/culture/ich. 2014 年中文版.

③ 联合国教科文组织,巴莫曲布嫫、张玲译:《保护非物质文化遗产伦理原则》,载《民族文学研究》2016 年第 3 期。

3. 保护关涉确保非遗在该人群内部，并通过该人群（社区、群体和个人）得到持续性的实践和传承；

4. 因此，没有该人群（社区、群体和个人）的同意和参与（involvement），保护就不可能发生。①

综上所言，《公约》及其衍生文件明白无误地表达出这样的理念：社区、群体或个人是生产、认定、保护、延续和再创造非遗的关键性主体，保护的目的便是确保非遗在该人群内部并通过该人群而得以继续实践和传承，因此，社区毫无疑问应该成为非遗保护政策的中心。

二、非固定性与非均质性："社区" 的界定

既然 UNESCO 如此强调社区的重要性，那么，紧接着的一个问题便是：到底什么是 "社区" 呢？这个问题却不好回答，因为在《公约》《业务指南》等基础文件中，都没有直接给这个至关重要的概念一个明确的界定。2006 年 3 月在日本东京召开的 "非物质文化遗产保护中的社区参与专家会议" 的最终报告，一开头便指出，"《公约》并未提供对 '社区' 和 '群体' 的定义。"② 2011 年的工作坊文件在谈及关键词 "社区" 的界定时，也坦承："《公约》的总则写道：'承认各社区，尤其是原住民、各群体，有时是个人，在非物质文化遗产的生产、保护、延续和再创造方面发挥着重要作用，从而为丰富文化多样性和人类的创造性做出贡献'。上述语汇在《公约》的这个部分里没有一个得到界定。"③

不过，尽管如此，工作坊文件在阐述 "《公约》中的关键词" 时，还是给出了一些限定："在《公约》框架之下，相关的 '社区、群体或个人' 是指那些人（those people）：他们直接或间接地参与某一（或一系列）非遗项目的实践或传承，并认为该非遗项目是其文化遗产的一部分。《业务指南》中也经常运用这些语汇，同时在一些场合也使用 '传承人'（tradition bearers）和 '实践者'（practitioners），来指那些在某一社区或群体中对非物质文化遗产的

---

① UNESCO. 2003 Convention for the Safeguarding of the Intangible Cultural Heritage: Strengthening National Capacities for Safeguarding Intangible Cultural Heritage, Training of Trainers Workshop. Ratification & Inventorying. RAT 2.6, Slide 3. 2011-01-10~14. Beijing.

② UNESCO. Expert Meeting on Community Involvement in Safeguarding Intangible Cultural Heritage. http://www.unesco.org/culture/ich/doc/src/00034-EN.pdf. 2006-03-13~15. Tokyo, Japan.

③ UNESCO. 2003 Convention for the Safeguarding of the Intangible Cultural Heritage: Strengthening National Capacities for Safeguarding Intangible Cultural Heritage, Training of Trainers Workshop. Ratification & Inventorying. NOM 5.3, p.82. 2011-01-10~14. Beijing.

施行（enactment）和传承富有特定职责（tasks）的人。"①"《公约》中提到'社区、群体和个人'时，指的是参与实践和传承非遗项目，并视之为其文化遗产的一部分的人。社区很难被抽象地界定，但是在这一语境中，它们是直接或者间接地参与相关非遗项目的施行和传承的人。"②

在我们通常的理解中，"社区"虽然可大可小，但往往是一个具有相对明确的地理边界的实体性空间，比如"北京市"或者"护国寺社区"。这一理解却与 UNESCO 的精神不相吻合。从上文所引述的界定来看，社区所指涉的并非地理空间，而是指向非物质文化遗产的实践者，而且，其中不仅包括非物质文化遗产的直接实践者，还包括间接施行和传承非物质文化遗产的人，换句话说，并非直接传承人的某一非物质文化遗产项目的听众，也是社区的一部分。2006 年 3 月，在东京召开的"非物质文化遗产保护中的社区参与专家会议"已经对这个问题有所论争：有的专家认为对于社区的界定应当聚焦于非物质文化遗产的直接实践者，有的则认为社区还应当包括那些与非物质文化遗产相关却并非积极实践者的人。③

那么，《公约》中为什么没有对"社区"这个关键性的概念做出界定呢？工作坊文件中对此专门作出了解释："缺乏正式界定的多种原因之一，是很难界定一个社区——就像非物质文化遗产一样，相关的社区和群体是流动的。社区和群体的概念也可以在不同的政治语境中、被不同的人用不同的方式来理解……在 2002—2003 年，起草《公约》文本的专家很高兴将这些概念悬而不决，不仅是因为上面提到的这些客观问题。如果他们试着界定上述概念的话，他们可能就无法在 2003 年——甚至在 2005 年——完成《公约》的草案了。大部分国家具有文化和民族-语言上的多样性，而且各个国家以不同的方式来对待其多样性。一些国家，通常是高度集中的国家，着力于国家建设或者民族统一的密集过程，对于外来者（或者一项《公约》）来规定其如何界定和应对社区和（或）群体没有兴趣。有的国家认可土著社区（indigenous communities），而有的却不。那些刚刚渡过国内问题困难时期的国家则更希望

---

① UNESCO. 2003 Convention for the Safeguarding of the Intangible Cultural Heritage：Strengthening National Capacities for Safeguarding Intangible Cultural Heritage, Training of Trainers Workshop. Ratification & Inventorying. NOM 5.3, Slide 15. 2011-01-10~14. Beijing.

② 同上，NOM 5.12, p. 415.

③ UNESCO. Expert Meeting on Community Involvement in Safeguarding Intangible Cultural Heritage. http：//www.unesco.org/culture/ich/doc/src/00034-EN.pdf. 2006-03-13~15. Tokyo, Japan.

关注普遍的认同，而不是内部的差异。"① 由此可见，没有对社区予以界定的原因，是因为在 UNESCO 看来，其中牵涉十分复杂的多样性现实以及理解，难于一概而论。

但是无论如何，可以明确的社区特质是：它们并非是固定的和均质的。它们"可以根据行政的、地理的、民族−语言的或者其他标准来界定。人们可以因此同时归属于不同的社区。人们对社区和群体的认同首先由自己决定。他们可以根据很多因素，比如他们的语言，一项特定的非遗，或者一系列特定的非遗，来界定自己的社区或者群体。"② 在《公约》中，"一个群体或者社区中的人们在表现其非物质文化遗产时可以有不同的角色，例如实践者、管理者（custodian）、传承人，或者听众。一些非物质文化遗产的群体规模很小，界定清晰（比如一项特殊的治疗传统或者手工艺的实践者群体，或者一个木偶艺人家庭）。在一个特定时间，可以只包括一个个人。其他群体更大，界定不那么清晰，比如包括庆祝狂欢节的镇上居民，节日的观众，参加仪式活动的社区成员——他们乐于为这些事件提供助力，以作为其经历并实践其文化遗产的一部分，并从中感受'社区感'（a sense of community）。"③ "重要的是，要认识到作为一个原则：社区并非是均质的，在一个社区或者群体之内，对于非遗的认同和保护事宜可能会有不同的意见。"④

这里还应该顺便厘清一下《公约》及其衍生文件中反复出现的"社区、群体或个人"这类表述中，所涉及的社区、群体（groups）和个人（individual）之间的联系和区别。这一点也并未在《公约》及其基础文件中得到说明。2011 年的工作坊文件中，对此曾有专门的解释，对我们理解这类表述有一些帮助："《公约》中也并未说明如何在社区和群体之间作出区分。有人将群体解释为构成一个社区或者跨社区的人们（比如实践者或者传承人），他们对某一特定项目拥有特殊的知识，或者在它的表现和传承中具有特殊的角色。在

---

① UNESCO. 2003 Convention for the Safeguarding of the Intangible Cultural Heritage：Strengthening National Capacities for Safeguarding Intangible Cultural Heritage，Training of Trainers Workshop. Ratification & Inventorying. NOM 5. 3，Slide 15. 2011−01−10~14. Beijing.

② UNESCO. 2003 Convention for the Safeguarding of the Intangible Cultural Heritage：Strengthening National Capacities for Safeguarding Intangible Cultural Heritage，Training of Trainers Workshop. Ratification & Inventorying. NOM 5. 3，Slide 15. 2011−01−10~14. Beijing.

③ 同上。

④ UNESCO. 2003 Convention for the Safeguarding of the Intangible Cultural Heritage：Strengthening National Capacities for Safeguarding Intangible Cultural Heritage，Training of Trainers Workshop. Ratification & Inventorying. NOM 5. 3，P. 82. 2011−01−10~14. Beijing.

一些案例中，个人具有特殊的角色，比如作为实践者或者管理者；通常他们是一个社区中仅存的人，掌握必备的知识和技艺以实践某一特定的非遗形式。"① 按照这一解释，个人、群体和社区的范畴依次由小到大，个人构成了群体，群体构成了社区。但是在笔者看来，上述解释并不能充分地说明社区与群体之间的区别，因为，如上文所引述的，社区同样指的是直接或者间接地参与相关非遗项目的施行和传承的人，因此与"群体"的界定没有形成本质区别。在 UNESCO 的文献中，这类模糊的概念并不少见。

下面，本文将以 2015 年的三项非物质文化遗产申报为个案，具体检视一下其中体现出的"社区"观念。相关申报表以及评审情况均可参见"保护非物质文化遗产政府间委员会第十届常会决议"（即 10. COM 决议）。②

案例一：纳米比亚的马如拉节（Marula Festival）。马如拉是一种植物。每年果实丰收的时候，纳米比亚北部的八个 Aawambo 社区便会酿制马如拉果酒，载歌载舞，举办长达 2~3 天的庆祝节日。该节日由八个社区轮流举办，因此该非遗项目牵涉的相关社区便是这八个 Aawambo 社区，它们在申报以及制订保护措施的过程中都有积极的参与。③ 该项目最终成功列入人类代表作名录。

案例二：埃及的传统手偶艺术（Traditional Hand Puppetry），申请纳入急需保护名录。该手偶艺术通常是几个艺人组团巡回演出，特别是在 Mawled 民间庆典上表演。后来该庆典渐渐萎缩，手偶表演艺人不得不定居下来，而且人数锐减到寥寥数人。该非遗项目牵涉的相关社区、群体和个人应当是各处巡回演出和定居下来的手偶艺人及其观众，不过申报表上填写的"相关社区、群体或个人"只是六位中老年民间艺人。④ 该项目最终并未获得通过，否决的理由之一便是"社区参与"出了问题：尽管其申报过程中有多方力量——包括实践者和相关利益方——的参与，但是申报书只显示了几位手偶艺人的在

---

① UNESCO. 2003 Convention for the Safeguarding of the Intangible Cultural Heritage: Strengthening National Capacities for Safeguarding Intangible Cultural Heritage, Training of Trainers Workshop. Ratification & Inventorying. NOM 5. 3, P. 82. 2011-01-10~14. Beijing.

② UNESCO. Intergovernmental Committee for the Safeguarding of the Intangible Cultural Heritage. Tenth session, Decisions. http://www.unesco.org/culture/ich/doc/src/ITH-15-10. COM-Decisions-EN. doc. 2015-11-30/ 2015-12-04. Windhoek, Namibia.

③ http://www.unesco.org/culture/ich/en/10b-representative-list-00779. 最后访问时间：2016 年 7 月 20 日。

④ http://www.unesco.org/culture/ich/doc/src/ITH-15-10. COM-10. a+Add_ EN. doc#DRAFT_ DECISION_ 10COM_ 10a3. 最后访问时间：2016 年 7 月 22 日。

场，并未能充分证明更广大的社区在申报的全过程里都积极参与；而且，传统的实践者更多的是作为信息提供者（informants），而并非该过程中的积极合作者（partners）。①

案例三：哈萨克斯坦和吉尔吉斯斯坦联合申报的"阿依特斯即兴创作艺术"（Aitysh/Aitys, art of improvisation）。阿依特斯是一种即兴论辩的口头诗歌，可唱可说，表演时常以冬不拉或者吉尔吉斯人的库姆孜琴（komuz）伴奏，在哈萨克斯坦和吉尔吉斯斯坦全境都广泛流传。表演者——即阿肯——双方要即兴创作韵文，用幽默机敏的还击以及渗透着哲理的省思来论辩时事并展开智慧的交锋，论辩的话题常由观众选定。该艺术在很多场合表演，包括地方性的节日以及全国性的事件，广受大众欢迎，如今已成为两国文化的重要组成部分。该项目涉及的相关社区、群体和个人，主要包括了阿依特斯的表演者（performers）——在哈萨克斯坦被称作"阿肯-阿依特斯表演者"（akyns-aityskers），在吉尔吉斯斯坦被称作"陶克默-阿肯"（tokmo-akyns）——及其团体、相关研究机构和艺术院校，以及作为观众的两国所有人民。② 该项目也顺利列入了当年的代表作名录。

以上三个案例，清楚地表明了 UNESCO 非物质文化遗产工程系统中使用的"社区"概念的非固定性、非均质性以及指涉范畴的巨大弹性：社区可能规模很小，而且边界清晰，比如案例一中共同举办马如拉节日的纳米比亚北部的八个 Aawambo 社区，以及案例二中的埃及手偶艺人及其观众；社区也可能规模很大，跨越了地区和国家的实际边界，比如案例三中的哈萨克斯坦和吉尔吉斯斯坦，凭着对阿依特斯即兴创作艺术的共同认同而形成了一个社区，其中既包括了该艺术的表演者及其代表性团体、研究机构和艺术院校，还包括了作为观众的两国全体人民。

但是，无论其规模如何，社区所指涉的都是直接或者间接地参与相关非遗项目的施行和传承，并认同该非物质文化遗产项目是其文化遗产的一部分的人。他们构成了非遗项目保护和传承的主体，在整个保护过程中不仅应当最大限度地参与，而且应当在其中发挥主要作用，成为所有保护措施和计划的中心以及列入名录之后所获利益的受益方。

---

① http://www.unesco.org/culture/ich/doc/src/ITH-15-10.COM-10.a+Add_EN.doc#DRAFT_DECISION_10COM_10a3. 最后访问时间：2016 年 7 月 25 日。

② http://www.unesco.org/culture/ich/doc/src/ITH-15-10.COM-10.b+Add_EN.doc#Draft_decision_10COM_10b20. 最后访问时间：2016 年 7 月 28 日。

非物质文化遗产保护
与当代乡村社区发展

张士闪

（山东大学文化遗产研究院）

一、非物质文化遗产保护与乡村社区发展研究的"东亚经验"及借鉴意义

非物质文化遗产保护（以下简称"非遗保护"）是当今世界性话题。在从传统社会向现代社会和所谓"后现代社会"发展的全球性趋势下，关注基层社区文化的价值和传承，采取积极行动促进其保护、传承与发展，不仅使地方民众受益，同时也是对人类文化多样性的保护，并促成地方文化资源向普惠全人类的共有文化财富转化，这是自 20 世纪下半叶起联合国教科文组织探索非遗保护并制定相关国际公约的初衷。不难发现，在联合国教科文组织《保护非物质文化遗产公约》（以下简称《公约》）的修订过程中，"社区"是逐渐凸显的关键词之一，尊重社区和社区参与甚至被视为实施保护非物质文化遗产工作的基本前提和立足基石。①

综观国内外与"非遗保护与社区发展"相关的学术研究，大致以东亚地区最为活跃，且与政府行政密切关联。东亚学界的研究，又可粗略分为两种

---

① 巴莫曲布嫫：《从语词层面理解非物质文化遗产——基于〈公约〉"两个中文本"的分析》，载《民族艺术》2015 年第 6 期。

类型：一种是以日本学者的研究和相关实践为代表。日本民俗学者除了密切参与国家和地方政府主导的文化保护政策的过程之外①，注意借鉴柳田国男《乡土生活研究法》中的民俗资料分类体系，配合日本政府对于"无形文化财""民俗文化财"的保护政策，探讨地域或基层社区（山村、渔村及偏僻城镇）如何"活用"非物质文化遗产，以达到振兴农村的实际经验②，并"通过民间的发展与实践来发现问题，这些被发现的问题经过自下而上的方式由地方向政府逐级反馈"③，同时又有一批学者具有强烈的学术批评精神，通过批评和反思政府文化保护政策，推进对于地域文化资源的合理性保护与活用实践④。韩国和中国台湾、中国香港学界的研究旨趣与相关实践与日本相近，其中台湾学者的研究另有担当。⑤ 另一种是中国大陆学界的研究，人数众多，成果丰赡，研究多元：或辨析非遗保护的学术概念与文化性质，或梳理有关非遗保护的海外经验，或着眼于本土实践的总结与反思，或关注相关历史资源和民间智慧的挖掘与贯通，不一而足。不过就总体倾向而言，虽有部分学者关注到国家非遗保护政策制定及其行政运作中的错位与工作实践中的纠结，但中国非物质文化遗产研究的主流是以民俗学的政治性为前提，简单

---

① 早在 1952 年，日本文化财保护委员会就设立民俗资料主管人员，吸纳民俗学者宫本馨太郎、祝宫静进入行政部门担任专职，直接参与政策制定和行政规划工作。1953 年在文化财专门委员会内特别设置"民俗资料部会"，邀集柳田国男、渋沢敬三、折口信夫等杰出民俗学者进入。此后又有多位民俗学者参与了日本的民俗文化保护政策的讨论修订，发挥了重要作用。"到现在为止，有很多的日本民俗学者与国家的文化政策发生着复杂的关系。而这种联系并不仅仅限于以上论述过的国家级别的民俗文化保护政策，在各种各样的层面上的政策以及行政事业当中，民俗学者一直以来都被动员进来而参与其间……在文化审议会等国家级的委员会中，还有在地方自治体的文化财委员会等机构中，也有很多民俗学者在参与。"［日］菅丰著，陈志勤译：《日本现代民俗学的"第三条路"——文化保护政策、民俗学主义及公共民俗学》，载《民俗研究》2011 年第 2 期。

② 周星、廖明君：《非物质文化遗产保护的日本经验》，载《民族艺术》2007 年第 1 期。

③ 李致伟：《通过日本百年非物质文化遗产保护历程探讨日本经验》，中国艺术研究院博士论文，2014 年，第 148 页。

④ ［日］才津裕美子著，西村真志叶编译：《民俗"文化遗产化"的理念及其实践——2003 年至 2005 年日本民俗学界关于非物质文化遗产研究的综述》，载《河南社会科学》2008 年第 2 期。

⑤ 中国台湾学者的相关研究，不仅要因应本土城市化进程中乡村社会的衰弱，而且需要对政治意识形态的乱象予以清理。如对民俗文化"去污名化"的辩护。台湾社会对民俗文化性质的认知，自 20 世纪 50 年代以来，大致经历了从"封建迷信"到"民族传统"再到"民族文化瑰宝"的过程，并从 1981 年开始实施"民间传统技艺调查"项目，从 1994 年开始"社区总体营造""社区营造"等项目。中国台湾学界研究，与上述社会背景密切相关。如吴密察《台湾行政中的非物质文化遗产》，廖迪生主编：《非物质文化遗产与东亚地方社会》，香港科技大学华南研究中心、香港文化博物馆出版，2011 年；曾旭正：《台湾的社区营造》，台北：远足文化事业股份有限公司，2013 年。

贴近国家政治的行政运作①，学术批判精神严重不足，在这一重大社会运动中的声音微弱，学术贡献有限。

对于当下中国社会情境而言，经历了近现代以来持续进行的对民俗文化的"污名化"处理和改造实践，近年来以地方民俗文化为资源的社区自治传统虽有一定复兴，并受到国家非遗保护制度的护佑，但在助益乡村社区发展方面依然受到诸多限制，特别是作为其重要组成部分的民间信仰，依然身份暧昧、"污名"难除。同时，市场经济的冲击余波未了，全球化、都市化的浪潮又叠加而来，当代乡村社会已经大面积地出现了"空心化"危机。目前中国正面临比经济转型更具挑战性的社会转型，亦蕴具难得的发展契机。就非遗保护工作而言，急需在借鉴"东亚经验"的同时，揆理度势，通过非遗保护在国家整体建设中的活用与拓展，使之融入乡村社区发展，为当代中国新农村建设提供助力，走出一条富有中国特色的非遗保护传承道路。

二、从"抢救濒危遗产"到"融入社区发展"：中国非物质文化遗产保护十年来的理念转变

21世纪初的中国，原本在民间生活中传承的民俗，被国家政府有选择地赋予荣誉和资助，有差别地置于四级非遗保护框架之内。作为一项重大文化政策，它已经发挥了深刻的现实作用，也必将具有深远的历史意义，这是确定无疑的。非遗保护制度启动伊始，采取了地区性的非遗项目与个体性的非遗传承人并重的方式，追求价值导向的稳健性、普查范围的广泛性与工作政绩的时效性。随着国家非遗名录审批、非遗传承人评选、国家级文化生态保护区试点确定等工作的持续推行，非遗保护逐渐呈现出政府、学者和民众合力推动的态势，作为一项社会运动声势渐壮。在这一过程中，"非物质文化遗产"作为一个新名词，在全社会经历了一个从陌生、怪异到习以为常的过程，而如何看待民俗文化以及怎样保护、应用等问题，也在一波又一波的大讨论中形成了更多的社会共识。有学者认为，"非物质文化遗产保护在中国确实正

---

① 笔者在此并非是要反对民俗学的政治性研究的必要性，而是批评那种将民俗研究简单贴近国家政治的做法，从而削弱了学术研究应有的独立品格。事实上，整体性的民俗研究是不能缺少对其政治性的研究的，民俗不仅有政治性，而且其政治性表现出多个维度，分别因应全球化、民族国家、地方社区的不同语境而展开。基层社区的政治运作，是更广阔的多种政治运作的基础，因此对基层社区的政治运作是否被更强势的政治运作遮蔽，其主体权力是否获得充分尊重，其实是联合国教科文组织《保护非物质文化遗产公约》的精髓之一。

在造成社会变化的奇迹"①，此言不虚。笔者以为，在当今社会背景下，非遗保护的前景在于融入乡村社区发展，而不在于对地域面积庞大的"文化生态保护区"的设立和建设。换言之，只有融入乡村社区发展的"物归原主"式的非遗保护，才是使非遗获得"整体性保护"的真正路径。

毋庸置疑，地域辽阔、人口众多的农村，是承载中国非物质文化遗产的核心地；中国非遗保护工作的根本，是使原本就在乡村社区中存身的非物质文化遗产或更具广泛意义的民俗文化，获得传承与发展的更好条件。非物质文化遗产的持有权和使用权在于所属社区，"非物质文化遗产"的主人是社区民众，国家非遗保护工作的服务对象首先就应是社区中的群体和个人，包括其文化发展自主权和以文化发展改善生存的权力，这是首先需要明确的。其次，随着现代化和城市化的迅猛发展，当前中国农村正处于快速转型的剧烈振荡期，非遗保护工作因之与调谐乡村社会秩序、接续乡村文明传统连接在一起。如果说，已有的中国新农村建设主要是从经济与政治的层面入手，那么非遗保护工作则应开辟一条以乡村文化传承助推社区发展、以社区发展葆育文化传统的新路径，探索如何通过社区民众的广泛而强有力的主体参与，消除乡村社会发展过程中的隐患和风险，弥补国家行政所可能存在的疏漏。就此而言，非遗保护之融入乡村社区发展，其实就是国家层面的新农村建设与非遗保护两项制度在乡村社会的对接与融合。因此，我们在相关理念的理清、相应原则的制定和具体社会工作实践层面，均可谓任重道远。

大量田野调查表明，借助非遗传统在产业开发中获得利益，固然是社区民众的广泛诉求，但借助非遗传统搭建社区交流的公共平台，亦为民众所普遍期望。如果不能顺循乡村社区发展的自然之道，不论国家支持的力度有多大，非遗保护都难以真正落地，甚至可能造成对社区非遗传统的破坏。我们还注意到，对当代非遗传承构成最大威胁的，不是非遗开发的产业化冲动，而是对包括民间信仰在内的相关非遗传统的偏见和误解，与由此引发的乡土社区公共价值观的紊乱。换言之，赔钱或是赚钱，在历史上并未影响到社区非遗活动传承的根本，而以判定落后、过时甚或贴上"封建迷信"标签为手段的粗暴干涉，则可能会动摇甚至消解非遗传统的社区根基。这是因为，对于社区非遗传统的"污名化"指认，打破了自古以来中国"礼""俗"结合的社会传统，撕毁了国家政治与民间社会"礼""俗"分治的神圣契约。在

---

① 高丙中：《中国的非物质文化遗产保护与文化革命的终结》，载《开放时代》2013 年第 5 期。

中国历史上，礼俗互动就其本质而言，既是民众向国家寻求文化认同并阐释自身生活，也体现为国家向民众提供认同符号与归属路径。[①] 更何况，我国自20世纪80年代以来强势的经济单向度发展，已经使得民俗传统的神圣性与对于社区生活的自洽性日益弱化，并导致民俗文化在当代社会整体格局中的建构作用持续衰微。这一切都表明，让非遗传统真正回归民间，融入乡村社区发展，是非物质文化遗产保护工作的关键。

结　语

综上所述，要想真正发挥非遗保护的社会效能，使"非遗保护与社区发展"这一命题在实践中落实，需要特别注意以下方面：

（一）非物质文化遗产保护的前景在于融入当代乡村社区发展。已实施近十年的国家非物质文化遗产保护工作成果丰硕，其后续工作，应考察评估其在助推当代新农村建设，乃至整体意义上的中国乡村文明传承方面所发挥的作用，总结其实践模式，调整其工作策略。城市化进程成为当今中国社会的大势所趋，建设富有良好生态与社会活力的乡村不再仅仅是单纯的农村建设问题，在当下与未来的中国整体发展均具有重要意义。更新观念，创新机制，使非遗保护制度融入乡村社区，有助于充分发挥乡土传统对于中国现代化进程的价值建构与社会培育的重大意义，为以乡土传统为根基的中国特色现代价值体系筑基。

（二）非物质文化遗产在当代乡村社区中的保护发展，与国家基层社会治理是一种互益互补的关系。自上而下的国家治理，与社区非遗传统乃至广泛意义上的民俗文化发展是一种长期互动中的共生关系。一方面，非物质文化遗产本是在民间自发形成，具有多样性、地方化、生活化的特征，而国家社会治理则属于顶层设计与宏观管理，具有统一性、标准化、制度化的特征。另一方面，国家社会治理又是以广泛的生活实践为支撑的，离开了民众的认同与贯彻，国家社会治理便无从谈起。在国家政治改革持续向基层社会生活落实的过程中，将非物质文化遗产在乡村社区中的发展，与国家基层社会治理有效对接、互益互补，对于当代社会整体发展具有标本兼治的深远意义。

一言以蔽之，非遗保护作为一项"为民"的当代文化工程，应在促进乡

---

① 张士闪：《眼光向下：新时期中国艺术学的"田野转向"——以艺术民俗学为核心的考察》，载《民族艺术》2015年第1期。

村社区文化重构、探索乡村社区自治发展等方面有更大作为。可以说，通过非遗保护在国家整体建设中的活用与拓展，让非遗保护真正融入乡村社区发展，与新农村建设相互助益、相得益彰，是当前亟须探索的重大理论问题与社会实践问题。

羌族文化生态保护实验区建设研究

——基于家园重建的视角

林继富

（中央民族大学民族学与社会学学院）

地震、台风、海啸、泥石流等自然灾害常常摧毁人们生活的家园，家园重建成为灾民进行新生活的有效方法。家园重建中的"新家"与"老家"之间存在千丝万缕的联系，这种联系中的物质性延续时间短，精神性存续时间长，有的精神甚至永远伴随"灾民"。从这个角度上说，家园重建中以非物质文化遗产为核心的传统文化显得尤为重要。

家园重建包括人与环境的关系、人与人之间的关系。家园重建过程中包含了"灾民"传统家园的意涵，传递以"灾民"为主体的文化传统，以此重塑震后"灾民"的主体性。

羌族非物质文化遗产抢救保护、传承发展的拐点是2008年5月12日发生的汶川大地震。地震对羌族赖以生存的自然生态和人文环境造成了巨大破坏。"5·12"地震之后，羌族人民在各级政府帮助下，开始重建家园，重拾生活信心，开启新的生活。

为了抢救保护羌族文化，重建具有人文情怀和传统精神的新家园，2008年10月，原文化部批准设立了国家级羌族文化生态保护实验区。羌族新家园重建中融入了大量"非遗"元素，为羌族非物质文化遗产传承发展、文化生态保护区建设提供了契机。

一、家园重建需要非物质文化遗产吗？

"家园"是社会文化整体，包括家屋、家人、家产、生命、生活习俗、地名、人名以及环绕在家屋周围的环境、家人周围的关系等要素。家园是家人、族人的居住场所，是家人血缘与邻里情感连接、文化生产、文化消费的空间。

羌族新家园建设离不开羌族民众长期以来传统家园建设积累的智慧,离不开诞生在传统家园上的传统文化。

非物质文化遗产是羌族民众生活的组成部分,其土壤是羌族先祖传统的农耕、游牧生活方式。羌族以村寨为中心,过着自给自足的生活,羌族生活在山脉重重,地势陡峭地区,境内有岷江、黑水河、杂谷脑河、青片河、白草河、清漪江等河流,交通不便,与外界接触较少,羌族传统文化传承环境比较好。20世纪80年代之后,羌族与其他民族一样,广播、电视与互联网等媒体走进羌族民众日常生活,这些从根本上动摇了羌族民众传统的生活方式、娱乐方式,传统民俗活动遭遇现代生活,有的消亡,有的减弱,有的发生改变,比如羌族火塘边的讲述、聆听故事、演唱歌谣的习惯越来越少。年轻人外出务工,从事传统农耕生产的人越来越少,与农耕生产相关的传统祭祀活动以及生产习俗发生了改变。羌族地区的现代生活,影响了非物质文化遗产传承发展。

"5·12"汶川大地震灾害,许多羌族民众失去了生命,失去了家人、失去了家园,非物质文化遗产创作主体与传承主体流失,羌族非物质文化遗产面临传承人断层与生存土壤松散、激变的威胁。非物质文化遗产诞生于羌族先祖历史生活中,传承发展于羌族民众生活之中,当羌族民众生活家园遭到破坏,羌族民众生命受到威胁的时候,非物质文化遗产传承发展的环境发生了根本性改变,自然影响了非物质文化遗产生存状态和传承发展,羌族民众"生活在环境之中。这个环境是人的良友,因为它提供人工制品的原料;但也是人的危险敌人,因为它包藏着许多敌对力量"。[1]

"5·12"汶川大地震后,羌族民众生活面临诸多问题,但是活着的人需要家园,需要在新的家园里生活幸福。在政府帮助下,羌族民众开始灾后重建家园。羌族家园重建不仅是生活空间,居住场所,而是在新的家园里,让羌族民众生活舒适、便利,这就需要以传统文化丰富羌族民众的精神生活,需要在家园重建中重视羌族民众精神生活世界,"人不可能过着他的生活而不表达他的生活。这种不同的表达形式构成了一个新的领域。它们具有自己的生命力,具有某种不朽性,由此它们得以在人的个体的短暂的生存结束之后依然存在。"[2]

羌族民众在经历地震灾害之后,许多非遗传承人相继离开,活着的羌族

---

① [英] 马林诺斯基著,黄剑波译:《科学的文化理论》,北京:中央民族大学出版社,1999年,第53页。

② [德] 卡西尔著,甘阳译:《人论》,上海:上海译文出版社,2004年,第307页。

民众需要以非物质文化遗产等优秀传统文化维系灾后羌族民众的凝聚力，提升战胜困难，建设家园的自信力，"为了生存，人们不能单纯依靠环境中的现成之物来满足其饮食、穿衣、强身护体。为生产所有这些器物，他们必须遵循技术规范，调节集体行为，并通过一系列活动来使知识、法律和伦理传统保持活力……物资设备、社会团结、个人培训以及能力发展等方面若出现长期退化，则最终会导致文化解体。"① 从这个角度上说，羌族地区既是"5.12"汶川特大地震的重灾区，也是灾后恢复重建的主战场，同样是羌族非物质文化遗产抢救保护的主战场。

羌族新家园建设建立的空间需要赋予社会与文化意义，需要包含传统精神和文化生活的具有生命意义的"家"。灾后羌族家园重建的核心是建立以羌族民众生活为核心的新家园，建立"以人为本"的羌族非物质文化遗产的系统保护。针对地震后羌族文化生态系统性破坏，非物质文化遗产生存关系系统性破坏，非物质文化遗产传承人传承困境，政府意识到采取"5·12"汶川大地震前各自为主的抢救方式、保护行动已经难以实现灾后对羌族非物质文化遗产的系统性、整体性和全面性抢救保护、传承发展，于是，2008 年 10 月国家设立了羌族文化生态保护实验区，实现灾后重建羌族非物质文化遗产保护的信心、非物质文化遗产保护的系统抢救，实现羌族家园重建与非物质文化遗产保护的整体推进。

二、诞生于家园重建中的羌族文化生态保护实验区

"5·12"汶川大地震后，羌族非物质文化遗产赖以传承发展的生态环境、人文环境均遭到破坏，非物质文化遗产传承较好的羌族村寨、社区、展示馆、传习所等均在地震中损毁严重；各级代表性非物质文化遗产名录存活状况以及非物质文化遗产传承人在地震中遇难，羌族非物质文化遗产以及羌文化所依附的生态链遭遇到前所未有的危机。

羌族文化生态保护实验区内有多项非物质文化遗产，每一个项目均有具体的保护规划，其保护成效明显，并且向纵深推进。羌族被认定的非物质文化遗产项目是代表性的、选择性的而非全部，意味着代表性项目是众同类项目中某一个，因此，保护某些代表性项目只是将这些非物质文化遗产从谱系性、生活性的遗产中抽离出来。

---

① ［英］马林诺斯基著，黄剑波译：《科学的文化理论》，北京：中央民族大学出版社，1999 年，第 113 页。

　　非物质文化遗产的主体是人，是人的生活，非物质文化遗产依靠人来传承，保护非物质文化遗产代表性项目传承人是从众多传承人中"评审"出来的，然而，某个或者某类非物质文化遗产的传承不仅是代表性传承人的事，而是从事某项、某类非物质文化遗产的所有人以及与此相关的人和物。也就是说，保护代表性传承人不是保护非物质文化遗产传承主体的全部。

　　羌族文化生态保护实验区从文化项目到人及其生活的整体发展，包括灾后家园重建，或者与家园重建相关的所有推进羌族社会发展的行为。受我国历史上文化政策的影响、地震灾害的影响，羌族传统文化，尤其是一些羌族非物质文化遗产常常分布在传统村落、传统社区，甚至有的非物质文化遗产传承在个别人的生活里，或者生活在较为边缘的村寨，"5.12"汶川大地震使羌族文化赖以生存的自然生态环境遭到严重破坏，部分羌族民众被迫离开了自己的家园。地震中羌族非物质文化遗产资源及保护成果严重损毁，遇难的代表性传承人市、州级 1 人、县级 11 人，受伤的代表性传承人国家级 1 人、省级 8 人、市（州）级 30 人、县级 66 人。大批各级传承人家园被毁，生计无着。许多羌族文化存续的重要空间——羌族村寨及民居受到不同程度的毁坏，如北川县县城、汶川县映秀镇被夷为平地，汶川县萝卜寨、布瓦寨、羌锋寨，理县桃坪寨、木卡寨、休溪寨，茂县的西湖寨、纳呼寨、黑虎寨等房屋受损严重，全部垮塌；藏羌碉楼受到不同程度的毁坏；包括以大禹文化为特色的民间传说的相关实物和场所受到严重毁坏。

　　如何全面、系统保护非物质文化遗产，保护非物质文化遗产传承人的生活、非物质文化遗产的历史、文化与自然的关系等，重建和修复羌族非物质文化遗产可持续发展的文化关系，激活羌族非物质文化遗产传承活力，根据《汶川地震灾后恢复重建条例》（中华人民共和国国务院令第 526 号）、《国务院关于支持汶川地震灾后恢复重建政策措施的意见》（国发〔2008〕21 号），2008 年 7 月原文化部批准的《羌族文化生态保护实验区规划纲要》，国家从羌族传统文化保护、羌族民众生活以及家园建设的角度考虑，2008 年 11 月原文化部批准设立"国家级羌族文化生态保护实验区"。

　　羌族文化生态保护实验区以四川省阿坝藏族羌族自治州的汶川县、理县、茂县和绵阳市北川羌族自治县为主要区域，兼及毗邻的阿坝州的松潘县、黑水县和绵阳市平武县的部分相关区域，以及陕西省宁强县、略阳县等相关地区。羌族文化生态保护实验区内包括传统口头文学以及作为其载体的语言，传统美术、书法、音乐、舞蹈、戏剧、曲艺和杂技，传统技艺、医药和历法，传统礼仪、节庆等民俗，传统体育和游艺，其他非物质文化遗产；保护区内非物质文化遗产类型丰富，数量众多，分布广泛。羌族文化生态保护实验区四川省境内现有"羌年"1个项目列入联合国教科文组织"急需保护的非物质文化遗产"，有17个国家级非遗项目、54个省级项目、232个市（州）级项目和419个县级项目，有国家级非遗项目代表性传承人6人、省级71人、市州级138人、县级247人。羌族文化生态保护涵括了羌族民众生活的主要区域，涵括了羌族各类级别的非物质文化遗产代表性项目、代表性传承人以及与此相关的非物质文化遗产及其传统文化和传统文化承载者、享有者。

羌族文化生态保护区的设立、建设，不仅是羌族民众家园重建的一部分，而且在"以非物质文化遗产为核心加强文化生态保护，对于推动非物质文化遗产的整体性保护和传承发展，维护文化生态系统的平衡和完整；对于提高文化自觉，建设中华民族共有精神家园，增进民族团结，增强民族自信心和凝聚力；对于促进经济社会全面协调和可持续发展，具有重要的意义。"①

羌族文化生态保护实验区把非物质文化遗产项目和其得以孕育、滋养的人文生态环境实施整体保护，成为"5·12"汶川大地震后的羌族家园重建、家园文化建构的重要内容，而且成为羌族家园重建中重拾生活信心，建构精神家园的重要对象。

三、家园重建如何选择非物质文化遗产

家园是人们生活的依托，由可以感知的时间、可以触摸的空间以及人们的活动构成。羌族家园重建中，如何选择生活内容，如何选择羌族民众物质生活、精神生活的文化符号就变得尤为重要。

地震后"灾民"是羌族家园重建的主体，是灾后援建受益者，新家园建设中选择生活内容和文化符号建立在尊重灾民的主体性选择上。

羌族民众生活不仅要有居所、有饭吃、有衣穿，而是要与其他民族生活一样同步进入现代化，与地震前的生活一样有温暖的人际关系、有信仰、有追求的生活。因此，在羌族家园重建过程中，非物质文化遗产成为选择的重要传统。

羌族家园重建包括居住空间和文化空间、精神空间的建设。居住空间包括在新空间上建设家园，在传统居住空间上建设家园以及对地震中破坏的家园进行维修；文化空间建设包括羌族民众生活、文化关系以及文化活动的建设；精神空间建设包括以生活、文化为核心的世界观、人生观、审美观以及

---

① 《文化部关于加强国家级文化生态保护区建设的指导意见》（文非遗发〔2010〕7号）。

家国情怀、家园情结等方面的内容。所有这些均离不开以羌族非物质文化遗产为核心的传统文化。

羌族非物质文化遗产传承发展"以人为本"。北川羌族家园重建包括了多种可能性选择，之于非物质文化遗产来讲，选择的根本是羌族民众的生活，将那些与家园建设主旨一致的非物质文化遗产最大限度保留和激活，让羌族民众生活条件更为舒适，创造条件使羌族非物质文化遗产在新社区、新城镇、新村落得到延续。

非物质文化遗产是羌族家园重建的传统精髓，在这里，非物质文化遗产与保护自然环境、保护物质文化传统、保护人的生活"家园"具有紧密的联系，包含了羌族民众对非物质文化遗产的选择和尊重。

"5·12"汶川大地震后，政府先后启动建设了保护区内178个文化生态灾后恢复重建项目，茂县古羌城、茂县非遗展示中心、北川民俗博物馆等一批具有浓郁羌族民族特色的非物质文化遗产基础设施建筑拔地而起，理县桃坪羌寨、茂县黑虎羌寨、北川吉娜羌寨等一大批羌寨修葺一新，焕发出新的光彩。保护区不仅让因地震损毁的、羌族特有的以及具有精神象征意义的鲜活文化形态抢救、保护起来，还让灾区的羌族群众重拾文化记忆、重建精神家园。阿坝州和绵阳市结合灾后重建，将民族文化元素融入落实到城镇建设规划中，突出羌族文化风貌，提高城镇审美价值，建设了汶川水磨古镇、映秀镇、北川巴拿恰商业街等特色浓郁的文化旅游乡镇，提升了当地的知名度和自我发展能力。

羌族文化生态保护实验区内传承的非物质文化遗产项目以及与非物质文化遗产有关项目建设经过了严格选择，这种选择笔者以为包含两个方面：羌族传统文化的选择；现代文化的选择。

家园重建过程中非物质文化遗产抢救保护和传承发展包含了选择，之于羌族非物质文化遗产项目传承发展来讲同样包含了选择，包含了在尊重传统、继承传统基础上的选择和创新。现代生产方式对传统羌族刺绣带来挑战，传统羌绣的"一学剪，二学裁，三学挑花绣布鞋"制作逐渐远去。传统羌绣常用神话传说故事和吉祥图案为题材，以此表达羌族民众对平安、和谐幸福生活的向往，如羌绣图案中的吉祥如意（鸡即吉，羊即祥）、金玉满堂（鱼即玉）、三阳开泰、团花似锦，"云云鞋"上飘飞的五彩祥云等。灾后的羌绣题材有所扩大，文化表达更为丰富。羌绣题材内容的扩大、刺绣技术的进步离不开羌族民众在当代生活基础上的文化选择。

四、"家园"作用下羌族文化生态保护实验区建设

从传统家园迁居到新的家园，文化是血脉、传统是基础。"5·12"汶川大地震后，羌族家园建设，尤其是北川羌族家园建设成为羌族民众和政府的核心工作。当羌族从传统村落、社区离开进入新村落、新社区，人们的生活发生了巨大改变，文化也发生了明显改变，非物质文化遗产的保护、传承就显得尤为重要。

"5·12"汶川大地震后，作为特殊人群，北川县城的羌族从被毁的家园到新北川、新城镇，进入新的社会体系，这在一定程度上动摇了个人传统价值体系，他们成为城市、城镇中的特殊群体，他们奉献着劳动，却得不到应有的快乐，他们除了失去亲人的至痛，却又不得不面对异样的生活环境。他们在祖居地上的生活是丰富的，这种丰富来源于文化上的丰富性，先前生活有系统、完整的人际交往关系、祭祀仪式、传统生活空间、节日体系、商贸习俗和传统技艺等，这些构成了羌族非物质文化遗产传承发展的生命活力，这些非物质文化遗产在羌族民众生活中发挥着自我调节、自我治理的社会共同体的文化功能。

"5·12"汶川大地震后，羌族家园重建是较为漫长的过程，尽管家园的物理空间建设可以实现快速方式，让羌族灾民尽快安居乐业，但是文化家园、精神家园建设上则相当漫长。羌族家园重建充分体现了羌族民众现代生活的传统性，羌族非物质文化遗产传承发展与家园重建合为一体，非物质文化遗产具有认同性、凝聚力，通过非物质文化遗产羌族民众获得日常生活的秩序、意义，非物质文化遗产在建立羌族民众生活关系、自然环境关系方面具有重要作用，它不断强化羌族民众在新家园中的家园感、地方感和关系感，使迁居异地的羌族民众因为非物质文化遗产凝结成有机整体，使他们体验到新家园主人翁的满足感和幸福感。

羌族灾后家园重建的目的是人，不仅为羌族民众提供了比先前更好的生活条件，还为文化持有者传承文化、发展文化提供了更好的条件。

"5·12"汶川大地震后，大量羌族民众从山里走出来进入城市，从传统城市进入新的城市，他们在传统信仰、传统人际关系基础上建立起来的文化活动在新的城市里要进行适应性改变，他们身上携带的传统、传承的文化要与新的环境、新的生活相适应，要在新的家园建立起传承非物质文化遗产的信心。

羌族家园重建的空间是经过深思熟虑、严格论证后建立起来的。"5·12"汶川大地震后的羌族家园建设与当下许多地方城镇建设有很大不同。北川新县城建设充分融入羌族传统居住元素，广场、马路、草坪成为新的羌族人生活的环境，与羌族人亲近自然、热爱自然的天性相一致；羌族传统农村兼具地域性和地方性的文化空间在新的城镇建设中得到充分体现。羌族家园重建中，尽管包含了现代城镇风格，但是，传统风俗习惯、信仰体系，以及依附在非物质文化之上的行为准则和道德体系仍然存活、重现在新的羌族新建的城镇、社区和村落之中。

羌族非物质文化遗产在家园重建过程中的位置是非常重要的，政府和相关部门采取应对措施的目的是如何让非物质文化遗产在羌族新的家园、新的城镇建设中获得相应位置，积极融入新生活中。羌族家园重建中的非物质文化遗产是互动性的，家园重建融入非物质文化遗产，为非物质文化遗产留下足够的生存、传承空间。同时，非物质文化遗产应该采取必要的方式适应新家园及在新家园里生活的羌族民众。尽管带有诸多人为因素，但更多的是羌族民众生活对于传统的需要，对于与祖先血脉之间的联系，非物质文化遗产成为羌族民众在新空间里温暖生活的来源，是民族凝聚力、民族文化认同的来源。

非物质文化遗产保护始终以传承人或者文化承载者为基础，这些传承人生活在传统村落、社区，当他们进入新的家园之后，要适应城镇生活，要在新的生活环境里、新的关系中，体会、感受到自己熟悉、乐于传承的非物质文化遗产的幸福感、自豪感，建立文化自信，使他们成为灾后家园重建或者新城镇生活的受益者，从这个角度上讲，非物质文化遗产传承人在新的家园能否顺利进入，能否适应新家园的文化生活，在一定程度上决定了羌族新家园中的羌族非物质文化遗产传承的生命力。

文化生态保护区是基于民众生活为基础，文化生态保护区助力于地方社会经济发展，实现羌族家园重建、新型城镇化建设与文化生态保护区建设的包容性增长，实现非物质文化遗产与羌族家园建设、社会经济发展的一体化。

羌族文化生态保护实验区内非物质文化遗产为家园重建提供较为丰富的传统文化资源，许多可以进入生产性保护的非物质文化遗产成为地方重要的文化经济资源，或者成为旅游发展的文化支撑，这些非物质文化遗产进入生产性领域，不仅改善了羌族民众的生活，为他们增加经济来源，增加就业渠道，而且还增加了新家园的文化内涵和生命活力。

五、羌族文化生态保护实验区内涵建设

非物质文化遗产传承是以人为中心的活动，是生活中的行为，传承中创新，创新中传承是非物质文化遗产的常态。非物质文化遗产的生命力因人而存在，因人而变异。不同类型或者不同项目的非物质文化遗产的生命力存在差异：有些非物质文化遗产适应社会能力较弱，或者无法适应民众生活的现代化，就会淡隐于社会历史之中；有些非物质文化遗产与人的生活，与自然环境关系紧密表现为强盛的传承活力，这就要求坚持有针对性的非物质文化遗产保护方法。

"5.12"汶川大地震后，羌族文化生态保护实验区内开展了大规模文物和非物质文化遗产资源普查。在各级政府积极支持下，组织人员进行大规模的非遗资源普查，全面收集羌族地区受损的非物质文化遗产文献、音频、视频等资料及相关实物，以此抢救羌族家园的历史和文化、抢救羌族先祖的生活记忆。

"5·12"汶川大地震后羌族家园重建是空间再造过程，这种空间再造包含对羌族民众生活的深层关照，包括为羌族灾民提供舒适的生活空间。新北川建造环境优美、安全；人与人关系重建和营造方面，政府采取整体性迁居，新北川县城主体是老北川县城的居民，他们曾经是老邻居、老朋友、老同事。先前不认识的人，因为地震灾难，他们之间多了些扶持、理解和帮助，这种关系建立更加容易；保留祖先、前辈创造传承传统文化血脉，留住祖先的生活记忆。从这个角度上看，羌族文化生态保护实验区内的空间再造依靠羌族以非物质文化为代表的优秀传统文化得以实现。羌族家园重建中的空间再造包括两个方面。

传统空间上的再造。地震后，羌族许多村寨遭受了程度不同的破坏，许多传统空间消失了，有些空间不适合羌族民众现代生活，这就需要在重建过程中进行再造和改造。阿坝藏族羌族自治州理县蒲溪乡休溪村是灾后重建的羌族村寨，该寨处于岷江上游蒲溪沟海拔 2600 米高山缓坡上，全寨有 6 个家族，57 户家庭。寨落周围的高山田地、蓝天白云、野生动植物构成羌族民众生活习俗、精神文化空间。"5·12"汶川大地震后，休溪人不愿离开故土，选择在原址上重建家园。休溪村重建采用羌族传统的自然片石与黏土、木料，民居建筑恢复修建纳萨石台，供祀白石、神树枝等。重建休溪村对传统羌族文化魂脉的重视，也注入了时代元素。羌族传统火塘居建筑主体中层，柴火

烟雾不易散去，重建时把火塘、厨房分割移离。畜圈、厕所、火塘、炊灶由传统居室的上中下分层改为平面相依，保证了人居与畜居的分离空间。这就意味着羌族家园重建中的空间建设不是因袭传统，而是在丰富传统、发明传统。

重建新空间。灾后北川新县城选址定于安昌镇以东约两公里处，辖区海拔高度 545～640 米，中部为平坝，周边多低山丘区，安昌河将辖区分为东西两部分。北川新县城构建了多元非物质文化遗产传承渠道和保护空间，将家园重建中的非物质文化遗产传承发展与公共文化服务体系建设有机结合，形成羌族非物质文化遗产保护和传承发展体系，比如，在新北川就建设有非物质文化遗产保护中心、羌族民俗博物馆、图书馆；羌族文化演艺中心、剧院；羌族特色文化商业步行街（巴拿恰）以及吉娜羌寨、卓卓羌寨、恩达羌寨、黑水羌寨、正河羌寨、石椅羌寨、刘家大院、李家大院、羌族吊脚楼等；建立了羌学研究中心、禹羌文化研究基地；羌年口弦、古羌茶艺、羌绣、古羌水磨漆以及羌族上刀山、斗牦牛、跳曹盖等传习所。这就为羌族非物质文化遗产提供了多方位、多层次、多渠道的保护和传承空间。

羌族新家园建设格局有别于传统羌族村寨布局、族群组织结构、生产生活方式，虽然在一定程度上影响了羌族非物质文化遗产保护和传承，但是也为羌族非物质文化遗产实现创造性转换和创新性发展提供了广阔空间。

羌族文化生态保护实验区内非物质文化遗产传承者积极参与文化旅游，他们在开发羌族文化表现形式和文化遗产产品过程中，保留的非物质文化遗产传统性远远强于其他纯粹文化表演人员。阿坝藏族羌族自治州茂县古羌城古羌文化活态展示基地、北川巴拿恰羌族风情一条街等非物质文化遗产展示园区，将羌绣文化展示、展演、技艺体验活动及羌绣产品生产销售安排在同一空间里，在传承传统技艺和传统图样的同时，开发出新型羌绣工艺品的生产、展示、销售、培训、物流中心，业主自主经营，使具有发展潜力的非物质文化遗产项目获得更大的发展空间。平武县修建了平武县羌绣文化旅游产业园，成为羌绣非物质文化遗产保护和传承研发基地，培训羌绣传承人 500 余名，让海内外游客充分感受和体验到羌族文化的独特魅力，增加了羌族传统文化传承人和当地老百姓的收入，实现了羌族文化保护与旅游业发展的良性互动，促进了羌族文化生态保护实验区经济社会协调发展。

羌族非物质文化遗产作为旅游文化的重要组成部分，游客通过参观、体验非物质文化遗产的特殊魅力，"体验到非物质文化遗产如何作为人们的一种生活方式，而非针对一个观众的一次性事件而存在。在任何情况下，与外来者进行交往都会扩大视野，扩展其对人生、艺术及其所在社会的地位的认识，社区的自豪感使艺术家们对自己社会身份的认知产生了显著的差异，更进一步，当被边缘化的群体目睹他们自己逐渐从艺术劳动者转变为艺术企业家时，他们也能感受到被包容进发展的过程中。"①

羌族文化生态保护实验区内文化广场再造不仅体现了现代城市建设面貌，而且进行了休闲型娱乐以及文化墙建设，成为羌族非物质文化遗产活动场所。羌族家园重建一方面要以区域内的非物质文化遗产为基础，一方面要配合非物质文化遗产保护建立起有效的非遗传承机制。

羌族非物质文化遗产生产性保护推动了家园重建，推进了羌族地方经济发展。羌族文化生态保护实验区建设中那些生产性保护的项目最容易引起民众、政府和企业家的重视，像羌绣、古羌茶艺、草编制作技艺等项目受到人们追捧。为此，羌族文化生态保护实验区内的各级政府举办多期"四川藏羌地区传统建筑维修保护技术传统工匠培训班"等，提升了一批具有传统技艺和文化遗产保护理念的传承人的技能和思想意识。阿坝藏族羌族自治州成立了"阿坝州妇女羌绣就业帮扶中心""阿坝州藏族编织挑花刺绣协会"，推动促进以羌绣为代表的羌族文化的保护与发展，采取企业+合作社+农户的方式带动 3000 余名受灾失地的妇女居家灵活就业，增收致富。绵阳市依托全市文化产业资源平台，带动羌绣产业实现大发展，目前绵阳有绣娘绣郎 2000 多人，已成为当地群众脱贫致富的生力军。北川草编传承人不仅在当地义务教授 200 多位残疾人和近千名留守妇女学习草编技术，并在各个乡镇建立了 17 个传承培训和生产回收基地，解决了 1000 名人员的就业问题。"如果一个生态系统能够围绕人们的文化技能发展起来，那么整个社区就可以缓解贫困，缺乏就业能力和市场技能，缺乏适当的身份定位和专业技能网络渠道，就会导致贫困。"②政府支持非物质文化遗产传承人以个人或家族的形式成立私营企业，从事诸如羌族漆艺、茶艺、羌绣、咂酒等与羌族文化或非物质文化遗产相关的文化产业。羌族非物质文化遗产的生产性保护对于家园重建中的经济发展、文化建设具有极大的促进作用。

羌族文化生态保护实验区内的各地文化活动离不开非物质文化遗产，作为保护区内的优秀传统文化，非物质文化遗产成为区域内文化建设、文化发展的主要内容，因此，羌族文化生态保护实验区开展的文化活动在一定程度

---

①②［印度］Ananya Bhattacharya 撰，沈燕译、彭牧校：《将非物质文化遗产与旅游业相连以赋权社区》，载《西北民族研究》2016 年第 4 期。

上就是羌族非物质文化遗产传承发展和保护的方式，如每年"羌历新年"、瓦尔俄足节、六月初六民间祭祀大禹诞辰、秋季转山会、古羌文化节等主题性非物质文化遗产活动。据统计，自羌族文化生态保护实验区成立以来，各类非物质文化遗产活动举办的次数已达到数千场，参与人数达到几十万人。羌族非物质文化遗产在不同场合、不同时间展示活动是地方文化建设的组成部分，成为丰富羌族民众生活的重要内容。这些羌族特色的节庆、仪式民俗活动既是具体非物质文化遗产的传承空间，也延续了非物质文化遗产的功能。

以非物质文化遗产为核心生产的创意产品就是利用非物质文化遗产中的元素进行创造性转换和创新性发展，通过挖掘和整合羌族传统文化的优势资源，依靠创意主体的智慧和创造力，形成具有商品价值和文化品质的文化产品，经过商品交易实现财富和就业机会的增加，实现非物质文化遗产的传播和活态传承，北川的巴拿恰羌族民俗风情商业街、羌绣文化产业示范园等就是成功典范。

羌族文化生态保护实验区内活跃着一批将羌族非物质文化遗产改编成剧目的文化人，并且将这些剧目通过舞台表演实施固化留存，许多非遗传承人在与文化人合作过程中，使羌族非物质文化获得了创新和复苏。比如，歌舞剧《禹羌部落》集合了众多羌族非物质文化遗产项目，如羌年祭祀仪式、羊皮鼓舞、铠甲舞、沙朗、多声部民歌、羌笛、口弦、羌绣等，以四季更替为时间线，将羌族人民的生产劳作场面和民俗活动如白石祭、成人礼、婚礼、民俗体育运动推杆等搬上舞台，用音、诗、舞、画展现出羌族悠久灿烂的非物质文化遗产。也就是说，羌族文化生态保护实验区内，艺术家和非物质文化遗产传承人之间的合作成为非物质文化遗产生产的方式、传承的重要角色。

综合性传习中心建设成为家园重建的重要部分，也是羌族非物质文化遗产传承发展的重要场所。羌族文化生态保护实验区内，建有多个非物质文化遗产传承、展示中心，这些中心有的是家园重建中的空间，是地方特色文化大汇聚，是新家园的文化窗口。例如，汶川县羌年传习所、汶川县羌族碉楼营造技艺传习所、汶川县羌族碉楼营造技艺传习所、汶川县羌绣传习所（绵虒镇绵丰村）、汶川县羌绣传习所（草坡乡两河村）、理县羌年传习所、理县博巴森根传习所、茂县非物质文化遗产传习中心、茂县羌笛演奏及制作技艺传习所、茂县羌族碉楼营造技艺传习所、茂县瓦尔俄足节传习所、茂县羌年传习所（茂县三龙乡）、茂县羌年传习所（太平乡牛尾村）、松潘县羌族多声部民歌传习所、黑水县卡斯达温传习所（扎窝乡朱坝镇）、黑水县卡斯达温传习所（维古乡维古村）、黑水县卡斯达温传习所（红岩乡俄恩村）、黑水县阿尔麦多声部传习所、黑水县圈德迪（二人舞）传习所，北川羌族自治县有羌年、口弦、水磨漆艺、古羌茶艺传习场所，平武县有响岩小学、平武刺绣工艺传习基地，虎牙藏族乡有斗牦牛、平武剪纸传习所。这些成为有家园意识、乡土精神生活的行为，丰富了羌族新家园羌族民众的生活，传承发展了羌族非物质文化遗产，发挥了非物质文化遗产守护精神家园，传承优秀文化的功能。

羌族文化生态保护实验区建设注重非物质文化遗产的学校传承，将非物质文化遗产传承与当地学校对接，实施非物质文化遗产进校园、进教材、进课堂。阿坝州甘堡乡小学编写了《博巴森根》校本教材，茂县羌语进入17所中心校，3所中学。非物质文化遗产进校园目的是培养中小学生热爱优秀传统文化，增强羌族优秀传统文化的认同感。羌族羊皮鼓舞蹈传承以"言传身教"的形式实现，羊皮鼓舞蹈中动作以及歌曲唱词依靠上一辈师父记忆口授给下一辈弟子。羊皮鼓舞进入学校教育后，学校邀请羌族释比向学生展示羊皮鼓舞表演形式，进行适当说明和解释，一方面，学生对羊皮鼓舞有所了解，对于羊皮鼓舞与家乡关系有所了解、理解；另一方面，羊皮鼓舞传习活动丰富了校园文化。非物质文化遗产在传承过程中实现价值，体现意义，因此，非物质文化遗产进校园应该将非物质文化遗产活动过程、制作过程带入校园，使学生在生动、快乐的活动中，在文化浸染中接受非物质文化遗产、传承非物质文化遗产。

羌族文化生态保护实验区范围广，羌族非物质文化遗产传承并非均衡性的，有些地区的非物质文化遗产密集一些，在保护的时候，这些地区就成为羌族文化生态保护区的重中之重了。"选择若干自然生态环境基本良好、传统文化生态保持较为完整的街道、社区或乡镇、村落等，作为实施整体性保护的重点区域。"① 比如，北川以青片乡为中心，在青片河流域、白草河流域10多个乡镇，以民俗文化为主题，建设羌族生态风情走廊。像这类重点建设区域还包括茂县、禹里乡、锁江乡、龙安镇、白马乡等地。

羌族文化生态保护实验区的文化阐释，成为羌族非物质文化遗产重要组成部分。羌族非物质文化遗产传承是多元的、多渠道的。对于羌族非物质文化遗产的阐释，不仅使民众能够深刻、系统地理解羌族非物质文化遗产的内涵、历史源脉和传统精神，而且文化阐释本身就是羌族非物质文化遗产的有机部分。羌族文化生态保护实验区举办系列论坛，如"羌文化与旅游融合交流论坛"、"羌文化民俗传承与发展"暨藏羌文化研讨会、中国首届羌族释比文化研讨会、羌文化传承创新与区域经济发展研讨会等，这些活动从多个方

---

① 《文化部关于加强国家级文化生态保护区建设的指导意见》（文非遗发〔2010〕7号）。

面理清了羌族非物质文化遗产文化的状貌，肯定非物质文化遗产价值，推动了羌族非物质文化遗产的传承发展。

羌族文化生态保护实验区的内涵建设是多方面的，建设的着力点在于羌族新家园"以人为本"的非物质文化遗产传承发展的整体性、关系性和现代性。家园重建中羌族以非物质文化遗产为核心的文化是羌族民众当代传承、实践的生活传统，是具有现代元素的羌族民众的生活行为。

结 语

羌族家园重建尊重和了解羌族民众的生活经验和地方知识，利用羌族民众世世代代居住在这片土地上，与土地、与自然交合总结出来的生存智慧，尊重羌族民众的主体性诉求。

地震灾害虽然对羌族社会结构造成破坏，但是，羌族社会和文化在长期历史发展过程中形成的稳定性，有助于经济功能、民族交流、社会平衡、宗教活动及社会治安的恢复。羌族灾后重建中的民众生活系统恢复能力与以非物质文化遗产为代表的优秀传统文化有关。羌族传统文化使社会内部的机能继续发生作用，并回到稳定状态，由此形成的社会凝聚力使羌族社会系统在灾难发生之后得到快速恢复。

羌族家园重建的目的是为了让灾民把这个地方作为家园生活下去，甚至生活得更好。重建后的家园是受灾者追逐生活和实现生活目标、实现自身价值、体现自己存在意义的依托。地震灾害之后，公共文化设施重建将文化遗产保护、地方文化特色作为核心内容。

羌族非物质文化遗产项目在家园重建、现代生活需求方面的文化适应，使羌族民众价值认同需求超越非物质文化遗产的文化功能，在新家园观念及现代生活诉求转变下，羌族非物质文化遗产传承方式多样化、多渠道化成为必然趋势。

羌族新家园建设从多方面创新发展羌族非物质文化遗产，汲取非物质文化遗产独特的文化符号，延续羌族非物质文化遗产蕴含的审美情趣，为羌族文化生态保护实验区建设，为羌族民众生活改善提供动力源泉。

羌族文化生态保护实验区建设是非物质文化遗产的保护与承接，是保护、重建具有当下主体价值与观念的新的文化再塑与归约。它所关涉的家园重建与非物质文化遗产传承发展关系为当下新型城镇化、特色小镇建设如何融入非物质文化遗产提供了可资借鉴的经验。

青海热贡地区少数民族
非物质文化遗产法律保护之完善

才让塔

（青海民族大学法学院）

青海省作为一个多民族省份，有着丰富的民族文化遗产，2006 年 12 月根据中央的《国务院办公厅关于加强我国非物质文化遗产保护工作的意见》（国办发〔2005〕18 号）保护文化遗产的政策，青海省发布了《关于进一步加强青海省文化遗产保护的实施意见》，对全省"非遗"保护的组织领导、规划制定、名录体系的建立、抢救性普查和保护工作的开展、传承人队伍和保护队伍建设、文化生态区保护等作出了具体安排和部署。2007 年 3 月，建立了青海省"非遗"保护工作联席会议制度，青海省"非遗"名录评审委员会、青海省"非遗"保护专家委员会、青海省"非遗"保护中心等的相继成立，都标志着青海省"非遗"保护机制的建立健全。青海省大部分州、县也都相应地建立了保护工作领导小组和州、县级联席会议制度；省文化行政管理部门成立了"青海省非物质文化遗产名录评审委员会"，制定了《青海省非物质文化遗产名录评审工作规则（试行）》，成立了由专家、教授和优秀民间艺人组成的"青海省非物质文化遗产保护专家委员会"，制定了《青海省省级非物质文化遗产代表作申报评定暂行办法》，据此开展省级项目和国家级推荐项目的具体评审工作。随着日渐凸显的少数民族文化的保护与发展问题，2010 年根据《国务院关于进一步繁荣发展少数民族文化事业的若干意见》（国发〔2009〕29 号）精神，出台了《青海省人民政府关于繁荣发展少数民族文化事业的实施意见》，2012 年为进一步形成建设文化名省的合力，青海省及时出台了《关于促进文化改革发展政策措施的意见》，在财政、税收、金融、市场准入、土地、人才等方面，制定了一系列优惠政策和扶持措施，通过这些保护文化遗产的规范性文件，有力地推动了对青海省的非物质文化遗产保护工作。目前，青海省的国家级项目的保护体系基本建立，省级项目的保护体系正在规划中，一个政府主导、社会参与的保护机制初步建立起来。2011 年在

《中华人民共和国非物质文化遗产法》制定出台后，青海省有关部门进行了认真的学习，为了更好地保护青海省的非物质文化遗产，有关领导表示将尽快出台《青海省贯彻〈非物质文化遗产保护法〉实施条例》。会同青海省人大常委会、青海省法制办等部门，就青海省非物质文化遗产保护、利用工作，开展立法调研，在充分调查研究的基础上，尽快制定出台青海省非物质文化遗产保护实施条例，增强对非物质文化遗产的保护力度，推进全省非物质文化遗产保护①。笔者通过走访文化遗产主管部门得知，该立法将在近年内审议出台，目前正在起草阶段。

一、青海热贡地区非物质文化遗产保护工作与成果

第一，通过政府主导和社会参与相结合，建立健全非物质文化遗产保护制度，形成了非物质文化遗产保护领导机制和工作机制。

黄南藏族自治州同仁县被列入全国99座历史文化名城和国家级文化产业示范基地及第三个国家文化生态保护实验区以来，根据"保护为主，抢救第一，合理利用，传承发展"的指导方针，黄南州政府在青海省率先成立了"黄南州文化遗产管理办公室"，州政府从2006年起还设立了《热贡文化发展保护专项基金》制度，每年融资100万元支持文化产业发展。同时建立了由州政府主管领导负责和组织，多个部门参与的非物质文化遗产保护工作联席会议制度和非物质文化遗产保护管理协调机制，通过定期召开例会，实现了对黄南州非物质文化遗产保护工作的统一协调和全面指导，先后编制完成《同仁历史文化名城建设保护规划纲要》《国家文化产业示范基地建设规划》《国保单位隆务寺维修保护规划》等十余个重大文化保护项目规划。同时积极吸纳社会和公众参与对非物质文化遗产的保护和研究，先后成立了青海热贡艺术协会、同仁热贡艺术协会、黄南民间艺术研究协会、黄南州音乐舞蹈戏剧家协会、根敦群培研究协会等民间社会文化组织，通过这些组织有力地促进了热贡文化的传承、保护、研究和开发。并进一步把非遗保护工作纳入各县（局）政府和职能部门的考核内容。形成了政府重视、社会广泛参与、有规划范围和保护措施、有专门机构、有专项基金、上下联动、点面结合、循序渐进、依法保护的工作格局。

第二，通过对非物质文化遗产保护的开展，初步形成了国家级、省级和

---

① 吕霞：《深入贯彻实施〈中华人民共和国非物质文化遗产法〉全面推进青海非物质文化遗产保护工作》，载《西北民族研究》2011年第2期。

州级非遗保护名录体系建设和传承人保护管理机制。

通过近十年的努力，热贡的非物质文化遗产在黄南州政府和文化部门的关心支持下，以及民间艺人和各族群众的配合参与下，取得丰硕的成果。至2014年6月，已有人类非物质文化代表名录2项，分别是热贡艺术和藏戏（黄南藏戏）；国家级非物质文化遗产代表作名录6项，分别是热贡艺术、六月会、土族於菟、黄南藏戏、和日石雕技艺、同仁刻版印刷技艺；列入省级非物质文化遗产名录13项，州级非物质文化遗产项目57项。各级工艺美术大师和传承人达66人，其中被命名为国家级工艺美术大师的热贡艺人有6人，省级工艺美术大师和民间工艺师40人，国家级非遗传承人14人，省级非物质文化遗产项目传承人14人。对从事热贡艺术创作多年且有较高造诣的80名艺人建立了档案，根据其代表性传承性质有计划地加以保护。4家文化企业确定为第一批青海省非物质文化遗产传承基地。2005年以来黄南州政府和有关文化部门对热贡的非物质文化遗产进行普查摸底，在此基础上从数十个项目中筛选了有代表性的项目作为申报省级非遗保护项目，并将其中最具代表性的项目作为国家级非物质文化遗产名录推荐名单。2005年，同仁县向原文化部提交了《热贡艺术等4个项目申报中国第一批非物质文化遗产名录》文本，2006年6月，热贡艺术、藏乡"六月会"、土族"於菟"舞、热贡藏戏被原文化部批准列入《中国非物质文化遗产名录》，为之后将热贡申报世界非物质文化遗产奠定了基础。同年，同仁县吾屯村被原文化部确定为"全国文化产业示范基地"，郭么日村被确定为"全国历史文化名村"，隆务镇被确定为"全国民族民间唐卡艺术之乡"。有人把同仁县的吾屯上下庄、郭麻日、年都乎等村，誉为"家家有画室，村村有画师"的画乡。2007—2008年黄南州为贯彻国务院《关于加强我国非物质文化遗产保护工作的意见》精神，结合黄南实际，积极做好州级非物质文化遗产保护项目的实施工作，组织相关单位专业工作者成立评委会，对全州四县推荐申报的近百个非遗项目进行审议遴选，以州政府的名义及时公布了一批急需保护的70项、12大类的非遗保护项目名单。并在青海省文化厅组织的非物质文化遗产普查小组的带领下，于2008年6月至7月完成了州属四县农牧区非物质文化遗产集中普查活动，普查登记完成了全州3大类、64小类、330多种有代表性的非遗项目。2008年8月，原文化部批准建立的第三个国家级文化生态保护实验区——热贡文化生态保护实验区落户青海省黄南藏族自治州，这也是我国第一个少数民族地区的国家级文化生态保护试验区，也是由原文化部批准命名设立的继我国福建闽南文化和安徽徽州文化之后的第三个国家级文化生态保护实验区，也是青海省三个重点打造的国家级实验区之一。2008 年 8 月 27 日，热贡文化生态保护实验区颁牌仪式在西宁市举行，热贡文化由此踏上非物质文化遗产整体性保护的轨道。2009 年 9 月 30 日，联合国教科文组织保护非物质文化遗产政府间委员会第四次会议在阿布扎比审议，热贡艺术被批准列入《人类非物质文化遗产代表作名录》。2011 年 2 月，《热贡文化生态保护区总体规划》获原文化部正式批复，标志着热贡文化生态保护实验区的建设进入可持续发展的新阶段。

第三，举办各种活动和节日，促进热贡地区形成了一批文化品牌，同时建立文化传习所和保护基地，对保护非物质文化遗产项目起到了推动作用。

黄南藏族自治州以非物质文化遗产保护为主题的各类重要节庆和民间文化活动普遍开展。热贡艺术节、唐卡艺术博览会、热贡摄影艺术节、热贡六月狂欢节、於菟神舞表演、保安社火表演、寺院羌姆、嘛呢道歌吟唱、尖扎县全国五彩神箭射箭比赛、河南县那达慕赛马大会等活动，吸引群众广泛参与，形成具有地方特色的文化品牌。黄南州正在建设和争取建设"中国・热贡非物质文化遗产博物馆""热贡艺术博物馆""唐卡艺术品生产基地""热贡大剧院"等一批非物质文化遗产保护项目。郭麻日古城堡、年都乎古城堡、保安古城、隆务古街区、唐卡颜料生产加工、泥塑、堆绣生产加工、热贡银饰品加工、热贡画院等一批特色场馆和保护基地建设正在抓紧进行。投资五千多万元的"热贡非物质文化遗产博物馆"建设项目已于 2009 年 5 月正式动工兴建，预计在 2014 年竣工。同仁县的吴屯村和郭么日村先后被国家确定和命名为"国家级文化产业示范基地""中国历史文化名村"，年都乎乡和隆务镇被命名为"中国民间文化艺术之乡"等，黄南州活跃在城镇、农村牧区的业余文艺团（队）有数十支。

第四，在政府及有关部门的重视和资金的投入下，形成了一批抢救保护研究成果，并借助各种媒体和有关文化活动，将热贡文化进行了广泛的宣传。

多年来，先后抢救、整理了十余个门类的非物质文化遗产资料达 1000 余万字，先后出版了《黄南州民间故事》《黄南谚语》《黄南民间歌谣》《神秘的热贡文化》《热贡艺术》《黄南藏戏剧本集锦》《黄南秘境》《人神狂欢——黄河上游民间傩》等一批有质量的文化遗产研究性成果以及各种音像、光盘、画册制品。创办了旨在研究、挖掘地域文化资源，推介热贡文化品牌的学术刊物《热贡文化》杂志，面向全国免费交流，已出版发行 4 期，对热贡文化进行了宣传和交流。编印了青海省黄南非物质文化遗产的宣传册，还摄制了《热贡艺术》《狂欢六月》《热贡旅游》《五彩神箭》《黄南民族服饰》和十三集电视专题片《走进黄南》等文化旅游宣传片。由黄南藏剧团编排的大型历史藏戏《松赞干布》被青海省文化厅选定为2012年青海省重点剧目。同时还先后在各类报刊发表热贡文化研究文章，积极主动参与全国各地的各种文化活动，如参加北京的龙潭庙会、中国文化艺术博览会和广州、天津等地区举办的各类文化博览会，四川成都国际非物质文化遗产节、青海省文化遗产博览会、民族文化旅游节等，同时，邀请各级新闻媒体、电视台来黄南州实地拍摄非物质文化遗产专题片等，极大地提升了热贡文化的影响力。

第五，加大了对非遗保护法律规范的建设，非遗保护法规、规划建设和保护实践相结合，积极制定和完善非物质文化遗产保护管理制度和法规建设。

非物质文化遗产保护是一项长期的艰巨性任务，需要长期不懈的努力。因此，自2004年开始，黄南州人大、人民政府通过开展调研，及时提出了相关地方性法律法规的立法建议，起草了《黄南州民间文化遗产保护条例》《黄南州非物质文化遗产保护规划》草案等一批法规、规划。先后完成了《黄南州唐卡艺术品鉴定标准》《同仁历史文化名城建设总体方案》《热贡文化生态区建设规划》《同仁县隆务寺保护规划》等一批重点项目保护规划编制工作，使非遗保护工作的法规、规划制定始终着眼并建立于实践之上。同时又给今后的保护工作确定了明确的指导思想和工作规范。

第六，黄南州政府及文化部门不断增加对非物质文化建设的资金投入。

从2006年开始，黄南州委、州政府确立文化旅游为富民兴州的主导产业，成立文化旅游产业开发领导小组，州县财政建立文化旅游基金，把文化生态区规划建设作为文化工作的核心。自治州和四县从2008年开始设立热贡文化专项资金，设立融资平台，重视并加强非遗项目的保护和传承。同时在2005年设立文化旅游发展基金，2009年黄南州州县文化旅游发展基金为650万元，其中文化基金为325万元，且每年新增10%列入年度预算。为了抓紧编制规划，经政府同意，文化局从财政借款100万元作为部分规划费，有效地推进了规划建设工作，取得了较好的社会效果。①

二、对青海热贡地区非物质文化遗产保护经验的认识

（一）热贡非物质文化遗产保护中政府起到重要的作用

非物质文化遗产的保护，不能说是一个人或一部分群体或某一部门的责

---

①　以上内容根据黄南藏族自治州文体局提供的材料和有关数据进行整理总结。

任，而应该是全社会的责任。但就目前我国非物质文化遗产保护的紧迫性来讲，政府为主导，强调政府在我国非物质文化遗产保护中的作用和责任，尤其是在少数民族非物质文化遗产保护中政府的作用就显得尤为重要。我国许多少数民族非物质文化遗产具有较强的地域性和民族性，如果只是依靠艺人或一部分群体是无法做到保护和传承的，因而政府在非物质文化遗产保护中起着重要的角色，肩负着重大责任。加强政府对文化遗产的保护，拓展社会多渠道参与保护工作，已经成为世界非物质文化遗产保护事业的潮流和趋势。联合国《保护非物质文化遗产公约》中一个重要内容就是促进各国政府采取行政、技术、财政、法律等措施有效地保护非物质文化遗产。这方面，我国政府取得了显著的成绩。因此，对于热贡非物质文化遗产的保护，政府功不可没。对于热贡地区的非物质文化遗产由省和州文化部门牵头，整理抢救热贡艺术、热贡藏戏等，同时加强了对非物质文化遗产的普查、登记、申报等工作，对热贡非物质文化遗产的整理和研究取得了丰硕的成果。政府有关部门对非物质文化遗产的保护责任，在我国的许多非物质文化遗产的规范性文件和新颁布的《中华人民共和国非物质文化遗产法》当中都有着明确的规定，实践层面各级政府也都一直致力于非物质文化遗产的保护工作。热贡非物质文化遗产取得的成果与省、州及当地政府的努力是分不开的。

（二）借助媒体的平台，将热贡艺术和非遗项目宣传到全国各地，为保护非遗项目和拓展热贡艺术市场打下了基础

对于少数民族非物质文化遗产项目，都存在潜在的价值和市场，关键在于宣传和项目的产业发展，而对于市场所具有的价值也是人们关注非遗的一个方面，同时也是传承人能够从事和传承非遗的因素。对于热贡非物质文化遗产最具影响力的是热贡唐卡，热贡艺术也是凭借唐卡艺术享誉国内外。在藏区都有唐卡艺术和流派，如有西藏唐卡、四川甘孜唐卡、甘南唐卡，但相对来讲，热贡唐卡目前是国内外最有影响力的藏族唐卡艺术。其原因是热贡唐卡在宣传方面和对唐卡的研究方面起步较早。20 世纪 80 年代，黄南州组织热贡艺人将百余件唐卡、泥塑等，在北京、上海进行展出，获得很高的声誉，也就开始有媒体不断的报道，热贡唐卡逐渐为人们所熟悉。之后在青海有不少的学者对唐卡进行的研究也逐渐成形，唐卡的绘制和理论较为完整的体系，也便于人们了解唐卡的有关知识。另外，在各个藏区的不少藏传佛教寺院都有热贡艺人绘制的唐卡，热贡艺人的名声在藏区有一定的知名度和影响。尤其是随着青藏铁路的开通，人们都来藏区旅游，能够具有收藏和藏族文化集

大成的唐卡艺术就成为很多人旅游的纪念品。加之青海省政府也多次举办唐卡国际博览会，从而进一步提升了热贡唐卡的知名度。

（三）丰富的热贡文化资源和学者的著书立说，为申请和保护非物质文化遗产项目奠定了基础

热贡文化是世居热贡地区的各民族在历史进程中所创造并传承发展的极具雪域特色的文化形式。热贡文化包含了传统工艺美术、古建筑艺术、民间民俗、民间歌舞、民间说唱和藏传佛教文化影响下的民间艺术。热贡文化的范围主要体现在热贡艺术、民间民俗、民间艺术、建筑艺术、人文文献等几大类。其中热贡文化的核心和精髓是热贡艺术，热贡艺术是热贡文化的标志性象征。融合多种地域文化的热贡艺术，其主要表现形式有唐卡绘画、雕塑、堆绣、图案、建筑彩绘、石雕、木雕等。热贡文化所涵盖的文化形态还有隆务河谷岸以保安古城堡为标志的屯堡式村落堡寨，以隆务寺为标志的藏传佛教寺庙建筑、大量的宗教典籍、民间民俗活动六月会、土族於菟、热贡艺术、黄南藏戏、各教派寺院羌姆等。在几百年的历史进程中，热贡地区逐渐确立了在整个藏区多元文化中的统领地位。对于热贡多元的文化遗产，很多的文化部门和科研院所进行了文化现象的研究或人类学的研究，其研究的成果在数量上相对于其他藏区也是相当丰富，如出版了《神秘的热贡文化》《热贡艺术》《同仁——热贡艺术之乡·中国历史文化名城》《黄南秘境》《青海黄南藏戏》《热贡唐卡》，创办了《热贡文化》理论刊物等，这些著作和刊物进一步推广和宣传了热贡文化及其艺术，从而为申报非物质文化遗产项目奠定了良好的基础。

三、热贡少数民族非物质文化遗产保护存在的问题

经过黄南州政府及社会民众的多年努力，热贡地区的非物质文化遗产在申报、评定、传承人保护等方面取得了重大成就，但随着申报获批的非遗项目逐步增多，一些问题也显现出来。尤其是 2011 年《中华人民共和国非物质文化遗产法》的颁布和实施，依据非遗法实施保护成为工作的重点，从热贡非物质文化遗产依法保护工作来看也存在一定的问题，直接影响着热贡非物质文化遗产保护的水平和内容，这些问题主要表现在以下几个方面：

（一）政府主导的观念仍成为热贡非物质文化保护工作的方式，对热贡非物质文化遗产的保护不能达到较高的保护水平

热贡非物质文化遗产的保护模式属于行政保护，在行政保护的模式下，政府的主导作用体现得更加明显，能够在一定的时间内达到预期的效果。政府掌握有很多的公共资源，包括人力、财力、物力，对公共事务进行管理是政府的根本义务和职责。非物质文化遗产的保护，除主体传承人的努力外，政府的角色非常重要。中外各国对非物质文化遗产的保护也多为行政保护的方式。首先，政府主导的非物质文化遗产保护工作可以使保护工作更有体系、更加规范，在工作上也更有效率和一定的可操作性。其次，政府保护有利于非物质文化遗产的认定。非物质文化遗产的认定是保护非物质文化遗产的基础性工作，由于非物质文化遗产内容丰富、涉及的领域广泛，确认的标准及认定程序极其复杂，通过政府及有关部门推动工作的开展是非物质文化遗产认定工作的前提保障。第三，通过政府保护有利于非物质文化名录的制定。制定非物质文化遗产名录是保护非物质文化遗产的重要环节，该项工作的水平直接影响着非物质文化遗产的保护，对于非物质文化遗产的项目种类及标准的划分、内容的认定都需要政府及文化部门专业人员的细致的审定和认真调研整理，最后做出认定公示。第四，通过政府保护有利于非物质文化遗产传承人的确定。传承人的保护是非物质文化遗产保护的核心内容，对传承人的确定直接决定和影响保护工作的成败，这就要求政府部门对传承人的认定要认真仔细，对传承人进行多方面的考察，进行科学合理的选任，这也是考量非物质文化遗产工作的水平。政府主导非物质文化遗产保护工作也是青海省的主要保护方式。但政府主导的非物质文化遗产保护也有许多不足。（1）非物质文化遗产的保护工作容易受到来自行政内部或外部因素的干扰，领导指示或个人对事物理解的偏差，容易导致保护工作政策的失误。（2）我国行政程序没有相应的法律规范，人为因素较大，在执行有关政策和规范性文件的过程中，违规操作或暗箱操作难免导致非物质文化遗产保护出现迟延或变异。（3）由于非物质文化遗产保护中涉及资金对项目和传承人的资助或补贴，违规使用专项保护资金或滥用保护资金的现象无法避免。（4）由于非物质文化遗产保护涉及的面广、项目繁杂，也不能由政府及其部门单独胜任，同时对于政府保护非物质文化遗产工作缺乏外部监督机制，难免存在舞弊和失职。（5）对于行政机关对非物质文化遗产项目和传承人合法权利的干预和侵害，

不能诉诸法律实施援助。以上内容决定了对非物质文化遗产的保护仅依靠政府政策是不够的，这也就是我国颁布非遗法的重要原因。通过立法，对非物质文化遗产进行专门保护，这也是世界很多国家的共识，制定良好的法律制度，形成法律保障机制是非物质文化遗产保护的重要内容。

（二）以立法促保护的理念还没有形成，法制建设的滞后性影响了对热贡非物质文化遗产保护的水平

对热贡非物质文化遗产通过法律予以保护，这是对非遗保护的趋势。2011 年我国《非物质文化遗产法》的颁布，标志着对非物质文化遗产的保护已走上法治轨道。在此之前许多省、自治区结合地方非物质文化遗产的情况已经制定出台地方性法规，如云南省人大于 2000 年颁布了《云南省民族民间传统文化保护条例》。之后一些省、自治区也相继制定颁布了有关非物质文化遗产保护条例①。除此之外，许多民族自治地方依据本地区的具体保护情况，制定了适合本地区保护实际的保护非物质文化遗产单行条例。如吉林省的《延边朝鲜族自治州朝鲜族文化工作条例》（1989 年）、湖北省的《湖北恩施土家族苗族自治州民族文化遗产保护条例》（2005 年）、湖南省的《湘西土家族苗族自治州民族民间文化遗产保护条例》（2006 年）、贵州省黔东南苗族侗族自治州《黔东南苗族侗族自治州民族文化村寨保护条例》（2008 年）、四川省的《凉山彝族自治州非物质文化遗产保护条例》（2010 年）、四川省的《阿坝藏族羌族自治州非物质文化遗产保护条例》（2011 年）等。青海省作为一个文化大省，拥有许多优秀的文化遗产资源，但法律对非物质文化遗产的保护显得严重滞后，至今仍没有制定出台青海省非物质文化遗产保护条例及相关法律法规。青海省对保护非物质文化遗产主要是通过政策的形式，导致操作性不强和缺乏权威性，因而直接影响到黄南州不能以立法形式保护非物质文化遗产。非物质文化遗产法颁布前，我国有些省、自治区即使没有制定出台保护非物质文化遗产的地方性的法规条例，一些地方或民族自治地方还是可以制定出台地方的保护非物质文化遗产的条例。非物质文化遗产法颁布之后，这种情况就有改观，那就是当有国家法律时，各省、自治区、直辖市为实施该法律，都会制定地方上实施该法律的条例或办法、意见，实际上就是该法在地方实施的细则。如果有国家的法律时，省、自治区还没有出台该法地方的细则，而州地一级制定该法的地方实施条例，这会对今后省级立法机

---

① 目前已经有 14 个省（自治区）制定了省区级的非物质文化遗产保护条例。

关对该法的立法带来侵害，或者说有立法越权之嫌。因此，在我国对于地方的立法活动，在有国家法律时，等省级立法部门出台实施条例后，再制定地方的条例。因此，黄南州要制定地方的热贡非物质文化遗产保护条例，得要等到省级部门制定实施条例的立法之后，才能制定自己的地方立法。非物质文化遗产保护的滞后性，来自两个方面，其一是青海省没有制定省级的非物质文化遗产保护条例。① 其二是黄南州也没有制定出台自治州非物质文化遗产保护条例。法律是非物质文化遗产保护工作中依法行政的根本保证，通过法律可以防止政府在非遗保护过程中的领导个人意志和对非物质文化遗产的干预，尤其是防止在地方经济建设中，过度开发导致的对非物质文化遗产项目的破坏和对非物质文化遗产的不当利用。通过法律可以引导政府和社会民众合理利用非物质文化遗产，使非物质文化遗产得到保护，也可以明确政府在保护非物质文化遗产中的责任，加大当地领导在保护非物质文化遗产过程中的责任意识。同时也为培育当地的民族群众对本地区、本民族传统文化进行保护和传承延续的自觉意识，成为文化自觉，这样才能更好地长期有效地将保护工作开展下去。

（三）由于省级和地方财政收入较少，对热贡非物质文化遗产财力投入有限，影响了对非物质文化遗产的保护

非物质文化遗产保护是一项需要国家和省重点扶持的持久工程和公益性社会文化项目。对于非物质文化遗产的保护很重要的一环就是资金的支持，在非物质文化遗产保护发达的国家，投入的资金相当大，非物质文化遗产保护的效果显著。山东省 2013 年财政共下达非物质文化遗产保护专项资金 1000 万元。自 2007 年设立专项资金以来，山东省财政已累计投入 6700 万元，有效地促进了山东省非物质文化遗产保护工作。与发达省份相比，青海省每年对非物质文化遗产保护的补助经费投入极其有限，以藏戏为例，从前没有经费，藏戏的演出很少。自从 2012 年青海省财政设立 400 万元扶持省级非物质文化遗产的保护以来，藏戏的情况有了较大的改观。对于省级非遗项目代表性传承人，设立了每人每年 5000 元的补助资金。但对于州县级的非物质文化遗产项目，资助的经费非常少。同时，大部分州（市）、县还未将非物质文化

---

① 鉴于国家已经出台《中华人民共和国非物质文化遗产法》，州级地方制定的非遗条例的依据是国家和省、自治区非遗条例，因此黄南州的热贡非物质文化遗产保护条例出台，在目前只能是青海省非物质文化遗产保护条例制定实施后再制定黄南地方的非遗条例。

遗产保护经费列入地方财政预算，导致基层文化馆缺乏经费。尤其黄南是一个经济不发达的州，黄南州政府所在地同仁县，作为一个非物质文化遗产的大县，曾经还是全国贫困县，前几年才脱掉贫困县的帽子。因此，同仁县的经济发展相对滞后，对非物质文化遗产保护项目的投入捉襟见肘，直接影响了对热贡非物质文化遗产的保护。

（四）热贡地区各级文化保护部门，缺乏专业的、懂得或通晓民族语言文化、高水平的专业技术人员，影响了对非物质文化遗产的保护

由于我国非物质文化遗产保护起步较晚，对非物质文化遗产的价值、功能、作用等的认识有一个过程，我们对非物质文化遗产保护也是边摸索边保护，虽然我国也在学习一些非遗保护成功国家的经验，但每个国家具体情况都不相同。在国内，也有一些省区保护非遗好的经验，但全国各个地方经济、文化、人才等方面的不同，对于保护的方法路径也不尽相同。在热贡，主管文化的领导和文化部门的工作人员中懂得民族语言和民族文化的不多，在现实保护中最能发挥作用的是懂民族语言和民族文化的干部，他们最懂得文化保护的重要性。本身对非物质文化遗产的研究和保护大都需要民俗学、文化人类学、民族学等知识，并且需要较高的学历层次的综合性人才，热贡地区在立法、政府和文化主管部门这样的人非常缺少，一些主管领导对于文化和非物质文化遗产的知识和认识方面存在着不足。因此，主管部门在保护非物质文化遗产的过程中，难免出现对非物质文化遗产认识的偏差以及对保护工作的不便利。

四、青海热贡地区少数民族非物质文化遗产法律保护的构建

非物质文化遗产的保护由于涉及内容多、范围广、主体多样，因而保护的方法也应当是多样的，不是通过单一的方法就可以做好保护非物质文化遗产工作。《保护非物质文化遗产国际公约》对于非物质文化遗产的保护提出有认定、立档、保存、研究、宣传、弘扬、传承和振兴等多项措施，说明保护工作的烦琐和复杂性。但在保护的方法中，最有效、最稳定的还是非法律莫属。通过制定法律确定保护的基本原则以及通过实施所形成的制度，法律对保护对象的侵害行为的制裁或者对被侵害的救济，都能够很好地保护非物质文化遗产。我们认为在非物质文化遗产的保护上，主要有法律、行政与综合保护三种方式，这三种保护方式存在着密切的联系，是不可分割的。其中法

律是非物质文化遗产保护的根本保障，规范政府保护非物质文化遗产的工作，行政对非物质文化遗产的保护也是最直接和最有效的，但行政不能包办所有的保护工作。综合保护用来弥补前二者保护存在的不足，通过社会民间的力量、市场机制的培养达到保护的目的。因此，对于热贡地区非物质文化遗产的保护应当是以国家法律和地方立法为依据，行政和综合方法共同实施保护。

（一）保护热贡非物质文化遗产的法律渊源

随着我国《非物质文化遗产法》的制定出台，我国非物质文化遗产保护的水平日渐提高，同时法律在保护少数民族非物质文化遗产方面的作用也日益加强。对于热贡非物质文化遗产的保护法律渊源也是多方位的。具体有以下几个方面：

第一是《宪法》中有关民族自治地方自治权及保护文化方面的规定。《宪法》是有关我国国家制度、国家立法最根本的、最基本的法律。作为根本法的《宪法》在有关少数民族非物质文化遗产方面，明确了原则性的基本要求。涉及少数民族平等、语言文化和民族自治等体现在第四条规定当中，此外还有第二十二条、第四十七条有关规定文化方面；第一百一十六条、第一百一十八条、第一百一十条民族自治方面的规定。《宪法》的这些原则性规定成为热贡少数民族在民族平等、语言文化、民族自治的重要内容，虽然没有直接规定非物质文化遗产的内容及保护，但为民族地方司法、行政、立法的制度设置、为热贡地区的非物质文化遗产奠定了保护的基础与依据。

第二是《民族区域自治法》。该法的第六条、第十条、第二十七条、第三十八条、第四十条、第四十一条、第四十五条、第五十条、第五十九条、第六十三条等，明确规定了民族自治地方文化发展与保护的内容，这些规定为热贡地区的地方立法和自治，尤其是非物质文化遗产保护提供了法律建设的依据。

第三是《非物质文化遗产法》。其实在《非物质文化遗产法》颁布之前，国家就制定了有关非物质文化遗产的规范性文件，如1997年的《传统工艺美术保护条例》，该条例是第一个涉及非物质文化遗产法律保护的专门性行政法规，为保护非物质文化遗产打下了良好的基础。《非物质文化遗产法》是我国保护非物质文化遗产最重要的法律渊源，也是专门保护非物质文化遗产的法律，为保护我国的非物质文化遗产提供了明确的法律依据。解决了困扰非物质文化遗产保护的尴尬局面，同时也为保护非物质文化遗产提供了执法依据。

第四是《黄南藏族自治州自治条例》。2004年修正的《黄南藏族自治州自治条例》第六十三条规定："自治州的自治机关积极发展具有民族特点的文化事业和文化产业，重点扶持其向产业化方向发展。积极培养各民族文学艺术人才，加强基层文化设施建设，强化基层文化队伍建设，发展具有民族特色和地方特色的音乐、舞蹈、戏曲、美术和民族民间文学。自治州的自治机关依法组织民间艺人整理、研究'热贡艺术'，发展和弘扬以'热贡艺术'为主要内容的文化事业，发挥'热贡艺术'在繁荣民族文化、促进经济建设以及加强对外交流中的作用。自治州的自治机关依法保护、开发、利用名胜古迹、珍贵文物和其他重要民族文化遗产。"

第五是有关国际条约。在全世界，保护非物质文化遗产的国际公约有三个，分别是《保护世界文化和自然遗产公约》《保护非物质文化遗产公约》《保护和促进文化表现形式多样性公约》。这三部公约，我国都已经通过全国人大常委会批准加入，从而成为我国保护非物质文化遗产的法律渊源，也是我国地方性立法可以参考的依据。

（二）制定地方非物质文化遗产保护条例是热贡地区非物质文化遗产保护的最佳途径

法律是国家秩序的维护，也是调整社会关系的最主要的工具。自有国家以来，法律一直伴随着人类社会的发展。法律同时也促进了人类的文明，防止人类的仇杀，保护人类发展以来的文化和促进文明的进步。世界文明史其实就是法治的文明。法治在人类发展的过程中是不可缺少的重要工具。我国《非物质文化遗产法》的颁布就是为了保护我们的祖先遗留下来的优秀传统文化得以传承和发扬。在我国非物质文化遗产保护初期，国家的政策和行政发挥了很大的作用。但随着社会的发展，运用政策和行政来进行非物质文化遗产保护的模式已不能适应时代发展的要求，法律在非物质文化遗产的整体性保护中作用加强。法律最主要的功能就是明确了主体之间的权利义务，以及双方之间的法律责任。"法律通过使权利人获得法律救济、义务人明了自己的行为限制的规则机制而实现法的正义。"[1] 在现代社会，非物质文化遗产的法律保护是非物质文化遗产保护的根本保障。法律能以其特有的手段和措施维护各种非物质文化遗产的生存环境，能以其特有的方式保护非物质文化遗产所产生的各种权益。热贡地区的非物质文化遗产保护初期也是同样，非物质文化遗产的政策和行政起到了一定的保护作用。但随着国家《非物质文化遗

---

① 费安玲：《非物质文化遗产法律保护的基本思考》，载《江西社会科学》2006年第5期。

产法》的颁布，对于热贡的非物质文化遗产的保护也要从以往的政策和行政层面转为法律层面。法律不仅可以防止政府对于非物质文化遗产的任意行政，防止行政保护中出现领导个人意志代替政府行为，随意开发和建设对非物质文化遗产的破坏或影响。政策相对于法律，在确定双方的权利义务以及法律责任方面，政策是不及法律的。如对非物质文化遗产代表性名录的办法，《非物质文化遗产法》颁布之前，各省自治区都有相关政策的制定，《非物质文化遗产法》颁布后，在该法四十三条明确规定："建立地方非物质文化遗产代表性名录的办法，由省、自治区、直辖市参照本法有关规定制定。"对以往制定的相关规定，都要以《非物质文化遗产法》为依据，不相一致的必须予以修改和更正。作为地方保护非物质文化遗产的立法，应在《非物质文化遗产法》规定的框架内，结合热贡非物质文化遗产管理特点，制定地方非遗保护的立法，是对国家法律实施的细化和政府保护非物质文化遗产规范化的准则。因而，制定热贡地区的非遗保护立法也是适应当前我国保护非物质文化遗产之必须。

（三）热贡地区立法保护非物质文化遗产的必要性

第一，通过热贡地方立法对非物质文化遗产具有细化和实践价值。由于非物质文化遗产保护涉及各个地方的民族文化的特色和地方立法与执法情况的不同，通过国家层面立法达到保护全国各个地方的非物质文化遗产，只是一个法律的出台就把保护工作做好，是不现实的。这是由于非物质文化遗产的复杂性和多样性决定的。早在国家的《非物质文化遗产法》出台之前，一些地方就根据自己地方的实际，制定颁布了地方的非物质文化遗产保护法规。这些立法一方面为保护地方的非物质文化遗产起到很大的作用；另一方面，也为国家的立法奠定了一定的经验。虽然国家已经颁布了《非物质文化遗产法》，但从整个文本来看，规定得都比较笼统，即对非物质文化遗产的调查、代表性名录、遗产的传承与传播和有关法律责任等方面做出规定。但对具体的保护实践和如何细化《非物质文化遗产法》则是要通过地方立法来进行。各个地方可以结合地方的实际情况，依据《非物质文化遗产法》进行地方层面的立法。

第二，从热贡作为民族自治地方的角度来讲，通过民族地方立法，制定民族自治地方的非物质文化遗产保护规范，表现出宪法所赋予的民族自治地方立法权的落实，也体现了国家《非物质文化遗产法》在民族地方的适应和实施。热贡地区文化多元，民族杂居，不同于内地的单一的民族和文化。因而，在有着丰富的非物质文化遗产的热贡地区实施《非物质文化遗产法》，就应当结合热贡地方的实际，制定地方的非物质文化遗产保护条例。《非物质文化遗产法》本身也存在着欠缺操作性和保护非遗的民族主体的地位的不明确的问题。通过热贡地方立法对少数民族的非物质文化遗产保护进行补充和完善，便于进行操作和实施。

第三，通过热贡地方对非物质文化遗产的立法，体现了民族自治地方立法权和自治权的落实，也体现了国家对民族自治的尊重。近些年我国民族地方立法总的趋势是立法减弱，自治程度也在降低。与此同时，民族自治地方的法律实施和相关的立法大都是照抄或照搬内地省市的相应立法，造成对民族地方实际法律效果欠佳。从国家法律实施来看，民族地方的立法实施，效果大于国家法律的实施。因为地方立法是国家立法在各个行政区域内有针对性的落实和贯彻，有些国家立法更具有创制性规范，更符合地方的实际。如云南省的非遗保护就是如此。通过民族地方的立法，让当地的民族参与其立法活动，更能了解和通晓立法的内容，更符合地方社会和文化发展的要求，也体现了在立法中各个民族的平等。

（四）制定热贡非物质文化遗产保护条例的立法依据及指导思想

对于制定热贡非物质文化遗产保护条例，首先要确定热贡地区涉及的行政区域问题。我们在前面讨论和研究热贡地理范围的原因，就是要解决到底热贡是仅指同仁县所管辖的行政区域，还是黄南州所辖的行政区域。结论是我们这里所讨论的热贡是大热贡，即黄南藏族自治州所辖的行政区域，包括同仁县、尖扎县、泽库县、河南县四县，而不只是同仁县。其次是我们所制定的非物质文化遗产是以热贡作为行政区域命名，还是以黄南州命名，我国地方立法的名称，是以行政建制名称来确定的，而不是以传统或文化区域来命名，除非将行政建制的名称予以改变。因此，制定条例全称为《黄南藏族自治州非物质文化保护条例》，其立法机关就是黄南州立法机关，即黄南藏族自治州人民代表大会制定。最后是黄南州人民代表大会制定非物质文化保护条例的立法依据。我国《宪法》第一百一十六条规定了民族自治地方的自治机关有制定自治条例和单行条例的权力。《民族区域自治法》第十九条也明文规定制定自治条例和单行条例的权力。特别是《民族区域自治法》第三十八条第二款规定："民族自治地方的自治机关组织、支持有关单位和部门收集、整理、翻译和出版民族历史文化书籍，保护民族的名胜古迹、珍贵文物和其他重要历史文化遗产，继承和发展优秀的民族传统文化。" 2004 年修正的

《黄南藏族自治州自治条例》第六十三条明确将热贡文化的保护作为自治条例的内容，这些规定都为黄南州人大立法提供了制定保护热贡非物质文化遗产的立法依据。可见，制定有关非物质文化遗产方面的单行条例是黄南州民族自治机关一项重要的立法权力，同时保护民族优秀的文化遗产或非物质文化遗产，传承和发展优秀的地方民族文化是民族自治机关一项重要的工作。

有关热贡非物质文化遗产保护条例的指导思想，首先要依据《非物质文化遗产法》来作为指导，《非物质文化遗产法》开宗明义，明确提出立法目的是"继承和弘扬中华民族优秀传统文化，促进社会主义精神文明建设，加强非物质文化遗产保护、保存工作"。立法目的是要通过对非物质文化遗产的保护来继承和弘扬民族的优秀传统文化，进而将其应用于促进当代社会文明的建设。保护和保存是非物质文化遗产的主要工作。但对于非物质文化遗产的地方立法，在指导思想中，应当将非物质文化遗产的积极保存和合理利用置于同等的地位，在探讨非物质文化遗产保护的问题时，许多人都将注意力放在静态的保护上，其实从国际层面保护非物质文化遗产的经验来看，最主要的是如何合理利用非物质文化遗产，使其得以传承和可持续利用，服务于现代社会和社会的发展。全国政协常委、民进中央副主席、中国文联副主席冯骥才指出："最反对对文化用'开发'这个词，野蛮的词汇，世界上没有一个国家对自己的文化遗产用'开发'这个词，联合国用的是'利用'，中国香港和台湾用的是'活化'这个词，我也赞同。"同时指出，开发的目的是为了经济，不是为了精神、文化的传承。因此，在热贡对非物质文化遗产进行立法，应当要注重保护与合理利用，让更多人对保护非物质文化遗产成为一种文化自觉。

（五）依据《非物质文化遗产法》，结合热贡非物质文化遗产的特点，制定热贡非物质文化遗产保护条例

对于热贡非物质文化遗产的保护涉及许多部门，如民族宗教、工艺美术、知识产权、音乐艺术等行业和主管部门，因此有学者认为对非物质文化遗产的保护，应当建立法律协调机制，这样才能有利于《非物质文化遗产法》的有效实施[①]。结合热贡非物质文化遗产的特性，制定协调机制显得更加重要，在制定非物质文化遗产保护条例的过程中应当同其他有关部门进行协商，制定符合当地少数民族宗教和文化的条例。同时由于《非物质文化遗产法》中

---

① 高轩：《我国非物质文化遗产行政法保护研究》，北京：法律出版社，2012 年，第 269 页。

的许多条文规定比较原则，一些内容没有细化，影响了该法的实施效果。笔者在前面的章节中也谈到，对于少数民族非物质文化遗产的保护需要通过各个地方的立法，将《非物质文化遗产法》加以细化，从而使该法落到实处。通常我们讲，法律没有细化是无法落实或达到实施的目的的，因此，结合热贡非物质文化遗产的特点，制定符合民族地方实际的、更加细化的保护条例势在必行。对《非物质文化遗产法》中规定的不足的内容，如对非物质文化遗产未能有效实施保护应当及时纠正、处理，但没有规定具体的保护措施及相应责任，有必要在条例中加以完善。

文化空间的类型及其活态保护

——以武陵山区为例

柳倩月

（湖北民族大学文学与传媒学院

湖北民族学院鄂西南非物质文化遗产研究中心）

联合国教科文组织关于"文化空间"这一概念的提出与项目申报的开展，与 21 世纪以来非物质文化遗产保护缔约国越来越重视对各种文化遗产和自然遗产实施整体保护有关。中国的文化生态保护实验区建设对"文化空间"的保护采取了积极推进的政策导向性措施，使得作为非物质文化遗产类别的"文化空间"开始发生内涵上的丰富与外延的扩展。由于新时代的社会生活正在发生着急剧变化，人们对文化生活的需求也日益增长，对"文化空间"这一原本属于非遗保护范畴的概念有必要给予创造性的诠释，并用以辨析当下实质上存在的不同类型的"文化空间"，这也有助于使非物质文化遗产整体性保护工作的思路变得多元化和立体化，真正开拓一条非物质文化遗产的活态保护与创新传承之路。下面以国家已经批设成立的武陵山区（鄂西南）土家族苗族文化生态保护实验区为例[①]，从文化空间整体性保护的角度出发，对文化空间的含义变化、基本类型以及活态保护和创新传承等，做出抛砖引玉的分析与探究。

一、文化空间的本义及其变化

"文化空间"这一概念是在联合国倡议保护"非物质文化遗产"的过程

---

① 2014 年，恩施土家族苗族自治州、长阳土家族自治县、五峰土家族自治县申请设列"武陵山区（鄂西南）土家族苗族文化生态保护实验区"，获得原文化部批准。整体而言，武陵山区土家族苗族文化生态保护实验区是 10 个国家级民族民间文化生态保护区之一，它由湘西、鄂西南、渝东南三个片区组成。

中提出来的，其基本含义是 21 世纪以来由各国学者经多次商讨、论证后给定的，并以法律法规及政策文件的形式予以确立。

2003 年，联合国教科文组织发布《保护非物质文化遗产公约》，其第二条给出的"非物质文化遗产"的定义是："指被各群体、团体、有时为个人视为其文化遗产的各种实践、表演、表现形式、知识体系和技能及其有关的工具、实物、工艺品和文化场所。"① 这里所谓"文化场所"，已包含有"文化空间"之意。2005 年，中国政府明确提出在非物质文化遗产保护工作中要保护"文化空间"，国务院办公厅颁发的《关于加强我国非物质文化遗产保护工作的意见》中指出："非物质文化遗产是各族人民世代相承、与群众生活密切相关的各种传统文化表现形式和文化空间。"与《意见》同时发布的还有附件《国家级非物质文化遗产代表作申报评定暂行办法》，其第二条为"非物质文化遗产指各族人民世代相承的、与群众生活密切相关的各种传统文化表现形式（如民俗活动、表演艺术、传统知识和技能，以及与之相关的器具、实物、手工制品等）和文化空间"。第三条将非物质文化遗产分为"传统的文化表现形式"和"文化空间"两类，其中，"文化空间"指"定期举行传统文化活动或集中展现传统文化表现形式的场所，兼具空间性和时间性"。2011 年颁布的《中华人民共和国非物质文化遗产法》则以法律的形式确立了保护"文化空间"的重要性，"本法所称非物质文化遗产，是指各族人民世代相传并视为其文化遗产组成部分的各种传统文化表现形式，以及与传统文化表现形式相关的实物和场所。"可见，关于文化空间的基本含义，它首先是一种与"传统的文化表现形式"并列的具有独立地位和独特价值的非物质文化遗产类别。也正因为如此，学者王文章才会在其《非物质文化遗产概论》一书中提出将"文化空间"列为非物质文化遗产的一种类型。② 苑利、顾军在合著的《非物质文化遗产学》一书中提出，文化空间尤其特指那些"非物质文化遗产类型、数量异常丰富的地区"③，所以文化空间又具有地区性特点。由于部分非物质文化遗产的传承往往发生在特定的时间范围内，所以文化空间的生成，实质上受到了地域空间和时间的双重制约。

除了上述基本含义之外，文化空间还有一个重要内涵，即它与口头传统及作为文化载体的语言、传统表演艺术、民俗、有关自然界和宇宙的民间传

---

① 《保护非物质文化遗产公约》于 2003 年 11 月 3 日在第 32 届联合国教科文组织大会上通过。
② 王文章：《非物质文化遗产概论》，北京：教育科学出版社，2013 年，第 265 页。
③ 苑利、顾军：《非物质文化遗产学》，北京：高等教育出版社，2009 年，第 233 页。

统知识和实践、传统手工艺技能等相关联。也就是说，文化空间同时也是承载其他各种非物质文化遗产的场域，再加上空间和时间的双重制衡，文化空间就成为各种传统文化表现形式的保护及传承的最佳平台。

保护非物质文化遗产，必须以保护文化空间为前提，这也是当前实施非物质文化遗产的整体性保护的基本保障。换言之，重视文化空间的保护，与非物质文化遗产的整体性保护原则，从根本上来说是一致的。如果没有文化空间的整体性保护为宏观导向，非物质文化遗产的保护及传承就极有可能顾此失彼，甚至遭遇肢解，使非物质文化遗产沦为分割商业利益的牺牲品。

2010年以来，随着国家级文化生态保护实验区建设的启动，"文化空间"的含义开始发生延展。根据国务院办公厅《关于加强我国非物质文化遗产保护工作的意见》、《文化部关于加强国家级文化生态保护区建设的指导意见》（2010年2月10日）以及《中华人民共和国非物质文化遗产法》（2011）的指导精神，国家级文化生态保护区是以保护非物质文化遗产为核心，对非物质文化遗产代表性项目集中、特色鲜明、形式和内涵保持完整，具有重要价值的特定区域进行整体性保护，并经文化部批准设立的特定区域。文化生态保护实验区建设的重心是对保护区内的各种非物质文化遗产实施整体性保护，同时也要保护其中的自然遗产。

文化空间的基本含义中，本来并不包含自然遗产的内容，但是，由于文化空间又必然与特定的自然地理及自然遗产相关联，所以保护文化空间，不能破坏生成文化的物质基础，即不能破坏自然环境及自然遗产。"文化生态保护实验区"的保护理念，明确地把文化遗产和自然遗产视为一个区域的共同遗产，强调在保护文化遗产的同时也要保护自然遗产。这种对自然遗产与文化遗产实施整体性保护的举措，体现出人与自然和谐共生的生态观念。中国的"文化遗产日"，从2017年6月10日开始，变更为"文化与自然遗产日"，也正好呼应了这种生态观念。

二、文化空间的基本类型与变异类型

文化空间的基本含义是在联合国教科文组织启动非物质文化遗产保护工程的过程中给定的，所以必然存在不尽完善的情况。况且，由于时代变迁，社会生活发生巨大变化，再加之国情、域情、民情不同，由非物质文化遗产保护工程延伸出来的各种问题也层出不穷，所以有必要结合非物质文化遗产保护工作的实践经验、教训及现状，在对"文化空间"这一极具包容力的核心概念的含义进行梳理的基础上，划分出"文化空间"的基本类型与变异类型，从而充实、发展文化空间的内涵，进一步认识其独特价值，并充分发挥保护文化空间的重要意义。通过确定不同类型的文化空间的性质、特点与功能，能够为非物质文化遗产的保护及传承开拓出具有针对性的新思路、新举措。根据非物质文化遗产保护和传承的现状，文化空间实质上可以划分为属于基本类型的原生态文化空间、属于变异类型的衍生态文化空间和创生态文化空间。这实质上将原本作为非物质文化遗产之一种类别的"文化空间"的含义扩大了，形成了狭义、中义、广义三个层面的理解，它们都有其存在的合理性。

　　文化空间的基本类型可称为原生态文化空间。那种处于自发状态，由传承主体发动，未被政府征用、商业开发或以其他人为方式加以集中改造的民间文化环境，即是原生态文化空间。民众作为传承主体，自发地在特定时间集结，在约定俗成的村镇、集市、街区的某些地点参加集会、交易、崇祀活动，多种非物质文化遗产与特定时空自然联结，这样的具有时间性的地域空间，就是最典型的原生态文化空间。这种文化空间的含义指向明确，是狭义意义上的文化空间。存在于原生态文化空间中的非物质文化遗产"彼此之间勾连，难解难分，只能作为一个整体进行申报，否则不利于对该地非物质文化遗产实施整体保护"①，可见，它本身就属于非物质文化遗产工作的保护对象，是非物质文化遗产的一个基本类别。

　　原生态文化空间。是当前非物质文化遗产保护工作的重心。生存于该空间的非物质文化遗产积量极为丰富，可以通过为传统文化之乡或文化生态保护区命名的方式来加强保护。湖北省恩施土家族苗族自治州在原生态文化空间的保护工作上可以说走在全国前列。早在 2005 年，恩施州政府发布的 7 号文件就公布了 20 个恩施州民间文化生态保护区。在传统文化之乡的寻访和保护工作上，从 2008 年开始，恩施州先后申报并获得 19 个国家级民间文化艺术之乡的命名（2008—2010 年度 13 个，2011—2013 年度 4 个，2014—2016 年度 2 个），43 个湖北省民间文化艺术之乡的命名（2008—2010 年度 16 个，2011—2014 年度 15 个，2014—2016 年度 12 个）；还拥有由原文化部命名的 23 个传统文化名村（首批 14 个，第二批 9 个），拥有 10 个第一批获得中央财政支持的中国传统村落。除此之外，恩施州还拥有 1 个位于州府恩施市老城范围的历史文化街区——恩施和平街，它也是值得高度重视的社区型文化

---

① 苑利、顾军：《非物质文化遗产学》，北京：高等教育出版社，2009 年，第 231 页。

空间。

文化空间的变异类型有衍生态文化空间和创生态文化空间两种，这里先说衍生态文化空间。由政府、企业、社会团体或个人，依照非物质文化遗产保护工作的"真实性""整体性""传承性"原则建设或打造的博物馆非物质文化遗产馆、文化馆非物质文化遗产展厅、民俗博物馆、民俗街区或民俗村、非物质文化遗产展演中心、非物质文化遗产传习基地等，应定位为衍生态文化空间，因为它不是由传承主体自发形成，而是由保护主体主导建设而成的。《保护非物质文化遗产公约》第十三条指出："促进建立或加强培训管理非物质文化遗产的机构以及通过为这种遗产提供活动和表现的场所和空间，促进这种遗产的承传。"可见，由保护主体建立为非物质文化遗产提供展示、开展活动和表现的场所和空间，是非物质文化遗产保护各缔约国达成的共识。

衍生态文化空间。是由保护主体为主导建立出来的场所和空间。在衍生态空间里，可以对存在于或曾经存在于原生态文化空间中的一种或多种文化事象的部分或整体进行集中移植与组合复造。尤其是对于那些社会变迁导致的已经失去其基本的生成土壤、濒临消亡、亟待抢救的非物质文化遗产，可以通过在衍生态空间重植再造来进行抢救并施予积极的保护措施，为激活这样一些非物质文化遗产创造基础条件。比如古老的巫傩仪式及有中国戏剧活化石之称的"傩戏"，在当今社会仅仅依靠民间的自发保护与传承堪称举步维艰，所以在傩文化尚有遗存的地方，由当地保护主体就地建设傩文化博物馆之类的衍生态文化空间就是非常必要的举措。国家级非物质文化遗产"恩施傩戏"，目前主要存留于拥有"傩戏之乡"之称的恩施市三岔乡，该地建设了傩戏博物馆及展演中心，对三岔傩戏的保护与传承起到了积极作用。又如国家级非物质文化遗产"恩施灯戏"，主要流传于恩施市白杨坪乡，其传承同样面临困境，国家级代表性传承人孟永香得到政府的支持，在自家门口建起了灯戏传习基地，对恩施灯戏的保护与传承也起到了重要的推动作用。

创生态文化空间。是以当地独具特色的多种文化遗产作为重要的精神资源，整体性地建造出来的文化创意产业园区、民俗街区、仿古商区、文化旅游目的地等。由于在非物质文化遗产的创造性转化利用上提供了值得重视的思路和实践经验，并且在一定程度上也为部分非物质文化遗产的生产性保护与产业化传承提供了必需的市场，它们可称为创生态文化空间。这种文化空间大多属于完全型的建造，与谨慎自律的非遗保护观念之间必然存在冲突，但由于发展地方经济的需要，吸引广大游客的需要，更重要的是一些非物质文化遗产类别的传承人也非常需要有这样的场所供他们通过表演获得生活来源，这样的创生态文化空间也就有其存在的合理性和必要性。

近年来，恩施州城的建设在"六城同创"的宏观理念的指导下，对创生态文化空间的创建也有一些成功案例。譬如恩施土家女儿城，它在本质上是一个商区，目前已成为 4A 级景区。在恩施女儿城内，除了具有民族风格的仿古建筑群之外，还建有土家族民俗博物馆，馆内展示土家织锦"西兰卡普"及其制作技艺和本地民众传统生活所用的各种民俗用品等。土家女儿城的经营者还把鄂西南地区的多民族非物质文化遗产集成性地移植到商区内，请非物质文化遗产代表性传承人及表演团队入驻商区，每天从早到晚在不同时间段安排了土家婚俗、打糍粑、舞狮、摆手舞的展演。经过精心经营，土家女儿城每周周末和节假日，游人如织。到土家女儿城观看土家族苗族歌舞、品尝民俗美食、购买民俗用品，已成为游客的锁定行程。又比如位于恩施市区内的硒都茶城、施南古城，其仿古建筑群落与具有鄂西南民族文化与民俗文化风情的元素结合，它们在性质上也是商区兼景区，但由于具有较高的文化品位，在文化品质上可以定位为创生态文化空间。硒都茶城位于恩施新城要道金桂大道商圈，以集中展售中国各地茶文化尤其是恩施茶业与茶文化为主要经营项目，在商区内建设了服务于地方新闻传媒及文艺表演的影视基地，经常开展各种与非物质文化遗产有关的竞赛活动和表演活动。又如施南古城的仿古建筑群落尤其高端富丽，并重建本地历史文化名人饶应祺、樊增祥大院，通过展示恩施古城历史文化来发展商圈，同样也积极地引入非物质文化遗产展示与展演。这些在政府监督下、由开发商直接创建出来的商区，也是景区，同时还可以视为鄂西南地区非物质文化遗产的创生态文化空间。由于它们全部位于恩施市区内，所处位置，原无名胜古迹，按照文化旅游目的地创建，使一些原本脏乱差的地方，变成了文化旅游集成区，为整个恩施市成为武陵山区的文化旅游航母打下了坚实基础，也成为展示武陵山区非物质文化遗产的便捷窗口，具有重要的价值。

三、文化空间的分类保护与利用

鉴于文化空间的存在类型渐趋多样化，对不同的文化空间，在保护与开发利用上应各有侧重，且都要注意将整体性保护与活态保护结合起来。

对于原生态文化空间，要以保护为主。要尽可能保护它的自然面貌和自发自在的状态不受到城市建设、城镇化进程及商业开发的人为破坏。各级各类保护主体要做大量引导性的工作，严格按照"就地""依时"的基本原则，支持、帮助本地民众最大限度地恢复传统庙会、集会、传统节庆、仪式等健康有益的民俗生活，"就地""依时"举办多种与传统文化形式相关的群众活动，促进民众的文化自觉，增强民众的文化自信。对于原生态文化空间，不能随便易地改时，更不能受经济利益的驱使任意改变其基本形式和内容。

恩施州利川市的民俗"王母城庙会"、州府恩施市的土家女儿会、宣恩庆阳老街的赶场等都有其原生地。王母城庙会主要在王母城遗址举行，王母城遗址位于利川市建南乡泉村与重庆石柱接壤的王母山上。每逢农历六月十九王母娘娘的生日，前后十来天，周边成千上万的乡民会自发地去赶庙会，朝拜王母娘娘。对于这一民俗，应就地保护，并且不能改变其时间。恩施土家女儿会的原生地在红土乡石灰窑老街和板桥镇大山顶村，当地乡民于农历七月十二日相约赶集，青年男女则借此机会互相结识，渐渐相沿成习三百余年，对于当地的这一习俗也应就地、依时保护，不能随便改变其地点和时间。有的民俗虽然没有准确的小范围的原生地点，但它在整个州境内发生，相对而言仍然有其发生地，并且有明确的时间。比如恩施州多县市地有过社的习俗，尤其以恩施市的过社最具有代表性。社日是每年立春、立秋后的第五个戊日，当地的社节主要是春社，保留至今的过社习俗是拦社和食社饭，对此也不可任意改变其时间及期限。恩施州各地都有在正月十五这天"赶毛狗"的习俗，毛狗子是当地人对狐狸的俗称，赶毛狗的目的是为了驱邪避灾。人们用茅草、树枝、竹子等搭成一个圆锥形的棚，人们称其为毛狗子棚。天黑时，人们在屋边及路边插上点燃的火把、蜡烛，然后烧燃毛狗子棚，一边吆喝着"哦嗬"，一边高喊"赶毛狗子哟！"家家户户搭的毛狗棚燃烧起来，火光冲天，竹子发出爆裂的响声，前后持续约半个小时。这一习俗必须是在正月十五举行，不能因为开发旅游，动不动就"赶毛狗"。

对于衍生态文化空间，由于它们是保护主体为了抢救文化遗产而做出的积极主动的保护举措，所以兼具保护和利用的双重功能。衍生态文化空间的建设往往耗资巨大，尤其需要政府积极介入，发挥保护主体的宏观调控作用。而且，鉴于展馆型的衍生态文化空间难免引致非物质文化遗产变成非遗文物展览，所以也有必要采取非常手段激活部分濒临失传的非物质文化遗产的市场活性，这样的市场可以由展馆创造。比如南京博物院的非遗馆，在将非遗展演推向市场方面就做得颇为成功。将衍生态文化空间推向市场，不仅可以在市场的作用下激活非物质文化遗产的传承机制，还可以获得更多的民间资金，以用来支持非遗展演和传承活动的开展。目前，恩施州民族博物馆内的非物质文化遗产展馆，各县市已建成的非遗展演中心和非物质文化遗产传习基地，都属于衍生态文化空间。位于恩施市金桂大道火车站商区的一所民营民俗博物馆"施南府民俗博物馆"已于 2017 年 4 月开馆，从民间收藏的三万多件民俗文物在这所民俗博物馆内展示，如果同步在馆内开展非遗展演和传习活动，那么它无疑将成为一个重要的非物质文化遗产衍生态文化空间。

对于创生态文化空间，其功用在于开发利用，不应该抓住它与商业开发紧密结合的"小辫子"而过度指责，因为大量非物质文化遗产本身就具有经济价值，尤其是传统技艺、传统美术方面的非物质文化遗产还需要进行生产性保护。对于文化资源的开发利用也是发挥非物质文化遗产经济价值的必经途径。但是，对于商企而言，在建设创生态文化空间时，虽然利润是直接的目的，在指导思想上却应该是以保护、弘扬文化为宗旨，因为文化保护好了，也不愁它不会带来可观的经济收益。在利用或开发非物质文化遗产资源时，应多方面听取文化专家及学者的建议，将文化产业园区、商区或旅游目的地的商业效益与文化提升的社会效益高度融合，才能真正做好功利千秋的文化产业，为后代留下这个时代的创生态文化空间范本。

国家级文化生态保护实验区，究其实质是一个个极为庞大的文化空间。武陵山区土家族苗族文化生态保护实验区的建设，首先要科学规划，要根据保护区内的自然生态和文化生态，对各县市共有的非物质文化遗产实施有序整合，这样有助于避免各保护单位单打独斗带来的申报工作混乱无序，保护及传承力量分散等问题。通过国家级文化生态保护实验区的整体性建设，有望建构独具区域特色和民族特色的文化生态共同体，使美丽中国的宏大愿景变为现实。

"文化+"视域下非物质文化遗产保护与利用互动机制思考

——以黔东南民族文化生态保护实验区为例

龚 翔

（贵州民族大学人文科技学院）

非物质文化遗产（以下简称"非遗"）是民族个性与民族元素的集中体现，更是"活态"民族文化的真实写照。在长期的生产生活实践中，每个民族与族群都会逐渐形成一套较为稳定的文化习俗并世代传承。新时期，随着"文化+"新常态的到来，我国将掀起一股"民俗热""非遗热"的浪潮，传统非遗的保护与发展也面临着前所未有的机遇与挑战。所谓"文化+"，绝不是传统数学概念上简单地程式化加减，而是一种全新的理论与观念。黔东南苗族侗族自治州作为我国西南部最大的多民族共居区域之一，有着丰富多彩的民族文化资源，这些民族文化"瑰宝"为维护当地文化生态系统的多样性、推动社会和谐发展提供着不竭动力。本文以黔东南苗族侗族自治州为研究对象，尝试对当地非遗在新常态下如何有效保护与合理利用，以促进当地社会科学发展进行初步探讨。

一、黔东南民族文化生态保护实验区概述

早在 1992 年的国际旅游年会上，黔东南苗族侗族自治州（以下简称"黔东南州"）就已被列入全球"返璞归真、重返大自然"十大旅游景区之一。随后又被联合国保护世界乡土文化基金会列为世界少数民族文化保护圈，素有"世界上最大的民俗博物馆"之称。① 黔东南州位于贵州省东南部，以凯

---

① 杨·巴雅尔：《当代社会与民俗复兴》，载《内蒙古师范大学学报》（哲学社会科学版）2006年第 2 期。

里市为州府，辖雷山、丹寨、施秉、黎平、榕江、台江、剑河等 15 个县。据 2014 年官方统计数据显示，全州有苗、侗、布依、水、瑶等 32 个世居少数民族，常住人口中少数民族人口比例接近 80%，是我国少数民族人口最多的自治州。黔东南州无论是雷山西江千户苗寨和黎平肇兴侗寨这些闻名于世的少数民族村落，还是如行云流水的苗族飞歌和余音缭绕的侗族大歌，多姿多彩的民族文化与原生态的人文风情无时无刻不在吸引着来自海内外的游客。

（一）实验区非遗资源介绍

2013 年文化部部务会议审议通过，正式同意将黔东南州设立为"民族文化生态保护实验区"，这也是贵州省首个列入国家级文化生态保护实验区的地区。作为我国首批"民族文化生态保护实验区"，当地非遗种类繁多、内容丰富，包括民间文学、民间音乐、传统美术、传统手工技艺、民俗等八大类非物质文化遗产名录。共有 53 项 72 处入选国家级非物质文化遗产名录，居全国同级行政单位前列。还有省级非物质文化遗产名录项目 192 项 241 处，州级非物质文化遗产名录项目 254 项 300 处，县市级非物质文化遗产名录项目 1208 项。黔东南州以苗族文化和侗族文化为主体，水族、布依族、土家族、畲族、仡佬族、壮族、瑶族等多民族文化共同组成了当地民族文化生态系统，各少数民族非遗在历史进程中共同发展，世代传承并延续至今。

表 1　黔东南州第一批国家级非物质文化遗产名录列表

批次	类别	名称	地区
第一批	民间文学	Ⅰ-1 苗族古歌	台江县、黄平县
		Ⅰ-5 刻道	施秉县
	民间音乐	Ⅱ-28 侗族大歌	黎平县
		Ⅱ-29 侗族琵歌	黎平县、榕江县
	民间舞蹈	Ⅲ-23 苗族芦笙舞	丹寨县
		Ⅲ-25 木鼓舞	台江县
	传统戏剧	Ⅳ-83 侗戏	黎平县
	传统美术	Ⅶ-22 苗绣	雷山县、剑河县

续表

批次	类别	名称	地区
第一批	传统手工技艺	Ⅷ-25 苗族蜡染技艺	丹寨县
		Ⅷ-33 苗族芦笙制作技艺	雷山县
		Ⅷ-34 苗族银饰锻制技艺	雷山县
	民俗	Ⅹ-19 苗族鼓藏节	雷山县
		Ⅹ-25 侗族萨玛节	榕江县
		Ⅹ-22 苗族姊妹节	台江县

表2　黔东南州第二批国家级非物质文化遗产名录列表

批次	类别	名称	地区
第二批	民间文学	Ⅰ-61 仰阿莎	黔东南州
		Ⅰ-73 珠郎娘美	榕江县、从江县
		Ⅰ-76 苗族贾理	黔东南州
	传统音乐	Ⅱ-109 苗族民歌	雷山县
		Ⅱ-129 芦笙音乐	丹寨县
	传统技艺	Ⅷ-105 苗族织锦技艺	麻江县、雷山县
	传统医药	Ⅸ-15 苗医药	雷山县
		Ⅸ-16 侗医药	黔东南州
	民俗	Ⅹ-75 苗族独木龙舟节	台江县
		Ⅹ-83 苗年	丹寨县、雷山县

表3　黔东南州第三批国家级非物质文化遗产名录列表

批次	类别	名称	地区
第三批	传统美术	Ⅶ-107 侗族刺绣	锦屏县
	民俗	Ⅹ-130 侗年	榕江县
		Ⅹ-138 月也	黎平县
		Ⅹ-142 苗族栽岩习俗	榕江县

注：名录不含拓展类，以上列表由作者整理。

（二）"文化+"背景下黔东南州非遗保护的重要意义

非遗是人类发展与社会进步过程中的重要元素，也是不同民族、群落之间区别的"标签"，在特定的"时空"下形成的非遗资源更是人类社会发展的重要精神寄托。近年来，随着"多彩贵州"文化品牌在全国范围内的成功推广，贵州传统民族文化也从"养在深闺人未识"到展现于世人。黔东南州各类非遗不仅具有重要的文化价值、经济价值，在一定程度上还具备了不可忽视的社会功能。

首先，历史传承功能。非遗是少数民族同胞千百年来传统文化的延续，历史的传承使得当地文化生态系统保持了一个相对稳定的状态；其次，社会和谐功能。多元的民族文化在对外传播的同时，能够提高各地民众对族群文化认同性、增强民族凝聚力，有助于社会和谐稳定发展；再次，艺术审美功能。传统非遗中具备了独具特色的艺术表现形式，这些极富民族特色的元素为文艺创作提供了不竭的源泉与创意；最后，经济开发功能。这些传统民族文化资源同样也是特色民族文化产业发展中不可或缺的宝贵资源，合理的利用有助于当地经济的可持续发展。

二、黔东南非遗保护与传承的基本措施与经验

由于贵州黔东南州地处中国西南部偏远山区，地理位置相对封闭，当地传统文化生态系统也得到了较好保护，充分保留了"原生态"的民族元素。近年来，当地政府不遗余力地对非遗进行保护与利用，并于2007年成立了州"非物质文化遗产中心"，主要负责指导全州非物质文化遗产的普查、挖掘、保护、传承以及申报工作。随后，凯里市"非物质文化遗产保护中心"、雷山县"非物质文化遗产研发中心"、剑河县"非物质文化遗产保护中心"等相关机构先后建立，为全州非物质文化遗产的整体性保护提供了助力。先后被收录入国家级民俗类非遗名录中的雷山"鼓藏节"、台江"姊妹节"以及丹寨"苗年"等传统民俗节庆更是成为黔东南州民族文化对外传播的重要名片，在世界范围内也具备一定影响力。自2013年"黔东南民族文化生态保护实验区"正式成立起，当地非物质文化遗产的整体性保护进行得如火如荼，并取得了令人瞩目的成绩。

（一）政府出台相关政策，健全法律法规体系

非物质文化遗产是每一个民族群落长期以来文化发展到一定程度的产物，

是不可再生的宝贵文化资源，各地政府应当通过出台相关法律法规、立法与规章等形式来进行保护。《中华人民共和国非物质文化遗产法》与《贵州省非物质文化遗产保护条例》的相继颁布为黔东南州非遗的保护提供了重要指导。在此期间，黔东南州政府也积极出台了相关保护法规，如 2008 年颁布的《黔东南苗族侗族自治州民族文化村寨保护条例》《黔东南州民族文化保护条例》等一系列相关政策为全州各县非遗的文化空间保护提供了有力保障。此外，每年各项非遗代表性传承人的评选、保护工作也在有条不紊地进行。

（二）民族文化认同感不断提高，传承人队伍逐渐扩大

非物质文化遗产是文化的精华，是生活的华彩乐章，传承人（民间艺人）更是文化的精英。非物质文化遗产诞生于民间、扎根于民众的生活之中，它们更是维系社会群体生活的必要工具。对于非遗的保护来说，最好的办法就是让其得以传播、传承，让更多的受众了解非遗、认识非遗。过去，被认为是俗、土的传统文化，现在已经开始成为大家争夺的宝贝，说明民众对地方文化认识的改变以及对传统非遗认可度的不断提高。2015 年，黔东南州民族文化生态保护实验区决定实施"中国非物质文化遗产传承人群研修培训计划"，目前当地有国家级非物质文化遗产项目代表性传承人 26 人，省级非物质文化遗产项目代表性传承人 104 人，州级非物质文化遗产项目代表性传承人 194 人，县级非物质文化遗产项目代表性传承人 1794 人。在当地政府的政策扶持下，民众对于非遗的认知不断加强，各级非遗传承人的热情也随之高涨。

（三）民族文化旅游开发带来的机遇

民族文化旅游，在西方国家被称之为"原住民"文化旅游或土著民族文化旅游，都是指以当地民族文化为主要吸引物而开展的旅游活动。[①] 民族文化旅游是传统民族文化与现代旅游业完美结合的产物，极具民族性、文化性、地域性等鲜明特征。2012 年雷山县苗年暨西江鼓藏节，来自五湖四海的游客相聚一堂共同领略苗族传统文化的魅力，节庆期间，西江千户苗寨旅游收入与往年同期相比大幅增长，当地百姓在旅游开发中得到了实实在在的实惠。每个民族都有自己独一无二的文化内涵，这正是文化差异性的表现所在。

---

① 崔玉凡：《关于民族文化旅游可持续发展问题的若干思考》，载《黑龙江民族丛刊》2010 年第 5 期。

2015年国庆"黄金周",黔东南州接待旅游人次首次突破240万、同比增长接近25%,旅游创收高达14.46亿元。随着"高铁时代"的来临,各地区民族文化旅游必将呈井喷之势,在此热潮的推动下,黔东南州传统非遗的影响力也将继续增强,推广到全国乃至全世界。

三、黔东南非遗保护与发展中面临的困境

众所周知,非遗作为人类宝贵的文化遗产,保护与传承是最终目的,也是非遗研究中最根本的问题,在此前提下才能考虑开发。[①] 黔东南民族文化生态保护实验区非遗种类繁多,在保护与利用过程中还存在着一些亟待解决的问题。

(一)保护与利用互动关系中存在矛盾

由于非遗自身的系统较为复杂,涉及民俗学、历史学、文学、社会学、人类学等学科,不同学科背景的主体在进入非遗领域进行研究时会因为自身差异而导致关注的重点有所不同。在非遗的利用过程中,传承人是直接参与到非遗传播并使非遗得以世代延续的主体。但随着"非遗热""民俗热"的兴起,各地对于非遗的热情不断高涨,但是保护与利用中存在的问题也日趋凸显:本真性的破坏;开发与创新过程中知识产权的保护;机器制作与手工制作等。迄今为止在旅游开发过程中,必须要坚持根植于开发地文化、传统、历史、风俗等可持续开发的原则是极容易被忽略的。[②] 因此,笔者认为在非遗的生产性保护过程中,我们应当坚持以传承人为核心,政府提供政策、资金以及法律法规方面的保障与支持,旅游开发商以保护为根本目的进行开发,旅游者也应当自觉维护当地传统文化生态系统,专家学者与媒体也应有效利用现代技术进行多元化传播,最终形成一套完整的保护体系。

(二)传播主体缺位、传承机制失衡

千百年来,黔东南州当地少数民族同胞靠着当地的风土人情以及血缘宗族关系,形成了多姿多彩的民族文化生态系统以及风格各异的少数民族村落,

---

① 赵悦、石美玉:《非物质文化遗产旅游开发中的三大矛盾探析》,载《旅游学刊》2013年第9期。

② [日]石本东生:《持続可能な観光発展における文化遺産環境の保存・再生とその重要性》,《日本国際観光学会論文集》2014年第21期,第105-112页。

非遗正是在这样的环境中得以孕育而生并世代传承。在这片少数民族同胞生活的土地上，人人都是传统文化的"守护者"，他们之间有着共同的信仰，并世代传承着这些弥足珍贵的文化资源。正如费孝通教授所说，传统村落人际关系的结构是一个以血缘为基础的同心圆状的圈层组织。但是，随着城镇化的快速发展，各地区村落都出现了不同程度的青壮年涌入城市打工潮流。直接导致传统村落的生产生活主力军变成了留守的老人与妇孺，"三八"（妇女）、"六一"（儿童）、"九九"现象严重。过去那种紧密的人际关系出现淡化，宗族成员之间的社交网络也逐渐松解，村落文化传承面临着后继无人的尴尬局面。此外，交通和通信的发达，大量游客的涌入和电视机的出现，在迅速改变农村传统文化的象征符号的同时也带来了新的文化象征符号，还有新的审美、新的时尚、新的文化意义。[①]虽然我国目前已经形成了四级代表性传承人保护制度，但是非遗传承人的保护依然面临着极大的危机，后继无人的现象依旧严重，传播主体的缺位导致非遗传承机制的失调。

（三）传统非遗教育工作开展不足

传统非遗进"课堂"，在各地学校中开展非遗教学，让孩子们从小接受非遗的知识、技艺是保护非遗的有效手段之一，这种新型的传承方式更是有着实践与理论结合的双重意义。2015 年 4 月，黔东南州级非遗传承人，享誉贵州的苗族歌唱组合"苗族三姐妹"应邀来到旧州第二中学，展开了"非遗进校园"的授课活动，歌师的到来受到了学校师生的热烈欢迎。众所周知，苗族由于没有文字，千百年来文化传承只能通过传统的口耳相传的方式进行，苗歌中记录的不仅仅是苗族同胞生活、劳作的点点滴滴，更是苗族历史发展的见证。通过"非遗进校园"活动，不仅能让孩子们对苗族文化有更深刻的认识，更能让孩子们从小就培养起对非遗的热情，增强他们对非遗的保护意识。但是受非遗自身传承系统的限制，很多老一辈技艺人对于公开"授课"还是很抵触，这就需要政府的正确引导。笔者以为，非遗的有效保护绝不是"闭门造车"就能解决的，在保证其"本真性"的前提下加强对外传播、民众教育才是行之有效之道。

（四）保护主体多元化导致整体性保护效果弱化

目前，黔东南民族文化生态保护实验区传统非遗的保护主体包括：博物

---

① 方李莉：《从"遗产到资源"的理论阐释——以费孝通"人文资源"思想研究为起点》，载《江西社会科学》2010 年第 5 期。

馆、政府、开发商、社区、专家学者以及非遗保护中心等。受保护主体多元化的影响，当地非遗的整体性保护工作仍然面临着巨大挑战。实验区成立的初衷本身就是为了加强当地非遗的整体性保护，并在此基础之上扩大传播维度、促进非遗的传承与发展。从目前实际情况来看，在各地非遗的保护与开发过程中政府或开发商往往能够占据相对强势的地位，为追求经济效益往往会忽视非遗的本真性，影响了非遗的可持续发展。加上社区群众与专家学者等保护主体的地位缺失，非遗的整体性保护效果也将大打折扣。笔者以为，政府相关部门应当充分发挥自身行政力量的优势，结合各地的实际情况制定一套科学、完善的保护措施，以此促进实验区非遗整体性保护的深度融合。

四、新时期黔东南非遗保护与发展路径探索

非物质文化遗产具有双重属性：首先是文化属性，涵盖了历史、艺术、科学、信仰与研究等核心元素；其次是经济属性，能够大幅度提升文化产品的附加值。可以说文化属性是其根本，经济属性是表现形式。因此，科学合理的规划是保护好各民族文化遗产的重要一环。联合国教科文组织《保护非物质文化遗产公约》指出："鼓励开展有效保护非物质文化遗产，特别是濒危非物质文化遗产的科学、技术和艺术研究以及方法研究。"必须组织科研人员进行科学研究，寻找科学、有效的保护技术与方法，否则将会因保护不当而遭受损失；要抢救已经失传或保存不全的非物质文化，以恢复传统文化的原有风貌。对黔东南州非物质文化遗产的保护不能仅仅停留在表面，对此，笔者提出以下建议。

（一）把握时代机遇，积极融入"互联网+"战略部署

现阶段，"互联网+"作为我国社会经济的重要发展战略，已经被纳入顶层设计。随着互联网在社会生活的广泛运用，大数据、云计算、物联网技术的日益成熟，"互联网+非遗"的保护与利用模式将是有效、可行和必行的新途径。对于黔东南州而言，多姿多彩的传统非遗是当地少数民族同胞千百年来文明发展的见证，把握好时代机遇，积极融入"互联网+"战略，与社会发展的步伐接轨是有效保护与利用非遗的新出路。

例如合理利用互联网信息技术手段与大数据分析，推进农村公共文化服务的创新性发展。建立各地传统非遗的数字化博物馆，对传统非遗的基本数据、信息、资料进行归纳与整理，并通过融入"互联网+"模式，向受众提供

展示、教育与利用服务，以此对外传播传统文化元素。利用大数据技术解读受众对于文化产品的心理需求，再将非遗博物馆中的"虚拟"文化藏品开发为全新的数字文化产品。通过 3D 打印技术，逼真再现藏品的结构、色泽、光影、纹理等形态特征，同时具备结构拆解、细节放大等三维动画展示功能，通过移动互联网生动展示传统非遗，实现 O2O 线上线下的同步发展。坚持政府引导、市场主导原则，充分发挥出非遗的社会效益与经济效益，调动村民对非遗传承的积极性，以此促进当地非物质文化遗产的保护与利用。

（二）充分借助新媒体力量，拓宽非遗文化传播维度

从传播学的角度来看，媒体是传播过程中承载信息的物质实体，是"插入传播过程之中，用以扩大并延伸信息传送的工具"。[①] 近年来，基于移动互联网技术为平台的新媒体传播模式已被广大受众所接纳，平板电脑、手机等数字终端更是大有取代传统 PC 机的趋势。在此形势之下，新媒体作为全新的一种传播媒介，其广泛的受众群体以及高速的传播速率将会为各地传统非遗的传播注入新鲜的血液。将新媒体平台融入传统非遗的传播过程中不仅能够突破时间、空间的限制，更能有助于广大受众解读传统非遗中所蕴含的独特信息符号。

随着智能手机和 3G、4G 网络的普及，移动互联网给非物质文化遗产的传播提供了全新机遇。截至 2015 年 6 月，我国手机网民规模达 5.94 亿，较 2014 年 12 月增加 3679 万人，网民中使用手机上网的人群占比由 2014 年 12 月的 85.8% 提升至 88.9%。[②] 随着手机终端的大屏化和手机应用体验的不断提升，新媒体传播手段的多元化、现代传播技术的日趋成熟，广大受众利用移动互联网络平台为基础接受信息的渠道也得以扩宽。千百年来，少数民族同胞靠着最原始的口耳相传，将这些弥足珍贵的非物质文化遗产一代一代传承下来。如今，黔东南州非遗的传播也应当顺应时代的潮流，充分借助新媒体传播的优势，将文化与科技融合创新，为非遗传播扩宽维度，让更多受众了解、认识这些优秀的文化基因、文明成果。

（三）加快数字化保护体系建设，促进非遗智慧化传承

非遗数字化保护就是利用数字化技术来保护非遗、确保非遗生命力的一

---

① 胡正荣：《传播学总论》，北京：北京广播学院出版社，2007 年，第 328 页。
② 《第 36 次中国互联网络发展状况统计报告》，2015 年 7 月，http：//www.ce.cn/xwzx/gnsz/gdxw/201507/23/t20150723_ 6022843_ 3. shtml。

种实践。① 随着数字化技术的出现与发展，人们对于非遗的保护认识得以改变，数字化技术进入非遗的保护工作不仅停留在采集、储存、演示等方面，还包括内化为非遗自身存在与发展方式的可能性。具体来说，非遗数字化保护的措施主要体现在以下几个方面。

首先，通过建立数据库、资源库优化非遗的保存与管理。采集文献、图片、影像等都是非遗保护的基本方法，通过分类整理与数字化转化能够更好地记录、保存。相比传统的保护手段，数字化保护更能够体现出灵活、快速、高效的优势。

其次，通过建立数字化非遗馆（展览馆、博物馆、体验馆），优化宣传措施。与数字化保存相同，数字化宣传同样也是非遗保护工作中重要的组成元素，随着数字化技术的不断创新与融入，非遗数字化宣传的民众参与性、真实性、趣味性也得到大幅度改善。

最后，通过建立数字化传承基地优化传承机制，促进智慧化传承。非遗的保护说到底就是对传承人的保护，过去的传承方式大多是口述、身传、心授再配合图文传承。众所周知，黔东南州苗族是没有文字的，其非遗的传承只能通过传承人的言传身教。数字化技术介入后，传承过程能够通过传承人为主、影像演示为辅的方式进行，这样能够大大减少传承人的工作量，从而缩短周期、提高效率，最终实现智慧化传承。

（四）大力发展特色民族文化产业，促进非遗可持续发展

特色少数民族文化产业发展与各地民族文化与少数民族传统非遗的保护具有内生互动性，国家《关于推动特色文化产业发展的指导意见》在为民族地区少数民族特色文化产业指明方向的同时，也将带来重大机遇。黔东南地区有着丰富多彩的少数民族文化资源，但是当地民族文化旅游业、少数民族民间工艺、少数民族民俗节庆、少数民族演艺等产业发展起步相对较慢、水平层次较低。在"文化+"视域下，我们应当打破传统观念与落后思维，树立全新的产业发展观，以促进当地特色民族文化产业发展与传统少数民族非遗保护的良性互动，实现"经济""文化"的双轮驱动。

首先，在对民族文化产品的开发中，我们应该深刻挖掘传统民族文化内涵，将那些真正通过差异性文化吸引游客的文化因子展现出来。在非遗的利用过程中，一些商家、社区、群落往往为文化产品贴上"非遗"标签，以追

---

① 宋俊华：《关于非物质文化遗产数字化保护的几点思考》，载《文化遗产》2015年第2期。

求更高利益。但是那些不具备深刻文化内涵的文化产品并不能达到寓教于乐的目的，属于快速消费范畴，反而丧失了非遗的文化价值。

其次，在民族文化产品开发过程中要注意增强当地民众参与性。黔东南州民族文化浓郁，每年大大小小的民俗节庆不胜枚举，各地政府也依托这些宝贵资源大力发展民俗节庆旅游。在此过程中，我们应该在保证"本真性"的前提下进行旅游开发，同时，还要注重调动各地民众的参与性、积极性。

最后，积极打造当地民俗旅游龙头品牌，促进区域协同发展。2012 年西江千户苗寨"鼓藏节"暨雷山"苗年"，来自五湖四海的游客纷纷涌入这个充满神奇魅力的村落。依托西江"鼓藏节"，全州各地区的旅游创收也获历史新高，黔东南州民族文化旅游品牌一夜之间在世界各地得以推广，并形成区域协同发展的大好格局。

非物质文化遗产：文化记忆的展示、保护与实践^①

毛巧晖

（中国社会科学院民族文学研究所）

　　"非物质文化遗产"成为近十年来学术关键词之一，通过在中国知网检索，从 1997 年出现第一篇非物质文化遗产的文章，到 2015 年底，文章题名中含有"非物质文化遗产"的文章共计 15360 条。根据《保护非物质文化遗产公约》（以下简称《公约》）的表述，非物质文化遗产（Intangible Cultural Heritage）是指被各社区、群体，有时是个人，视为其文化遗产组成部分的各种社会实践、观念表述、表现形式、知识、技能以及与之相关的工具、实物、手工艺品和文化场所；这种非物质文化遗产世代相传，在各社区和群体适应周围环境以及与自然和历史的互动中，被不断地再创造，为这些社区和群体提供认同感和持续感，从而增强对文化多样性和人类创造力的尊重。^②

　　《公约》在世界范围内确立了"非物质文化遗产"这一概念。中国于 2004 年 8 月 28 日成为第六个批约国。在此之前，关注"非物质文化遗产"者重点是着眼于立法，目前可以看到的第一篇以"非物质文化"直接命名的文章即是《非物质文化遗产的法律保护》。但是从其出现之日起，关注的核心就是"存在、延续"，从最初第一篇文章，尽管从立法的角度谈论，但已经提出"它赖以存在、延续的主要特点正是其存在、延续的致命的弱点"^③。非物质文化遗产是文化意义的表达，它的保护，不是静态的"遗址"保存，而是记

---

　　① 本文为国家社会科学基金项目"国家话语与民间文学的理论建构（1949—1966）"（项目编号 13CZW090）的阶段性成果。

② 2003 年 10 月 17 日，联合国教科文组织第 32 届大会通过了《保护非物质文化遗产公约》，本文所引内容为《保护非物质文化遗产公约》2006 年 10 月 8 日订正本，本资料转引自巴莫曲布嫫：《从语词层面理解非物质文化遗产——基于〈公约〉"两个中文本"的分析》，载《民族艺术》2015 年第 6 期。以下只标出具体条目，不再注释。

③ 詹正发：《非物质文化遗产的法律保护》，载《武当学刊》1997 年第 4 期。

录和传播文化，是"文化记忆"的延续与呈现；另外它离不开"人"，关涉不同群体。但是非物质文化遗产作为传承或延续的文化记忆，其关涉群体并不具有同质性。

2001 年昆曲列入"人类口头与非物质文化遗产代表作"①，学术领域开始关注"非物质文化遗产"，因从"昆曲"而起，戏曲学领域首先介入，紧接着人类学、民族学、民俗学等领域从本学科与各自的学术视角也积极加入这一行列。"非物质文化遗产的一个最大属性是，它是与人及人的活动相联系和共生的。"②人是非物质文化遗产存在的必要条件和重要前提，这也恰是非物质文化遗产与物质文化遗产的根本区别。而此处的"人"，主要指向非物质文化遗产的传承人及其相应文化区中的民众，他们是文化记忆缔造的参与者与践行者。

从当下非物质文化遗产保护的个案与实例中，能清晰地看到地方政府、学者与民众三股不同的力量，他们分别在自我认知与自己所扮演的角色中保存或传承着作为"文化记忆"的"非物质文化遗产"。

一

董晓萍教授从两种知识的角度将"非遗"分为政府非遗与民间非遗③，她重点阐述了政府非遗的定位与观念，指出了这一层面以政府和学者为主导，其支撑体系为现代学校教育知识。本文在此基础上，重点探讨政府通过规范性保护"非物质文化遗产"对于"文化记忆"的展示。

政府参与"非遗"保护，始于 21 世纪之初，中国已进入全球化时代。在《国务院关于公布第一批国家级非物质文化遗产名录的通知》（国发〔2006〕18 号，以下简称《通知》）明确提出"非物质文化遗产是文化遗产的重要组成部分，是我国历史的见证和中华文化的重要载体，蕴含着中华民族特有的精神价值、思维方式、想象力和文化意识，体现着中华民族的生命力和创造力。保护和利用好非物质文化遗产，对于继承和发扬民族优秀文化传统、增进民族团结和维护国家统一、增强民族自信心和凝聚力、促进社会主义精神

---

① 联合国教科文组织从开始倡导"非物质文化遗产"理念和行动至今，其间从称呼到行动方针，也一直有变化和调整。一开始叫"口头与非物质文化遗产"（Oral and Non-Material Cultural Heritage），现在叫"非物质文化遗产"（Intangible Cultural Heritage）。国内在翻译和介绍这些概念的过程中，也先后做出调整。参见朝戈金：《非物质文化遗产：从学理到实践》，载《西北民族大学学报》，2015 年第 2 期。

② 朝戈金：《非物质文化遗产：从学理到实践》，载《西北民族大学学报》（哲学社会科学版）2015 年第 2 期。

③ 董晓萍：《政府非遗与民间非遗：从两种知识角度的切入》，载《西北民族研究》2014 年第 2 期。

文明建设都具有重要而深远的意义"①。这一阐释明确了非遗的民族性与世界性意义。它对世界而言，是国家文化形象的重要载体，呈现了中华民族的优秀文化传统。随着中国社会改革深化与经济迅速发展，在世界全球化过程中，中国的文化形象受到极大关注。国家文化形象是"一个国家文化传统、文化行为、文化实力的集中体现"②。国家层面倡导非遗，更多意义上是要打造或建构国家文化形象，增强文化软实力，向国际社会输出中华民族的优秀文化。这一宏大目的是通过政府的非遗政策与保护体系在全国范围内推广与实施的。

为使中国的非物质文化遗产保护工作规范化，国务院发布《关于加强文化遗产保护的通知》。对于非物质文化遗产代表性传承人也实行申报和评审制度。在由个人申请、当地文化行政部门审核、省级文化行政部门审核评议推荐的基础上，按照国家级非物质文化遗产项目代表性传承人评审工作规则和原文化部办公厅《关于推荐国家级非物质文化遗产项目代表性传承人的通知》（办社图函〔2007〕111 号）要求分门别类逐项审议。这些政策与措施都是为了规范非遗保护，但是它要贯彻到全国行政各个层级。地方各级政府部门将非遗视为"文化展示"的契机，同时也认为它是"有利可图的资源"③。

从非遗所包含的内容可以看到，其主体内容以口头文学为主，因此"'非遗'的底层支撑物，就是'口头文化'"。④ 但是非遗改变了对于民间文化资源的传统认知，它成为新的政治经济资源。政府对于非遗，更多关注的是行政区域内的"地域文化记忆"。众所周知，非物质文化遗产具有突出的地域性与民族性，但文化地域常常与行政区划并不一致。非遗项目很多都是多地共存，但是因为行政区隔，"地方政府、文化部门对于非遗项目发源地、属地问题存在地方主义，这使得一些优秀的民间文学项目未进入'非遗名录'"⑤，如在华南一带盛行的冼夫人传说；或者即使进入非遗项目，各地域也因强调发源地或者"第一"的位置而重新打造"文化记忆"。这一问题归根结底就如博物馆中的文化展示一样，地方政府强调对于民众的吸引，关注"公众会'买'什么的问题"；越来越多地谈论如何将本地域的非遗项目"包装为产品"或

① 《国务院关于公布第一批国家级非物质文化遗产名录的通知》，载《云南政报》2006 年第 11 期。

② 祁述裕：《如何塑造我国的国家文化形象》，载《解放日报》2006 年 11 月 6 日。

③ ［英］贝拉·迪克斯著，冯悦译：《被展示的文化：当代"可参观性"的生产》，北京：北京大学出版社，2012 年。

④ 朝戈金：《非物质文化遗产：从学理到实践》，载《西北民族大学学报》（哲学社会科学版）2015 年第 2 期。

⑤ 刘晓春等：《民间文学保护发展报告》，康保成主编：《中国非物质文化遗产保护发展报告（2011）》，北京：社会科学文献出版社，2011 年，第 98 页。

"品牌"①。地方政府申请非遗项目，更看重的是文化如何变为经济资源，转化为文化产业，重视其"可参观性"，希望非遗项目转化为地域景观，地方政府借此提升旅游，吸引"观众"（即旅游者或文化"他者"），很多地域更是借此打造新的地域文化符号，如山西安泽荀子文化园等。文化符号重构就像"传统的发明"一样，并不是只存在于当下社会，也不一定就是负面效应，但是如果出现文化符号的滥造，则会成为严重的社会问题。

地方政府在非遗中，打造的是本行政区划内的"文化记忆"。这一"文化记忆"是通过文化展示，尤其是按照美学规律展示，呈现给文化他者。他们希望将"文化记忆"变为吸引"参观者"的一桩生意。而甚少强调文化记忆的知识性与内在的文化逻辑。这类实例比比皆是，当下各地纷纷以非遗项目为依托推出旅游文化体验项目，如"羌族文化旅游体验项目""恩施民族文化体验"等，以及各地旅游景点民间传说或叙事的重构。但正如贝拉·迪克斯所说，它是再建的，但它也不是假的②。因此，地方政府是国家规划性保护的执行者，但同时也是在展示文化记忆中传承非物质文化遗产。

二

在非遗保护中，学者的参与及推动是显而易见的。2001 年 7 月 23 日《瞭望新闻周刊》刊出《人类遗产》及新闻《人类口头与非物质文化遗产》，首先在学者群体引起响应。"中国文化部的领导不无感叹地说，这是中华人民共和国成立（1949 年）以来，第一次有专家学者主动积极投入，在政府指导下，广大老百姓热烈欢迎的文化工作。"③ 短短十余年的时间，非物质文化遗产，从一个外来词变成大众传媒、政府学界以及普通民众熟知的词汇。在学术领域，非物质文化遗产这一概念，相对于"民间文化"而言，是知识体系上的更新。④ 非物质文化遗产内容涵盖民俗学、民族学、人类学、历史学，甚至哲学与科技领域，它构建了一个新的学术平台。在这一领域，民间文学、民俗学以及民间舞蹈、民间戏剧、民间技术等共同切磋，为非遗理论与实践

---

① ［英］贝拉·迪克斯著，冯悦译：《被展示的文化：当代"可参观性"的生产》，北京：北京大学出版社，2012 年，第 174 页。

② ［英］贝拉·迪克斯著，冯悦译：《被展示的文化：当代"可参观性"的生产》，北京：北京大学出版社，2012 年，第 130 页。

③ 陈勤建：《民俗学者与当今的非物质文化遗产保护》，载《民间文化论坛》2014 年第 2 期。

④ 高丙中：《日常生活的文化与政治——见证公民性的成长》，北京：社会科学文献出版社，2012 年，第 194 页。

共同努力。民俗学者介入非遗较早也较快将其内化到本学科领域，非遗成为民俗学领域学术研究与人才培养的重要方向，并逐步开始取代民间文化、民俗、民间文学等传统学术关键词。

民俗学重视田野调查，学者掌握丰富的非物质文化遗产第一手资料，因此民俗学者进入非遗领域，有着得天独厚的优势。另外，联合国教科文组织（UNESCO）对非物质文化遗产的认知和保护，是从民俗开始的。当下民俗学者既作为政府非物质文化遗产保护委员会的专家，同时也作为研究人员，关注传承人及其生存的文化场域，甚至"同构共生"。之所以如此说，是因为：非物质文化遗产对学者而言，既是他们的研究对象，又是他们学以致用的场域，他们客观地分析各个文化事项的内在文化逻辑，并探求其文化本质。另一层面，学者本身也是文化事项的"建构"因素之一。众所周知的原因，很多民俗文化事象在当代有中断的历程，民俗的恢复以及仪式的重建，学者的研究参与其中，如各地纷纷邀请学者参与设计、帮助恢复祭祀形式等。

民俗学者为非物质文化遗产政策及其实施积极建言，在这一层面而言，他们是非物质文化遗产保护的宣传者、推动者与实施者。他们在一定意义上决定哪些文化记忆需要保护，哪些传承处境艰难，因此有学者提出要保护即将消失的文化遗产。① 无论从哪个角度，学者对非物质文化遗产保护都起到推波助澜的作用，他们以民俗学知识体系作为理论支撑，尊重文化逻辑，如侗族大歌，由于其独特的多声部，地方政府希望将其改为专业的美声唱法，被相关学者否决。但学者毕竟不是非物质文化遗产政策的直接权力实施者，他们基于学科理论与知识体系的建言，或被采纳，或只是采用形式，在实践过程中，因为学者的知识体系与非遗的实际践行者或拥有者属于两个轨道，他们之间有着巨大差距。学者将非遗视为研究对象，他们重视对于非遗的保护，如有学者希望通过"记录"来保存，周有光希望口头文学的保存像他本人对苏州评弹记言记谱一样；冯骥才则认为学者是"发现文化病灶的医生"，强调"再抢救"，列入非物质文化遗产目录只是第一步。② 有的学者则进行文化考古，在对当地民众生活细致调查的基础上，他们阐释文化的内在逻辑，"运用'阐释'的技巧小心翼翼地创造意义"③。尽管当下民俗学的研究，不再以发

① 宋兆麟：《关键是保护即将消失的非物质文化遗产》，载《西北民族研究》2010年第1期。

② 冯骥才：《做发现文化病灶的医生》，《光明日报》，2011年2月28日。

③ ［英］贝拉·迪克斯著，冯悦译：《被展示的文化：当代"可参观性"的生产》，北京：北京大学出版社，2012年，第12页。

现"沉淀的文化遗产"（versunkene Kulturgüter）为目标①，也不再是冲动型抢救。但学者重视和关注非物质文化遗产对于文化记忆的建构功能②，重视它作为民族精神与文化之源的意义与价值，企望它这一文化意义得以发挥。但是学者对于"民间"——非物质文化遗产的实施者与拥有者有自己的想象，他们重视文化记忆的"本真性"，希望承担文化记忆的传承人与民众维持原貌，重视其"真实性与完整性"③。总之，他们对于文化记忆之特性、文化逻辑的探求与地方政府文化展示的期望有着一定距离，同时对于非物质文化遗产的拥有者亦是"他者"。

对于非物质文化遗产知识范畴，学者们众说纷纭，莫衷一是。赵丽明在访谈百岁老人周有光的时候，问他什么是非物质文化遗产，什么不是的时候，周老回答："这个很难用一个定义来框……用一个定义来框定一个圈圈，是很困难的。"④ 非物质文化遗产本身就是纷繁复杂的，有些学者将"民俗"与中国传统社会之"风俗"等同，忽略民俗的"知识（lore）"性，对于民众知识的传承与民众知识的文化逻辑视而不见。学者很少关注传统社会中的知识与技术传承，如蚕桑纺织、造纸、房屋桥梁建筑、制酒业、酿醋业、民具等，但这些生活技术却是在现代化、城市化语境中最易消失的部分。中国传统技术的相关文化记忆与知识体系本就难以进入国际技术体系、学术视野与文化展示，这样的研究格局进一步加剧了这一情形，其直接后果将是中华民族优秀的技术经验渐趋消逝。也就是说，学者会有意无意地影响哪些文化项目列入非遗，哪些文化元素推广甚至影响地域文化记忆的建构。

三

非物质文化遗产保护，其核心就是传承，而传承的重心就是人。因此对于非物质文化遗产而言，最重要的部分当属民众这一股力量，他们是列入非物质文化遗产的拥有者与实施者，是文化记忆的实践者。这一群体不是整齐

① ［德］赫尔曼·鲍辛格著，户晓辉译：《在技术世界中的民间文化》，桂林：广西师范大学出版社，2014年。

② Peter J. M. Nas, "Masterpieces of Oral and Intangible Culture: Reflection on the UNESCO World Heritage List", in Current Anthropology, vol. 43, No. 1, 2002, p. 142.

③ 张成渝、谢凝高：《"真实性和完整性"原则与世界遗产保护》，载《北京大学学报》2003年第2期。

④ 赵丽明：《非物质文化遗产的抢救与研究——百岁学者周有光教授访谈》，载《文史知识》2007年第9期。

划一的，从身份与文化角色而言，他们可以分为非遗传承人与普通民众。他们的角色与文化身份不同，对于文化的记忆以及文化的传承也不同。

关于文化身份的概念，跨文化交际学者们从不同角度对其进行了定义。Yep 认为身份是个体在特定的社会、地理、文化和政治语境中的一种自我观念（self-concept），是身份赋予了个体以人格和自我。[①] 身份在此更注重的是"文化"。文化身份的提出也是缘起于不同文化的互动与交流。非遗传承人与普通民众，虽然处于同一文化区，是同一文化的实践者，但由于政府、学者等外在因素的参与，他们在文化中所扮演的角色出现差异。

非遗传承人，目前政府与学界已经达成共识，他们属于非遗保护的核心。对政府而言，国务院办公厅 2005 年 11 月颁布了《关于加强我国非物质文化遗产保护工作的意见》（国办发〔2005〕18 号），其中提到了"为有效保护和传承国家级非物质文化遗产，鼓励和支持国家级非物质文化遗产项目代表性传承人开展传习活动"[②]。迄今为止，文化部公布了四批国家级传承人名录，这些人成为政府认定的"传承人"。有关非物质文化遗产传承人的研究，学者已从法律认定、民间、官方等层面论述了当下传承人认定存在的一些问题以及对非遗传承的影响。本文重点阐述的是传承人在非物质文化遗产项目传承以及地方文化记忆展示中的角色与文化身份。传承人有些拥有多重身份；有些本身就是民俗学者，如满族说部的传承人；有的则是当地民俗精英，即在一定区域内的民俗活动中，有名声、有影响力的参与者，以及可以与地方权力机构进行有效沟通的民俗活动采纳者。[③] 在此，对这些特殊身份不再具体区分，统一于"传承人"这一文化角色。传承人由官方认定以后，重点在于文化身份的改变，他们从此进入官方的话语体系。他们有相应的政府补贴以及传承义务，这在一定程度上提高了他们的文化传承积极性；但另一方面他们被纳入地方政府文化记忆展示的新秩序，他们所处的文化空间、传播秩序以及传承方式都发生了变化。如很多地域成立非物质文化遗产传习所，让传承人成为培训师，这改变了师徒传承方式，同时也消解了很多文化的"神圣

---

① Yep, G. A. My Three Cultures: Navigating the Multicultural Identity Landscape, J. N. Martin, T. K. Nakayama and L. A. Flores, eds. in Readings in Intercultural Communication, Boston: Mc-Graw-Hill, 2002: p. 61.

② 《国务院办公厅关于加强我国非物质文化遗产保护工作的意见》，中央政府门户网站，http://www.gov.cn/zwgk/2005-08-15/content_21681.htm, 2006-12-16。

③ 汤晓青：《非物质文化遗产保护与传承中地方民俗精英的地位与作用》，载《文化遗产研究》2014 年第 1 期。

性"，如广东番禺区沙湾"飘色"①。由于文化身份的变化，非遗传承人进入公共文化视野，成为学者的研究对象或者研究合作人，他们自我或被"他者"贴上本地文化记忆实践者标签，有的甚至将"代表性"转化为"权威性"。另一层面，他们的文化知识体系，与政府认定、学者理论体系都不同，他们的"地方性知识"很多时候不被现代知识体系认可，而且他们的知识在文化记忆传承中，会被屏蔽或改变。如20世纪80年代三套集成调查，湖北苗族、土家族中有一类独特的民歌——田歌，在湖北汉族以及苗族、土家族等少数民族中流传数量非常多，并且有一些形式已经形成一定的系统，如薅草锣鼓，因此单列。②鹤峰的"山民歌"被归入"田歌"，"山民歌"的名称从此在官方话语体系以及"非遗"保护中消失，但是2011年笔者到湖北鹤峰调查，只有文化馆的工作人员知道"鹤峰田歌"，当地歌手与民众并不知道鹤峰田歌。这就是两种知识体系差异造成的，"山民歌"在现代知识中被遮蔽，"山民歌"相应的认知与文化记忆也被改变。

　　传承人，作为文化记忆的实践者，他们是地方文化记忆传承的灵魂人物，在当下非物质文化遗产政府保护体系中，如何更好地发挥他们这一文化意义，呈现并提升他们的地方性知识，成为当下及今后非物质文化遗产保护至关重要的问题。

　　在非物质文化遗产保护与传承中，普通民众的文化身份变化不定。正如霍米·巴巴所归纳的身份认同条件：存在须相对于他者；身份认同之所同时是分裂之所；认同问题从不是对先验身份的认同，而始终是身份形象的生产过程③。在地方政府文化展示或文化资源开发中，如旅游开发或主题文化展，普通民众一般认为这种文化展示与他们无关。但是相对于外来者而言，他们是文化的拥有者，具有集体文化身份。从另一个意义上讲，他们对于某一地域文化记忆的呈现与展示贡献最大，他们有意无意地会带着他者（亲戚或游客）迎合文化展示。他们对于文化记忆的内在逻辑并不熟悉，对于这种活态

---

　　① "飘色"是一种融戏剧、魔术、杂技、音乐、舞蹈于一体的古老民间艺术。起源于明末清初的广东，目前主要流行于广府地区。"飘"是指脱离地面，有凌空飘逸之意；"色"即饰，谓精心巧妙的伪装。所谓"飘色"，即由若干人推着一座装饰华丽的"色板"，色板上由一个或若干个精心装扮的色仔（儿童）扮演戏曲、神话、传说等形象。参见刘晓春：《非物质文化遗产传承人的若干理论与实践问题》，载《思想战线》2012年第6期，第53—60页。

　　② 参见毛巧晖：《地方民俗文化精英与民族文化传统的保护——以湖北鹤峰山民歌的传承为例》，载《广西民族师范学院学报》2012年第5期，第30页。

　　③ 参见王惠萍：《霍米·巴巴的文化翻译理论评析——兼论中国文化身份的构建》，载《马克思主义美学研究》2015年第1期。

历史的展示，他们不仅是向外来者提供了某种表达，而且同样也面向内部——文化的展示者，他们也是文化的"他者"。"文化的边界具有双面性，外部/内部的问题应该自身是一个混杂的过程，将新'民众'融合到国家之中，从而生成其他的意义场所……这种'不完全意义'所产生的是将边界和界限转化为一个居间的空间，而文化和政治权力的意义在该空间内得以协商。"① 如果地方政府或相关学者在文化展示中，将他们纳入文化展示的空间，而不仅仅是让他们交出自己的"文化空间"与"文化记忆"，邀请他们参与文化展示，甚至进行指导②，参与文化记忆建构的过程，他们会逐步将这一记忆内化。这也就彻底将当地民众从被动的"被参观者"转化为文化记忆展示的参与者、建构者，从而会大大改观当下的非物质文化遗产保护。当然其中关涉文化教育与文化自觉，不会一蹴而就。

总之，在当下非物质文化遗产语境中，地方政府、学者与非物质文化遗产的承载者——当地民众对于非物质文化遗产的理解不同，他们的文化价值取向也不同。地方政府在国家规范性保护体系下，注重文化记忆的展示以及资源转化；学者则是非物质文化遗产保护积极的推动者、参与者，他们参与某些文化记忆的建构，重视地域文化记忆的内在逻辑，但他们相对于非物质文化遗产依然是"文化他者"，再加上自身理论知识体系与地方知识系统差异，他们追求的"文化原貌"与文化本真性只能是文化愿景，还有一些地方文化经验被屏蔽于非物质文化遗产知识系统之外；民众是非物质文化遗产真正的实践者，是文化的承载者，他们因为文化身份与文化角色不同，有着传承人与普通民众的差异，只是希望在今后非遗保护中，可以观照到这一股力量，真正全方位推动非物质文化遗产的保护，将不同的"文化记忆"贡献给世界，促进文化的多样性。通过非遗保护，凝练中华民族优秀文化因子，塑造中国在全球的文化形象，同时也为世界非物质文化遗产保护提供"中国经验"。

---

① Homi Bhabba. *Nation and Narration*. London：Routledge. 1990：2.
② ［英］贝拉·迪克斯著，冯悦译：《被展示的文化：当代"可参观性"的生产》，北京：北京大学出版社，2012 年，第 150 页。

中国少数民族非物质文化遗产保护现状及问题研究

——基于国家级项目、传承人的分析

王 丹

（中央民族大学中国少数民族研究中心、
少数民族事业发展协同创新中心）

非物质文化遗产代表性项目名录及代表性项目传承人制度是当前我国乃至世界各国抢救、保护和传承非物质文化遗产的重要举措和方式。根据国情和保护实际，我国已经建立起国家、省（自治区）、市、县四级非遗名录体系。经过十多年的探索和实践，中国的非遗保护取得了巨大成就，列入项目名录的代表作不仅其形态得以展示，意义得以彰显，成为民众身份标识、族群认同、文化多样性和文化自觉的有效依凭，而且其价值得到肯定，作用得到发挥，成为地方生活资源、文化资本和推进社会可持续发展的动力源泉。

中国少数民族非物质文化遗产是中国非物质文化遗产的重要组成部分，申报、确定并入选非物质文化遗产代表性项目名录及代表性项目传承人，对于充实和完善少数民族非遗名录体系和传承人队伍，更好地保护和传承少数民族非物质文化遗产，创新性发展中华优秀传统文化具有重大而积极的意义。

一、中国少数民族非物质文化遗产保护现状

中国少数民族非遗保护取得了很大成绩，受到了政府和民众的高度重视和关注，尤为体现在国家级非遗代表性项目和国家级项目代表性传承人的保护上。

1. 中国少数民族国家级非遗代表性项目

截至 2014 年 11 月，四批国家级非物质文化遗产代表性项目共 1372 项，

少数民族非物质文化遗产项目 613 项，其中民间文学 73 项，传统音乐 101 项，传统舞蹈 106 项，传统戏剧 16 项，曲艺 18 项，传统体育、游艺与杂技 17 项，传统美术 46 项，传统技艺 93 项，传统医药 13 项，民俗 130 项（见图 1）。

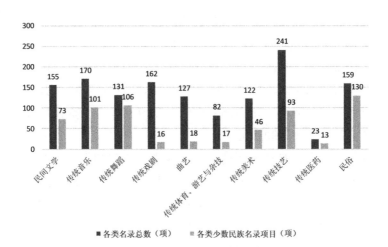

图1　国家级非遗名录十大类别中少数民族非遗项目数量及比重

从图 1 可以发现，在国家级非物质文化遗产代表性项目中，中国少数民族非物质文化遗产项目所占比重达到 45%，这就意味着少数民族非物质文化遗产在中华优秀传统文化中占据重要位置，中华文化的丰富性和多样性充分表现为少数民族和民族地区丰富多彩的非物质文化遗产，它是构筑中华民族文化精神的重要部分。在少数民族的 613 项国家级非遗代表性项目中主要是各民族独有的项目，即这些项目只存在于特定的民族生活中，它们成为该民族标志性的文化传统，成为该民族文化认同的文化，也是该民族贡献于人类文化多样性的体现。比如，土家族的"毛古斯"、藏族的"雪顿节"、锡伯族的"西迁节"等均记录着这些民族的历史变迁，承载着这些民族的精神情感，成为民族历史记忆、社会生活的典型表达。也有不少项目是不同民族共享的，比如"花儿"就是包括保安、回、汉、土、东乡、撒拉、藏、裕固等多民族共同创造和享有的项目。从这些民族的分布和居住情况来看，他们多集中在甘肃、青海、宁夏和新疆的部分地区。"花儿"诞生于民族迁徙、杂居的多民族共同生活的历史背景下，相同地域的自然环境、历史传统以及生活方式构成了共同的生活传统、文化传统，从这个角度而言，"花儿"作为遗产更多的是地域认同的表达；"花儿"在多个民族中流传，具有不同的民族特性，因而

"花儿"拥有多民族的文化品格,增添了中华民族的多元色彩;作为一种生活行为的"花儿",在生活的作用下,实现了多民族之间的交往交流交融,并且成为多民族共享性的文化传统。

在中国少数民族国家级非遗代表性项目的类别分布中,数量排在前三位的分别是民俗、传统舞蹈和传统音乐,依次占该类项目的比重为82%、81%和60%。之所以出现这种状况,与少数民族的生活传统有关。在我国许多地区,民俗、传统舞蹈、传统音乐是民众日常生活的重要内容,也是他们重要的精神表达文化,并且这些文化传统最为浓厚、最为直接,也最为生活化,因此,饱含着丰沛且明确文化内涵的生活文化更易于被少数民族和民族地区申报非遗项目的主体识别和认可。

项目数量少的类别是传统医药、传统戏剧、曲艺和传统体育、游艺与杂技。传统医药这一类别的边界极为清晰,全国的总体项目数量就不多,仅23项,而且并不是所有民族都形成了自成体系的医药实践和医药知识。从少数民族传统医药非物质文化遗产项目的占比来看并不低,高达57%。在十大类别的国家级非物质文化遗产代表性项目中,少数民族传统戏剧、曲艺和传统体育、游艺与杂技所占比重分别为10%、14%、21%,位居后三位。从现实情况来看,传统戏剧、曲艺和传统体育、游艺与杂技在少数民族传统文化中十分丰富,也呈多样化、多元化的格局。比如,2016年出版的《中国民间游戏总汇》收集的民间游戏就多达3000余种。[①] 如果再加上传统体育、杂技,数量就更为可观了。然而,中国少数民族国家级传统体育、游艺与杂技的非物质文化遗产代表性项目只有17项。造成此种状况的原因,笔者认为这一类别的非遗项目,特别是传统体育、民间游艺就是民众日常生活的一部分,它们往往就地取材,活动形式及过程浸润于生产生活之中,常被认为是影响较小的文化内容,因而对它们的关注相对较少。对于少数民族传统戏剧、曲艺的系统调查和研究亦有待深入,尤其是其现当代的存续和发展状态。

613项国家级非物质文化遗产代表性项目分布在中国境内的55个少数民族中,但是,每个民族的非物质文化遗产项目数量不等。55个少数民族都拥有自己的国家级非遗代表性项目。"国家制定的保护政策,从一开始就确定,少数民族的项目是优先的,保证每个民族起码有一个最重要的非遗项目得到充分的保护。"[②] 项目数前10位的是藏族79项、蒙古族59项、苗族47项、

① 林继富:《中国民间游戏总汇》(8卷本),长沙:湖南文艺出版社,2016年。
② 乌丙安:《非遗保护要回到民间、回到生活》,《中国民族报》,2017年6月9日。

彝族 38 项、维吾尔族 31 项、土家族 28 项、壮族 23 项、瑶族 20 项、侗族 19 项、回族 17 项。那么，这些民族的国家级非遗代表性项目数量是否与民族人口数量有关系呢？根据 2010 年全国第六次人口普查数据，中国少数民族人口居前 10 位的民族是壮族、回族、满族、维吾尔族、苗族、彝族、土家族、藏族、蒙古族、侗族。两相比较，国家级非遗项目数量前 10 位的民族与人口数量前 10 位的民族基本吻合，只有瑶族、满族例外。对于这种情况，笔者以为，满族既有其独特的民族文化，又形成了多元文化格局。瑶族则主要生活在南岭地区，有着独立的生活环境，境内因为高山、大河的切分，其原本一体化的传统被分隔成不同的文化区域，形成了各异的瑶族支系，诸如盘瑶、布努瑶、茶山瑶、平地瑶等。瑶族支系随着历史演进而逐步形成。从元代开始，瑶族先祖就生活在湘及湘桂粤边界地区，他们耕种居住地周边的旱地和水田；或被招为瑶兵，屯田戍守；或迁徙而与汉族杂居。在不同区域，瑶族民众创制了不同的语言习惯和生活文化，这种文化传统的多样性传承至今，因而在国家级非遗代表性项目名录中瑶族项目就有 20 项，这也恰恰印证了非物质文化遗产保护在文化多样性方面的追求。

国家级非遗代表性项目最少的民族只有 1 项入选，他们分别是乌孜别克族、塔塔尔族、门巴族、仫佬族、基诺族、独龙族、高山族。全国第六次人口普查数据显示，人口数量排后 7 位的民族是门巴族、鄂伦春族、独龙族、赫哲族、高山族、珞巴族、塔塔尔族。对照来看，国家级非遗项目最少的与人口数量后 7 位的民族有 4 个是重合的。人口数量排在第 22 位的仫佬族其国家级非遗代表性项目也只有 1 项。仫佬族现在主要生活在广西罗城仫佬族自治县。仫佬族由古代"僚人"发展演变而来，晋人常璩《华阳公志·南中志》中即有关于"僚人"在云贵高原云岭山脉南沿一带活动的记载。唐宋以后，《岭外代答》《溪蛮丛笑》等史籍中出现了"僚""伶"人们共同体的记述。《天河县志》《大清一统志》记有："伶人又名僚，俗名姆佬"，仫佬族使用仫佬语。仫佬族有丰富的民间传说、特色鲜明的传统节日及风俗习惯，虽然其生活习俗和文化传统与周边的汉族、壮族和毛南族等有交集，但更多地体现为仫佬族民众的生活和文化创造。

各少数民族国家级非遗代表性项目数量的差异不仅与人口数量相关，而且更与民族的历史传统及是否受其他民族的影响有密切关系。比如，人口较少的门巴族仅有"山南门巴戏"为国家级非物质文化遗产代表性项目。门巴族主要聚居在西藏墨脱、林芝、错那等县，他们世代与藏族杂居相处，多通晓藏语，通用藏文，生活习俗深受藏族影响。因此，门巴族的非遗项目与藏

族的项目多有相同或者相似的地方。各少数民族国家级非遗代表性项目数量
不一，原因是多方面的，毕竟非遗项目的申报和保护是一个长期的、渐进的
过程。笔者认为，只要是民族的传统生活，并且具有生活的久远性和影响力，
那么，作为民族优秀传统文化的价值就是永恒的，民族与民族的文化也是平
等的。无论民族大小，无论非遗项目传承范围大小，只要是非物质文化遗产，
都是民族的优秀传统文化，都是对维护和推进人类创造力、人类文化多样性
的贡献。

2. 中国少数民族国家级非物质文化遗产项目代表性传承人

《中华人民共和国非物质文化遗产法》第二十九条明确规定："国务院文化
主管部门和省、自治区、直辖市人民政府文化主管部门对本级人民政府批准公
布的非物质文化遗产代表性项目，可以认定代表性传承人。非物质文化遗产代
表性项目的代表性传承人应当符合下列条件：（1）熟练掌握其传承的非物质文
化遗产；（2）在特定领域内具有代表性，并在一定区域内具有较大影响；（3）
积极开展传承活动。"① 依据这些条件，目前国家级非遗项目代表性传承人共
1986人，其中少数民族传承人463人，所占比重为23%，远低于少数民族国家
级非遗代表性项目45%的占比。笔者以为出现此种状况有着多种原因，但有两
点可以肯定：一是一些项目难以找出代表性传承人，二是一些项目的代表性传
承人没有被推选出来。无论哪种情况，代表性传承人的缺失必然在一定程度上
影响这些非物质文化遗产代表性项目的保护、传承和发展。

表1   国家级非遗项目十大类别中少数民族传承人数量及比重

类型	民间文学	传统音乐	传统舞蹈	传统戏剧	曲艺	传统体育、游艺与杂技	传统美术	传统技艺	传统医药	民俗	总数
传承人数量（人）	77	231	177	611	151	47	231	326	74	61	1986

---

① 《中华人民共和国非物质文化遗产法》，中华人民共和国第十一届全国人民代表大会常务委员会
第十九次会议于2011年2月25日通过，自2011年6月1日起施行。

续表

类型	民间文学	传统音乐	传统舞蹈	传统戏剧	曲艺	传统体育、游艺与杂技	传统美术	传统技艺	传统医药	民俗	总数
少数民族传承人数量（人）	57	91	85	30	21	4	35	82	28	30	463
少数民族传承人比重（%）	74	39	48	5	14	8.5	15	25	38	49	23
该类别传承人占少数民族传承人比重（%）	12	20	18	6	5	1	8	18	6	6	

从表 1 显示的数字来看，少数民族国家级非遗项目代表性传承人的比例相对少数民族国家级非遗代表性项目来讲是低的，不是因为少数民族传承人数量少，而是对这些项目代表性传承人的发掘有待进一步深入；与少数民族非物质文化遗产受到现代化的影响程度有关。东部和中部汉族生活区域的现代化程度高于少数民族聚居的西部、西南、西北地区。当生活在山河阻隔、自然环境相对较差的少数民族迈入城镇化社会，传统文化遭遇现代化的时候，少数民族民众有诸多的不适应，传承人断代、高龄化现象突出。这即是在提醒现代化的发展、城镇化的建设，需要关注文化、保护文化、融入文化，传承人的发现和培育也应加大力度，对于那些文化根底厚、技能娴熟、影响力大的传承人要采取特殊的扶持政策。

十大类别的少数民族国家级非遗项目代表性传承人占比重最高的是民间文学。全国民间文学类项目传承人共计 77 人，其中少数民族 57 人，占比为 74%，这种情况是与少数民族民间文学的存活情况及传承活力紧密相关的。

在我国少数民族地区，民间故事讲述、民间歌谣演唱、史诗讲唱均较汉族丰富、活跃，引起了各界人士的注意和重视。20 世纪 80 年代以来"民间文学三套集成"工作大规模搜集民间故事、民间歌谣和民间谚语，发现了大批民间故事村、民间歌谣村、民间谚语村以及活跃在乡土村寨的大量传承人。我国对史诗的调查和研究也超过了世界上任何国家，以藏族《格萨尔》、蒙古族《江格尔》和柯尔克孜族《玛纳斯》为代表的英雄史诗和南方民族的创世史诗一直成为国家、学界和社会各界关注的重点，在此过程中发现了大批史诗说唱艺人。这些都为少数民族国家级非遗项目代表性传承人的命名提供了前提条件，同时也是少数民族国家级民间文学类非遗项目代表性传承人数量位居榜首的原因所在。

传统戏剧、传统体育、游艺与杂技和曲艺三个类别的国家级非物质文化遗产项目代表性传承人分别为 30 人、4 人、21 人，占比依次是 5%、8.5%、14%，明显偏少。在现代化建设进程中，传统戏剧、曲艺日渐式微，与民众生活渐行渐远，特别是在迫切谋求发展的少数民族和民族地区表现得尤为强烈，传承人受关注程度不够，生活困难，存在断层危险。传统体育、游艺与杂技类非遗项目传承人偏少则与该类项目的大众化、普遍化有关系。比如，传统体育项目和游戏活动重在人人参与，共同实践，因而运用何种标准认定传承人就比较困难。传统医药类国家级非遗项目 23 项，包括少数民族传承人在内的代表性传承人就达 74 人，这与这类项目对象明确、进入生产性保护的机会多有关。

从性别角度来看，少数民族国家级非物质文化遗产项目女性传承人的数量明显少于男性传承人，而且传承人的性别比重及人数多少因为项目类别的不同而存在差异（见表 2）。

表 2   少数民族国家级非物质文化遗产项目传承人的性别状况及比重

类别	民间文学	传统音乐	传统舞蹈	传统戏剧	曲艺	传统体育、游艺与杂技	传统美术	传统技艺	传统医药	民俗	总数
女性传承人（人）	10	25	11	1	5	1	13	16	1	4	87

续表

类别	民间文学	传统音乐	传统舞蹈	传统戏剧	曲艺	传统体育、游艺与杂技	传统美术	传统技艺	传统医药	民俗	总数
男性传承人（人）	47	66	74	29	16	3	22	66	27	26	376
女性所占比重（%）	17	27	13	3	24	25	37	20	4	13	19

在少数民族国家级非物质文化遗产项目代表性传承人中，不同项目类别的传承人女性占比最高的是传统美术，认定的 35 人中 13 人是女性，比例为 37%，这与传统中国男女的社会角色、职业分工密不可分。传统美术中有大量刺绣、剪纸、编织类项目，基本是女性从事相关创作和劳动，这在许多民族生活中已形成传统。比如侗族刺绣、柯尔克孜族刺绣、蒙古族刺绣、维吾尔族刺绣、锡伯族刺绣、瑶族刺绣、满族刺绣、羌族刺绣、苗绣、哈萨克毡绣和布绣、水族马尾绣、土族盘绣、藏族湟中堆绣、哈萨克族芨芨草编织技艺、藏族编织、挑花刺绣工艺等项目传承人以女性为主体。"5·12"地震后，四川阿坝藏族羌族自治州成立了"阿坝州妇女羌绣就业帮扶中心""阿坝州藏族编织挑花刺绣协会"，以此为抓手来推动以羌绣为代表的羌民族文化的保护与发展，采取"企业+合作社+农户"的方式带动 3000 余名受灾失地的妇女居家灵活就业，增收致富。① 由此可见，在少数民族非遗传承发展中，有些项目是适合女性的，有些项目是以男性为主导的。因此，抢救保护、传承发展少数民族非物质文化遗产要建立起类型性保护发展的性别意识，这样才能更加具有针对性，也才能实现中国少数民族非物质文化遗产传承发展的有效性。

二、中国少数民族非物质文化遗产保护存在的问题

中国少数民族国家级非遗代表性项目存在着类型缺失，并且项目类型数

---

① 参见《国家级羌族文化生态保护实验区建设自评报告》，四川省文化厅，2017 年 1 月。

量与传承在民间的非遗不对称的问题。以民间文学类为例，在我国 55 个少数民族中，没有民间文学类项目的民族就有保安族、布朗族、白族、朝鲜族、独龙族、达斡尔族、鄂伦春族、俄罗斯族、鄂温克族、高山族、赫哲族、基诺族、京族、傈僳族、黎族、门巴族、毛南族、仫佬族、怒族、水族、塔吉克族、塔塔尔族、乌孜别克族、仡佬族等 24 个民族。民间文学是民众口头创作、口头传承的生活文化，任何民族都拥有自己的民间文学，他们通过口头讲述、演唱记录生活，表达情感。"社区、群体和个人继续其各种实践、观念表述、表现形式、知识和技能以确保非物质文化遗产存续力之权利应得到承认和尊重。"①

国家级非遗代表性项目中存在的民族与民族之间项目不对称、不对等的情况也比较突出。比如阿昌族、保安族、布朗族、德昂族、独龙族、东乡族、俄罗斯族、高山族、赫哲族、基诺族、景颇族、京族、珞巴族、拉祜族、门巴族、毛南族、仫佬族、怒族、普米族、塔塔尔族、乌孜别克族、仡佬族、佤族 23 个民族的国家级非遗代表性项目在 3 项或 3 项以下，其中 7 个民族只有 1 项国家级非物质文化遗产项目。

非物质文化遗产作为民众的一种生活方式和生活状态，目前对它所具有的功能的发掘与利用还不够充分。青海热贡文化生态保护实验区已着手做了一些先导性的工作，比如将唐卡、彩绘、泥塑、壁画等非物质文化遗产的保护传承与旅游开发、精准扶贫有机结合，有效推动了黄南社会经济的持续发展，这种做法和经验应该及时总结和推广。黄南藏族自治州通过扶持传承人开展相关项目的生产性保护，使非物质文化遗产成果转化为经济效益，增加了非农收入，走出了"保护中发展、发展中保护"的路子。例如，位于同仁县卓龙村的刻板印刷传习中心现有学徒 46 名，从艺户数占该村 50 户总数的92%，就因这一非遗项目的传承，该村农闲季节人均收入提高 4000 元以上。热贡民间艺人组团前往外地创业，发挥非遗技艺优势，按照市场需求从事佛像绘画、泥塑制作、建筑彩绘等，每年约有 500 名民间艺人输出到外地，年创总收入达 2500 万元以上，比如艺人尕藏组建了农民工工会，专门负责劳务输出创收。热贡六月会也恢复发展，充满节日氛围、规模宏大的民俗活动每年吸引 300 余万游客前来观看参与，带动了旅游业的发展，社会经济效益

---

① 联合国教科文组织，巴莫曲布嫫、张玲译：《保护非物质文化遗产伦理原则》，载《民族文学研究》2016 年第 3 期，第 5 页。

显著。①

非物质文化遗产与社区建设的关系在少数民族和民族地区发展上需要加大重视和投入的力度。当前，非物质文化遗产在社区的传承发展使民众生活质量提升，幸福感、归属感增强。在热贡文化生态保护实验区内，非遗项目为维护社区团结，促进社会稳定，传承发展优秀传统文化，营造更加安定有序的发展环境发挥了重要作用。保护区实施非遗保护传承，加大对民间藏戏的扶持力度，使民间藏戏团由 8 年前的 6 家增加到现在的 16 家，保护单位帮助民间藏戏团恢复《昂萨文波》等 12 个传统剧目，新编《苏吉尼玛》等 6 个剧目。目前，全州民间藏戏团能演出的剧目达 37 个。对热贡六月会的保护传承给予资金补助，由以前的 8 个村庄恢复到现在的 24 个村庄举办活动，参与传承演出的群众由 8 年前的 1000 余人次增加到现在的上万人次。特别是保护区的核心村落，生产性保护成果喜人，乡风文明，村容整洁，生产发展，特色突显，呈现出村村多画室，户户有画师，人人争相进行文化增收致富的喜人景象。经统计，吾屯村从事热贡艺术的户数占全村总户数的 98%，人均收入从 5 年前的 5000 余元增长到目前的 3 万余元。年都乎村从事热贡艺术的户数占全村总户数的 70% 以上，人均收入从 5 年前的 3000 余元增长到 1.5 万元。吾屯村和年都乎村已经成为闻名全省的文化脱贫、文化致富先进村。② 村民的人生观、价值观、世界观也在不断改变，形成了一种健康向上、积极乐观、艰苦奋斗、开拓进取的生活价值取向。保护区的民间艺人认为，非物质文化遗产的保护传承不仅让他们掌握了一门技艺，而且满足了他们的精神需求。"'非遗'项目代表性传承人命名之后，传承人传承文化的自觉意识更加明显。"③ 保护区注重非物质文化遗产保护传承与维护民族团结、社会治安稳定齐抓共管，事实表明，越是非遗保护传承得好的村落，群众的思想境界越高，文化追求和生活水平越高，维护社会稳定的自觉性也越高。

原本整体性的文化传统由于申报项目的原因，被拆分成不同类别的项目，或者从原本整体性的传统中抽取某一部分进行申报，从而成为单独的非遗项目。比如第一批国家级非遗代表性项目"哈尼族四季生产调"，流传于云南省

---

① 参见《热贡文化生态保护实验区建设评估报告》，青海省黄南州热贡文化生态保护实验区管理委员会，2017 年 2 月。

② 参见《热贡文化生态保护实验区建设评估报告》，青海省黄南州热贡文化生态保护实验区管理委员会，2017 年 2 月。

③ 林继富：《"非遗"项目代表性传承人的文化身份》，载《中央民族大学学报》（哲学社会科学版）2011 年第 4 期。

红河哈尼族彝族自治州红河、元阳、绿春、金平、建水等县的哈尼族聚居区，包括引子、冬季、春季、夏季和秋季五个单元的内容。"哈尼族四季生产调"是哈尼族叙事长诗"哈巴"的一部分，但是"哈巴"没有被作为一种整体的文化实践来申报非遗项目，这样并不利于非遗整体性的保护，也不利于非遗意义的呈现。"土家族撒叶儿嗬"是清江流域土家族丧葬仪式的一部分，当地人称之为"跳丧"或"打丧鼓"，这种习俗主要发生在人去世之后到出丧之前的一段时间，尤其是在守灵的夜晚，死者生前的亲朋好友和乡亲邻里在亡灵前又唱又跳，陪伴亡人。然而，在申报非遗项目时，"土家族撒叶儿嗬"作为一种传统舞蹈抽离于丧葬仪式，摒弃其生活的源流和信仰的根基，显然分解了清江土家人关于生命观念的整体表达和系统认知，妨碍了对于土家族丧葬仪式的理解，以及"土家族撒叶儿嗬"舞蹈形式和文化意义的表现和阐释。

中国少数民族非物质文化遗产作为生活传统是整体性的，也是多样性的。"《亚鲁王》在内容上是创始史诗、迁徙史诗和英雄史诗的某种融合，在形式上是东郎一人或几人在夜间守灵时唱诵，在功能上具有'指路经'的作用，是当地苗族群众死后必有的仪式。吟唱《亚鲁王》就是为了引导亡灵去当去之地，于是，史诗的语词叙事文本，是嵌入仪式中的，其长度，就会受到仪式长度的规制。"① 因此，将原本具有整体文化谱系的非遗割裂开来研究，势必影响其内容的表达和意义的阐析。同时，将原本生活的丰富性、文化的多样性按照现行非遗的十大类别进行项目分类编排，也必然会出现一些项目削足适履，或者归类不当的问题。比如，传统美术与传统技艺、传统舞蹈与民俗等类别间的界线有时很难明确划分。造成这种局面的原因，笔者认为不是主观所致，而是非物质文化遗产作为生活文化所具有的综合性所致。也就是说，我国非遗的十大类别是否能够全面涵括民间社会的文化传统，十大类别之间的分界线是否明晰等，已然成为制约中国少数民族非遗保护传承的问题。

有些非遗项目不是某个民族独享的，而是具有多民族共享的特性。"非物质文化事象是可以被不同的人、人群、族群甚至是整个人类所共同享用。我们可以同唱一首歌，同跳一种舞，共同欢庆一个节日，共同习得和掌握同一种手工技艺，共同享有同样的对自然界的某种认识。"② 此时非物质文化遗产不仅带有民族的属性，而且拥有浓郁的地方特征，成为民族认同、地方认同

---

① 朝戈金：《"多长算是长"：论史诗的长度问题》，载《中央民族大学学报》（哲学社会科学版）2015 年第 5 期。

② 刘魁立：《非物质文化遗产的共享性、本真性与人类文化多样性发展》，载《山东社会科学》2010 年第 3 期。

的传统。所以，这些非遗项目会存在多个民族的传承人。但是，在目前公布的少数民族国家级非遗项目代表性传承人中，还没有出现生活在共享项目某一流传区域内的多个民族传承人的情况。比如，保安族老爷山花儿会、东乡族松鸣岩花儿会、宁夏回族山花儿、丹麻土族花儿会等，其代表性传承人都是本民族的，没有其他民族的人。保护非物质文化遗产的实质就是保护文化的多样性、保护民族和地方的传统，这些传统是由当地人创造出来的，也是由当地人传承发展的。在地方作用下，生活在一起的多民族之间的传统文化区别并不显著，而某项传统文化或者非遗项目被多民族共享，并且被多民族传承，本质上就是文化多样性、非物质文化遗产地方感的表现。

结　语

中国少数民族非物质文化遗产抢救保护、传承发展始终坚持"以人为本"，坚持把抢救保护非遗放在第一位，这是值得称道的，也是应当继续发扬的。

在保护发展的历程中，中国少数民族非物质文化遗产无论是保护对象，还是保护方法；无论是理论建构，还是实践操作，之于世界各国的非遗保护、传承和发展，提供了宝贵经验，诸如整体意义上的文化生态保护实验区的建设、生产性保护等。这些构成了非遗保护的"中国经验"。

中国少数民族非物质文化遗产保护不是静态的，不是凝固的，而是将传统的非物质文化遗产当作生活来看待，秉持"保护为主、抢救第一、合理利用、传承发展"的方针，实现少数民族非遗在当代中国的创造性转换和创新性发展，为改善当代中国少数民族生活状况，提高少数民族生活质量服务。

当然，从编制的中国非物质文化遗产项目清单来看，少数民族非物质文化遗产的保护传承依然存在诸多问题，这些问题的存在也意味着中国非物质文化遗产的保护、传承与发展仍需在理论上和实践上进行不懈的探索和完善。

中国非物质文化遗产研究的回顾与反思

——以高被引论文为中心

漆凌云

（湘潭大学文学院）

一、数据繁荣：非物质文化遗产研究热潮

非物质文化遗产自进入 21 世纪以来的短短十余年间从一个陌生词汇变成热门词汇并成为学界研究热点是个饶有趣味的课题。非物质文化遗产领域属于新兴的跨学科领域，随着各级政府对非物质文化遗产保护的大力扶持，非物质文化遗产研究呈现爆发式增长。我们以非物质文化遗产为题名在中国知网（CNKI）上检索期刊论文，截止时间为 2016 年 12 月 31 日，得到论文数据如表 1 所示。

表 1　非物质文化遗产论文的时间分布

论文发表时间（年）	论文数量（篇）	论文发表时间（年）	论文数量（篇）
1997	1	2009	712
2001	1	2010	770
2002	5	2011	978
2003	18	2012	1052
2004	20	2013	1013
2005	66	2014	1021
2006	261	2015	1071
2007	386	2016	1080
2008	560	共计	10095

统计发现最早的非物质文化遗产论文是詹正发 1997 年在《武当学刊》上发表的《非物质文化遗产的法律保护》。作者从法律视角讨论国际非物质文化遗产保护问题，因为当时国内学界对非物质文化遗产保护这个新词知者甚少，故发表后鲜有学人进行讨论。此后直到 2001 年 5 月中国昆曲艺术进入联合国第一批"口头与非物质文化遗产名录"，非物质文化遗产才开始进入学者和大众的视野，相关研究日渐增多。从论文发表数量来看，1997—2005 年可以视为非物质文化遗产研究的萌芽期，论文总量为 111 篇。早期的论文大多属于非物质文化遗产知识的普及，大多围绕非物质文化遗产的概念、特质、保护原则和措施进行讨论。2006—2010 年属于非物质文化遗产研究的发展期，年均发表论文 537.8 篇，论文数量呈现飞跃式增长。2005—2006 年是中国非物质文化遗产保护工作的重要节点。2005 年国务院办公厅下发了《关于加强我国非物质文化遗产保护工作的意见》并同时颁布了《国家级非物质文化遗产代表作申报评定暂行办法》。2006 年国务院首次公布第一批国家级非物质文化遗产名录。各级政府对非物质文化遗产保护工作的重视引起学界的广泛关注，非物质文化遗产论文数量开始进入突飞猛进阶段。自 2011 年后非物质文化遗产研究进入兴盛期，年均发表论文 1035.8 篇，远超前一阶段。自 2006 年后，国务院相继公布了第二、第三、第四批国家级非物质文化遗产名录和国家级非物质文化遗产传承人，各省区、地市也陆续公布省地市级非物质文化遗产名录和传承人，非物质文化遗产在政治、经济等各方面得到前所未有的支持。各地申报热情高涨，各级文化部门、科研院校纷纷设立非物质文化遗产研究中心，不少高校的硕士和博士学位点设立非物质文化遗产研究方向，相关课题资助也日益增多。以国家哲学社会科学基金项目为例，2004—2016 年，共资助非物质文化遗产课题 116 项，涉及民间文学、民俗学、人类学、民族学、传播学、图书馆学、艺术学、法学、旅游管理、语言学等多个领域。在上述因素的合力下，非物质文化遗产论文数量得到迅猛增加。

非物质文化遗产论文数量的飞速增长表明非物质文化遗产领域已成为学界普遍关注的热点话题。但论文数量的爆发式增长是否意味着我国的非物质文化遗产研究质量的提升？非物质文化遗产的跨学科特质在研究深入过程中能否成为一门独立学科也成为学人关注的话题。众所周知，论文的研究质量和论文的引用率具有相关性，引证是考察学术成果影响力的重要指标，体现了研究成果的质量和价值，同时也反映了研究人员在学界的影响和地位。以民间文学为例，引用率居前的论著如顾颉刚先生的力作《孟姜女故事研究》

是民间文学界公认的典范之作。① 本文拟结合 CNKI 和 CSSCI 两大数据库从被引用率视角来考察非物质文化遗产研究的实绩,尝试从年代分布、报刊布局、作者群体及研究主题等维度探究中国非物质文化遗产研究的质量和影响力,进而反思我国非物质文化遗产研究的困境。

二、非物质文化遗产研究高被引论文的统计分析

笔者以中国知网(CNKI)1978—2016 年和南京大学开发的中国人文社会科学引文索引(CSSCI)1998—2015 年的论文被引用数据为数据源,利用计算机以"非物质文化遗产""无形文化遗产"等为检索词,以文章的关键词和篇名为检索范围,以 1978 年 1 月 1 日至 2016 年 12 月 31 日为检索时间段,检索时间为 2017 年 4 月 10 日,检索出被引 100 次以上的高被引期刊论文 45篇。本文之所以主要依据 CNKI 为数据源,是因为 CNKI 是收录学术期刊、会议论文和博士论文最广的数据库。另外采用 CSSCI 为佐证数据源,因为 CSSCI是国内公信力最高的人文社会科学期刊索引库,期刊所载论文质量较高,故采用 CSSCI 为佐证数据源。由于数据库来源所限,本文未能对中国港台地区、国外及用少数民族文字发表的非物质文化遗产论文的被引用数据进行统计,不可避免会有所偏差,但相信偏差不会对论文的统计结果和讨论产生实质影响。检索出的 45 篇非物质文化遗产高被引论文如表 2 所示。

表 2　非物质文化遗产研究高被引论文

论文名称	作者	发表期刊	时间	CNKI 引用次数	CSSCI 引用次数	CNKI 下载次数
关于非物质文化遗产保护的理论思考	贺学君	江西社会科学	2005/02	609	62（被新华文摘转摘）	6977
论非物质文化遗产保护中的传承及传承人	祁庆富	西北民族研究	2006/03	373	18	5514
传承与传承人论	刘锡诚	河南教育学院学报	2006/05	313	29	2726

---

① 顾颉刚的《孟姜女故事研究》收录在顾颉刚的多种论著中。我们对引用最多的顾颉刚的《孟姜女故事研究集》(上海古籍出版社,1984 年版)检索发现,中国知网被引次数为 218 次,CSSCI 被引次数为 77 次,读秀图书被引次数为 378 次,检索时间为 2017 年 4 月 12 日,各项指标位列中国民间文学论著前列。

续表

论文名称	作者	发表期刊	时间	CNKI引用次数	CSSCI引用次数	CNKI下载次数
论全球化背景下的中国非物质文化遗产保护	刘魁立	河南社会科学	2007/01	312	30	9691
传统武术：我们最大宗最珍贵的濒危非物质文化遗产	程大力	体育文化导刊	2003/04	284	23	1851
非物质文化遗产及其保护的整体性原则	刘魁立	广西师范学院学报	2004/04	276	36	2618
论"文化空间"	向云驹	中央民族大学学报	2008/03	198	24	3556
非物质文化遗产的保护与民族文化的现代化	何星亮	中南民族大学学报	2005/03	191	6+5	3179
关于非物质文化遗产保护的若干理论反思	刘魁立	民间文化论坛	2004/04	183	17	2229
数字化保护——非物质文化遗产保护的新手段	彭冬梅、潘鲁生、孙守迁	美术研究	2006/01	179	6	4839
中国非物质文化遗产数字化保护与开发研究	黄永林、谈国新	华中师范大学学报	2012/02	174	9	8969
非物质文化遗产与我国传统体育文化保护	白晋湘	体育科学	2008/01	174	15	3805
从人的本质看非物质文化遗产	刘魁立	江西社会科学	2005/01	170	15	2124
国外保护非物质文化遗产的现状	飞龙	文艺理论与批评	2006/06	172	14	3326
非物质文化遗产法律保护的基本思考	费安玲	江西社会科学	2006/05	164	10	2639
非物质文化遗产的界定及其价值	王宁	学术界	2003/04	163	1	1063
非物质文化遗产保护的十项基本原则	苑利、顾军	学习与实践	2006/11	162	9	4007
传统节日：一宗重大的民族文化遗产	萧放	北京师范大学学报	2005/05	156	10	3934

续表

论文名称	作者	发表期刊	时间	CNKI引用次数	CSSCI引用次数	CNKI下载次数
作为公共文化的非物质文化遗产	高丙中	文艺研究	2008/02	156	42	2553
非物质文化遗产特征刍议	宋俊华	江西社会科学	2006/01	157	12	2147
非物质文化遗产的文化空间保护	张博	青海社会科学	2007/01	149	16	2775
产业化视角下的非物质文化遗产保护	王松华、廖嵘	同济大学学报	2008/01	145	15	2160
非物质文化遗产的文化性质	刘锡诚	西北民族研究	2005/01	144	10	2142
非物质文化遗产保护中文化圈理论的应用	乌丙安	江西社会科学	2005/01	142	16	2051
对保护非物质文化遗产若干问题的思考	樊祖荫	音乐研究	2006/1	140	7	1548
文化旅游视野下的非物质文化遗产保护	张博、程圩	人文地理	2008/01	132	11	6090
非物质文化遗产视野下民族传统体育保护的若干思考	王晓	上海体育学院学报	2007/01	132	17	1970
作为非物质文化遗产研究课题的民间信仰	高丙中	江西社会科学	2007/03	132	20	3864
民俗文化空间：中国非物质文化遗产保护的重中之重	乌丙安	民间文化论坛	2007/01	130	19	3509
非物质文化遗产传承人保护之忧	苑利	探索与争鸣	2007/07	130	7	2606
关于非物质文化遗产传承人的认定与保护方式的思考	萧放	文化遗产	2008/01	128	6	3500
非物质文化遗产保护的日本经验	廖明君、周星	民族艺术	2007/01	129	12	3374
谁的原生态？为何本真性——非物质文化遗产语境下的原生态现象分析	刘晓春	学术研究	2008/02	124	14	2822

续表

论文名称	作者	发表期刊	时间	CNKI 引用次数	CSSCI 引用次数	CNKI 下载次数
传统武术在当代社会的传承与发展	郭玉成	上海体育学院学报	2008/02	122	5	3793
非物质文化遗产保护与国家文化发展战略	王文章、陈飞龙	华中师范大学学报	2008/02	121	5	5975
非物质文化遗产的开发式保护框架	徐赣丽	广西民族研究	2005/04	120	11	2140
论我国非物质文化遗产的保护性旅游开发	贾鸿雁	改革与战略	2007/11	115	5	2401
我国近年来非物质文化遗产保护研究综述	吉光、喻学才	长沙大学学报	2006/01	114	3	5226
非物质文化遗产概念的缘起、现状及相关问题	杨怡	文物世界	2003/02	114	2	
非物质文化遗产保护模式研究	曹新明	法商研究	2009/02	103	9	5728
论旅游开发与非物质文化遗产保护	刘建平、陈姣凤、林龙飞	贵州民族研究	2007/03	103	6	3187
文化生态保护区问题刍议	刘魁立	浙江师范大学学报	2007/03	103	14	1353
非物质文化遗产是重要的区域旅游资源	陈天培	经济经纬	2006/02	103	5	1132
传统武术非物质文化遗产传承的困境与对策	王林、虞定海	上海体育学院学报	2009/04	101	7	2465
论非物质文化遗产的私权保护	黄玉烨	中国法学	2008/05	101	22	2869

（一）高被引论文的年代分布

从高被引论文的发表时间来看，最早的是 2003 年程大力的《传统武术：我们最大宗最珍贵的濒危非物质文化遗产》、王宁的《非物质文化遗产的界定及其价值》、杨怡的《非物质文化遗产概念的缘起、现状及相关问题》等概论性论著。2005—2008 年发表的高被引论文数达到 37 篇，占高被引论文总数的 83.7%。在引用率居前五位的论文中，这一阶段的论文占 4 篇。可见 2005—

2008 年是非物质文化遗产高被引论文产出的黄金期，也是非物质文化遗产逐渐被大众熟悉，研究步入快速发展的阶段。尽管这一阶段非物质文化遗产的论文数量不多，但得到后续研究者的广泛认同。如贺学君的《关于非物质文化遗产保护的理论思考》被引用率高达 609 次，年均被引率达 55.36 次，足以证明是我国目前非物质文化遗产研究领域中的优秀论文。此文总结出非物质文化遗产的活态性、民间性、生活性和生态性特征，提出非物质文化遗产保护须遵循生命原则、创新原则、整体原则、人本原则、教育原则。民俗学者应坚守学术、现实和人文立场。此篇论文在非物质文化研究兴起之时对非物质文化遗产的特征、价值和保护原则均做了深入分析，得到学界广泛认可。[①] 2009 年后的高被引论文数量不多表明非物质文化遗产研究人员似乎不大引用新近发表的论文，从而与理工科期刊论文发表时间越近引用率越高的期刊成反比，体现了人文社会科学研究的独特性。

表 3　高被引论文的年代分布表

论文发表时间 （年）	篇数 （篇）
2003	3
2004	2
2005	7
2006	10
2007	10
2008	10
2009	2
2012	1

（二）期刊分布情况

45 篇高被引论文散见于 35 种期刊，有综合类期刊、高校学报、专业期刊等，其中《江西社会科学》《上海体育学院学报》《西北民族研究》《华中师范大学学报》和《民间文化论坛》五种刊物的高被引论文数量居前，可视为非物质文化遗产研究领域的权威期刊。35 种期刊大多设立了非物质文化研究专栏，

---

①　贺学君：《关于非物质文化遗产保护的理论思考》，载《江西社会科学》2005 年第 2 期。

如《江西社会科学》《河南社会科学》《河南教育学院学报》等；有的是常年发表民俗学、民间文学、人类学、体育学、法学、美术学、音乐学、旅游管理等学科论文的专业刊物，如《西北民族研究》《民间文化论坛》《民族艺术》《文化遗产》《上海体育学院学报》《人文地理》等；有的是刊物所在单位是民俗学、人类学等学科的重要研究阵地，如《北京师范大学学报》《华中师范大学学报》《中央民族大学学报》《中南民族大学学报》。详细情况见表4。

表4　非物质文化遗产期刊分布

期刊名称	高被引论文数量（篇）	期刊名称	高被引论文数量（篇）
江西社会科学	6	音乐研究	1
上海体育学院学报	3	人文地理	1
西北民族研究	2	民族艺术	1
华中师范大学学报	2	探索与争鸣	1
民间文化论坛	2	广西民族研究	1
文艺研究	1	贵州民族研究	1
中央民族大学学报	1	文艺理论与批评	1
中南民族大学学报	1	经济经纬	1
文化遗产	1	浙江师范大学学报	1
中国法学	1	长沙大学学报	1
学术研究	1	河南教育学院学报	1
学术界	1	学习与实践	1
法商研究	1	改革与战略	1
北京师范大学学报	1	青海社会科学	1
体育科学	1	体育文化导刊	1
美术研究	1	广西师范学院学报	1
河南社会科学	1	同济大学学报	1
文物世界	1		

（三）高被引论文作者群体分析

45篇高被引论文中，独著论文36篇，占比为80%，合作论文有8篇，访谈录 1 篇。团队合作情况较少是人文社科研究的普遍特点。45 篇论文由 33 位作者完成（只计算第一作者）。这些作者大都从事非物质文化遗产研究时间较长，发表论文较多，可以视为核心作者。其中发表 2 篇以上高被引论文的作者有七位，分别是：刘魁立、乌丙安、刘锡诚、苑利、高丙中、萧放和张博。这七位学者可以视为非物质文化遗产研究领域的高影响力作者。其中刘魁立的高被引论文数量多达 5 篇，CNKI 总被引频次达到 1044 次，可以视为非物质文化遗产研究领域的领军人物。

从作者群体来看，非物质文化遗产研究的跨学科特征显著。由于非物质文化遗产研究领域涵盖面广泛，作者群体呈现多学科参与特质。从高被引论文来看，有民俗学、人类学、体育学、音乐学、美术学、法学、中国文学、管理学、博物馆学等多个学科学者参与其中。我们发现民俗学学者在非物质文化遗产研究领域贡献突出。在 45 篇高被引论文中，民俗学者的高被引论文多达 21 篇，比例高达 46.6%，位居其后的是体育学者 5 篇、旅游管理学者 4 篇。发文数最多的高被引学者和引用率最高的论文均来自民俗学，高被引论文中民俗学者多达 12 人。从我国在非物质文化遗产名录体例来看，涵盖民间文学、民间音乐、民间舞蹈、传统戏剧、曲艺、传统美术、传统技艺、传统医药和民俗等十个领域，涉及十余门学科领域。民俗学者主要研究领域有民间文学和民俗学两大门类，并不占据显著优势。但由于民俗学者在非物质文化遗产概念引进前的 20 世纪 80 年代就开始了三套集成和民俗研究的田野调查工作，在非物质文化遗产保护领域积累了一定经验，很早就介入了非物质文化遗产保护领域，发挥了民俗学者的智库功能。从 2006 年公布的国家非物质文化遗产保护专家委员会名单中的 68 人，民俗学者有 14 人，高被引论文作者中的刘魁立、乌丙安、刘锡诚、贺学君、高丙中均位列其中。[①] 民俗学者积极参与非物质文化遗产的学术研究与实践为扩大民俗学学科影响发挥了积极作用。

表 5　发表高被引论文两篇以上的作者

作者	高被引论文数 （篇）	非物质文化遗产论文数 （篇）
刘魁立	5	14
乌丙安	2	17
刘锡诚	2	22

---

① 中国非物质文化遗产网，http://www.ihchina.cn/2/18872.html。

续表

作者	高被引论文数 （篇）	非物质文化遗产论文数 （篇）
苑利	2	26
萧放	2	10
高丙中	2	9
张博	2	2
共计	17	

（四）研究主题分析

从45篇高被引论文主题来看，分布比较广泛，集中在理论探讨、传承人、文化空间、数字化、传统体育、非遗资源的旅游开发、法律保护等方面。理论研讨方面的论文数量最多涉及保护原则、理论反思、公共属性、本真性、文化圈理论、文化性质等。非遗学者提出的整体性、活态性、以人为本、注重传承人和文化空间等理论观点不仅得到学界认可，还运用于非物质文化遗产保护实践。非物质文化遗产研究学者的理论贡献还被运用到各级政府的非物质文化遗产保护规划及实践中。2011年颁布的《中华人民共和国非物质文化遗产法》总则第四条中规定的"保护非物质文化遗产，应当注重其真实性、整体性和传承性"[1]，就有中国民俗学学者的理论贡献。

这45篇论文大多发表于非物质文化遗产研究在国内兴起之时，主要围绕非物质文化遗产的特征、保护原则、术语界定及传承途径展开，为我国政府的非物质文化遗产保护提供理论指导，有的论文则是从宏观视角出发的基础性应用研究。这些研究离构建非物质文化遗产学还有一定距离，缺乏揭示非物质文化遗产内在机理的典范式论著。

表6　非物质文化遗产高被引论文的主题分布

理论探究	传统体育	旅游开发	背景及价值	传承人	文化空间	法律保护	数字化	他国经验	研究综述	术语界定	产业化
14	5	5	5	4	3	3	2	2	1	1	1

---

① 信春鹰：《中华人民共和国非物质文化遗产法释义》，北京：法律出版社，2011年，第11-13页。

三、文化事象抑或新兴学科：非物质文化遗产研究反思

非物质文化遗产是中华民族传统文化的精华，凝聚了中华民族千百年的精神创造，是增强中华民族文化自信的重要载体。非物质文化遗产研究是跨学科的综合性工程。45 篇高被引论文体现了中国非物质文化遗产研究的实绩，随着非物质文化保护工作的推进，非物质文化遗产研究面临着提升研究层次、打破学科壁垒、构建学科体系的研究重任。

独立话语体系的缺失、尚未形成研究范式是当下非物质文化遗产研究面临的最大困境。非物质文化遗产是随着国际社会对非物质文化遗产保护的重视而产生的新词，在其他国家也没有形成一个完整的学科体系，没有现存的理论资源可供借鉴。我们现有的非物质文化遗产研究中的传承人、本真性、文化空间等学术术语也是借鉴其他学科而来，尚未产生有影响的研究范式。尽管我们的非物质文化遗产研究取得了较为丰硕的成果，很多学者在着力构建非物质文化遗产学科[①]，但从现有研究状况来看，它还是一门文化事象之学，离构建一门新兴学科还有很长的距离。困扰非物质文化遗产研究的另外一个问题是研究的低门槛性和模式化。非物质文化遗产成为研究热点后，学术成果呈现爆发式增长，不少论著属于蹭热点之作，呈现"新瓶装旧酒"套路，研读相关论著后把已经广为认可的保护原则和特征附加在前人未研究的某地某类非物质文化遗产上，再结合地域性特征，附带田野调查资料便可拼接成一篇论文。这些概论式研究成果的批量生产也影响了非物质文化遗产研究的学术评价。

非物质文化遗产研究大多围绕保护进行，在确立了基本的保护原则和措施后，理论升华的重要性已让位于实践性。非物质文化遗产的兴起和各级政府的重视分不开。当政府部门以非物质文化遗产的申报、传承及开发为重要目标时，理论指引也开始让位于保护实践。非物质文化遗产保护可以说是一项文化建设抑或是文化运动，对民俗学者而言是危机与机遇并存。施爱东提

---

① 如苑利、顾军：《非物质文化遗产学》，北京：高等教育出版社，2009 年；宋俊华：《非物质文化遗产研究的学科化思考》，载《重庆文理学院学报》2009 年第 4 期；谭宏：《非物质文化遗产学科化建设问题与对策》，载《民族艺术》2009 年第 4 期；向云驹：《论非物质文化遗产学学术独立与学科新创》，载《民间文化论坛》2012 年第 3 期；刘壮：《非物质文化遗产学的研究对象、方法与知识生产》，载《民族艺术》2012 年第 1 期；彭兆荣：《我国非物质文化遗产理论体系探索》，载《贵州社会科学》2013 年第 4 期。

醒："民俗学者过多参与非物质文化遗产保护运动容易导致常规研究的停滞，进而带来民俗研究后继乏力，一旦非遗保护运动落幕，久违了常规的民俗学家们必将进退两难。"① 周星则认为："非物质文化遗产保护运动为中国民俗学提供了空前机遇，民俗学者应保持文化批评底色，直面中国当代社会的日常现实生活，提高对中国当代社会与文化的解释力。"② 尽管民俗学者参与非物质文化遗产研究具有一定优势，但优势在逐步丧失，以高被引论文为例，尽管民俗学者的学术成果得到非物质文化研究学人的认可，但其他学科学者积极介入其中后，民俗学者未必能有持续的理论储备和实践能力。我们检索2010年后发表的32篇非物质文化遗产研究高被引论文发现：生产性保护、数字化、传承人、传统体育、旅游开发、文化空间、法律保护、综述等成为研究热点；非物质文化遗产研究的跨学科特性愈发显著，民俗学者的学科优势不再显著，高被引论文作者群体中，只有刘魁立、黄永林、陈华文、刘晓春、余悦、刘德龙等学者贡献了6篇论文，体育学、旅游管理、法学等相关学科学者日渐增多，学术成果影响力逐渐增强。非物质文化遗产研究具有跨学科性和实践性的双重特质，展望未来的非物质文化遗产研究须不断打破学科壁垒和持续深入调查，为中国当代文化建设提供智库、文化批评和生活实践等多重功能，构建新的研究范式方能破茧而生。

---

① 施爱东：《学术运动对于常规科学的负面影响——兼谈民俗学家在非遗保护运动中的学术担当》，载《河南社会科学》2009年第3期。

② 周星：《民俗主义、学科反思与民俗学的实践性》，载《民俗研究》2016年第3期。

西藏非物质文化遗产保护和传承发展报告（2006—2016）

周毓华　杨娅　张森　刘君军　尹锋超

（西藏民族大学　陕西国际商贸学院）

我国的非物质文化遗产保护开始于 2003 年，以国家启动"中国民族民间文化保护工程"，设立"中国民族民间文化保护工程国家中心"为标志。西藏民族民间文化保护工作及西藏的非物质文化遗产保护也在各界通力合作下逐步开展，《西藏自治区实施〈中华人民共和国非物质文化遗产法〉办法》的出台，将西藏非物质文化遗产保护工作正式纳入法制轨道。"到目前为止，自治区拥有各级各类非物质文化遗产项目近 890 项、代表性传承人 1177 名，另有 113 处各级各类非物质文化遗产传习场所、4 个国家级生产性保护示范基地、12 个自治区级生产性保护示范基地。"①

一、西藏非物质文化遗产保护情况

西藏的非物质文化遗产保护工作总体上起步较晚。自治区非物质文化遗产保护模式、策略基本上与国际惯用的模式和中国特色保护手段一致，如：资源普查、指定和制定名录、设立机构、非遗数字化保护、非物质文化遗产立法、设立非物质文化遗产博物馆、产业生产性保护、传统村落保护、文化生态保护区的建设等。

（一）西藏非物质文化遗产的基本情况

"非物质文化遗产普查是对非物质文化遗产进行有效保护，对濒危非物

---

① 马小燕、仇任前：《与保护工作同步：十年来的西藏非物质文化遗产研究》，《中国民族报》，2015 年 6 月 19 日。

质文化遗产进行抢救的基础。"① 西藏自治区自 2006 年开始启动非物质文化遗产资源全面普查工作，对区内非物质文化遗产资源状况进行了初步普查，在这个过程中搜集到大量原始资料，基本掌握了非物质文化遗产的资源分布、生存状况、类型、价值、生存生态、内容、传承状况等。在此基础上，对自治区内非物质文化遗产进行整理、申报、管理、开发、研究，从 2006 年 5 月 20 日首批国家级名录公布开始，西藏自治区共批准四批自治区级非物质文化遗产名录及三批自治区级项目传承人，89 项国家级项目名录，323 项自治区级项目名录，68 位国家级传承人，350 位自治区级传承人。

1. 西藏世界级非物质文化遗产名录

联合国教科文组织为保护世界非物质文化遗产进行了多方努力，先后颁布了多批人类非物质文化遗产代表性名录、急需保护的非遗名录和优秀实践名册。我国作为最早的《保护非物质文化遗产公约》缔约国之一，积极申报世界级非物质文化遗产代表性名录。"迄今为止，我国共有 30 项代表性名录列入《人类非物质文化遗产代表性名录》，少数民族非遗入选 14 项，其中藏族最多为 3 项，占 21.43%"②，西藏自治区有两项进入名录，分别为格萨尔和藏戏。

2. 西藏国家级非物质文化遗产名录

2006 年国家公布《关于公布第一批国家级非物质文化遗产名录的通知》，在 518 项国家级非物质文化遗产代表性名录中，西藏自治区入选 24 项，约占第一批国家级非遗总名录的 4.63%（见表 1）。

表 1　西藏入选的第一批国家级非物质文化遗产名录

序号	分类名称	项目名称	申报单位
1	民间文学	格萨（斯）尔	那曲地区群艺馆
2	民间美术	藏族唐卡—钦泽派	西藏大学艺术学院
3		藏族唐卡—勉唐派	西藏大学艺术学院

---

① 中国艺术研究院中国非物质文化遗产保护中心编：《中国非物质文化遗产普查手册》，北京：文化艺术出版社，2007 年，第 7 页。

② 肖远平、柴立：《中国少数民族非物质文化遗产发展报告》，北京：社会科学文献出版社，2015 年，第 4 页。

序号	分类名称	项目名称	申报单位
4	民间舞蹈	芒康弦子舞	昌都地区文化局
5		昌都锅庄	昌都地区文化局
6		丁青热巴舞	昌都地区文化局
7		那曲比如丁嘎热巴舞	那曲地区文化局
8		日喀则扎什伦布寺羌姆	日喀则文化局
9		山南昌果卓舞	山南地区文化局
10	传统戏剧	拉萨觉木隆藏戏	拉萨市文化局
11		日喀则迥巴藏戏	日喀则地区文化局
12		日喀则南木林湘巴藏戏	日喀则地区文化局
13		日喀则仁布江嘎尔藏戏	日喀则文化局
14		山南雅隆扎西雪巴藏戏	山南地区文化局
15		山南琼结卡卓扎西冰顿	山南地区文化局
16		山南门巴戏	山南地区文化局
17	传统手工技艺	藏纸制作技艺	彩泉民族手工工业公司
18		拉萨风筝制作技艺	西藏自治区群艺馆
19		西藏山南杰德秀邦典	山南地区文化局
20		西藏日喀则江孜卡垫	日喀则地区文化局
21		拉萨甲米水磨坊制作技艺	拉萨娘热乡嘎吉林
22	传统医药	拉萨北派藏医水银洗练法	西藏自治区藏医学院
23		藏药仁青常觉配伍技艺	西藏自治区藏医学院
24	民俗	雪顿节	拉萨市文化局

　　西藏入选第一批国家级非遗代表性名录24项，其中民间文学1项，民间美术2项，民间舞蹈6项，传统戏剧7项，民间手工技艺5项，传统医药2项，民俗1项。涵盖了10大类的7种项目类别。在第一批国家级非遗名录中，西藏自治区入选数量较多的项目类别为民间舞蹈、传统戏剧和民间手工技艺。第一批国家级非物质文化遗产项目中民间音乐、曲艺、杂技与竞技三个类别是空白。

　　2008年《国务院关于公布第二批国家级非物质文化遗产名录和第一批国家级非物质文化遗产扩展项目名录》，含147项扩展名录，第二批国家级非遗名录共计有 657 项入选。其中，西藏自治区入选 36 项（扩展名录 8 项），约占总名录的 5.48%（见表 2）。

表 2　西藏入选的第二批国家级非物质文化遗产名录
和第一批国家级非物质文化遗产扩展项目名录

序号	分类名称	项目名称	申报地区	是否为扩展名录
1	传统音乐	佛教音乐（直孔噶举派音乐）	拉萨市墨竹工卡县	
2	传统舞蹈	宣舞（普堆巴宣舞）	拉萨市墨竹工卡县	
3		宣舞（古格宣舞）	阿里地区札达县	
4		谐钦（拉萨纳如谐钦）	拉萨市城关区	
5		廓孜	拉萨市曲水县	
6		堆谐（拉孜堆谐）	日喀则拉孜县	
7		谐钦（南木林土布加谐钦）	日喀则地区南木林县	
8		定日洛谐	日喀则地区定日县	
9		旦嘎甲谐	日喀则地区萨嘎县	
10		阿谐	那曲地区比如县	
11		芒康三炫舞	昌都地区芒康县	
12		拉萨囊玛	西藏自治区拉萨市	
13		噶尔	西藏自治区群艺馆	
14	传统体育、游艺与杂技	赛马会（当吉仁赛马会）	西藏自治区拉萨市	
15	传统技艺	藏族金属锻造技艺（藏族锻铜技艺）	日喀则地区南木林县	
16		藏族金属锻造技艺（藏刀锻造技艺）	日喀则地区拉孜县	
17		藏香制作技艺（尼木藏香）	拉萨市尼木县	
18		藏香制作技艺（直孔藏香）	拉萨市墨竹工卡县	
19		晒盐技艺（盐井食盐晒制技艺）	昌都地区芒康县	

续表

序号	分类名称	项目名称	申报地区	是否为扩展名录
20	民俗	江孜达玛节	日喀则地区江孜县	
21		珞巴族服饰（隆子珞巴族服饰）	山南地区隆子县	
22				
23		藏族服饰（措美服饰）	山南地区措美县	
		珞巴族服饰（米林珞巴族服饰）	林芝地区米林县	
24				
25		藏族服饰（普兰服饰）	阿里地区普兰县	
26		藏族服饰（安多服饰）	那曲地区安多县	
27		藏族服饰（林芝服饰）	西藏自治区林芝地区	
28		藏族服饰（申扎服饰）	西藏自治区申扎县	
		藏族天文历算	西藏自治区藏医院天文历算研究所	
29	传统美术	藏族唐卡（昌都嘎玛嘎赤画派）	西藏自治区昌都县	扩展项目
30		藏族唐卡（墨竹工卡直孔刺）	拉萨市墨竹工卡县	扩展项目
31	传统技艺	藏族雕版印刷技艺（波罗古泽刻板制作技艺）	昌都地区江达县	扩展项目
32	传统医药	藏医药（藏医尿诊法）	山南地区藏医院	扩展项目
33		藏医药（藏医外治法）	西藏自治区藏医学院	扩展项目
34		藏医药（藏药炮制技艺）	西藏自治区藏医院	扩展项目
35		藏医药（藏药七十味珍珠丸配伍技艺）	西藏自治区藏药厂	扩展项目
36		藏医药（藏药珊瑚七十味丸配伍技艺）	西藏自治区雄巴拉曲神水藏药厂	扩展项目

在入选《第二批国家级非物质文化遗产名录和第一批国家级非物质文化遗产扩展项目名录》的 36 项中，传统音乐 1 项，传统舞蹈 12 项，传统体育、游艺与杂技 1 项，传统技艺 6 项，民俗 9 项，传统美术 2 项，传统医药 5 项。

10 大类中 8 个项目类别有代表性名录入选，与第一批国家级名录相比，第二批入选国家级非物质文化遗产名录数量和类别都有增加。至此，西藏入选国家级非物质文化遗产十大类中，只有曲艺项目是空白。

2011 年《国务院关于公布第三批国家级非物质文化遗产名录和第二批国家级非物质文化遗产扩展名录的通知》，共 191 项入选，其中扩展名录 164 项，西藏入选 16 项（扩展名录 9 项），约占总名录的 8.38%（见表 3）。

表 3　西藏入选的第三批国家级非物质文化遗产名录
和第二批国家级非物质文化遗产扩展项目名录

序号	分类名称	项目名称	申报地区	是否为扩展名录
1	民间文学	珞巴族始祖传说	西藏自治区米林县	
2		嘉黎民间故事	西藏自治区嘉黎县	
3	传统舞蹈	普兰果尔孜	西藏自治区阿里地区	
4		陈塘夏尔巴歌舞	西藏自治区定结县	
5		协荣仲孜	西藏自治区曲水县	
6	传统技艺	藏族矿植物颜料制作技艺	西藏自治区拉萨市	
7	民俗	藏历年	西藏自治区拉萨市	
8	传统音乐	藏族民歌	西藏自治区班戈县	扩展名录
9	传统舞蹈	羌姆（拉康加羌姆）	西藏自治区洛扎县	扩展名录
10		羌姆（直孔噶尔羌姆）	西藏自治区墨竹工卡县	扩展名录
11		羌姆（曲德寺阿羌姆）	西藏自治区贡嘎县	扩展名录
12		谐钦（尼玛乡谐钦）	西藏自治区班戈县	扩展名录
13	传统戏剧	藏戏（尼木塔荣藏戏）	西藏自治区尼木县	扩展名录
14	传统美术	藏族唐卡（勉萨画派）	西藏自治区	扩展名录
15		酥油花（强巴林寺酥油花）	西藏自治区昌都地区	扩展名录
16	传统技艺	藏族金属锻制技艺（扎西吉彩金银锻铜技艺）	西藏自治区日喀则地区	扩展名录

西藏此次入选的《第三批国家级非物质文化遗产名录和第二批国家非物质文化遗产扩展项目名录》的 16 项中，其中民间文学 2 项，传统舞蹈 7 项，传统技艺 2 项，民俗 1 项，传统音乐 1 项，传统戏剧 1 项，传统美术 2

项。10 大类中 7 个项目类别有代表性名录入选，与第二批国家级名录相比，第三批入选国家级名录数量有所下降，但扩展名录的比重有较大增加。申报重点还是集中在自治区比较有优势的几个传统项目类别。

2014 年在《国务院公布第四批国家级非物质文化遗产代表性项目名录的通知》中，代表性名录 153 项，扩展项目名录 153 项，共计 306 项。西藏入选 13 项（无扩展项目入选），约占总名录的 4.25%（见表 4）。

表 4　西藏入选的第四批国家级非物质文化遗产名录

序号	分类名称	项目名称	申报地区或单位
1	传统美术	彩砂坛城绘制	西藏自治区日喀则市
2		藏文书法（尼赤）	西藏自治区
3	民俗	望果节	西藏自治区
4	传统音乐	藏族拉伊（那曲拉伊）	西藏自治区那曲地区
5		佛教音乐（雄色寺绝鲁）	西藏自治区曲水县
6	传统舞蹈	桑耶寺羌姆	西藏自治区扎囊县
7		门巴族拔羌姆	西藏自治区错那县
8		江洛德庆曲林寺尼姑羌姆	西藏自治区日喀则市
9		林芝米纳羌姆	西藏自治区林芝县
10		卓舞（琼结久河卓舞）	西藏自治区琼结县
11		宣舞（扎达卡尔玛宣舞）	西藏自治区阿里地区
12	传统技艺	民族乐器制作技艺（扎念琴制作技艺）	西藏自治区拉孜县
13	传统医药	藏医药（山南藏医药浴法、藏医放血疗）	西藏自治区山南地区

入选《国务院公布第四批国家级非物质文化遗产代表性项目名录的通知》的 13 项中，传统舞蹈 6 项，传统技艺 1 项，民俗 1 项，传统音乐 2 项，传统美术 2 项，传统医药 1 项。非遗代表性项目 10 大类中有 6 个项目类别入选，与第三批国家级名录相比，第四批入选国家级名录数量略微有所下降。对具有"歌舞海洋"声誉的西藏，传统舞蹈的挖掘和整理申报工作仍是西藏较为重视的传统代表性项目。

从 2005 年我国启动第一批国家级非物质文化遗产名录申报和评审工作

至 2014 年，国家共公布了四批国家级非物质文化遗产代表性名录。在 1836
项（扩展项目 464 项）国家级非物质文化遗产代表性名录及扩展性项目名
录中，西藏有 89 个项目（扩展项目 17 项）入选国家级非物质文化遗产代
表性名录，约占总名录的 4.85%。从全国范围看，西藏入选国家级非物质
文化遗产代表性项目占国家级非物质文化遗产代表性项目的比例符合西藏
自治区区情，体现了国家在申报过程中的地区平衡原则，但从西藏内部来
看，又存在区域差异。"总体上，西藏自治区国家级项目地区分布高低不
平，数量最高的拉萨市和最低的林芝市相差 5 倍，各地市项目分布差异很
大，西藏非物质文化遗产项目地区分布的数量很不平衡。国家级非物质文
化遗产在各项目比率上高低不平，差异较大。"① 西藏在全国范围内属于非
物质文化遗产资源比较丰富的省区，积极申报国家级非物质文化遗产代表
性项目，推动了西藏非物质文化遗产保护的进程，在扩大西藏文化影响力
的同时也带动了地方经济的发展，尤其对传统的民族工业和旅游文化产业
的发展产生了深远的意义。

3. 西藏自治区级非物质文化遗产代表性名录

自 2006 年国务院公布第一批国家级非物质文化遗产名录后，西藏自治区
人民政府分别于 2006 年、2007 年、2009 年、2013 年先后公布四批次共计
323 项自治区级非物质文化遗产项目名录。通过这四批自治区级非物质文化遗
产名录（见表 5）可知，西藏非遗名录数量处于不断上升的趋势。完善的非
物质文化遗产名录体系是非物质文化遗产保护制度的核心内容之一，也是有
效保护非遗的重要手段，非遗名录数量的逐年增加，体现了西藏非遗保护方
面的力度和广度在不断加强。

西藏公布的 323 项区级非物质文化遗产项目，在地区分布很不均衡，山
南、拉萨和日喀则三个地区占据整个西藏自治区非物质文化遗产项目的一半
以上，山南和阿里作为项目数量最高和最低的地区相比较，相差了三倍多，
这与当地的生态自然条件和人口数量有较大关系。从整体上分析，西藏自治
区级非物质文化遗产地区分布情况与非物质文化遗产各地区资源储备量基本
相符合。

---

① 觉安拉姆等：《西藏自治区非物质文化遗产项目名录现状分析及对策》，载《西藏研究》
2015 年第 6 期。

表 5　西藏自治区级非物质文化遗产各地区分布统计表

地区 项目	西藏 第一批 遗产名录	西藏 第二批 遗产名录	西藏 第三批 遗产名录	西藏 第四批 遗产名录	小计	所占西藏自治区级非遗名录总数的比例	备注
山南	8	18	17	17	60	18.57%	
拉萨	11	14	19	14	58	17.95%	
日喀则	8	14	9	23	54	16.72%	
林芝	2	12	19	10	43	13.31%	
那曲	3	5	11	19	38	11.76%	
自治区	1	12	6	10	29	8.97%	
昌都	4	6	10	3	23	7.12%	
阿里	1	2	10	5	18	5.57%	
合计	38	83	101	101	323		

我国通行的惯例是把非物质文化遗产项目分为十大类。对自治区级 323 项非物质文化遗产项目的各项名录进行比率分析，位居前三位的分别是传统舞蹈、传统技艺和民俗，这三项共占非物质文化遗产总名录的 70%，其他 8 个类别仅占总名录的 30%，尤其是传统舞蹈和传统技艺异常突出。由此可见，自治区级非物质文化遗产项目类别的分布极不均衡，落差很大。西藏自治区的传统舞蹈、传统技艺和民俗资源非常丰富，传统舞蹈类型多样，表现形式丰富多彩，区域的多元特征显著，包含了生活习俗的舞蹈、岁时节令习俗舞蹈、人生礼仪舞蹈、宗教信仰舞蹈、生产习俗舞蹈等。在西藏自治区以服饰、婚姻、节日、居住、丧葬、生产、信仰等为代表的民俗文化资源极其丰富，跨度大，涵盖种类多。在现代化的冲击下，这些原本属于群众日居生活必需品的传统手工技艺生存空间逐渐萎缩，传承和发展的危机逐渐显现。

（二）西藏非物质文化遗产保护与传承的重大成果

中央政府始终高度关心西藏社会的稳定发展，为西藏民族文化艺术的发展投入大量人力、物力、财力，综合运用多种手段对包含非物质文化遗产在内的民族文化进行扶持援助，使其得到有效的保护和传承。西藏传统文化也是人类文化史上的璀璨明珠，对于树立人类文明观和生态法则文化观，以及我国的文化创新有着重要意义。自 2005 年 9 月 28 日，西藏自治区启动非遗保护工作以来，在非物质文化遗产保护与传承工作方面取得许多重大成果。

1. 西藏自治区政府保护非物质文化遗产的成果

2005 年 9 月 28 日，西藏自治区文化厅发布《关于加强我区非物质文化遗产保护工作意见的通知》，成为西藏非遗保护工作的行动指南，拉开了西藏非遗保护工作的帷幕；2006 年，印发《关于西藏自治区非物质文化遗产普查工作方案的通知》，进一步对西藏非遗的普查工作指明了前进方向；2010 年 1 月 20 日，《关于成立西藏自治区非物质文化遗产保护工作领导小组专家委员会的通知》，强化了西藏非遗保护工作的组织领导问题，并且成立专家委员会，为保护工作的科学性提供了保障；2012 年 1 月 14 日，自治区人民政府办公厅印发《关于进一步加强我区非物质文化遗产县级名录建设的通知》，将保护向基层进一步延伸提供了法律依据和科学指导；2010 年，西藏自治区非物质文化保护中心成立，从此，西藏非遗的保护工作有了专门的管理机构。2014 年 6 月 1 日，《西藏自治区实施〈中华人民共和国非物质文化遗产法〉办法》开始实施，该办法的出台标志着西藏非物质文化遗产保护工作走向了法制化。

2. 西藏非物质文化遗产生产性保护的成果

生产性保护是非物质文化遗产保护工作的重要方式，在不断地争议过程中，得到了普遍认可，非物质文化遗产生产性保护是指"将一部分非物质文化遗产及其资源转化为生产力和商品，纳入商品经济范畴，产生经济效益，并促进相关文化产业发展，使非物质文化遗产在生产实践中得到积极保护，实现非物质文化遗产保护与经济社会发展的'双赢'。"① 西藏自治区在非物质文化遗产生产性保护方面取得了一定成绩。2011 年 8 月 2 日《文化部关于公布第一批国家级非物质文化遗产生产性保护示范基地的通知》中的 36 个项目中，西藏入选 2 项，分别是江孜地毯厂的传统手工技艺藏族卡垫织造技艺和藏药厂的传统医药藏药七十味丸配伍技艺。2014 年 4 月 8 日公布的《文化部关于公示第二批国家级非物质文化遗产生产性保护示范基地的公告》的 57 项中，西藏入选 2 项，分别是拉萨市城关区古艺建筑美术公司的藏族矿植物颜料制作技艺和唐卡画院的藏族唐卡（勉萨画派）入选。西藏非物质文化遗产的独特魅力逐渐被世人熟知，对于推动西藏旅游业和传统民族工业的发展产生了深远的影响。

3. 西藏非物质文化遗产对外传播的成果

西藏在非物质文化遗产保护、先进文化和特色文化的建设中具有鲜明的

---

① 田艳：《加强非物质文化遗产的生产性保护》，《人民日报》，2012 年 1 月 12 日。

民族特色，通过向国内外传播独特的民族文化资源，努力打造独具西藏特色的民族文化符号和民族文化品牌。西藏最近几年在非物质文化遗产日相应地举办"西藏自治区非物质文化遗产日"活动，对西藏非遗文化进行宣传推广。2007 年昌都"丁青热巴"获得文化部"文化遗产日奖"和"太阳神鸟金奖"；日喀则"拉孜堆谐"震撼了中央电视台春节晚会。西藏与中央外宣办联合举办的"中国西藏文化周"以及西藏举办的"感知西藏——中国西藏文化之旅"等文化品牌走出国门，非物质文化遗产充当了西藏文化品牌的"台柱子"角色。此外，"西藏非物质文化遗产博览会""西藏非物质文化遗产歌舞类展演""西藏唐卡博览会暨学术研讨会""物质文化遗产工艺美术传承人技艺展演""藏戏唱腔大赛""五省区藏戏大会演西藏拉萨风筝艺术节""西藏藏香博览会""西藏编织技艺展演"等大型非物质文化遗产展演活动，以缤纷多彩的形式向世界多维度地展示了西藏的魅力。

4. 西藏非物质文化遗产代表性名录成果

2006 年 5 月 20 日，第一批国家级非物质文化遗产代表性名录公布；2006 年 12 月 27 日，西藏自治区级非物质文化遗产代表性名录公布，随着挖掘和保护工作的深入进行，逐年都有新增代表性名录公布。"截至目前，国家已经公布四批非物质文化遗产代表性名录，西藏自治区公布四批区级非物质文化遗产代表性名录，西藏自治区有 89 项国家级非物质文化遗产代表性名录，68 位国家级传承人，323 项区级非物质文化遗产名录，350 位自治区级传承人。"①

（三）西藏非物质文化遗产传承现状

1. 西藏非物质文化遗产传承人现状

非物质文化遗产来源于民族民间的社会生产、生活，其主要特性是"传承性"和"活态性"。因此，"保护好非物质文化遗产项目传承人和传承团体，重视发挥各级传承主体的作用，是做好非物质文化遗产抢救与保护工作的根本。"② 在文化部公布的四批国家级传承人中，西藏自治区有 68 名。第一批 226 名国家级非物质文化遗产项目代表性传承人中，西藏有 9 名传承人入选名录，其中传统美术 2 人，传统手工技艺 1 人，传统医药 5 人，民间文学 1 人。第二批 551 名国家级非物质文化遗产项目代表性传承人中，西藏占有 21

---

① 笔者根据西藏自治区非物质文化遗产保护中心数据整理所得，2015 年 3 月。
② 王文章：《非物质文化遗产概论》，北京：教育科学出版社，2013 年，第 270 页。

个名额，其中传统戏剧 11 人，传统舞蹈 10 人。第三批 711 名国家级非物质文化遗产项目代表性传承人，西藏有 21 位传承人入选，其中民间手工技艺 5人，民俗 1 人，传统舞蹈 7 人，民间文学 1 人，传统音乐 1 人，传统医药 6人。第四批公布的 498 名国家级非物质文化遗产项目代表性传承人，西藏有15 名传承人入选，传统美术 1 人，传统舞蹈 7 人，民间手工技艺 5 人，民间文学 1 人，传统戏剧 1 人。西藏国家级非遗传承人中，传统手工技艺和传统舞蹈所占人数比例最大。在传承人年龄分布结构方面，"总体上，西藏国家级传承人基本处于高年龄段，两个高值 60—69、70—79 岁年龄段，共计 31 人，占总数的 45.6%，所占比例较大，国家级传承人进入老龄化和衰亡的高峰期。"① 西藏分三批次公布了共计 350 名自治区级非物质文化遗产代表性传承人，第一批 134 人，第二批 93 人，第三批 123 人。"在 350 位代表性传承人所涵盖的十个项目类别中，传统舞蹈代表性传承人 124 位，占总比值的35.43%，居榜首。此外，传承人数量集中的项目类别"依次为传统技艺 80人，传统医药 32 人，传统美术 24 人，传统戏剧 23 人，民俗 22 人，民间文学18 人，传统音乐 16 人，曲艺 7 人，传统体育、游艺和杂技 4 人。"②

2. 西藏非物质文化遗产传习（所）机构现状

为更好地促使传承人将所掌握的非物质文化遗产项目传承下去，上至国家政府，下至人民群众，都对非遗传承保护投放了相当多的关注。2011 年开始向每位入选国家级代表性传承人发放 10000 元/年的资助经费，向每位入选自治区级代表性传承人发放 5000 元/年的资助经费。根据《中华人民共和国非物质文化遗产法》第三十条，保护单位应符合的条件规定是："有开展传承、展示活动的场所和条件"。西藏先后设立了 113 处各级各类非物质文化遗产传习所，为西藏非物质文化遗产的保护与传承提供了一定的便利条件。

3. 西藏高校非物质文化遗产人才培养教育

非物质文化遗产具有独特且丰富的"科学知识、历史知识以及富有独特审美的艺术品等，因此说'非遗'具有较高的教育价值。"③ 社会各界对非遗的价值认知逐渐深入，学校教育尤其是高校教育是践行非物质文化遗产传承保护工作的重要途径之一。高等院校除传授培养学生的专业素养外，更肩负

---

① 觉安拉姆等：《西藏自治区非物质文化遗产项目代表性传承人现状研究》，载《西藏大学学报》（社会科学版）2015 年第 5 期。

② 同上。

③ 邵卉芳：《西藏非物质文化遗产教育传承初探——以西藏民族大学为试点》，载《怀化学院学报》2016 年第 7 期。

着传播民族文化，培养专门人才的重要使命。《中华人民共和国非物质文化遗产法》第四章第三十四条规定："学校应该按照国务院教育主管部门的规定，开展相关的非物质文化遗产教育。"

西藏大学艺术研究所于 2001 年挂牌成立，以传承和认知我国优秀民族文化为义务，以抢救、挖掘、整理，并科学发展西藏艺术，同时为具有民族特色的艺术教育和传统学科的建设提供理论依据为宗旨。该研究所还完成了《藏族音乐简史》《手风琴教材》《藏族装饰图案教材》等省区级和校级教材编写项目，并开设了艺术及非物质文化遗产相关课程。阿旺晋美、洛桑扎西、觉嘎、卢旭、格桑多吉等专家学者是西藏大学文化艺术教学及科研的主力军，为保护西藏非物质文化遗产奠定了科学研究的基础，为西藏非遗保护工作培养了大批本土人才。

西藏民族大学是自治区重点建设高校，在西藏非物质文化遗产保护的人才队伍培养方面也做出了突出贡献。设立于西藏民族大学文学院的西藏非物质文化遗产研究中心拥有专门针对西藏非物质文化遗产的专业研究团队，于乃昌对西藏民俗文化方面具有开拓作用，以周毓华为学科带头人的非物质文化遗产专业硕士生导师团队致力培养研究少数民族非物质文化遗产的硕士研究生。经过几年的不懈努力，从该校毕业的非物质文化遗产专业的本科、硕士生成为一批研究西藏非物质文化遗产的生力军。于乃昌、周毓华、陈立明、李宜、马宁、杨长海等人对西藏非物质文化遗产的教学及研究做出了突出贡献。西藏民族大学民族研究院开设了《非物质文化遗产概论》《中国少数民族非物质文化遗产概论》《藏族非物质文化专题》等非物质文化遗产专业课程。西藏民族大学体育学院也开设了太极拳、抖空竹、锅庄等与非物质文化遗产相关的课程。

二、西藏非物质文化遗产学术研究情况

（一）普查基础上的资料整理

"通过普查，全区共收集民间文学、民间音乐、民间舞蹈、传统曲艺、传统手工艺作品记录稿 10 万余篇，录音带、录像带 2000 余盒（盘），照片 4.5 万余张。"[①] 西藏为了巩固自 2006 年开始的"非遗"普查工作的成果，开启了"西藏非遗系列丛书和音（影）像的出版工作，已出版《中国藏戏史》

---

① 西藏自治区非物质文化遗产保护中心：《西藏自治区非物质文化遗产保护情况》，2014 年。

《藏戏名人名段选》《传统八大藏戏经典唱腔》《格萨尔说唱故事》等书籍；完成了《西藏传统八大藏戏》音（影）像、《西藏舞蹈艺术》的数字化建设工作；格萨尔多媒体资源库建设基本完成"。①

（二）西藏学界关于西藏非物质文化遗产研究情况

西藏大学艺术研究所自 2000 年成立以来，完成了教育部人文社科类重点项目《西藏传统文化史》的子课题《藏族美术史略》与《西藏音乐史略》，所取得的研究成果《西藏美术史略》和《西藏音乐史略》由西藏人民出版社出版，为西藏美术史学和音乐史学的教学提供了重要理论依据，《西藏美术史略》还在 2006 年获教育部人文社科类三等奖；完成了《藏族音乐简史》《手风琴教材》《藏族装饰图案教材》等省区级和校级教材编写项目；承担的校级科研项目《藏传矿植物质颜料的传承和研制》不但研制成功还取得专利批准；该所与西藏大学中国藏学研究所联合承担了教育部人文社科类重点研究基地招标项目《西藏宗教音乐》，具体研究工作由该所更堆培杰教授主持。此外，西藏大学艺术学院对西藏非物质文化遗产保护进行了多次科研立项。次珍的《藏族民间音乐在西藏学校音乐教育中的传承研究》《西藏民间仪式音乐"百"研究》《西藏音乐类非物质文化遗产传承现状与对策研究》《西藏大学艺术学院钢琴配奏课程改革设想》《中国地域文化通览·西藏卷》立项；阿旺晋美的《西藏传统文化之现代价值研究》（文化部重点研究项目）、《西藏非物质文化遗产的整理、传承研究与数字化保护》（2013 年度国家社科基金重大项目）等项目。此外，更堆培杰教授编撰的《西藏宗教音乐》《西藏宗教雕塑》《西藏宗教美术》《西藏宗教舞蹈》四部学术专著受到学界的广泛好评。隶属于西藏大学藏学研究所的"格萨尔"研究所针对《格萨尔》的研究同样成果颇丰。

西藏民族大学在西藏非物质文化遗产研究方面贡献颇多。李宜关于藏戏研究的《西藏藏戏形态研究》（2011 年）和《藏戏剧目文本研究》（2016 年）成功申报了两个国家社科基金重大项目；赵国栋主持的国家社科项目《社会学视角西藏传统茶文化研究》（2012 年）从社会学角度对西藏传统文化进行研究；刘新利主持的国家社科项目《大众传媒与西藏传统文化的保护和发展研究》从传播学的角度研究西藏传统文化；马小燕主持的国家社科项目《西藏人口较少民族非物质文化遗产保护研究》（2012 年）研究西藏较少民族非

---

① 资料来源：笔者根据西藏自治区非物质文化遗产保护中心数据整理所得，2015 年 3 月。

物质文化遗产；耿献伟的国家社科项目《藏族传统体育在西藏文化建设中的传承与实践研究》（2015 年）从体育学角度对西藏传统文化进行解读；杨长海通过对西藏非物质文化遗产的立法研究，先后主持国家社科项目《藏区〈非物质文化遗产法〉实施研究》（2014 年），国家民委的项目《西藏非物质文化遗产法律保护问题》（2011 年），西藏自治区的项目《法治语境下的西藏非物质文化遗产保护问题研究》（2013 年）等。马宁对西藏非物质文化遗产做了较为深入的研究，形成了数篇论文对西藏非物质文化遗产的保护模式做了有益探索。常凌翀从传播学的角度对西藏非物质文化遗产进行研究，为西藏非物质文化遗产的保护方式和传播路径，做了具有创新性的研究。非遗方向的研究产生出了一批质量较高的研究西藏非物质文化的硕士论文。

三、西藏非物质文化遗产保护和传承中存在的问题

（一）西藏非物质文化遗产项目名录建设中存在的问题

"无论是国际还是国内的非物质文化遗产保护工作，都是从构建'名录'体系开始的。根据《保护非物质文化遗产公约》，各国非物质文化遗产保护工作的首要任务是建立本国的非物质文化遗产'清单'。"① 也就是说，建立非物质文化遗产项目名录，不仅是有效的保护措施，也是《公约》缔约国的义务。非物质文化遗产项目名录建设应是呈金字塔状，四级非遗名录的建设应该从县级名录建设开始，然后申报地市级名录，在地市级名录的基础上，申报省区级名录，最后上升到国际级名录，这种逐层升级的非遗申报建设是科学的申报程序。现实情况则刚好相反。2006 年 5 月 20 日，首批国家级名录公布，西藏自治区级非物质文化遗产名录则于 2006 年 12 月 2 日才公布。西藏各地市非物质文化遗产的普查及各级别的非遗名录建设工作相对更为滞后。因而，如何更好地推动西藏县市级非物质文化遗产的基层全面普查工作及进行系统的非物质文化遗产名录建设，将是促进西藏非物质文化遗产保护工作向前推进的关键所在。

（二）西藏非物质文化遗产项目代表性传承人保护工作中存在的问题

非物质文化遗产项目代表性传承人，对非物质文化遗产的有效保护和传承起着至关重要的作用。"在漫长的非物质文化遗产保护实践中，人们渐渐地

---

① 汪欣：《中国非物质文化遗产保护十年》，北京：知识产权出版社，2015 年，第 11 页。

注意到，非物质文化遗产虽然'无形'，但它确实存在于非物质文化遗产传承人这个活态传承载体的头脑之中。因此，只要保护好传承人，客观上也就等于保护了非物质文化遗产。"① 在经济全球化背景下，外界的潮流文化对西藏年轻一代产生较大影响，众多西藏青年对西藏传统文化的认知度及认同感逐渐降低，因而，非物质文化遗产的传承逐步呈现断代甚至是后继无人的现象。"西藏自治区国家级传承人平均年龄在 63 岁，60 岁以上的传承人占总数的45.6%。"② 特别是国家级传承人已进入老龄化和衰亡的高峰期，自治区级非物质文化遗产传承人中年龄低于 30 岁的仅占传承人总数的 2.13%，西藏非物质文化遗产项目代表性传承人已经出现堪称忧虑的青黄不接的现象。此外，西藏非物质文化遗产项目代表性传承人在区域分布上存在明显差异，各代表性传承人主要集中在山南市和拉萨市。

（三）西藏非物质文化遗产资金投入的问题

西藏经济发展较为滞后，除了国家的财政拨款外，自治区内各级财政对非遗保护的资金投入能力相当有限，非物质文化遗产普查工作和保护传承经费在实际操作过程中存在严重短缺现象，直接影响并制约着西藏非物质文化遗产的保护事业。"自西藏 2005 年启动非物质文化遗产保护工作以来，截至2014 年年底……西藏自治区财政投入了 4000 万元的非遗保护资金。"③ 与国内其他省市相比差距较大。西藏地域辽阔，交通不便，基层工作人员数量有限，普查设备简陋，无形中加大了西藏非物质文化遗产保护与传承发展的工作难度。

（四）西藏非物质文化遗产保护机构和工作队伍存在的问题

"非物质文化遗产的保护主体是指负有保护责任、从事保护工作的国际组织、各国政府相关机构、团体和社会有关部门及个人。"④ 对于西藏而言，非物质文化遗产的保护主体包括西藏自治区各级政府、非遗项目传承人、传媒界、民间组织、企事业单位和各学术研究团体及基层群众等。2003 年，我国

---

① 苑利、顾军：《非物质文化遗产传承人管理工作中的几个问题》，载《河南社会科学》2015 年第 4 期。

② 觉安拉姆等：《西藏自治区非物质文化遗产项目代表性传承人现状研究》，载《西藏大学学报》（社会科学版）2015 年第 5 期。

③ 程利娜：《中央财政近十年共投入 1.2 亿保护西藏非遗》，中国西藏新闻网，2015 年 6 月 6 日。http://www.xzzw.com/fy/fyxg/201506/t20150606_627787.html。

④ 王文章：《非物质文化遗产概论》，北京：教育科学出版社，2013 年，第 85 页。

启动非物质文化遗产的保护工作，西藏对区内非物质文化遗产资源普查开始于2006年，首批（省）区级非物质文化遗产代表性项目名录则在首批国家级非物质文化遗产名录之后公布。

"西藏自治区非物质文化遗产保护中心于2010年设立，相比较其他省市成立时间较晚，而且人员编制仅为10人。各地市虽设立了专门的非物质文化遗产保护机构，阿里地区非遗办公室仅1人，林芝地区文化局设立非遗科1人，山南非遗办公室2人，日喀则非遗事务由产业科管理。县级单位基本没有专职人员。"① "非物质文化遗产保护是一项专业性极强的工作。许多国家都十分强调专业队伍的建设问题，以确保保护工作的科学性与严肃性……提高该领域准入门槛，从根本上杜绝队伍建设中的非专业化倾向。"② 西藏在非物质文化遗产保护的机构设置方面不完善，作为普查和申报基础的县级政府专门的非物质文化遗产保护机构尚未完善；非遗保护工作的编制人员非常有限，在财力、物力、人力都相当匮乏的情况下，对非遗保护工作的全面深入开展不可能有更多要求。

四、西藏非物质文化遗产保护和传承的对策建议

（一）进一步完善西藏非物质文化遗产代表性项目名录建设

非物质文化遗产普查工作是非物质文化遗产名录建设的基础，"非物质文化遗产普查又是对非物质文化遗产进行有效保护，对濒危非物质文化遗产进行抢救的基础。"③ 西藏非物质文化遗产普查工作已取得阶段性成果，由于西藏地域辽阔，民俗民风独具特色，因而对西藏非物质文化遗产做进一步的全面普查相当有必要。从基层开始逐级向上积极申报非物质文化遗产名录，提供更多可选项目向国家级乃至世界非物质文化遗产代表性项目名录冲刺。所以，加强县级非遗名录建设，将是下一步西藏非遗名录建设的"重头戏"。

（二）加强对西藏非物质文化遗产项目代表性传承人的保护

除加强科学的非物质文化遗产项目的文字记录、实物、影响保存等手段

---

① 资料来源：笔者根据西藏自治区非物质文化遗产保护中心数据整理所得，2015年3月。
② 苑利、顾军：《非物质文化遗产学》，北京：高等教育出版社，2009年，第78页。
③ 中国艺术研究院中国非物质文化遗产保护中心：《中国非物质文化遗产普查手册》，北京：文化艺术出版社，2007年，第7页。

之外，作为活态性存在的一种特殊文化，非物质文化遗产项目代表性传承人在言传身教、具有教学性质的独特实践传授方面具有核心意义。在西藏非物质文化遗产项目代表性传承人保护工作的实践过程中，应根据不同项目传承人的具体数量及年龄结构划定轻重缓急的工作要点，解决好传承人青黄不接的问题。注重学校教育，加快西藏各地校本课程建设，让代表性传承人走入课堂，提高年轻一代对西藏非物质文化遗产的认识，促进对自身文化的认同，使其投身到非物质文化遗产的保护和传承发展中。通过立法方式加强西藏民间文学和民间文化传承人的版权保护，不管是属于个人所有的还是传承团体所有的，都应在非遗普查认定的过程中做出明确的标注和界定，以维护传承人本身的既得利益。再者，通过以政府官方的权威性提高各级非物质文化遗产项目代表性传承人对民族传统文化功不可没的文化主体地位，增强西藏各级别的非物质文化遗产项目代表性传承人的文化认同感，是西藏非物质文化遗产繁荣发展并代代相传的原生动力。

（三）加强西藏非物质文化遗产保护机构和工作队伍建设

积极推动非物质文化遗产保护工作不断前进的另一个主要方面是在机构和工作队伍的建设上下功夫。考虑到西藏地域和文化的特殊性，在保护队伍、研究队伍、民间团体尤其是机构设置和人员配备上须充分保障数量及质量要求。加大步伐培养大批当地非物质文化遗产保护工作人员，尽快形成金字塔形的工作队伍，是西藏非遗保护工作顺利开展的重要保障。应充分发挥国内外各个研究西藏非遗的专家学者的智库参谋作用，为西藏各级政府制定保护非物质文化遗产方针政策提供智力支撑，并在非遗保护工作的实践过程中给予专业咨询服务和技术指导。积极发挥国内尤其是西藏高校和研究机构对西藏非物质文化遗产研究的学术前瞻性作用，定期不定期地开展专题培训活动，这些途径均可为西藏非物质文化遗产的抢救和保护工作培养一批年轻、新兴、具有活力的队伍，为西藏非物质文化遗产保护工作注入新鲜血液。

（四）重视西藏自治区非物质文化遗产的数字化保护

数字化保护模式给西藏非物质文化遗产保护与传承发展工作提供了更多可选择的渠道和方式。数字化对非物质文化遗产保护的积极作用体现于能多维度地更好地实现非物质文化遗产保护与传承。西藏拥有丰富的可进一步挖掘的非物质文化遗产项目，若能有效采用数字化保护模式，积极利用数字化优势扩大西藏非物质文化遗产影响力，对有价值且濒临消失的非遗项目和高危传承人以数字化模式进行保护。首先，应该尽快建立西藏非物质文化遗产项目名录和传承人数据库，按地区将自治区非物质文化遗产项目的文字、图片、视屏、音频等第一手资料进行分类归档。其次，建立专门的非物质文化遗产门户网站，通过网络平台向外界介绍自治区非物质文化遗产，在资金允许的范围内，创建更多传播平台，如微信公众号、智能手机 App 及微电影等。

（五）探索西藏非物质文化遗产保护模式

西藏在非物质文化遗产保护模式和策略方面须注重政府政策的连续性和工作方法的系统性，针对地广人稀的地理环境特点及丰富的文化资源特殊性，创新西藏非物质文化遗产保护模式，在现有保护模式的基础上，进一步强化非物质文化遗产法律制度，进行数字化保护、产业化生产性保护，充分利用国家有利政策，建设文化生态保护区及传统村落，从整体上对西藏非物质文化遗产加以保护。

少数民族非物质文化遗产的保护法律研究

——以内蒙古为例

白永利

（内蒙古自治区社会科学院）

一、少数民族非物质文化遗产立法保护的目的

文化及其文化遗产，特别是以活态文化为特点的非物质文化遗产，体现了一个国家、民族的血脉和精神，是国家、民族的身份象征和价值象征，其源自农耕文明的独特性是其他依附现代工业社会、信息社会所产生的文化所不能取代的。在某种意义上，它的消亡意味着民族个性、民族特征的消亡，也意味着文化基因和文化血脉的中断。因此，保护文化遗产，既是不同文化尤其是弱势文化实现文化平等权、文化认同权的需要，更是维护世界文化多样性、促进世界和平共处、共同发展的需要。学者孙家正曾指出："现代化进程的加快发展，在世界范围内引起各国传统文化不同程度的损毁和加速消失，这会像许多物种灭绝影响自然生态环境一样影响文化生态的平衡，而且还将束缚人类思想的创造性，制约经济的可持续发展及社会的全面进步。"

少数民族非物质文化遗产保护措施是近年来的热门话题，法律保护居于首位，有专家认为，只有通过法律手段调整涉及少数民族非物质文化遗产的社会关系，依法确立与制定少数民族文化遗产保护的正确方向和措施，才能真正地起到有效的保护作用，少数民族非物质文化遗产立法保护是其首要任务。

（一）少数民族非物质文化遗产面临消失困境

在经济快速发展的中国，由于人们生活环境和条件的变迁，民族或区域文化特色消失加快。在多元文化的影响下，尤其是市场经济和信息社会的高

速发展，少数民族非物质文化遗产与之发生了融合，甚至有被替代的倾向。因此，代表民族文化精髓的东西，在这个进程中有意识地进行保留和保护是非常必要的。据调查，内蒙古自治区的阿拉善盟的额济纳旗、锡林郭勒盟的镶黄旗、鄂尔多斯市的乌审旗为了保护和恢复草原生态，对游牧民实行了移民政策，并建立了专门安置牧民的移民村，其中的额济纳旗政府附近建立了整齐的移民村，牧民生活安定了，电视、电脑等现代化产品进入草原，游牧民族的后代接受了都市文明，对都市生活方式的认同，使他们淡忘了自己的传统文化，而效仿都市生活成为年轻人热衷的事情。在这个过程中产生的现象值得人们思考，少数民族非物质文化遗产发源地的文化遗产正处于失传的险境。例如，阿拉善盟土尔扈特蒙古族的十二属相舞和沙吾尔登舞目前已失传，能否恢复还是未知数。对少数民族民间文化的拯救，首先是要保护少数民族传统文化的传承人，但是断层的传统文化的传承人目前年龄基本都在70岁以上，其中，额济纳旗一位著名的民歌艺人已 96 岁了。由于经费短缺，额济纳旗前几年只能给这些传承人做磁带录音，事实上，磁带录音是无法长期保存的。在我国，拯救第一的原则就是首先对正在遭到破坏甚至濒临消亡的非物质文化遗产进行抢救，使其免于消亡的命运。因此，针对目前非物质文化遗产亟待抢救和保护的现实，需要法规对传承行为进行明确和规定，对著作权等合法权益给予保障。

（二）少数民族非物质文化遗产的利用凸显矛盾

文化遗产是一个国家、民族历史文明的载体，是不可再生的文化资源。这种"不可再生性"就是文化遗产的本质属性。但是，随着文化遗产在经济社会发展中的作用日益突出，由于观念认识和市场经济下追求经济效益等原因，使得保护与利用的矛盾日益尖锐、突出，成为文化遗产保护工作面临的一个焦点问题。一些地方为了谋取经济利益，对文化遗产采取竭泽而渔的态度，对其进行破坏性的开发利用。例如：为了实现经济效益，不尊重、弘扬文化遗产的文化属性和优秀价值，毁坏文化遗产的原生态环境和历史风貌；无限制地发展游客数量，使文化遗产本身难以承受；只谋取经济利益而不维护文化遗产，甚至以种种名目改变文化遗产的原始形态等。一些地方在开发利用非物质文化遗产时存在的问题非常突出：在一些民俗旅游点、民俗风情园，非物质文化遗产保护的展示演变为纯粹的商业行为，其文化的珍贵价值和意义却被抛弃、湮灭；在世界文化遗产的申报工作中出现了"重申报，轻保护"的现象。因此，如何有效保持文化遗产的可持续发展是我们在文化遗产保护工作中需要解决的一个突出问题。一些发达国家在这方面做得比较好，采取多种措施保护文化遗产的原生形态、防止出现过度利用。这一现象已经引起了我们党和政府的高度重视，不少地方开始采取相关措施，比如龙门石窟、黄山、张家界开展环境整治，布达拉宫实行对旅游人数的限制等。从根本上说，是坚持保护为主、合理利用；还是主张经济效益优先、利用优先，这种观念认识上的分歧决定了对待文化遗产的基本态度。随意滥用、过度开发非物质文化遗产的现象，需要成文法规对不良行为和破坏行为进行规范和责任追究。

（三）外国文化的入侵和干扰

个别西方国家极力在全世界通过种种手段推销其思想文化，在文化上大力推行"单边主义"，严重威胁到其他国家的文化主权和文化安全。因此，保护不同民族、群体、地域的传统文化，维护世界文化的多样性，成为各国政府普遍关注并付诸实施的重要战略问题。不仅越来越多的发展中国家意识到保护本国文化遗产的重要性，一些发达国家也逐步认识到不能忽视这个问题。同时，境外一些国家和机构通过各种渠道大量采集、收购我国珍贵的非物质文化遗产实物资料，造成了文化资源的严重流失，对此也缺乏国家法律的限制。正是在这样的背景下，通过制定相关的法律来保障非物质文化遗产的生存和发展，就成为一种现实的迫切要求。

综上所述，少数民族非物质文化是少数民族人民在长期的生产生活实践中创造的并世代传承、不断创新的精神财富和文化传统，承载着特定的精神、社会和文化功能和价值信念。民族性是其最显著的特征和精神内核，这种民族性表现在：少数民族非物质文化遗产体现着特定地域、特定民族在特定时期的社会生活风貌和历史文化原状，反映了该民族该地区的历史渊源、社会形态、生活习俗、心理特质及其赖以生存的自然环境、宗教信仰等。在世代传承过程中，与民族、民俗生活相互依靠，与特定的自然环境和人文环境息息关联，是维系本民族的过去、现在和将来的活的载体。保护少数民族非物质文化遗产就是要保护这种民族性，而民族自治立法的民族性特征正契合了少数民族非物质文化遗产保护的需要。因为民族自治地方的自治立法具有浓厚的民族性和因地制宜的灵活性，不仅可以体现地方特色，更能突出其民族特色，并在立法内容上体现和保障自治民族成员的意志和利益要求，协调立法与民族文化的关系，充分顾及民族的习惯、风俗、信仰、价值观、心理和情感等因素，使法律规范真正贴近民众的生活，与民族的经济、宗教、风俗、习惯相适应，使其感受到权利、秩序、安全、正义与其切身利益的密切关系，对法律产生一种道德文化上的依归感和心悦诚服的认同感。所以，少数民族非物质文化遗产保护立法具有内容的合理性。

二、少数民族非物质文化遗产立法保护的价值取向

立法价值取向是指立法过程中多种价值目标发生矛盾冲突时所坚持的基本价值立场和价值判断，即在多重价值目标中进行选择及对价值目标重要性的排序，蕴含着立法者意欲实现的立法目的和立法追求的社会效果。立法价值取向既反映了立法的根本目的，也是解释、执行和研究法律的出发点和根本落脚点，具有决定、支配立法实践行为的作用。任何法律的制定都应当有明确的目的性，都应当有自己的价值目标和价值取向。少数民族非物质文化遗产保护，也面临着如何协调民族记忆固定强化与国家统一和谐发展的关系，如何处理非物质文化遗产保护与民族自治地区经济社会发展的关系，以及具体法律创设中法律要素的准确定位。针对这些问题，民族自治立法必须做出科学合理的判断和清晰明确的选择。

（一）维护国家统一和民族团结，促进社会和谐和可持续发展是首要价值取向

内蒙古少数民族非物质文化遗产立法要从《宪法》《民族区域自治法》、少数民族非物质文化遗产保护的专门法律和法规、部门法中关于少数民族非物质文化遗产保护的法律规范和国际条约五个法律渊源寻找立法依据。在新生效的《非物质文化遗产法》中我们看到，国家对非遗保护的根本宗旨表达了自己独立的立场，并没有仅仅以保护文化多样性及非物质文化遗产原初的文化生态为最后目的，而是将非遗保护与提升中华民族的文化实力，增强民族团结与文化认同感，促进社会的文明进步与可持续发展等民族国家的长远利益紧密地联系起来。在《非物质文化遗产法》第一章"总则"部分，我国非遗保护的目的与根本宗旨得到了明确表述："为了继承和弘扬中华民族优秀传统文化，促进社会主义精神文明建设"，"有利于增强中华民族的文化认同，有利于维护国家统一和民族团结，有利于促进社会和谐和可持续发展"。对中国政府来说，非遗保护的目的绝非是要复活一个农耕时代的古老中国，以全面复兴所有逝去的文化传统，而是立足于当下与未来，将优秀的传统文化变成建构"社会主义精神文明"的积极力量，为中华民族的长期可持续发展提

供恒久的精神动力。换句话说，中国的非遗保护着眼于中华民族的未来发展与长远进步，所要努力发掘的是非物质文化遗产之于中国当下及未来的精神意义，而绝非仅仅是为了凭吊和挽留中华文明昔日的辉煌。既然保护非遗的目的是为了当下与未来的精神文明建设与社会可持续发展，那么，对于祖先留下的数量庞大、种类纷繁的非遗项目，就不可能不分青红皂白地照单全收，全部加以发扬光大。对于那些与国家民族的长远利益相冲突、与社会可持续发展相矛盾的非物质文化遗产，只能将其封存于文化档案与历史博物馆之中，供后人瞻仰、供学者研究。

此外，非物质文化遗产往往与民族或族群有关，文化多样性通常是社会多元民族结构的文化表现。因此，保护文化多样性以及非物质文化遗产都需要对民族问题保持一定的敏感，避免为现实中的族群民族主义运动提供价值和制度上的资源。另外，非物质文化遗产既是遗产，必定和历史有关。共同的历史记忆是民族感情重要的情感来源，没有任何一个民族或族群是缺少历史记忆的，不同的历史记忆规定了人们对自身所属群体不同的自我想象，也成为维系群体存在不可缺少的纽带，是民族认同重要的来源之一。当一个民族自身的文化特点、历史记忆和价值判断在外部世界受到排斥或轻视的时候，其成员的内心就会产生抗拒，而这种抗拒也往往构成潜在的社会冲突。事实上，那些秉持着某种族群民族主义意识形态的现代知识分子，会在一定的社会和历史条件下将族群的神话传说、历史记忆、文化特征和现代性以某种非常巧妙灵活的形式重新建构起来，作为强化族群认同、增强族群内部凝聚力的手段，进而创造出新的历史解释。而在现代社会，国家（政府）保护少数民族非物质文化遗产和文化多样性的核心意义，在于协调不同族群之间的关系，消弭族群冲突，完善国家建构。文化是一个价值体系，它既是族群自我存在的表象，也是民族、国家自我建构的根基。在一个多民族国家中，文化多样性既是不同民族和族群创造力、想象力和认同的基础，也是社会分野的标识。因此，多民族国家如何实现在保护文化多样性的同时，真正维护社会和谐，是一个非常具有现实意义的命题。而这个问题的核心，在于如何协调文化多元共存与国家建构之间的关系，促成二者的良性互动，而不是出于某种现实的利益动机，忽略文化保护所可能带来的负面影响。

（二）少数民族非物质文化遗产保护与民族地区经济社会发展的平衡是另一重要价值追求

保护非物质文化遗产是少数民族非物质文化遗产自治立法的核心价值理

念。少数民族非物质文化遗产只有与特定的民族相连并融入特定的自然人文环境中才能显示出其本真的意义。这些文化传统较之于一些物质的文明和文化，更能凝聚特定民族的民族情感和民族精神，反映出一个民族的自我认同感和独特的文化个性。保护少数民族非物质文化遗产就是要保护少数民族的这种民族自我认同感和独特的文化个性。同时，作为中华文明重要组成部分的少数民族非物质文化，内容丰富，形式多样，彰显了中华文化的多元性和无穷魅力。保护少数民族非物质文化遗产，既是要维护中华文明的多元化，更重要的是要保护少数民族的这种自我认同感和独特的文化个性，这是保护少数民族非物质文化的根本价值所在。此外，少数民族地区在经济社会发展方面还处于一个相对落后的状态，必然要走现代化发展道路。现代化是人类文明的深刻变革，是对既有传统的扬弃，文明的诸要素在各种文化相互碰撞、交融中创新、选择、传播和退出。在现代化不可避免的发展趋势下，少数民族的传统生活习惯、生产方式都在不同程度上受到冲击，少数民族地区的人们也在不断接受、吸收新的思想、新的观念，并形成了趋同与融合的趋势。一些非物质文化遗产赖以生存、发展的环境受到了来自少数民族自身向往现代化的驱动和外来文化的双重挤压，一些传统的非物质文化形式和空间面临着消亡的危险。

但民族地区的现代化发展是不可逆转的历史潮流，少数民族迈向现代化的脚步是不会停止的，也不可能停止。民族地区经济社会的发展使得非物质文化遗产保护对立法的依赖性日益增强，而立法的使命就在于回应这种现实需求，在尊重文化多元的基础上，为少数民族非物质文化遗产保护、发展、创新构建一种与现时代相融共生的人文空间和生态环境。经济社会发展是民族地区现代化的大势所趋，非物质文化保护是确立少数民族独立文化品格和民族特色的必然要求。少数民族非物质文化遗产的保护是在现代化发展过程中必须解决且迫切需要解决的重大现实问题，否则民族地区的经济社会发展也将会丧失其合理性和正当性。因此，必须在保护少数民族非物质文化遗产与民族地区经济社会发展之间寻求一个平衡点，达到既保持少数民族的独特的文化个性，又能有效地推动少数民族地区的经济社会发展。这种平衡的理念必须贯穿在少数民族非物质文化遗产保护立法中，并成为指导少数民族非物质文化遗产保护立法的基本价值理念。从民族地区已经颁行的关于非物质文化遗产保护的立法看，几乎都是从非物质文化遗产的内涵外延、保护规划、传承发展、保障措施、法律责任等方面进行规定，单纯地规范非物质文化遗产保护。对非物质文化保护与地区经济发展如何协调、在地方经济发展中如何保护非物质文化遗产、当经济社会发展与非物质文化遗产保护发生冲突时的解决机制等问题鲜有涉及，缺乏整体统筹和协调安排。一旦非物质文化遗产保护与经济发展、地区开发发生冲突，单纯规定如何保护非物质文化遗产的法律将会力有不逮，只能依靠政府临时性的政策措施来协调。而这种非制度化的机制往往费时费力，在保护少数民族非物质文化遗产方面的努力收效甚微。即使在有法可依的情况下，有的地方政府出于经济增长目标的考量和其他一些原因的诱惑，也可能突破法律的界限置法律于不顾，更何况在非物质文化保护法律规定中尚无相关制度化机制和强制性规定。

以长远的眼光整体来看，保护非物质文化遗产与经济社会的现代化发展并无根本性矛盾。对非物质文化遗产的保护应该站在社会、经济并重的科学发展观来认识，现代化不仅是对传统社会的反叛与超越，更是对传统文明的重构与创新；而传统文化又是现代化的起点和基础。非物质文化的有效保护和科学发展为民族自治地区保留了独有的民族特色和文化品格，较之其他地区有着自己独特的文化魅力和民族个性，进而赢得更多的发展机遇。经济社会的发展可为非物质文化的保护和发展提供坚实的基础和支持。二者在本质上是一致的，具有互动、互补的功能，关键是要在非物质文化保护与经济社会发展之间确立一个平衡点，既不能因为发展经济社会而肆意破坏非物质文化的生存发展环境和人文空间，也不能因为保护非物质文化遗产延缓、阻滞社会经济的发展，要在保持民族文化特色和民族地区独特魅力的基础上推动社会经济的科学发展。目前国家和省（自治区）级的普适性立法的立法对象具有普遍性，它不针对某个具体地区和单一民族，一般也不会因为个性的问题而更改立法的内容，往往难以照顾到不同地域、不同民族尤其是经济社会发展特别落后的地区和民族的个性特征。而民族自治地区的自治立法权正可以弥补普适性立法的这一缺陷，根据本民族、本地区的政治、经济、文化、民族风俗、民族关系和经济社会发展现实需要，进行有针对性的立法，实现非物质文化保护和经济社会的平衡发展。

（三）从法律要素的特殊性分析内蒙古少数民族非物质文化遗产立法的价值定位

每部法律出台都会产生特定的法律关系，内蒙古少数民族非物质文化遗产立法，也预先需要明确将来所产生的法律关系要素的特殊性，并以此指导具体立法内容的确定。在少数民族非物质文化遗产立法保护上需要明确以下几个方面。

第一，非物质文化遗产的权利主体需要确定。权利主体是指参加法律关系而享有法律权利和承担法律义务的人。非物质文化遗产产生于民间，其创始者可能是个人，但随着历史的推进，它不断受到后人的再创作，其形成和发展是某个民族或者地区连续创作的结果，权利主体具有不特定性和群体性。例如，有的非物质文化遗产为多个少数民族或者多个少数民族社区村寨所共有，在这种情况下，有关少数民族和少数民族社区应对该项传统知识共同享有所有权。所以，用传统知识产权的观点来确定非物质文化遗产的权利主体，要么会遗漏掉许多其他重要的相关主体，要么会导致主体的泛滥，因而无法对这些主体权益做到切实的保障。对非物质文化遗产拥有者进行明确界定，是非物质文化遗产权利法律确认的前提。它包括对其所属群体赋予什么样的法律权利，以及这样的权利怎么在不同的利益主体之间分配，进而实现非物质文化遗产权利的应用、转化、授权使用等。如果对非物质文化遗产拥有者的界定不明确的话，则由谁来主张权利、维护权利将是一个难题，有可能出现不公平的现象。国内立法应明确规定非物质文化遗产的归属以及这种权利的范围。非物质文化遗产的法律保护实际上是针对特定不同层次主体的权利的确认和保护。

第二，非物质文化遗产的权利性质需要明确。在非物质文化遗产的保护上，我国制定了专门的行政法规、地方法规和政府规章，基本上采取了行政保护措施，新出台的《非物质文化遗产法》从性质上说也是一部行政法。毫无疑问，这些法律法规的制定实施为非物质文化遗产提供了公法上的保护，对于防止遗产的流失以及挽救起到了不可磨灭的作用。我国的知识产权保护体系表现出很多保护私权的痕迹，在国际公约中，也要求切实保护著作权人、发明人的合法权利。然而，在保护民间非物质文化遗产过程中，倘若以保护私权的方式对其进行保护，其效果往往不好，反而不利于其继续流传；但倘若采用保护公权的方式对其进行保护，又恐难以防止权利主体的权利不受侵害。由此不难看出，非物质文化遗产保护的各阶位立法中必然面临着公权还是私权的定位和选择，在实施中如何运用好不同性质的法律规章就显得尤为重要。

《非物质文化遗产法》已经确立了对非物质文化遗产的公法保护，在制定配套法律法规之时应确立对非物质文化遗产的私法保护，从而实现对非物质文化遗产的全面保护。对非物质文化遗产而言，法律上的民事保护并不能简单取代法律上的行政保护，或相反。这两种保护各有侧重，也各有局限和难度。现行著作权法等知识产权法律所提供的民事保护之实现有两个基本特点：

一是依赖于著作权人权利的确认和对权利的主张；二是依赖于其作品的市场价值，因为缺乏市场价值的作品，往往就失去了保护其著作权的动力。正是因为如此，在实际中，仅仅通过民事手段保护民族民间传统文化面临着相当大的障碍：一是许多非物质文化遗产项目的知识产权归属难以确认，谁来主张权利、行使权利，保护期有无等，已超出传统知识产权理论的范畴，对此法学界仍有不少争论；二是许多珍贵、濒危的非物质文化遗产没有或基本上没有市场价值。如果单靠民事保护而没有行政保护，其结果就会导致大量缺乏市场价值，却有着珍贵的历史、文化价值的非物质文化遗产迅速自生自灭，其作为历史文化遗产所需要的保存、记录或传承、弘扬等就无以为继，而且得不到其他法律上的救助。

第三，客体的特殊性需要明确。内蒙古少数民族非物质文化遗产保护关系的客体是非物质文化遗产，非物质文化遗产的法律特征具体表现为无形性。所谓"无形性"就是指非物质文化遗产的存在是一种抽象的、变动的和依赖于人的观念、精神的存在，是经过世世代代流传下来的先辈们的思想结晶。日本提出"无形文化财"的概念，以与"有形文化财"相对应，其实，从根源上讲，日本的"无形"观念是来自中国文化的。非物质文化遗产属于抽象的文化思维，它存在于人们的观念且随着人们观念的变化而变化，如知识、技能、表演技艺、信仰、习俗、仪式等。一方面它不像物质文化遗产那样是有形可感的物质；另一方面它也不像物质文化遗产那样具有稳定性。因此，从本质意义上讲，非物质文化遗产的客体是无形的。明确这一点，对我们立法过程有极大的帮助，在行为时效、价值衡量、利益分享等方面要做特别的设计和规定，方能显示出法律的特色。

三、内蒙古少数民族非物质文化遗产保护情况

作为我国少数民族聚居区之一，内蒙古自治区在 2004 年全区文化工作会议上出台了建设民族文化大区的各项措施，其中民间文化遗产工程始终占有重要的位置，很多民间文化的品牌和产品，成为自治区党委、政府直接抓的项目，尤其是分管文化工作的领导把抢救工程摆在各项文化工作的首位。由民委、文化厅、文联和民间文艺家协会共同签订了关于实施民间文化遗产抢救工程的意见，把先由社会团体发起和实施的工程变成政府行为，逐级贯彻。

首先，自治区政府要求各基层单位把工作重点向文化倾斜，把注重工农业项目和基础设施的工作思路，转向打造文化品牌带动经济发展上来。其次，

在具体措施上，政府要求基层按照抢救工程手册挖掘、搜集、整理第一手材料，某些旗县已完成民间美术集成、蒙古文的民间文学丛书等工作。最后，追求抢救工作的规范性、科学性和全面性。由此，初步形成了内蒙古自治区对本地区非物质文化遗产，特别是少数民族非物质文化遗产的保护氛围。

非物质文化遗产的拯救是一项长期艰巨的工作，拯救措施的落实是关键。从少数民族地区的拯救现状看，拯救工作仍处于前期阶段，成果还有待于逐步形成和积累，并进一步以法律形式确定下来，形成长效保护机制。例如内蒙古东部区是蒙古族世代生活、繁衍的栖息地，是科尔沁文化发祥地，具有深厚的文化底蕴。科尔沁源于蒙古语，译为带弓箭的侍卫，即弓箭手，在历史发展的演变中也特指"作为地名，科尔沁为射雕英雄的故乡、神箭手的故乡……它更多地融注了历史、人文和文化的内涵。今天的科尔沁已由过去的地域名称转变成内容丰富的文化概念，是通辽市地区，包括库伦、奈曼、科左后旗、科左中旗、扎鲁特旗、开鲁县科尔沁区、开发区、霍林郭勒市九个旗县市区的经济、文化发展的一个特色品牌。"在这片广袤的土地上蕴藏着丰厚的民族文化资源，产生了众多的非物质文化遗产。如科尔沁叙事民歌、好来宝、蒙古族安代、蒙古族四胡音乐、蒙古族乌力格尔等蒙古族最典型、最有代表性的文化表现形式。这些非物质文化遗产来源于民间，生长于民间，繁荣于民间，在生生不息的传承和创造中，已形成了从萨满、文学、歌舞、传统手工技艺、传统医药等方面的地域文化和民族文化，有着深厚的地域和民族底蕴。现有9项被列入国家级非物质文化遗产代表作名录，即蒙古族四胡音乐、嘎达梅林、科尔沁巴拉甘仓的故事、科尔沁叙事民歌、好来宝、蒙古族乌力格尔（胡仁乌力格尔）、蒙古族安代舞、雅布干乌力格尔、蒙古族马具制作技艺。因此，科尔沁享有"安代之乡"、"叙事民歌之乡"和"乌力格尔之乡"的美誉。毋庸置疑，对非物质文化遗产给予法律保护的理论基础是保持地域文化、民族文化的多样性或差异性。内蒙古东部的科尔沁非物质文化遗产，作为我国和内蒙古非物质文化遗产的重要组成部分，个性无穷、特色鲜明，是草原文明瑰宝中的奇葩，是蒙古民族文化中的精粹。但随着世界经济一体化和西部大开发进程的加快，科尔沁地区传统文化受到了极大冲击，许多民俗文化资源在流失，大批有历史、文化和科学价值的科尔沁非物质文化遗产遭到不同程度的破坏，甚至由于传承人的逝去而濒临消亡。在内蒙古自治区建设文化大区的时代背景下，通过法律对科尔沁非物质文化遗产资源的挖掘、整理、研究进行切实保护，以维护中华民族文化的多样性，尤显必要及任重道远。科尔沁非物质文化遗产能否得到法律的切实保护，关系着科尔沁地区文化的传承以及一个民族的精神延续，关系着保持文化多样性和丰富性的愿望能否实现，从而极大地发展和推动新牧区建设中内蒙古东部地区的民族经济文化与和谐内蒙古的建设。只有建立相应的法律制度以保护民族文化多样性、民族文化财产权、民族文化传承性，以建立长效机制和完善保护非物质文化遗产的法律体系，才能更好地维护科尔沁非物质文化遗产中原有的风格和民族特色并使其绵延不断、健康发展。对于促进民族地区经济发展，实现人与自然的和谐、可持续发展，维护民族团结和地区稳定亦具有十分重要的意义。联合国教科文组织也认为非物质文化遗产是确定文化特性、激发创造力和保护文化多样性的重要因素，在不同文化相互宽容、协调中起着至关重要的作用。令人鼓舞的是，我们看到了内蒙古通辽市政府在近几年已启动了加强对科尔沁非物质文化遗产保护、抢救和传承的工作程序，制定了《通辽市民族民间文化保护工程实施方案》。但我们必须清醒地认识到非物质文化遗产保护是一件长期的、需要人们一代一代如同接力赛一样做下去的事情，仅靠调动积极性和应急性措施是远远不够的，需要投入更多人力物力财力和制度保障。因此，保护非物质文化遗产，传承民族文化的文脉绝不是一日之功，这应该成为我们做好长期保护非物质文化遗产的思想准备，树立起保护民族文化多样性的坚定动力和紧迫感。

内蒙古自治区政府也正式公布了三批非物质文化遗产项目。内蒙古自治区级非物质文化遗产名录项目达到 299 项。内蒙古已完成全区非物质文化遗产普查工作，建立了六级非物质文化遗产名录体系，并命名了民间文化艺术之乡，鼓励和建设专题博物馆等。从 2009 年起，内蒙古把非物质文化遗产保护经费纳入了财政预算，每年划拨 100 万元，用于普查、名录体系建设和抢救保护等工作。

四、内蒙古少数民族非物质文化遗产立法保护状况

内蒙古自治区无论从政府的宏观管理上，还是少数民族非物质文化遗产保护的微观实践中，均带有浓郁的地方特色，有值得总结和巩固推广的现实意义。为该项工作长效持久地开展，少数民族非物质文化遗产保护立法已势在必行，且取得了一定的进展。从 2005 年以来，自治区人大教科文卫委员会和政府法制办开展了非遗保护立法调研，并多次征求专家意见。在此基础上，起草了《内蒙古自治区非物质文化遗产保护条例》（草案），现已由自治区法制办提交人大审议。根据自治区民族文化特点和非物质文化遗产保护工作需

要，为了规范和正确使用非物质文化遗产名词术语，将自治区蒙古语名词术语委员会审定通过的"非物质文化遗产"等 217 条专有名词的蒙汉双语翻译发送各地，要求在实际工作中规范使用。这是我国第一个用民族语言翻译"非物质文化遗产"专有名词的文件。

目前还没有一部自治区级的民族民间文化传承和保护方面的地方性法规。2012—2014 年，自治区人大常委会教科文卫委员会会同自治区政府法制办、文化厅对《内蒙古自治区非物质文化遗产保护条例》进行了前期立法调研，条例（草案）经多次修改基本成熟。2015 年继续开展《内蒙古自治区非物质文化遗产保护条例》立法调研，在以往调研的基础上，召开国家级、自治区级、盟市级、旗县级非物质文化遗产代表性传承人座谈会，征求修改意见和建议。对条例（草案）认真研究，进一步修改、完善，2016 年 9 月提交自治区人大常委会审议。

2014 年 7 月 31 日自治区第十二届人大常委会第十一次会议批准的《鄂伦春自治旗鄂伦春族民族民间传统文化保护条例》（以下简称《条例》），是全区有立法权的五个市旗唯一的民族民间文化传承和保护方面的单行条例。《条例》自 2014 年 10 月 1 日起施行，对鄂伦春民族的饮食起居、婚丧嫁娶、宗教祭祀、语言服饰、民具工艺、歌舞体育等传统文化的保护和传承起到了法制保证，也填补了我国鄂伦春民族民间文化保护法制化的历史空白。随着《条例》的深入实施，不仅可以有效地保护鄂伦春族民族民间传统文化资源，维护文化多样性，弘扬鄂伦春族优秀的民族民间传统文化，对塑造鄂伦春民族精神，改善文化环境，促进民族发展奠定了坚实的基础。

2015 年 7 月 26 日内蒙古自治区第十二届人民代表大会常务委员会第十七次会议批准《莫力达瓦达斡尔族自治旗达斡尔民族民间传统文化保护条例》，10 月 1 日实施。条例共 36 条内容，从立法的宗旨、意义、法律依据、经费保障、罚则到保护、传承、抢救、挖掘、管理工作等具体内容均做了相应的规定。

五、内蒙古非物质文化遗产保护存在的问题

（一）立法滞后

内蒙古自治区至今还没有制定少数民族非物质文化遗产文化传承和保护方面的地方性法规，目前调整这方面法律关系的依据主要是《中华人民共和

国非物质文化遗产法》。在实际操作中缺乏地方立法的推动作用，大多数旗县没有将这项工作纳入国民经济和社会发展规划与财政预算，没有确保保护经费的足额投入，没有建立项目申报评定办法、项目代表性传承人认定与管理办法等制度。有立法权的 5 个市旗，只有鄂伦春自治旗制定了少数民族非物质文化遗产文化传承和保护方面的地方性法规。

（二）人口较少民族非物质文化遗产面临的困境

随着工业化、城市化、全球化进程的加快，内蒙古自治区传统的生产生活方式发生了巨大的变化，少数民族非物质文化遗产在生存和发展方面遇到了新的挑战，有的已经濒临灭绝甚至消亡。内蒙古自治区牧区人口较少，地广人稀，由于一些老艺人、匠人去世，对人口较少民族的非物质文化遗产起到了不小的冲击和消解作用，各种民族民间文化已经越来越难以得到年轻一代的继承，很多承载着草原文化、民族民间传统文化的代表性实物和资料难以得到妥善保护。传统文化专业人员缺乏，出现断层，导致一些民族民间传统文化随着传承人的离世而濒于失传。另外，为保护生态环境，原有的以游牧为主要文化载体的传统文化逐渐丧失，也对传承和保护民族民间独特的文化有着直接的影响。

（三）受众群体出现明显断层

民族民间文化主要来源于民间，发展于民间，但由于文化生态环境的改变，大多数民族民间义化没有经常性、长期性的展示平台，没有适应现代社会、现代生活的时代精品，不能适应市场经济条件下的生存要求，受众群体越来越小，生存空间逐渐萎缩。传统民族民间文化在中老年人中还具有一定影响，而年轻一代大多对其不了解、不熟悉，更谈不上热爱和保护、传承。

（四）基层民族民间文化遗产保护机构不健全，专职人员及设施设备缺乏

各盟市旗县的非遗保护机构，是多块牌子一套人马，普遍存在缺乏专业知识，专职做民族民间文化工作的人员少之又少。专业设施设备缺乏，民族民间文化的传承和保护工作大多停留在文件上，对普查、挖掘、保护、传承各个环节工作落实带来影响。加之民族民间文化传承保护工作具有很强的专业性、系统性、知识性，基层从事这项工作的人员专业培训跟不上，在一定程度上影响和制约着保护、传承工作的开展和落实。

（五）保护经费投入不足

在调研中来自基层反映较突出的困难就是缺乏保护资金。国家自 2009 年开始对国家级项目和国家级传承人进行保护传承补助、补贴，并对 15 个国家级文化生态保护实验区进行专项经费投入。自治区还没有对自治区级以上项目和传承人发放补贴，也没有对自治区级文化生态保护区匹配专项资金。虽然自治区每年对部分地区拨付一些普查或者保护经费，但金额有限，与长期整体上开展民族民间传统文化遗产保护的需求相差较大，特别是对人口较少民族地区的民族民间文化经费保障不足。《中华人民共和国非物质文化遗产法》第六条规定："县级以上人民政府应当将非物质文化遗产保护、保存工作纳入本级国民经济和社会发展规划，并将保护、保存经费列入本级财政预算。"但由于地方财政困难，这一条在内蒙古很多地区难以真正落实。

（六）民族民间文化的保护、传承与开发缺乏科学规划，亟待加强

一方面，利用民族民间文化进行旅游项目的开发与生产性开发缺乏科学规划，往往注重了经济效应，而忽视了对民族民间文化的传承和保护，导致民族民间传统文化建设日益减弱。甚至某些生产性特点较为明显的项目失去了文化遗产的本真性。另一方面，由于文化环境的改变，大多数民族民间文化没有经常性、长期性的展示平台，产品也缺乏适应社会生活需求的时代精品，缺乏市场竞争力，不能适应市场经济条件下的生存要求，受众群体越来越小，生存空间逐渐萎缩。如各地都热衷于打造以本民族文化特色为主的各种文艺演出，目前能够掌握、解释原汁原味民族民间文化的传承人已凤毛麟角，以民族民间文化为演出内容的演艺团体无论在节目数量还是质量方面都参差不齐，相关文化研究机构也缺乏高级专业研发人才。又如民间手工艺品等传统制作工艺因受各方面材料、技术等因素的制约，已不能真正体现民族民间文化的原真性和文化内涵，甚至还很有可能对其造成伤害。

总之，内蒙古自治区的少数民族非物质文化遗产具有重要的文化和科研价值，随着现代生产和生活方式的发展，它们正面临传承发展的困境。我们要坚持依法和科学保护，按照"保护为主、抢救第一、合理利用、传承发展"的原则，正确处理经济社会发展与文化传承保护的关系。在有效保护的基础上，发挥少数民族非物质文化遗产资源的特殊优势，统筹规划、

合理利用非物质文化遗产代表性项目，开发具有地方、民族特色和市场潜力的文化产品和文化服务，变资源优势为经济优势，达到既增加了少数民族地区在现代社会生活中的竞争力，促进了地区经济发展，同时又保护传承了少数民族非物质文化遗产的自身发展。

少数民族非物质文化遗产
代表性传承人认定制度初探

田　艳

（中央民族大学法学院）

非物质文化遗产传承人保护是非物质文化遗产保护中最核心的内容，但是非物质文化遗产法的研究中对该问题缺乏应有的重视，国内外学者中尚无专门研究非遗传承人法律保护的著作，相关的文章不足 20 篇，如樊鸿雁的《民间文学艺术传承人的权利保护》、徐辉鸿的《非遗传承人的公法与私法保护研究》等，这些文章都是比照著作权人的权利内容来初步探讨传承人所应享有的权利的具体内容，仅仅是在传承人保护问题上的尝试，比较简单。目前非物质文化遗产法对传承人的附带性研究主要集中在以下几个方面：首先，对非物质文化遗产保护模式、理论基础、价值理念、国外经验进行综合性研究，其中的"国外经验"对传承人法律保护有所谈及，如王军的《日本的文化财保护》、李墨丝的《非物质文化遗产保护国际法制研究》，Craig Forrest. *International law and the Protection of Cultural Heritage* （London ； New York ： Routledge，2010.）等。其次，通过对现有的知识产权制度的改造进而用来对非物质文化遗产进行保护，其中的"著作权"对传承人问题有所关注等，如黄玉烨的《民间文学艺术的法律保护》，王鹤云、高绍安的《中国非物质文化遗产法律保护机制研究》、管育鹰的《知识产权视野中的民间文艺保护》、David W. Elliott, *Law and Aboriginal Peoples in Canada* （fifth edition）（Ontario：Captus Press Inc，2005.）等。再次，将非物质文化遗产作为一种基本人权从人权保障与文化多样性保护的视角进行相关研究，个别段落可以适用于对传承人的保护，如威尔·金里卡：《少数的权利：民族主义、多元文化主义和公民》，Catherine Bell and Val Napoleon. *First Nations Cultural Heritage and Law：Case Studies, Voices, and Perspectives* （Vancouver：UBC Press，2008.）总之一句话，该问题的研究现状与该问题的重要性相比非常不协调。本文所要探讨的非遗代表性传承人认定制度则是非遗传承人保护的起点，是起动整个非遗传承人保护制度的基础。

一、非物质文化遗产传承人的界定

（一）传承人概念之争

有学者认为，到目前为止，非遗传承人还只是一个通用的提法，并没有一个明确的定义。非遗传承人的概念之所以难以统一，是因为人们对于传承活动的范围的理解还有很多争议。从字面上说，"传"是传授，"承"是继承，"传承"就是传授和继承活动的统一。具体到非物质文化遗产领域，非物质文化遗产的传承是其世代相传和继承发展的实践活动。对于个人来说，传承的第一要义是习得，即通过传习而获得；第二要义是创新或发明，即在前人所传授的知识或技能的基础上，加入自己的聪明才智，有所发明有所创新，使传承的知识或技艺因创新和发明而有所增益。①此种对传承人概念的界定尤其是对传承人"创新或发明"的要求存在争议，因为有些非物质文化遗产注重"原汁原味"地传承，对"变化"存有一定的戒备。如韩国《文化财保护法实施令》第 12 条关于保有者的认定标准中提到，保有者就是可以将无形文化财的技艺能原样保存和实现的人。这里面强调的是"原样保存"。

也有学者认为，传承人是在有重要价值的非物质文化遗产传承过程中，代表某项遗产深厚的民族民间文化传统，掌握杰出的技术、技艺、技能，为社区、群体、族群所公认的有影响力的人物。也就是说，非遗传承人必须具备三个要素：具有民俗传统、掌握某项遗产的技术技艺、具有公认性。②该学者所指的传承人仅仅是一般传承人中的极少数人，是传承人中的杰出代表，他们在非物质文化遗产传承中起着示范性作用，往往又被称为"代表性传承人"。

还有学者认为，非物质文化遗产来源群体的所有成员都是非物质文化遗产的传承人，这些传承人约定俗成地、无意识地传承着非物质文化遗产，因此也被称为普通传承人。③该学者的观点也存有争议，虽然其认为这是对普通传承人的界定，但其忽视了"来源群体"与"普通传承人"二者之间的区别。如在黔东南的苗族地区，家家户户都搞刺绣，但传统上刺绣仅限于妇女参与，那么我们可以说这些妇女都是苗族刺绣的"普通传承人"，而该地区的

---

① 刘锡诚：《传承与传承人论》，载《河南教育学院学报》2006 年第 5 期。
② 祁庆富：《论非物质文化遗产保护中的传承及传承人》，载《西北民族研究》2006 年第 3 期。
③ 李墨丝：《非物质文化遗产保护国际法制研究》，法律出版社，2010 年，第 180 页。

男性只能是"来源群体",因为他们基本都不会刺绣,把这些男性都定义为"普通传承人"是不恰当的。

联合国教科文组织将传承人定义为:在社区中复制、传承、创新(改造、创造)和创制某种文化的社区成员,这些成员的上述传承活动得到整个社区的认可。传承人扮演多重角色,他们可以是非物质文化遗产的创造者、实践者,也可以是非物质文化遗产的管理者。①该定义比较准确地界定了传承人的内涵和特征,既包括普通传承人,也包括代表性传承人。

(二)代表性传承人

非遗代表性传承人是指那些全面、充分地掌握某项非物质文化遗产的技术、技艺和技能,被社会公认至少是非物质文化遗产来源群体公认的该项非物质文化遗产的杰出代表。大体上包括两个层面的含义:一是完整掌握非物质文化遗产项目或者具有某项特殊技能的人员,二是积极开展传承活动,培养后继人才者。也就是说,他担负着"传"与"承"的双重任务,很多非物质文化遗产都是存活在那些一代代的优秀传承人的脑海和行动中。联合国教科文组织认为,人类活珍宝是指那些保有使人民的文化生活和使其物质文化遗产延续下去的特定方面生产所必需的技艺并且具有最高水准的人们。② 显然,这里的"人类活珍宝"就是指我们所说的代表性传承人。

与我国的非遗代表性传承人制度类似,日本的"人间国宝"是指那些在艺术表演领域具有突出的表演才能、精湛的表演技艺并愿意将自己的这些技艺传诸后人的杰出的表演艺术家,而在工艺制作领域,则特指那些身怀绝技并愿意通过带徒方式将自己的技艺传诸后人的著名艺人、匠人。如同世界上深陷困境的许多国家的民间艺术传承一样,为了使这些"国宝"不至失传,从1955年起,日本政府开始在全国不定期地选拔认定"人间国宝",将那些大师级的艺人、工匠,经严格遴选确认后由国家保护起来,每年发给他们200万日元的特别扶助金,用以磨炼技艺,培养传人。③ 韩国也有类似的制度,日本和韩国的"人间国宝"基本相当于我们所指的"代表性传承人",从一定意义上可以说,由于日本在非物质文化遗产及传承人保护方面走在世界前列,其他国家的相关制度都在很大程度上借鉴了日本的成功经验。

---

① See Glossary-Intangible Cultural Heritage, Results of the International Meeting of Experts on Intangible Cultural Heritage-Establishment of a Glossary, UNESCO Headquarters, Paris, 10–12 June 2002.

② 联合国教科文组织《关于建立"人类活珍宝"制度的指导性意见》第3条。

③ 晓光:"从日本'人间国宝'说起",《人民日报》2007年5月30日。

（三）代表性传承人与来源群体的关系

在实践中我们尤其要注意处理好传承人与来源群体的关系，各级政府认定代表性传承人的行为，所确认的只是他们在某项非物质文化遗产项目上公认的"代表性"，而不应将各级政府的认定行为视为对该项目的"独占性"。毕竟从理论上讲，来源群体（传统社区）[①] 才是非物质文化遗产的所有人，[②] 而代表性传承人只是非物质文化遗产的承载者和传递者，非物质文化遗产的延续最终还要靠其赖以产生和生长的文化土壤。还有学者将来源群体称为原生境人，[③] 这些原生境人享有非物质文化遗产权，[④] 他们享有相关活动开展权、展示权、取得报酬权、传播权利、相关知识产权、获得国家物质帮助权、获得国家奖励权等财产权利，以及署名权、传承权、尊严权、发展权等精神权利。代表性传承人作为来源群体的一员，同样享有这些权利，但在涉及来源群体专属的如授权、转让、处分非物质文化遗产的部分相关权利时，需要征得来源群体的同意或者经来源群体授权。

我们认为，非遗传承人既包括普通传承人，也包括代表性传承人。作为非物质文化遗产的承载者和传递者，不论是普通传承人还是代表性传承人，都是非物质文化遗产中不可或缺的因素，普通传承人是非物质文化遗产保护的群众基础，代表性传承人是传承人中的杰出代表，他们对非物质文化遗产的继承与发展都有着重要作用。相对于普通传承人来说，代表性传承人在非物质文化遗产的传承和发展中发挥的作用更加引人注目，但其作用的发挥又离不开来源群体。

---

① 《保护非物质文化遗产公约》中所指的社区，是指在植根于实践、参与和传承非物质文化遗产的共同的历史联系中形成认同感和连通感的人们结成的网络，参见 Report of the Expert Meeting on Community Involvement in Safeguarding Intangible Cultural Heritage: Towards the Implementation of the 2003 Convention, UNESCO, Tokyo, 2006. p. 8-9.

② 如吴汉东教授认为，传统文化表现形式的知识产权一般归属于特定的民族、部族和社区，奉行的是以群体为特征的权利主体制度。当然在某些特殊情况下，传统文化表现形式的权利归属并不排除个人享有的形式，但总的来看，群体所有权是其基本原则，并处于核心地位。参见吴汉东：《论传统文化的法律保护》，载《中国法学》2010 年第 1 期。

③ 原生境人就是指与非物质文化遗产的产生、成长环境密切相关，融为一体的民族、自然社区，以及其中的每一个成员。原生境人是一个包含极其广泛的概念，它除了指与非物质文化遗产相关的民族、自然社区、传承人、传播人、持有人外，还包括与非物质文化遗产相关的传统区域的一切人们，不论其是否掌握非物质文化遗产的知识、思想、技艺等。参见高轩：《我国非物质文化遗产行政法保护研究》，法律出版社，2012 年，第 245 页。

④ 非物质文化遗产权是指为保障原生境人及其后代的尊严、生命、健康和财产，基于其长期以来所珍视的代代相传的特性，对其视为保持健康富足的生活方式必不可少的、具有审美或精神价值及经济价值的、有形的和无形的非物质文化遗产资源所享有的一种集体权利的统称。参见赵纲：《论我国非物质文化遗产原生境人的法律地位》，载《法制与社会》2008 年第 2 期。

二、非物质文化遗产代表性传承人认定制度的实施

非物质文化遗产代表性传承人的认定，一般是指有关机构根据申请者所掌握的非物质文化遗产的实际情况，依照法定权限和程序，在咨询有关专家委员会的基础上，将非物质文化遗产的普通传承人确认为代表性传承人的过程。我国当前的非物质文化遗产代表性传承人认定制度如下：

（一）官方与民间的两套认定体系同时并存

1. 两个官方部门的多级认定同时并存

我国政府借鉴日本、韩国的经验，在 2008 年的第三个"文化遗产日"期间，出台了《国家级非物质文化遗产项目代表性传承人认定与管理暂行办法》。该《办法》规定，符合下列条件的公民可以申请或者被推荐为国家级非物质文化遗产项目代表性传承人：一是掌握并承续某项国家级非物质文化遗产；二是在一定区域或领域内被公认为具有代表性和影响力；三是积极开展传承活动并培养后继人才。从事非物质文化遗产资料收集、整理和研究的人员不得认定为国家级非物质文化遗产项目代表性传承人。2007—2013 年，文化部先后命名了四批国家级非物质文化遗产项目代表性传承人，共计 1986名，并专门举行了颁证仪式。为了加强对传承人的保护，很多地方政府也都认定了本地方的代表性传承人，四级保护体制已基本形成。如云南省 1999年、2002 年、2007 年、2010 年分四批命名了 803 名省级非遗代表性传承人，各州（市）、县也认定命名了一批市级和县级代表性传承人。

此外，早在 1979 年我国就开始了代表性传承人的命名和表彰活动，只不过当时的称谓是"工艺美术大师"，而且只限于工艺美术领域，这项工作由原轻工业部和原轻工总会主持，后来由国家发改委主持，截至 2012 年底，共授予 443 名"中国工艺美术大师"荣誉。我国已经出台了相关的行政法规《传统工艺美术保护条例》来加强对传统工艺美术的保护，其中包括认定与命名的相关规定，"中国工艺美术大师"申请者应是直接从事传统工艺美术设计与制作的人员，并同时具备下列条件：爱国敬业，遵纪守法，德艺双馨，无不良信誉记录；连续 20 年（含 20 年）以上从事传统工艺美术设计并制作的专业人员；有丰富的创作经验和深厚的传统文化艺术修养，技艺全面而精湛，创作出色且自成风格，艺术成就为业内所公认，在国内外享有盛誉；在传统工艺美术的传承、发掘、保护、发展、人才培养等方面有突出贡献；省级人

民政府或省级行业主管部门认定的工艺美术大师称号；未开展评定省级工艺美术大师的地方，应具有省级人力资源社会保障部门按照国家统一规定评定的高级工艺美术师职称。不符合上述第 2 项、第 5 项条件，但掌握独特技艺或绝技，或少数民族地区掌握濒临失传技艺的申报者，允许破格申报，但应从严掌握。同样地，很多地方目前也都在进行本行政区域的"工艺美术大师"命名和表彰活动，实际上也是多级并存的状况。

　　2. 两个民间组织的认定同时并存

　　从 1996 年起，中国民间文艺家协会与联合国教科文组织下属的国际民间艺术组织合作，进行"民间工艺美术大师"等称号的评定，涉及陶瓷、刺绣、染织、泥塑、面塑、木雕、内画等几十个民间艺术门类。截至 2012 年底，共认定"民间工艺美术大师"37 名，"一级民间工艺美术家"96 名，"民间工艺美术家"1213 名。中国文联、中国民协也于 2007 年 6 月 6 日"文化遗产日"举行首次"中国民间文化杰出传承人命名大会"，166 名民间艺术家获得"中国民间文化杰出传承人"称号，涵盖了 156 个非物质文化遗产项目。该项目于 2005 年 3 月启动，通过各地的民协对当地民间艺人进行调查、搜集资料后逐级上报，再由中国文联和中国民协组织专家研讨、认定，确定最后的名单。关于评选的标准：一是杰出，就是有杰出的技艺，在行内有数一数二的专业地位，同时这项技艺在当地也有相当的影响，或者曾经很有影响，现已濒临绝迹；二是传承，也就是从事实际的传承活动，杰出传承人的技艺是祖辈或者师父传下来的，同时他又传给后代或徒弟，具有这种传承性。民间很多技艺只能靠人传，靠书本、音像只是辅助手段。很多省（自治区）级单位目前也都在进行本省（自治区）的"民间文化杰出传承人"命名和表彰活动。其所涵盖的领域主要包括民间文学、民间表演艺术、手工技艺和民俗技能四大类。中国民间文艺家协会、中国文联与中国民协都属于民间性的社团组织，同时也具有一定的行业代表性，民间的社团组织是否具有认定国家级非遗代表性传承人的资格是值得探讨的。①

---

　　①　2013 年 5 月 15 日，中国政府网发布了《国务院关于取消和下放一批行政审批项目等事项的决定》（以下简称《决定》）。《决定》指出，经研究论证，国务院决定，取消和下放一批行政审批项目等事项，共计 117 项。其中包括取消行政审批项目 71 项，下放管理层级行政审批项目 20 项，取消评比达标表彰项目 10 项等内容。在被取消的评比达标表彰的 10 个项目中，取消了 7 个项目，转、并了 3 个项目。"中国工艺美术大师"评选项目没有取消，但属于主办单位转接项目。根据《决定》，延续了 34 年之久的"中国工艺美术大师"评选活动，将不再由工业和信息化部等国务院部门主办，而交由民间组织性质的"中国轻工业联合会"评选，意味着由"官办"到"民办"。自此，我国的非物质文化遗产代表性传承人认定制度是"一个官方部门与三个民间部门"的四个部门四个序列的认定同时并存。

我国目前存在的四个部门四个序列的非物质文化遗产代表性传承人认定制度并存，不仅意味着四个部门各自在摸底调查、资料收集与整理、专家委员会设置、登记与建档等工作中的重复投入，也表现出政府与民间组织在非遗保护领域各有势力范围，这种状况显然由我国行政机关设置不科学、职责不清、权属不明、条块分割所导致的，也与我国非物质文化遗产保护工作所确立的"政府主导、社会参与、明确职责、形成合力"的原则相背离，不同部门对此类问题或分类存在着认识上的不同，所以，我国也就自然地形成了四个认定体系并存与交叉的现象。经过我们对国家级非物质文化遗产项目代表性传承人、中国民间文化杰出传承人以及中国工艺美术大师名单的比对分析，从中发现：166 名中国民间文化杰出传承人中，与国家级非物质文化遗产项目代表性传承人重复的有 64 名，重复率达到 38.6%；443 名中国工艺美术大师中，与国家级非物质文化遗产项目代表性传承人重复的有 113 名，重复率达到 25.5%；37 名"民间工艺美术大师"中，与国家级非物质文化遗产项目代表性传承人重复的有 5 名，重复率达到 13.5%。由于在官方和民间四个部门四个序列的非物质文化遗产代表性传承人名单之间存在着很高的重复率，这可能将刺激获得认定者想要得到双重认定或更多称号。①

（二）代表性传承人认定的原则

关于代表性传承人的认定原则，在前述的《国家级非物质文化遗产项目代表性传承人认定与管理暂行办法》《传统工艺美术保护条例》等相关法规、规章或规范性文件中都有所涉及，地方立法中也有具体的体现。例如，《云南省民族民间传统文化保护条例》第 15 条、《福建省民族民间文化保护条例》第 11 条、《贵州省非物质文化遗产保护条例》第 25 条等都规定了代表性传承人的条件，《福建省民族民间文化保护条例》第 12 条还规定了民族民间文化传承单位的条件。一般认为，代表性传承人认定的原则主要有以下几项：

第一，代表性传承人的认定应当以非物质文化遗产项目名录为基础。因为列入各级非遗保护名录的项目，都具有特别重要的价值和突出的代表性，同时也征询了各方意见，具有相当的权威性。

第二，代表性传承人一定要在该非遗项目上有影响，宁缺毋滥，否则就失去了代表性传承人的"代表性"，使认定活动违背初衷了。如苗族银饰锻造技艺国家级代表性传承人吴水根认为，各传承人之间的图案基本差不多，顾

---

① 周超：《中日非物质文化遗产传承人认定制度比较研究》，载《民族艺术》2009 年第 2 期。

客更愿意购买技术好的、质量好的、创意好的银饰品，他的银饰锻造过程保留了传统的吹焊技艺，质量和创意都得到了周围群众的认可。

第三，代表性传承人一定要带有徒弟，尽到"传承"的义务。例如，在黔东南苗族侗族自治州州级代表性传承人认定过程中，凯里市舟溪镇新光村芦笙制作技艺上报了7个人，州里考虑了3个人，其中一个是国家级工艺美术大师，另一个潘炳文是其中辈分最高的，再一个是一个家庭三兄弟都申报了，技艺也都不错，但事实上是大哥带了两个弟弟，在名额有限的情况下政府评选了大哥作为该项目的代表性传承人。①

第四，代表性传承人的认定必须以专家委员会的意见为前提，各级文化行政主管部门必须依法组建非遗专家委员会，并对委员会的工作程序做出详细规定，以增强认定工作的权威性和社会性。例如，黔东南苗族侗族自治州州级非物质文化遗产代表性传承人评选的专家委员会第一批17人，第二批19人，都是州里面的，有官员2人，做文化研究的专家4人，其余的都是专业人士。

第五，政府的认定必须征求群众意见。特别要促进非物质文化遗产来源群体对传承人认定的有效参与，征求他们对传承人认定的意见。例如，同一项目、同一地区上报的代表性传承人人数较多时，考虑代表性传承人的谱系（也就是辈分）问题，辈分高的考虑得多一些。一些少数民族有很多支系，选择辈分高的，本民族的人和当地群众都比较信服。

（三）代表性传承人的退出机制

非物质文化遗产法对代表性传承人的审定、保护及应当履行的义务做了明确规定。同时《非物质文化遗产法》第31条第2款规定，非遗代表性传承人无正当理由不履行传承、配合调查、宣传等规定义务的，文化主管部门可以取消其代表性传承人资格，重新认定该项目的代表性传承人；丧失传承能力的，文化主管部门可以重新认定该项目的代表性传承人。这就意味着我们还应该关注代表性传承人是否保持了非物质文化遗产的传统，这是其认真履行传承义务的具体体现。非物质文化遗产在传承中出现变异是无法避免的，但是变异不是否定传统，更不等于滥用和盲目改造。尤其面对商业社会的猛烈冲击，代表性传承人更应当克制自己的行为，继承并保持传统，将非物质文化遗产在原生状态下传承下去。在频繁的商业表演和展示中，代表性传承

---

① 该材料来源于笔者对黔东南州民族研究所前所长雷秀武先生所做的访谈。

人会有意识或无意识地、主动地或被动地迎合受众，改变非物质文化遗产的内容和形式。有的代表性传承人则加入旅游公司或表演团体，远离故土从事表演或展示活动，他们的传承功能几乎丧失殆尽。①当上述情况发生时，文化主管部门有权取消其代表性传承人称号。

此外，实践中代表性传承人因为死亡、疾病及其他意外情况的发生导致其事实上无法继续从事传承活动也应该"退出"代表性传承人队伍，重新认定该项目的代表性传承人。但这种情况的"退出"与前一种"退出"是不同的，这种"退出"还应该将代表性传承人的名字保留在"代表性传承人名单"中，只是减少或取消对该代表性传承人的资助或奖励，严格说来这并不是一种"退出"。联合国教科文组织《关于建立"人类活珍宝"制度的指导性意见》也指出，某些时候，列入"人类活珍宝"名单的人由于年纪或脑力衰退，已经不能履行上述义务。无论如何，那时就撤销他们的"人类活珍宝"称号是不公平的。因为资助或奖励的一部分是荣誉性的，最好是允许他们保留在名单之中而减少部分奖励，如减少每年的资助额。而另一方面，如果他身体健康并能够承担规定的传承义务而拒绝承担，在事先警告无效的情况下，撤销其奖励就是恰当的。②韩国也有类似的规定。③前述情况发生时，都可以重新将其他的传承人认定为代表性传承人。

三、非物质文化遗产代表性传承人认定制度存在的问题——以黔东南州为例

贵州省黔东南苗族侗族自治州是我国少数民族聚集区，境内居住着苗、侗、汉、布依、土家、水、瑶、壮、畲等33个民族，苗族和侗族人口分别占全国苗族和侗族总人口的三分之一和一半以上，少数民族人口占全州总人口的81.9%，位居全国30个自治州之首。截至2013年1月，黔东南州有联合国《人类非物质文化遗产代表作名录》1项，在国务院公布的第一、二、三批国家级非物质文化遗产名录中，黔东南州共有52项68个保护点，占全国名录

---

① 苑利：《名录时代的非物质文化遗产保护问题》，载《江西社会科学》2006年第3期。

② 联合国教科文组织《关于建立"人类活珍宝"制度的指导性意见》第37条。

③ 根据《韩国文化财保护法》（法律第11228号，2012.1.26日部分修改）第24条规定，被认定为重要无形文化财（国家级）的保有者根据第41条第2款不能正常进行技能、艺能传授教育时，经过文化财委员会审议，文化财厅厅长可以认定其为名誉保有者。在以上情形下被认定为名誉保有者时起重要文化财保有者的认定视为取消。根据《韩国文化财保护法实施令》第25条规定，《韩国文化财保护法》第41条第二款规定的不进行传授教育的事由如下：1. 因为疾病或者事故不能进行传授教育；2. 在外国大学或者研究机构进行一年以上的研究、进修。

总数的 23.4%，名列全国地州级第一位，比其他省区一个省的入选量还要多，使黔东南成为非物质文化遗产大州。州内还有省级非物质文化遗产名录 175 项，206 个保护点；州级非物质文化遗产名录 186 项，218 个保护点；县级非物质文化遗产名录 659 项。同时，黔东南州拥有国家级非遗代表性传承人 26 人，省级非物质文化遗产代表性传承人 104 人，州级非物质文化遗产代表性传承人 196 人，县级非遗代表性传承人 1555 人。[①] 笔者于 2011 年和 2012 年两次到黔东南州进行非遗传承人保护方面的调研，本文的部分材料来源于该两次调研。经过我们对黔东南州非物质文化遗产代表性传承人认定制度的深入考察，并对其中一些传承人、政府工作人员、相关专家的深入访谈，从中发现当前非物质文化遗产代表性传承人认定制度中存在着以下一些突出问题。

（一）代表性传承人认定缺少对普通传承人权利的保护

有一些非物质文化遗产项目可能不适宜评选代表性传承人，因为这些非遗项目具有广泛的群众基础，群众在该非遗项目上的水平相差无几，评选代表性传承人是对普通传承人权利的不尊重，也不利于该非遗项目的传承与长远发展。如苗族刺绣，据多年从事苗学研究的雷秀武先生估计，黔东南州 180 多万苗族人中至少有 70 万人会刺绣，至少 60 万—70 万人会唱飞歌，侗族大歌的情况也类似，如果我们评选了代表性传承人，大家都不服气，是对群众整体积极性的损害，应该评一个村或一个社区可能会好一些。[②] 很多外地人到了黎平，问你们村里面谁会唱侗族大歌，老百姓会回答，你们到岩洞去找某某吧（该人是代表性传承人），其实每个村子都可以组织起一个大歌队，侗族聚居区的人基本都会唱侗族大歌。

（二）对团体性项目代表性传承人的认定不够客观

例如，黔东南州州级非物质文化遗产项目苗族多声部情歌代表性传承人的评选只评了方某（女）一人，她是 T 县人，现在 T 县网络公司做收银员，每月 2000 多元工资。

根据我们对方某所做的访谈，她说，一般大家聚到一起就可以唱歌，男男女女聚到一起喝酒也会唱，没有特别固定的团队，比较随意。虽然一男一女可以唱情歌，但多声部情歌，一般最少要两男两女才能演唱，她们团队有

---

① 数据来源：黔东南信息港。
② 该数据来源于笔者对黔东南州民族研究所前所长雷秀武先生所做的访谈。

四个人，除了她之外，还有另外一个方某某（女）、吴某（男）、杨某（男），他们经常共同外出参加比赛，共同去省里演出。他们最初都是跟随父母学习，会唱的比较多，唱得好的不是很多，他们四个人之间经常互相交流。歌词用汉语记下来，用汉语标注记音，唱的时候用苗语唱，有一些固定的歌，其余的很多是即兴表演，现场发挥。一般他们几个人聚在一起喝酒或者过年过节的时候就唱歌，大部分人会唱会跳，跳芦笙、踩鼓等，飞歌一个人也可以唱，他们四个人合作比较默契，歌词、曲调、场合等。2006 年他们去北京参加第十三届 CCTV 全国青年歌手大奖赛原生态单项比赛，来自贵州省黔东南的苗族朵蝶朵阿组合①总共 6 个人，男的是 T 县文化局的方某，与她一个寨子的；州歌舞团的张某，T 县反排寨的；T 县武装部的邰某，T 县方召乡的；女的是 T 县的欧某，贵州民族大学毕业的；凯里的雷某，原来在州歌舞团工作，现在在省歌舞团工作。该组合组建于 2006 年 2 月，是为了参加青歌大赛才组建的，选手都是从当地苗寨选拔出来的，在当地都是小有名气的"金嗓子"。

从前述方某的描述中，我们可以看出，一般情况下，苗族多声部情歌的演唱需要至少两男两女共同完成，而且团体中的每个人在演唱中所发挥的作用具有互补性，很难判断"哪个更重要，哪个不重要"，因而，在该项目的州级代表性传承人认定过程中只认定方某一个人对其他人来讲是不公平的。

（三）缺乏对代表性传承人本人意愿的尊重

有些时候，我们在进行各级代表性传承人认定过程中，没有征求传承人本人的意见，而是以居高临下的姿态"通知"传承人，因为我们认为这是对传承人有好处的事情，因而很多情况下政府在推选与申报过程中起了主导作用，与传承人的沟通不足。

杨某，苗族剪纸的黔东南州州级代表性传承人，杨某本人带着 30 多个弟子，经常来的有 20 多个，从 2005 年到现在她带的弟子有 300 多个，2006 年以后的三年专门给外国人表演剪纸技艺。奶奶和母亲都是有名的刺绣高手，杨某既是剪纸高手，又是刺绣能手，实际上她自认为她的刺绣比剪纸好，在苗族中，会剪纸的一定会刺绣，但会刺绣的不一定会剪纸，T 县刺绣能手很多，虽然杨的刺绣更好一些，但是 T 县政府为了多获得一些州级代表性传承人的名额，在申报州级代表性传承人时就做动员，让杨某参加剪纸的代表性

---

① "朵蝶朵阿"的意思是 18 岁以上的未婚男孩女孩，组合正好主要的表现就是苗寨青年男女的恋情以及生活状态，所以就取了这个名字。

传承人评选。杨某多次参加"多彩贵州""文化大舞台""玉鼠迎春"等省市电视台组织的活动和节目，搞过很多次剪纸展演，结果如 T 县领导所愿。但是，杨某本人更希望被政府认定为苗族刺绣的州级代表性传承人。她认为每个苗族刺绣后面都有故事，别人仿制但不懂刺绣背后的故事，永远也仿制不出苗族刺绣的神韵。真正懂得苗族刺绣的人并不多，因而杨某总想往外面跑，想带着自己的刺绣到处走走逛逛，了解一下外面的世界对苗族刺绣有些什么需求。如果她被认定为苗族刺绣的州级代表性传承人，可能会对她在外面宣传和学习更有帮助。

（四）对民俗类代表性传承人的认定不够科学

学界主流观点认为，代表性传承人的认定应当从实际情况出发，根据不同的非遗项目认定相应的代表性传承人。我国根据民俗类非遗的实际情况，认定在该民俗的组织与传承方面起主导作用的灵魂人物作为代表性传承人。但是，很多民俗类项目认定的国家级代表性传承人数量太少，如景颇族目瑙纵歌只认定了岳麻通，瑶族盘王节也只认定了盘良安、赵有福。事实上，很多大型民俗活动各地都在举办，如很多地方的瑶族都过盘王节，各地的组织者并不相同，即使在同一个地方，其组织者往往不止一人，他们所发挥的作用也是基本相同的，这些人都应该被认定为代表性传承人，否则不利于民俗活动的传承。此外，更为重要的是，该民俗活动是群体共同参与的，整个来源群体都是该民俗不可或缺的一部分，仅靠代表性传承人是无法完成该民俗活动的，因而，完整保存该民俗的代表性群体都应该被认定为代表性传承人。

（五）少数民族非物质文化遗产代表性传承人的比例偏少

我国非物质文化遗产代表性传承人认定程序大体分为申请、初评、审核、公示、公布等几个步骤，整个程序是由申请程序启动的，在西部民族地区，很多传承人生活在最基层的村寨，文化水平相对偏低，信息比较闭塞，因而导致很多优秀的传承人没能成为代表性传承人。虽然黔东南州的各级传承人中少数民族非物质文化遗产代表性传承人的比例达 90%以上，但从全国范围来讲，对少数民族非遗代表性传承人的重视不够。少数民族非遗代表性传承人是代表性传承人中的特殊群体，肩负着文化传承与民族认同的双重使命，截至 2012 年底，文化部公布的 1986 名国家级非遗项目代表性传承人中，少数民族传承人有 521 名，占 26%，这与民族地区大量的少数民族传承人相比很不相称，少数民族非遗的濒危程度又大大高于其他地区，加强对少数民族非遗传承人的保护就成为我国非物质文化遗产事业的重中之重，应逐步提高少数民族非物质文化遗产代表性传承人在各级各类传承人中的比例，加大扶持力度。

四、完善非物质文化遗产代表性传承人认定制度的可能路径

（一）统一由各级文化行政主管部门来进行代表性传承人的认定

《国家级非物质文化遗产项目代表性传承人认定与管理暂行办法》第 3 条规定，认定国家级非物质文化遗产项目代表性传承人，应当坚持公开、公平、公正的原则，严格履行申报、审核、评审、公示、审批等程序。可见，代表性传承人认定制度的性质属于行政审批，行政审批是指行政机关（包括有行政审批权的其他组织）根据自然人、法人或者其他组织提出的申请，经过依法审查，采取"批准""同意""年检"发放证照等方式，准予其从事特定活动、认可其资格资质、确认特定民事关系或者特定民事权利能力和行为能力的行为。代表性传承人的认定实质上就是各级文化行政主管部门根据传承人的申请，在咨询专家组意见的前提下，批准符合资格的传承人成为代表性传承人，获得批准的代表性传承人有权获得各级政府的扶持，并承诺履行传承等相关义务。

现存的官方与民间、多个部门多级认定同时并存的代表性传承人认定体系，彼此间已经出现了相当程度的重叠交叉和互相竞争的局面，造成了很多不必要的社会资源浪费，此种状况急需通过国家立法及政府机构改革予以规范，否则，我国非物质文化遗产代表性传承人认定的科学性与权威性就将面临挑战。《非物质文化遗产法》第 29 条规定，国务院文化主管部门和省、自治区、直辖市人民政府文化主管部门对本级人民政府批准公布的非物质文化遗产代表性项目，可以认定代表性传承人。据此，我们建议由文化和旅游部及省级文化行政主管部门及其下属的"非物质文化遗产中心"来统一负责非遗代表性传承人的认定工作，这有利于解决在非物质文化遗产代表性传承人认定领域"政出多门，问责无门"的问题。由于近些年来非物质文化遗产保护工作广泛而深入地展开以及"代表性传承人"这一概念可以包含"工艺美术大师""中国民间文化杰出传承人"等其他几个概念，建议统一使用"代表性传承人"的称谓，同时改原有的"四级认定体系"为"二级认定体系"（国家级和省级），其他部门对传承人相关称号（实为"代表性传承人"）的

认定一律归并到"代表性传承人"体系中来。前述三个部门或民间团体过去对传承人相关称号（实为"代表性传承人"）的认定仍然有效，按照级别归并到各级代表性传承人中。

（二）适当提高认定的条件

1. 是否脱离来源群体

非物质文化遗产及其代表性传承人一旦进入国家级《名录》，自然会身价陡增，从而成为商业团体竞相追逐的对象。从好的方面说，这些被商业团体收编的艺人有了更多地展示自己才艺的机会，使非物质文化遗产在这样一个特殊的背景下得以延续；从坏的方面说，这些漂泊在外、背井离乡的代表性传承人所能展示给观众的只是他们的"才艺"，而他们身上承载的其他社会功能，都将不再发生作用，因为他们已离开与其所传承的非物质文化遗产生生相息的文化生态环境。为了防止代表性传承人与其所代表的非物质文化遗产社群发生割裂，可通过行政法规范，将艺人保护与乡土生活结合起来。[1] 因而，我们在进行代表性传承人认定过程中，一方面可以通过限制外出艺人申报代表性传承人，尽量将代表性传承人的认定与其文化血脉相连的社群联系起来。另一方面对于已经被认定了的代表性传承人，可将在传统社区中传授非物质文化遗产的方式和时间要求作为他们的义务。[2]如代表性传承人不能依法履行其义务，情节严重的，可依据退出机制取消其称号。

2. 是否切实履行传承义务

按照韩国《文化财保护法》的规定，代表性传承人是否愿意将自己的技术、技艺和技能传授给他人，是能否被授予"重要文化财持有者"荣誉称号的基本条件之一。即使拥有很高的技术、技艺和技能，如果拒绝传承也不可能获得"重要文化财持有者"荣誉。韩国《文化财保护法实施令》还规定，一旦被认定为"重要文化财持有者"，其传承活动也必须符合韩国政府的要求。如果代表性传承人未按照规定从事传承活动，其代表性传承人资格就会被取消。[3] 在传承活动中，代表性传承人应当将其所掌握的非物质文化遗产传承下去，要特别重视培养该项非物质文化遗产的接班人。

---

[1]　徐辉鸿、郭富青：《非物质文化遗产商标法保护模式的构建》，载《法学》2007 年第 9 期。

[2]　高轩：《我国非物质文化遗产行政法保护研究》，法律出版社，2012 年，第 169 页。

[3]　《韩国文化财保护法》第 41 条第 2 款规定，为重要无形文化财的传承和保存，文化财厅要使重要无形文化财的保有者进行相应的技、艺能的传授教育。除非根据总统令规定的特别事由。

（三）优化认定的程序

我国的代表性传承人认定程序大体分为申请、初评、审核、公示、公布等几个步骤，但其中没有调查程序。日本政府对重要无形文化遗产保持者（人间国宝）的认定，包括如下法定程序：第一，文部科学大臣向"文化审议会"中的"文化遗产分科会"提出咨询（咨问）；第二，由"文化审议会"中的"文化遗产分科会"向有关的专业调查会提出调查委托，专业调查会组织专家学者对候选的指定对象进行严谨的调查研究，并完成书面报告，调查所获资料将成为指定的科学依据。第三，"文化审议会"中的"文化遗产分科会"审议；第四，文化审议会向文部科学大臣提出报告（答申）；第五，由文部科学大臣决定指定与否，一经指定，即发表官方公告；第六，向重要无形文化遗产保持者（人间国宝）或保持团体颁发证书。日本对"人间国宝"的行政认定程序值得我们借鉴，特别是第二个步骤，由专业的委员会在调查的基础上根据学术价值、历史价值和艺术价值三条标准来衡量文化财，保证了保护工作的专业化。①我国当前没有这种评审前的调查制度，而是由相关的申报者根据自身的情况填写申报表格并准备申请者学习实践经历、技艺特点与成就、持有该项目实物资料等材料，由其所在地的县级以上文化行政主管部门组织专家进行审核并逐级上报，由于各地都想让本地的非遗传承人更多、更顺利地进入上一层级的代表性传承人名录，这种审核的代表性、真实性、严谨性、公正性都会受到质疑，而由第三方所进行的调查委托制度则很好地解决了这些问题。

（四）增加代表性传承人的种类

我国当前的代表性传承人制度只有个人一种形式，不能完全满足实践的需要。日本政府对重要无形文化遗产保持者的认定分为三种形式：对具有高度技能的个人进行认定，称为"个人认定"，我们通常所说的"人间国宝"就属于此类；对两人以上成为一体共同表现的技能保持者进行认定，称为"综合认定"；对技艺表现上缺少个人特征，且属多人共同表现从而形成一体感的整体技能保持者进行认定，称为"保持团体认定"。②前述日本的"综合

---

　　①　木原启吉：《历史的环境——保护与再生》，东京：岩波书店，2001年，第21—23页，转引自宋振春：《日本文化遗产旅游发展的制度因素分析》，北京：经济管理出版社，2009年，第57页。

　　②　王军：《日本的文化财保护》，北京：文物出版社，1997年，第91页；林和生：《日本对非物质文化遗产保护的启示》，《中国社会科学院院报》，2006年6月1日。

认定"和"保持团体认定"制度是我国没有的，如果能够引入我国相关立法中，可以说是对我国非遗传承人认定制度的一个重要补充。尤其是"综合认定"制度可以使我国当前的团体性非遗项目代表性传承人认定更为客观，"保持团体认定"制度会使民俗类非遗代表性传承人的认定更为科学，即将拥有并践行该民俗的整个团体都认定为代表性传承人，将"两人以上成为一体共同表现"的非遗项目的成员都认定为代表性传承人。以侗族大歌为例，它的演唱至少需要三个人，而我们的国家级代表性传承人只有吴品仙一人，可以考虑将演唱侗族大歌的整个歌队都认定为代表性传承人。严格说来，我国的代表性传承人制度不应该只包括个人，还应该包括团体。

（五）促进来源群体对代表性传承人认定的有效参与

参与的核心要义是被包容，其不单是指在代表性传承人认定过程中提出实质建议的机会，同时也指来源群体所提建议得以产生切实影响。有效参与决策的意义不仅在于参与可以使代表性传承人认定具有广泛的群众性和代表性，更在于参与过程本身使来源群体获得影响政府决策的机会。全社会都能参与到代表性传承人认定过程中的事实将会使民众特别是来源群体产生信任感，而这种信任对构建和谐社会是必不可少的。我国当前的非遗代表性传承人认定制度基本是一种政府行为，公众特别是来源群体对认定过程参与不足，例如，在黔东南州第二批州级代表性传承人评选过程中，有一名23岁的落选者来自D县，但是D县的群众特别希望她能被认定为州级代表性传承人。原因在于，该申请者从小学习苗族蜡染技艺，在蜡染技艺的图案创新方面影响很大，在省里获过奖，到港澳地区进行过展演，同时她是D县蜡染合作社的支柱之一，带动很多人通过蜡染技艺致富，如果能够被认定，对D县蜡染的长远发展非常有好处。因而，我们应该采取与国家法律不相抵触的一切方式，鼓励来源群体切实参与到代表性传承人认定过程中来。

（六）创设临时性指定制度

在非物质文化遗产代表性传承人认定方面，我们还要设立一套切实可行的"临时性指定制度"[1]，以使许多濒危的非物质文化遗产及其传承人能够在其消失之前被科学地记录下来，而不会因申报过程的漫长失去最佳抢救时机。

---

[1]　苑利、顾军：《非物质文化遗产保护与我们所应秉承的十项基本原则》，王文章主编：《中国非物质文化遗产保护论坛论文集》，北京：文化艺术出版社，2006年，第80页。

譬如我们熟知的《二泉映月》等一系列由著名民间艺人阿炳演奏的民乐，就是在艺人阿炳病重的情况下，由我国著名音乐家杨荫浏等学者抢救下来的。"临时性指定制度"主要应用于因传承人病危以及非物质文化遗产传承环境改变而可能导致非物质文化遗产失传时。如果通过科学论证，确认传承人所传承的非物质文化遗产具有重要价值，我们完全可以作为"特例"，通过临时指定的方式，将这些濒危传承人及其作品或技艺通过指定为"临时代表性传承人"或"临时国家级非物质文化遗产"，通过录音录像等方式，将这些老艺人所掌握的非物质文化遗产完整地记录并整理出来。

非物质文化遗产传承人保护是非物质文化遗产保护工作的核心，而非物质文化遗产代表性传承人的认定是非物质文化遗产传承人保护的逻辑起点，在实证研究的基础上深化并完善这一制度将使我国的非遗保护工作打开新局面，取得新进展。

民间节日的传承

邢　莉

（中央民族大学文学与新闻传播学院）

在世界各民族的文化丛林中，中国古老的节日文化异彩纷呈。从纵向来说，每个月份都有节日，甚至在同一月份内就有几个节日；从横向来说，中国大地容纳了 56 个民族，每个民族都有其独特的节日文化。各民族的节日文化既互相传播互相影响，又在漫长的历史演变中保持了其独有的色彩。中国节日文化的数量、内涵及繁复程度构成了其博大精深的特色，这是一份宝贵的口头和非物质文化遗产，而节日的研究也被民俗学、历史学、人类学、宗教学等多学科所重视。

民族民间节日文化遗产是各民族文化复兴的基因，是国家和民族持续发展的精神动力。历史证明，一个国家与民族持续发展的动力不仅仅是物质财富的创造，更重要的是文化核心价值体系的建立，而文化体系的建立并不只是靠精英集团的超前意识，而是要形成群体普遍认同的群体力量。[①] 全球化是当前国内外学术界普遍关注的话题。采纳全球化研究方法的著名学者罗兰·罗伯逊认为全球化是一场社会文化体系，它是文明与文化、民族社会、跨国运动组织，是亚社会和种族团体、跨社会的准团体、个人等压缩的结果。他认为，文化多元主义是当今全球情境必须具备的特征，包括对全球化象征的反映和解释世界体系概念，这些本身是决定全球化轨迹的重要因素。[②] 民族节日是多元文化的表征，它所体现的核心价值是我国现代化建设的原动力，也是在全球化的语境中，建立多元化的文化对话机制的象征资源。

一

什么是知识？在以往对知识的理性的认识和知识结构的框架上，人们往

---

①　贾磊磊：《聚合无形文化的隐性力量》，载《文化研究》2008 年第 3 期。
②　沈洪波：《全球文化方法与国际关系领域的文化研究》，载《文化研究》2008 年第 9 期。

往把知识停留在对精英文化认知上，在人类的历史上和现实的实践中，这类知识的累积和传播的确使人类获得了文明的更替。但是赢得人类文明更替还要依赖另一个知识框架——地方性知识，也就是民众的知识结构和知识体系。有学者就将民众知识定义为"人类在成长过程中所经历的、习得的和实践所获得的知识积累，这种民间的和传统的知识与所谓科学知识存在着差别"①。这种差别表现在与科学知识的系统知识相比较，这是属于实践经验知识的积累，这就是埃德梦德·胡塞尔所说的生活世界的知识："作为唯一存在的、通过知觉实际被给予的，被经验到并能被经验到的世界，即我们日常的生活世界。"②民俗学研究的生活世界正是民众生活的知识系统。

人的发展和各个族群的发展都要靠知识的积累，而中国民族节日给我们展示了一个民众知识体系。首先在节日时间的选择上包容着各个族群的历法知识，节日是一个特殊的日子。节日的本质属性之一是它的时间属性："时间标志法取决于不同的工作条件及其与自然节奏的关系。"③在这里节日民俗时间不仅是自然时间，它更明显的意义是它的文化意义与社会意义。

首先，民族民间节期的确定是其历法知识的总结。探究节日的起源与节气有关，但是节气并不等于节日。节气是反映我国物候的变化、气候的特点时令顺序与农事的标志，而节日则包含着一定的风俗活动和某种纪念意义，是一种民俗文化现象。有的民族沿袭汉族的历法，而有的民族拥有自己的历法。火把节的时间，各地一般都定在每年的农历六月二十四日，对此，凉山彝族有关火把节的古谚语说："猪月朔九夜，日子不用选。"意为每年的猪月也就是农历六月，朔九夜就是十五后的第九个晚上。彝族算日子一般是以十二生肖（属相）来推算，即一个月的第一天以鼠日为首，以此类推，这一套记日方法与初一至三十记夜方法是配套的，如初一是鼠，那三十的一天为蛇，所以一个月不管月大月小皆为三十天，上个月的月尾一天为蛇的话，下个月的初一应为马，以此类推下去。

岁时节日节期的选择是根据自然界的征候，人们根据自然界的征候而决定自己的行为方式。所以节期的选定不仅仅包括天文历法知识，还包括其生

---

① Leach, Maria and Fried, Jerome ed. *Standard Dictionary of Folklore, Mythology, and Legend.* Harper & Row, Publishers, Inc. 1972. Leach & Fried, 1972.

② ［苏］鲍戈罗莫夫等主编，姜自良、郑开琪译：《现代资产阶级哲学》，上海：上海译文出版社，1985年，第191页。

③ ［英］爱德华·汤普森著，沈汉、王加丰译：《共有的习惯》，上海：上海人民出版社，2002年，第387页。

产经验，特别是农业生产的经验。我们调查的云南宁蒗地区位于川滇交界处滇西北地区，俗称"小凉山"。处于高海拔地区的粮食作物主要有马铃薯（洋芋）、荞麦、燕麦，部分地区有玉米、青稞、四季豆等，村民所吃的蔬菜非常少。在历史传说中，彝族火把节的起源与驱逐虫害有关，这正是荞麦要熟未熟的季节。许实《禄劝县志》风土志："六月二十四日为火把节，亦为星回节，夷人以此为度岁之日，犹汉人之春宴相聚也。儿童执火把，屑松枝杂煤燎之，火焰满身，谓之送福……男女齐会，四面绕坐，脍豕肉，饮酒，歌舞杂沓，以趋盛节。"人对气候的观察相应选择了节日时间，节日的日历与农耕文化存在着直接的联系。

牧业的收获时间与农业的时间不同，虽然存在着一定的不确定性，但是其时间也是夏末秋初，牲畜长膘的季节，这是蒙古族那达慕确认的大致时间。"节日及其习俗是几千年文化累积的结果，民众习惯用它们来表现自己心中的价值，走过有意义的人生历程。这种价值与文化形式契合是很难被改变的。"[①]节日时间的确立包含农耕知识和牧业的知识体系。节日的产生与自然生态环境、生产方式存在着密切的关系。每个民族都生活在一定的自然生态环境中，特殊的生态环境决定人们特殊的生计方式。由于生态环境不同、生计方式不同，所形成的节日也不同。例如在以牧业为主要生计方式的蒙古族、藏族中，形成了兴畜节、牧羊节、马驹节、马奶节等生产节日，从事牧业长期在马背上生活的哈萨克族、蒙古族、藏族等民族在长期的生产和生活中形成了多彩多姿的赛马节，而从事稻作文化的侗族、苗族、白族、仫佬族、纳西族等民族形成了尝新节等。这些节期的选择是节日活动中的民俗文化的象征符号，这是民众在社会生活中认知时间感的过程，而农业劳动和牧业劳动又起到对其传承的作用。在这里节日时间是一种社会劳动节奏的秩序，民众个人行为实际上也是一种集体行为与自然的协调，一方面表现为民众的生产行为受其制约，另一方面也表示在特定的生态环境和文化场合中，社会的生产得以实现，人类的生存得以保证。节日时间的确立，为农业生产和牧业生产提供了认知和行动方便的系统。

时间的象征是一种"类科学"的认知，目前学术界普遍用范·哲耐普的"过渡仪礼"来分析节日。"他证明，人类社会形形色色的仪式中有这样一个普遍类型，帮助个人和群体在心理上、文化上和社会关系上从一种状态过渡

---

① 高丙中：《作为一个过渡礼仪的两个庆典——对元旦与春节关系的表述》，载《中国人民大学学报》2007 年第 1 期。

到另一种状态，并且其中的过渡是一个多阶段的过程。用今天的概念来说，过渡礼仪是一种阶段性的社会再生产的仪式活动。"①

其次，民族节日为我们提供了生态知识体系。工业化的实现是以机械世界观为指导的。现代生态学的理论要求建立生态学的世界观，其要旨是："人类的价值和意义包含在自然整体的组织进化的过程中。""人类的肉体组织和精神结构都是在与自然界的相互作用过程中形成的。人类的健康生存和持续发展都有赖于对自然的有机整体的维护以及与自然和平共处。"②用现代生态学的理论反观民族的民间节日，民族民间节日时间的选择，民族节日的各项仪式的展演都是把人纳入了自然的整体之中，人将作为自然界的内在参与者促进自然的创造性进化。例如传统草原的那达慕与敖包祭祀联系在一起：

> "敖包是保护自然环境、生活条件所需的情况下产生的。游牧民族必须依靠草原、牧场。这些从哪里来？就是从祭祀敖包来的。不祭祀没有风调雨顺，没有树不能吸引雨水。所以在这样保护自然的前提下祭祀敖包。如果每个人有信仰，就不会乱砍伐树木。只要有与生活相结合的自然就有蒙古人。没有自然就没有蒙古人，就没有游牧文化。所以在保护自然的前提下产生了敖包祭祀。"③

敖包祭祀存在着诸种禁忌：不许破坏敖包周围的自然环境，包括不许挖土，污染水源；不许在敖包周围抛洒污物；不许大声喧哗，说不敬的词语等。祭祀敖包也存在着一系列行为规范：包括摆放供品和拜祭等行为方式。杜尔干把仪式分为属于禁忌的消极礼仪和属于祭祀的积极礼仪。起源于原始社会并且绵延到今天的这两种礼仪：其一，体现蒙古族及其先民对自然环境、对山水、对草原的知识；其二、表现蒙古族在草原生态环境中对人的进化的思考，其创造了人与自然对话的机制。可见人类生命的价值不仅体现在社会中，也处于同自然整体进化的关系之中。"民众知识也是地方性知识，即针对自然环境、生态资源建立起来的专属性和应用体系的民间传统知识。"④这些民间生态保护知识不仅保护了人类的生态环境，而且为现代生态保护提供了启示。

---

① 高丙中：《作为一个过渡礼仪的两个庆典——对元旦与春节关系的表述》，载《中国人民大学学报》2007 年第 1 期。

② 徐恒醇：《生态美学》，西安：陕西人民教育出版社，2000 年，第 44 页。

③ 访谈对象：瑟德瓦，男，蒙古族，僧人；访谈人：中央民族大学 2005 级硕士研究生白丽丽等；访谈时间：2006 年 7 月 20 日；访谈地点：内蒙古东乌珠穆沁旗道特庙。

④ 杨庭硕：《论地方性知识的生态价值》，载《吉首大学学报》2004 年第 3 期。

再次，民族民间节日为我们提供了宗教知识的体系。宗教不仅仅是一种信仰，还是一种完整的知识体系。宗教经典中所包含的教理教义是经过其创造者和信仰者在历史长河的互动过程中形成的完备的知识系统。我国有 10 个民族信仰伊斯兰教，信仰伊斯兰教的民族都有过古尔邦节的习俗。在对喀什古尔邦节俗的调查中，我们观察到明代建筑尕提尔清真寺前集聚了 6 万人，这是一个盛大的公众场合，人们共同遵循着伊斯兰节日的规范，用同样的肢体语言表示对真主的尊敬和朝拜。伊斯兰教拥有特定的神职人员、组织体系、规章制度，而信仰伊斯兰教的维吾尔族民众则通过节日的肢体语言和口头语言表示对宗教基本的思想信念和教义学说的认可。节日具有公共性，"民俗的集体性又表现在人们互相监视民俗的实施情况，每一个人的民俗行为都是处在别人的监视之下。任何一个人，只要他违背了当地的风俗习惯，大家都要将他拽回到民俗的轨道上。"[①]我们看到古尔邦节是维吾尔族共同的社会心理、生活感情的表达，也是对伊斯兰教知识体系的认知和传播。我们研究节日民俗的时候，要把节日的研究置于民俗知识空间，这样才能解读符号背后的意义。

最后，民族节日还包括各民族的哲学观。蒙古族的敖包是由树枝和石头组成的。"敖包祭坛上的土石与木和其对天与地的崇拜形成对应的关系。在蒙古族的民间信仰里，对天的崇拜与对地的崇拜联系在一起，他们称天神为'父天'或'天父'，称地神为'地母'，天父与地母具有双重性的关系。"[②]至于彝族为什么要选择二十四日即朔九夜过火把节，可能与彝族人的哲学观念有关。彝族的哲学认为一是天数，二是地数，即奇数为阳，偶数为阴，九又为奇数即阳数之极，九九归一。所以"九"表示男性之数。而火把节之后，太阳就从北南归，此后的气温开始下降，由阳转阴，故火把节也叫"星回节"。在这里我们发现了民间的两仪对应的思维，天与地、奇与偶等对应关系即对立统一的哲学观早就蛰伏在民间知识系统之中。不过其叙事的方式与哲学家文本的叙事方式不同，民间叙事的特征是通过民众制作的物化形式和肢体语言做哲学观的表述。

节日习俗的形成过程是一个历史积淀化的过程，约定俗成的节日文化一旦形成，就积累了节日文化特殊的文化因子。在此意义上，节日是展示民间知识的体系，是民间知识的储藏库。"节日为人们提供了一个相互沟通和理解

---

① 万建中：《民俗的力量与政府的权利》，载《北京行政学院学报》2003 年第 5 期。

② 邢莉：《敖包祭祀与民间信仰》，载《内蒙古社会科学》1994 年第 1 期。

的公共世界。传达出某些这个民族共享的文化知识和它观察生活、了解世界的认知，充分显现着一个民族文化的价值意识和原型。"①

二

马歇尔·麦克卢汉提出了地球村的概念。其概念的核心是全球化的大众传媒把整个世界连在一起。全球化打破了各民族的文化封闭状况，全球化使人们树立"全球意识""世界意识""人类意识"，这又是一种文化意识。一方面，"普世性的文明所占的比重正在逐渐提高而且定将越来越高，而不是相反，科学技术的跨地区、跨民族的普及，市场经济和机制的超越国界、区界的传播，对人际关系之间的距离（差别）逐渐地、明显地缩小。"②传统的文化包括观念、思想、制度等层面，也包括宗教信仰、民族心理都发生了很大的变迁。另一方面，在全球化的语境下，人类在反观其所在传统的农业和牧业的生产和生活中所创造的文明的全部价值，包括物质文化遗产和非物质文化遗产的价值，经过不断的探索，现在人们达成了共识：非物质文化遗产是知识的源泉、人文精神的源泉和审美的源泉，它所包含的哲学理念、道德理念、信仰理念及价值取向并非只是"回忆"，而是镌刻在人们脑海中的"记忆"，它蛰伏在人类的集体记忆之中。因此，在全球化的语境下，它不仅属于某个社区、某个族群、某个国家，还属于"人类的遗产"。人类文化意识的变迁一方面引起了包括民族节日在内的口头非物质文化遗产的消失和变迁，另一方面又提升了对口头非物质文化遗产的新认知。2003 年对于保护口头非物质文化遗产达到新的共识。新公约的精神表现在，它在《保护传统和民间文化遗产的建议书》（1989 年）、《世界文化多样化宣言》（2002 年）和《伊斯坦布尔宣言》（2002 年）的基础上明确阐释"非物质文化遗产"的定义中提出：

我们用"非物质文化遗产"一词来指被各共同体、团体，有时或被个人当作其文化遗产之一部分的各种实践、表演、表达方式、知识和技能，以及与之相关的工具、实物、工艺品和文化空间。各个共同体和团体随着其所处的环境、与自然界的相互关系和历史条件的变化，不断使这种代代相传的非物质文化遗产得到更新，并使他们自己得到一种认同感和历史连续感，从而促进对文化多样性和人类创造力的尊重。

---

① 孟慧英：《从多元文化视角看民族传统节日》，载《民间文化论坛》2006 年第 1 期。

② 沈洪波：《全球文化方法与国际关系领域的文化研究》，载《文化研究》2008 年第 9 期。

在全球化的语境中，我们寻求文化多样化发展的同时，为了社会和谐发展，就要寻找具有普遍认同的群体力量，建构一种核心价值体系，但是民族节日目前状况如何呢？（1）在世界经济一体化的语境下，在不少地域和族群中，节日文化的整体的象征符号已经不完整，甚至可以说支离破碎。（2）在世界经济一体化的语境下，中国民族节日正在急剧转型，被市场化、商业化。（3）在世界经济一体化的语境下，民族的传统节日正在进入旅游领域，变成节日的展演。文化进入了经济领域，变成了一种"资本"。

文化多样性作为世界性的国际标准应该激励各民族之间、各国之间进行广泛的交流和对话。在这样的态势下，应如何传承民族节日呢？

（1）要强化族群自己对自己"遗产"的文化自觉。（2）保护民族节日的核心价值体系。今天，在"全球公民社会"的范围内，节日文化所体现的作为一种生活方式的民主原则仍旧是当今社会求同存异的重要渠道。（3）保护民族节日文化还要保护民族节日的文化空间。（4）保护民族节日的传承人。保护非物质文化遗产的目的在于不要失去前工业化时代人们的智慧和创造，特别是非物质文化遗产是当前民族的凝聚力和创造力的源泉。

民族的民俗节日，是世代相传的一种文化现象，因此，在发展过程中有相对稳定性。在世界保护非物质文化遗产的语境下，其存在正负两方面的影响，在这里，我们清晰辨认出了"文化遗产"具有两个方面：它的特殊性和普遍性的维度。也就是说，它在小共同体（家庭）和大共同体（首先是"国家"，然后是世界）中分别扮演的角色，以及由此向彼依次扩展的痕迹。在这个扩展过程中，从正的方面来说，"文化遗产的普遍性和公共性在增加；从负的方面来说，它的特殊性和私人性在减少。"[1]如何在加强其正面影响的同时克服其负面影响，仍旧有待于我们的努力。保护民族节日的传承刻不容缓，因为"在社会主义和谐社会的构建过程中，在继承和弘扬民族优秀文化传统的过程中，将这些具有历史价值和现实价值的文化理念也能够转化为符合传统美德与时代精神的道德规范和行为规范，使其成为实现民族伟大复兴的文化基因"[2]。

---

① 李军：《什么是文化遗产——对一个当代观念的知识考古》，载《文艺研究》2005 年第 4 期。

② 贾磊磊：《聚合无形文化的隐性力量》，载《文化研究》2008 年第 3 期。

论人口较少民族与"非遗"保护方式选择

——结合在中国大兴安岭驯鹿鄂温克人、狩猎鄂伦春人的调查①

何　群

（内蒙古师范大学）

借助历史学变化、变动的眼光，从人类学环境与文化、文化变迁知识论出发，结合笔者多次在大、小兴安岭鄂伦春、鄂温克、赫哲族等渔猎民族地区获得的田野经验，初步感到：好的保护方式的选择，有必要首先建立某些理念，厘清一些问题，如怎样认识已经变化了的文化主体，怎样既注意到传统文化的基本特点，也看到文化的共性-适应性一面，发现已经发生变化的部分；怎样基于变化了的实际，选择合理的保护方式，使"非物质文化遗产"保护成为促进当代人口较少民族实现文化重建、获得传统文化可持续繁荣的积极因素。

一、环境与文化：人口较少民族及"非遗"保护特有难题

我国已故著名社会学家、人类学家费孝通先生在分析鄂伦春族、裕固族、撒拉族、赫哲族等民族的现实生存发展问题时，称其为"小小民族""小民族"。他感到，"在全球化的浪潮之中，一些根蒂不深、人数又少的民族，如鄂伦春族，政府的确也尽力在扶持这个民族。他们吃住都没有问题，孩子上学也不要钱，但本身还没有形成为一个有生机的社区，不是自力更生的状态。所以在我脑子里一直有一个问题，在我国万人以下的小小民族

① 本文系国家社科基金一般项目"内蒙古等地三个人口较少民族对改革开放以来环境巨变的适应"（13BMZ054）阶段性成果。

有十多个，他们今后如何生存下去？在社会的大变动中如何长期生存下去？"① 可以看到，费孝通先生是在两个意义上使用"小民族"概念的：人口因素和文化因素，即"根蒂不深，人数又少"。笔者理解，"根蒂不深"，是指文化复杂性程度不够、异质性水平低，即多为传统渔猎、采集群体。这些群体对自然环境和相对单纯的社会环境有很强的直接依赖，因而应对环境变化的能力较弱，在现代社会显现出诸多不适应，甚至存在生存危机；而"人数又少"，是小民族的普遍特征。费孝通先生的分析，切中了人口较少民族问题的核心和本质。笔者从环境与文化的视角，探索环境与人口较少民族文化特点、环境与人口较少民族生存的关系：一方面，包括鄂伦春族在内生活在世界各地的民族，其传统文化是适应所在自然环境和社会文化环境的产物。面对环境的急剧变化，文化简单性的特点束缚了他们适应新环境的能力。这种适应，包括生产技术、社会组织、心理等方面，并作为整体综合发生作用。另一方面，或许是更为重要的方面，是适应机会的缺乏，即因各种原因，人口较少民族没有赢得相对稳定的适应时间，缺乏与主流社会谈判、对话的机会。

那么，从人口较少民族文化特点出发，谈其"非遗"保护，与汉族、蒙古族、回族等人口较多民族相比较，就有可能存在一些特有困难和问题。如因其人口少，又无文字，文化传承方式主要是言传身教，因而就有可能文字记载匮乏、书面文献积累稀少或空白，文化表征大都集中于语言、行为与信仰等精神层面，反映在民俗生活诸方面。同时，因无文字，传统文化承载者主要是老年人，又因人口较少，一个心中装着民族传统文化缤纷世界老人的离世，即意味着文化要素中某些部分、某些尚未被世人了解的文化因子的遗失。如 2009 年 5 月黑龙江省嘉荫县胜利猎民村鄂伦春族老人莫秀英的去世，2009 年春鄂伦春自治旗鄂伦春族老人何金花的去世，2004 年街津口赫哲族老人尤某某的去世等。一个人与一种文化的命运——这些在本族中具有"文化源"功能老人的去世，带给一种文化的影响，往往是颠覆性的。而这种问题，在其他民族中往往不那么严重。因此，就"非遗"保护、文化传承而言，极有必要对人口较少民族中目前健在的老人进行访谈、文化记录。

---

① 费孝通：《民族生存与发展——第六届社会学人类学高级研讨班上的讲演》，中国社会学会民族社会学专业委员会秘书处、北京大学社会学人类学研究所、中国社会与发展研究中心主办；《民族社会学研究通讯》2001 年第 26 期，第 9—10 页。

二、适应与重建："原生态"是否已是浪漫主义的遐想

从文化变迁视角考察和预测人口较少民族文化的现实和重建，采用历史的、联系的认识方法，会帮助人们看清问题的本质。当代人口较少民族传统文化动态状况如何？人口较少民族文化是否依然"原生态"？在传统文化体系和社会结构都已经发生动摇的情况下，他们新的难题、困境是什么？

以目前的考古学资料，人类历史有近 450 万年的历史，而 449 万年的历史是以狩猎、采集、捕鱼为基础生活的。即使是今天，在世界一些地区，仍然有一定数量的人们以狩猎采集为生，或保留有该传统文化程度不同的遗存。狩猎采集民生活的"初民社会"，往往被"工业文明"社会的人们想象成"与自然共生""与地球和谐相处"的其乐无穷的丰饶社会。问题是，历史演进到今天，"初民社会"目前的实际生活已和我们的想象相去甚远。仅就笔者一直关注的大、小兴安岭鄂伦春、使鹿鄂温克人而言，虽然猎民大多数时间仍然在山上生产和生活，一些猎民依然住"撮罗子"、逐鹿迁徙，但他们这种传统生产和生活方式的外部环境和内部因素已经不能与过去同日而语。他们对外界的了解，已经远不是过去的程度，应对外界冲击的选择，理性水平已经远远超越半个世纪之前。变化了的传统社会，现实中到底真实的社会、文化图像是怎样的？这是相对能够实现对话和理解的前提。如政府给予的照顾、优惠，出于尊重他们"传统文化"的善意的想象和考虑，或许已经滞后于他们从自身利益出发的现实选择；他们对外部社会的认识，可能已经超过了外界对他们的估计。如 2003 年夏季搬迁新址后敖鲁古雅乡猎民对政府试图将驯鹿所有权完全归个人主张的抵制①。猎民从个人实际利益和外部条件出发斟酌的结果，认为还是把驯鹿的所有权归政府于己有利。而政府和外人从猎民的传统文化和心理判断，以为让猎民完全回归"传统"——拥有使用、支配驯鹿的全部权利，岂不是他们内心所渴望的！② 文化的适应性，求新求变，是人

---

① 2003 年 8 月，按照政府生态移民安排，鄂温克民族乡"老敖乡"从满归镇近处的旧址，搬迁到根河市附近的新址——"新敖乡"。

② 此部分论述资料来源：第一手资料，笔者 2003 年 8 月在新敖乡的实地社会调查经验；2006 年 7 月笔者在新敖乡进行的分阶层的使鹿鄂温克族问卷调查；本人与内蒙古社会科学院有关学者进行的交流访谈以及与数位使鹿鄂温克人的访谈。第二手资料，郝时远：《传统的生产方式需要科学的现代化改造》，《中国民族报》，2007 年 10 月 19 日第 6 版；2004 年 5 月 8 日敖乡人民政府文件"敖乡基本情况"；2004 年根河市委文件《敖乡生态移民的背景和意义》；人民网，《首批搬迁者重返故土鄂温克走出大山之路有多长》，2003 年 8 月 15 日；谢元媛：《敖鲁古雅鄂温克猎民生态移民后的状况调查——边缘少数族群的发展道路探索》，载《民俗研究》2005 年第 3 期。

类的共同本性。不难看到，众多民族在对待本民族传统事物在当代展现时的选择，如传统工艺品、服饰等文化符号所添加的现代元素。概念中所谓某一民族的"原汁原味"文化，已经不是文化承载者生活的实际。因此，"非遗"保护，如果过于强调"原汁原味"，也是对文化演化的无知，或是对未来的不负责。

事实上，多民族国家早已形成的民族-社会共同体格局，各种文化、社会要素的混杂、吸收，已经很难把人口较少民族孤立起来进行认识。而人口较少民族文化危机的克服、文化衰落的遏制，通常主要靠激活自身内在的修复机制来解决，其他文化只能起辅助作用，并且这种辅助作用也只能通过对母文化的创造性阐释发挥出来。由此，涉及人口较少民族的"非遗"保护方式、传承模式，应尽可能不脱离当事者的实际生活，最好让其成为带动目前经济繁荣、提升精神活力的积极因素，成为实际生活的有机组成部分，成为具有吸引力的正能量。

三、"非遗"保护方式与文化修复、重建：来自渔猎民族地区的经验

总的来看，非物质文化遗产保护，一般存在几种方式：抢救性保护——对濒危文化项目的保护；针对性保护——文化生态保护实验区，依照文化自然规律进行的保护；文化整体性保护，如鱼皮制品制作过程——动态性保护。现代化进程中人口较少民族非物质文化遗产保护和传承方式，与当事民族生存、发展状况以及所在地区整个经济、社会发展进程存在密切关联，事实上已经作为有机整体而存在。

笔者数次在东北人口较少民族社会——鄂伦春、鄂温克、赫哲族地区实地调查中感到，这几个人口较少民族"非遗"保护遇到的困难，往往与承载着"非遗"文化的群体传统文化衰落和极度的边缘化有关。生态环境和社会环境的巨变，使"非物质文化遗产"日益丧失生存和传承的环境和条件（这也从一个侧面反映了"文化多样性"保持之难）。在这一似乎难以遏制趋势之下的"非遗"保护与传承，不仅使当地文化群体处于某种两难境地——要传统，还是要更好的生存与发展，也使政府"非遗"保护工作的开展，尤其是保护方式的抉择面临某种尴尬——是要现代化、促进民族和地区社会繁荣，还是要保护、挽救"落后"——传统。而对于相关的研究，这个问题也每每成为焦点。①

---

① 张小军：《"被族群"：丽江古城的文化保护困境》，《中国社会科学报》，2010 年 9 月 2 日；李丹阳：《"美化性"保护——是保护还是伤害》，《光明日报》，2010 年 11 月 24 日。

　　据实地调查："'前十年左右，鄂温克族的'抢枢'游戏、民歌，没有人教，人们就都会了，年轻人会主动学习，因为周围的人都在玩、都在唱。后来人们都去打麻将、玩电脑游戏、唱流行歌曲，没有人再玩'抢枢'、再唱民歌，慢慢年轻人会的就少了，只有像我这样年龄的人才会。大环境的变化促使鄂温克族传统文化'抢枢'游戏的濒危。"① 问题更在于传统文化形成、延续的社会基础的瓦解和日益萎缩。"森林、草原的被破坏，驯鹿、牛、羊无处觅食，经济收益与劳动比例不平等，得不到社会及周围人群认可与尊重，以至长期存在这样的情况，即无人愿意上猎民点从事劳动，当一名猎民被认为是'不能胜任任何行业没有能力而选择的最终生存之路'……敖鲁古雅鄂温克民族乡约有鄂温克族 200 人，从事传统生产方式饲养驯鹿的猎民点共计 7 个，800 多头驯鹿只有 22 个鄂温克猎民及 6 个鄂温克女婿在这 7 个猎民点放养驯鹿。自 2003 年生态移民临近市区，生态环境的变化，偷猎、下套有增无减，劳动力不足，粗放型的放养方式以及猎民点生活环境的简陋，使得驯鹿数量一直无法增加，鄂温克猎民的生活长期处于最低生活保障以下。"② 1949 年中华人民共和国成立，现代化进程的全面扩散，人口流动、受教育程度、行业、职业多样化，传统社会急剧分化。"在调查中有一点很容易发现，从小生活在苏木、嘎查、猎民点里的鄂温克人懂得的本民族传统文化更多、更全面、更详细，而从小生活在旗里、市区的鄂温克人懂得的本民族传统文化很少、一知半解，有的甚至完全不了解。如受访者 B，从小生活在鄂温克自治旗（南屯），70 年代末生人，父母为干部，在旗里上汉语学校，后在旗里工作，不懂本民族语言，对本民族传统文化了解很少，在采访中可以明显感受到他深切的内疚与困惑，'唉，别问了，我都不好意思了。'这个鲜活的案例告诉我们，处于弱势的传统文化的传承环境是很有限的，失去传统文化的生存环境就难以传承与保护。"③ 问题还反映在另一方面，"在苏木、嘎查、猎民点从事劳动生产的人逐年递减，特别是在饲养驯鹿的鄂温克人的猎民点。猎民点简陋的帐篷、单调的生活无力与山下集体供暖的'别墅'——新敖乡猎民居所，电视、KTV 现代传媒的巨大诱惑相匹敌。调查中有的年轻人表示'我也想去猎民点，可是待几天就受不了了'。为人父母的人，又表示'我何尝不想让自己的孩子在猎民点学习本民族的传统文化与语言，可是现在的竞争太激烈，我们本来就不可能给孩子提供像大城市孩子一样的受教育等方面的条件，再把孩子放在猎民点，长大后他无法与其他同龄孩子竞争，不能让

---

①②③ 恭宇 2010 年 10 月实地调查。

孩子输在起跑线上。我并不认为鄂温克族的文化是落后的，我也曾想过把孩子留在猎民点接受鄂温克传统文化的教育，但是真的不敢，这就相当于是一种赌博。"① "走访传承人时，几乎所有的人都在说：'我是传承人，但没有人学，即使有人来学也只是学习皮毛。'当问及为什么无人学习时，多数回答是'不感兴趣，也不能赚钱，有精力会去学习赚钱的活儿'。少数回答'太难了''不知道和谁学''学了一点，坚持不下去'等"②。上述情况说明，保护方式、措施直接与当事者生活和生活前景设计有关。参与实际生活并在其中发挥积极作用的保护方式，不仅能迎合人们的民族心理和情感，并因与收入以及由此引起的生活质量改善需求一致，从而会赢得人们的热情与支持。

"非遗"保护强调保护文化的本真性，如坐在家里制作鱼皮制品方式，强调要把文化源头保护好。同时，也讲究活态传承。而这些，都有赖于文化载体——广大民族群众的真正参与。如黑龙江省佳木斯市敖其村民族文化传习馆，传授民族传统说唱艺术伊玛罕以及传统鱼皮制作技术。三年来，教赫哲族青年说赫哲族语，已经达到学生能用本族语言演唱萨满神调。饶有趣味的是，谁来学习本族语言，政府给其报酬。而一些鱼皮制作家庭，已将民族文化传承与经营、经济收入挂钩。如鱼皮工艺品材料是传统的，而内容有些是非民族的。如引入龙的造型以及"中国结"等。如何保护好民族文化源头？如何处理传承、保护、利用的关系？我们说，即便怀有民族情感，然而生存、发展第一。如何将传统文化传习、传承，与现实生存、发展密切结合，是需要政府发挥创意之处。

至于生活在大兴安岭西北坡密林深处的敖鲁古雅使鹿社会，世人关注的那几个猎民点，接续2003年8月定居伊始在当地的观察感受，之后的随机访谈以及2010年9月25日在敖乡、在当地称之为"宝宝驯鹿点"的短暂停留，使笔者对这个我们今天研究其"非遗"保护、传承要务的主体之底色，有了一些非同一般的感受。经改善后的敖乡猎民新居居住条件——统一供暖等——当属中国农村优秀之列。而博物馆等"非遗"静态形式的保护状况似乎无可挑剔。一些善于经营的猎民通过展销民族传统制品——桦树皮、兽皮，驯鹿滋补品——鹿鞭、鹿茸、鹿胎膏，以及民族传统药材等获得一定收入。由此可看出当地政府付出的努力。

"宝宝猎民点"，离根河市区20多公里、位于大兴安岭西北坡冻土地带丛林，但见一字排开四五个帐篷，"点"上有五六个人——猎民宝宝和其胞弟、

---

① ② 恭宇 2010 年 10 月实地调查。

胞妹及妹夫、妹夫的弟弟。宝宝40多岁，弟弟看来23—24岁，妹妹30来岁。妹妹孩子在乡里，夫妻俩在山上，妹夫是汉族。进入一主体帐篷，看到中央立着铁炉子，炉子一左一右有两个铺盖非常简陋的床铺。八九个塑料桶盛满从附近溪流中取来的生活用水。帐篷直接安置在林中空场，地面依然杂草茂盛。潮湿，缺乏日照，可以想见"点"上生活谈不上舒服，也难以想象现代状况中真正意义的"家"和家庭生活还能在"点"上展开。传统的狩猎、饲养驯鹿的生活方式注定不是今天这个样子。"点"的维持，可能存在几种因素：老人的坚守，可能确实来自传统、生活习惯，与驯鹿相伴相生，如阿龙山"点"的老人，生态移民时也没有迁下来；作为经济收入来源，也作为民族自尊、自我认同的维持，使他们对现代社会的诸多不适应得以暂时的逃离。这一点，或许更具有普遍性。

目前使鹿猎民170多人、62户，经济收入、生活方式呈现三种状况：有6个在山上饲养驯鹿的"点"，人员不固定，基本维持在几十人不等；从事驯鹿、桦树皮等民族传统产品加工、经营的有几户，其余的属于无业、无生产活动的个人和家庭。这样的人口和家庭不在少数，主要靠政府"低保"以及其他外部帮扶为生。这是地方领导意识到并深感忧虑的心病。等于说，这个群体来自内部生产获得的生计保障，依然是脆弱的。对这样一种生存境况群体的"非遗"进行保护、传承，其特殊性可想而知。一个前提是，无论采取哪种保护、传承方式，都应该顾及他们的最好生存状态。而生存，不仅是物质的，更是精神的。

笔者问随我们一行同车回"点"上的宝宝的弟弟：若政府给安排每月收入4000元的工作，是否愿意离开"点"下山？他似乎不假思索，并看得出对这类提问的不陌生，回答得驾轻就熟：不下来，我们要保持住自己民族传统的东西。姿态俨然是民族传统文化的保护者、捍卫者。而与当地干部的交流，也体会到下山后可能会有一系列问题需要猎民面对，如现代社会生存要求的社会交往能力、财务管理和合理安排使用能力、生活和思维方式、心理素质的根本提高和调整等。其中一些困难，因目前猎民自身条件、生活状况，是其难以克服的。如这个"点"上的兄弟二人（一人40岁出头，一人20岁出头）现在都是单身。单身生活以及多种生活窘迫，或许住进城市附近的敖乡猎民新居，面对众人以及业已形成的因自身所属群体而带来的特有的"被关注"，或许在山上，身心会放松些，并因作为饲养驯鹿群体一员，这种坚守会让人生价值得以体现，自我认同也实现一些满足。而这一切，都无形构成某种心灵安慰和精神解放。比起山上女人少、与外界隔绝、婚姻难等问题，在山下可能要饱尝心灵不安、社会排斥、边缘化等诸种问题，可能更让人难以忍受。何况饲养驯鹿带来的收入，使其依然可以作为有尊严的自食其力者存在。由此可以看出，这种生存方式是其理性和生存选择的结果。无独有偶，2003 年 8 月生态移民之后重又兴起的几个驯鹿点，“点”的位置、活动范围，基本都没有恢复到迁移之前的地段，生态移民无疑推动和扩大了猎民社会与城市和主流社会的接触频率及接触层面。猎民驯鹿点的选择，除了保证驯鹿食物需求，同时特别兼顾离公路近、便于外地人来旅游、观光，从而从中获得物质和精神收入的一面，以及顾及与乡里、与家庭来往的便利。事实上，目前驯鹿“点”的选择与活动范围，考虑怎样与外界接触方便、怎样更有利于经济收入、方便个人生活等生存实际需要更多。这或许应了人类学大师马林诺夫斯基的一句话：“人因为要生活，永远地在改变他的四周。”（《文化论》）我们想，使鹿人如果能够少些文化急剧衰落造成的痛苦，较为顺利地度过这一“涅槃”期，目前这种状态之缓慢延续，也未尝不好。在自然恢复中生长出新的肌肉组织，使其成为现代社会的积极因素。对其进行“非遗”保护，包括建立民族博物馆，其他各种保护、传承方式的选择，都不能脱离人口较少民族文化变迁、文化自觉程度的实际。

可以认为，“非遗”保护方式事关重大，是最易引发问题之处，也是决定能否从根本上挽救民族文化，有效遏制文化单一化倾向的瓶颈。就问题主体——人口较少民族实际生活考虑，矛盾性可能很大程度上是由下述原因引起的：人口较少民族不得不把对传统文化的依恋与越来越明显的、吸收现代文明的必要性结合起来。那么，怎样将非物质文化遗产保护与现实生存结合，成为新时期提高人民生存质量的积极因素，是政府出台保护政策及法律必须考虑到的。就传统文化保护、传承以及如何与当地民族生计实现有效结合，笔者认为，黑龙江省呼玛县白银那乡民族艺术团，全村人都是团员，通过整理、挖掘本民族传统文化要素，尤其是应邀展演获得经济收入和社会声望，并由此巩固了村民的民族文化认同、民族自觉，调动、焕发了社区活力等，将保护、传承与实际生活有机结合的做法，值得借鉴。

从生活到舞台

——"非遗"视野下撒叶儿嗬仪式的变迁

谭志满　谭　萌

（湖北民族学院民族学与社会学学院
中央民族大学民族学与社会学学院）

一、问题的提出

人生仪礼几乎是每个民族的人们都会经历的过渡仪式，从出生到成年，从成年到逝世，每一个人生阶段都伴随着一定的仪式。在清江流域的土家族人们生活中，出生要"打喜"，结婚要"哭嫁"，逝世则要跳"撒叶儿嗬"。撒叶儿嗬最初作为清江流域土家族成员对于死者的祭祀仪式，其文化特质及其表述方式随着时空的转换一直处于不断变迁过程中。自早期的"自在"到20世纪中期以后"破四旧"以及"文化革命"的打压与限制，撒叶儿嗬曾一度"消声"，随着80年代以来主流社会相对包容的文化态度以及随之而来的文化研究热潮的兴起，撒叶儿嗬逐渐从后台走向前台，从传承走向创新。特别是在2006年撒叶儿嗬被列为国家级非物质文化遗产名录后，在"非遗"国家化以及民族地区现代化的背景下，撒叶儿嗬仪式的展演时空从生活转向舞台，组织形式及功能逐渐从神圣走向世俗。

通过检索发现，对撒叶儿嗬研究的学者很多，成果数量也不菲。学者主要从文献与田野两个角度对撒叶儿嗬展开研究，代表性的学者主要有白晓萍、陈湘锋、田万振、林继富、王丹、孙正国、余仕平等人。从成果研究内容上看，过去学界主要集中于对撒叶儿嗬本身的介绍，包括其历史渊源、特点、功能及文化内涵等，如朱祥贵《土家族"撒叶儿嗬"源流、内涵及功能探讨》①、田万振《土家族生死观绝唱——撒叶儿嗬》②、冉瑞泉《独特的民族舞

---

① 朱祥贵：《土家族"撒叶儿嗬"源流、内涵及功能探讨》，载《中南民族大学学报》（人文社会科学版）1994年第4期。

② 田万振：《土家族生死观绝唱——撒叶儿嗬》，北京：中央民族大学出版社，1999年。

蹈——"撒叶儿嗬"》①等。随着近年来对传统文化保护意识的加强，以及撒叶儿嗬被列为国家级非物质文化遗产名录，更多的学者将目光转向撒叶儿嗬的价值探析、非遗的保护及传承方式研究。还有部分学者开始关心撒叶儿嗬的变迁等，这些文章多是从较为宏观的层面，主要论述撒叶儿嗬大半个世纪以来的变迁。然而，在"非遗"所体现的国家话语权利下，撒叶儿嗬的传承及其相关知识的再生产与非物质文化遗产这一背景究竟有怎样的联系，撒叶儿嗬作为"非遗"其展演方式又在经历怎样的变迁，这些问题不得不引起人们的关注。

二、撒叶儿嗬概述

撒叶儿嗬，又称"打丧鼓"或"跳丧"。其定义有广义与狭义之分，广义的撒叶儿嗬是指在老人亡故后进行的一系列悼念及丧葬活动，包括烧落气纸、报信、布置灵堂、跳丧鼓、送上山及其相关的法事等；狭义的撒叶儿嗬则是指为悼念逝者围绕灵柩所唱跳的一种穿肘绕臂的舞蹈。作为流传于清江流域土家族生活中不可或缺的仪式之一，撒叶儿嗬的地域分布与土家族祖先廪君巴人活动的主要地带相吻合，即武落钟离山的所在地长阳县、巴东县一带。民间有"跳丧南不到长阳资丘，北不到巴东茶店"的说法。具体而言，其主要分布区域为巴东县、五峰县、建始县、长阳县以及鹤峰县靠近清江流域的地区。

撒叶儿嗬的历史十分悠久，虽其产生的具体年代不得而知，但依据相关的历史文献至少可将其历史追溯至隋唐时期。虽有学者曾把撒叶儿嗬与古代巴人征战时"前歌后舞"相联系；更有甚者，认为庄子"鼓盆而歌"乃撒叶儿嗬的源头。但毕竟历史久远，不足为证。《隋书·地理志》是目前知道的最早介绍撒叶儿嗬的文献，"南郡、夷陵……清江诸郡多杂蛮左。""其他人则又不同，无衰服，不复魂。始死，置尸馆舍，邻里少年，各持弓箭，绕尸而歌，以扣弓箭为节，其歌词说平生之乐事，以至终卒，大抵亦犹今之挽歌也。"该文献中对于撒叶儿嗬演出的时空特征、参与者及表演歌舞都进行了详细的叙述。《蛮书》中记载"巴人好踏蹄，代鼓以祭祀，叫哭以兴衰"，此处的"鼓"即"丧鼓"、"哭"即在打丧鼓期间对逝者的悼念。清代《巴东县志》载："旧俗，殁之日，其家置酒食，邀亲友，鸣金伐鼓，歌舞达旦，或一夕或

---

① 冉瑞泉：《独特的民族舞蹈——"撒叶儿嗬"》，鄂西文史资料总第13辑，1993年。

三五夕。"文字对土家族丧葬仪式的参与者、活动场面及持续时间进行了概述。同治年间的《长阳县志》载：临葬夜，诸客群挤丧次，擂大鼓唱曲，或一唱众和，或问答古今，皆稗官演义语，谓之"打丧鼓"，唱"丧歌"。则是对撒叶儿嗬仪式中演唱形式的具体描述。

三、生活中的撒叶儿嗬

（一）撒叶儿嗬的传统表述方式

作为一种人生仪礼和祭祀仪式，撒叶儿嗬是土家族传统生活的一部分，这不仅意味着撒叶儿嗬的形成与传承离不开民众生活，同时也意味着其对于民众生活具有规范与调整的功能。在表演场域、表演班子、表演时间、表演程式上都有较为严格的要求，而这些要求与土家族传统文化系统息息相关。

首先，就表演场域而言，撒叶儿嗬仪式一般只在有老人逝去之后才可进行。丧鼓不可随便敲、丧歌不可随便唱，撒叶儿嗬是一种神圣的、与禁忌相关的仪式，就连"撒叶儿嗬"这一名称也常常被避讳，人们经常将其取代称为"办一场事"或"将老人送一程"。由于对死亡的恐惧以及对这种恐惧的难以解释，人们相信世间万物均有灵魂，且灵魂不死。因此，老人去世后，为老人跳撒叶儿嗬即是在老人去往"天上"的时候，送老人的灵魂一程。另外，土家人将老人自然死亡视为一种寿终正寝，并认为是一件值得庆贺的事情，后辈应该举办撒叶儿嗬仪式"欢欢喜喜"地将老人"送一程"，撒叶儿嗬也只能在东家的堂屋正中举行。但是，小孩或青年人因意外而身亡均不会举行该仪式，因为夭折的小孩被土家人称为"化孙子"，认为是不吉利的，因此不跳丧、不闹夜。

其次，就表演班子而言，传统社区中撒叶儿嗬的班子成员具有不固定性与严格的排斥性。其不固定性表现在当在特定场域内举行撒叶儿嗬仪式时，前来吊唁的亲朋好友及左右邻居若是愿意，可以自由组合，围绕棺木跳唱，并以此来表达对亡人的怀念和对东家的安慰。因此，民间有"听到丧鼓响，脚板就发痒"的说法。而其他的年轻人只要想学，均可以向年长的人讨教，学习其唱词、舞蹈等。事实上，很多人都愿意加入撒叶儿嗬仪式中，民间有"跳丧好比打牙祭"的说法。传统社会中，前来吊唁的亲朋好友一方面是由于物质条件的限制，很少用钱财等物质作为"人情"交流的中介，因此用跳丧的方式来送人情，民谚"打不起豆腐送不起情，跳一夜丧鼓送人情"即是对此的反映；另一方面也表现出撒叶儿嗬在民众中流传范围之广，在生活中渗透之深。虽然撒叶儿嗬的班子成员具有开放性和不固定性，但撒叶儿嗬的班子成员是不允许女性加入的，在传统社区撒叶儿嗬仪式中将女性排除在班子以外这一民间约定，表明撒叶儿嗬这一仪式的神圣性与排斥性。

第三，就表演时间而言，撒叶儿嗬的表演常常是在"坐大夜"时举行，但也有将时间延长的，一般是一日至三日，且是在夜间通宵达旦地表演，没有停歇，成为在场人员消遣的方式，也是整个丧葬仪式的高潮。

第四，就表演程式而言，主要体现在撒叶儿嗬表演中的唱词、舞步姿势等与歌舞相关的文化特质等方面。在唱词方面，一般会依据一定的曲调，唱出对亡人的悼念，对生者的安慰；在舞步姿势方面，一般包括燕儿衔泥、猛虎下山、哑谜子合、牛瘙痒等。这些曲调和舞步都是在长期的发展过程中逐渐形成的，与人们的物质生活、信仰崇拜密切相关。如燕儿衔泥动作即是对燕子动作的模拟，实际上更是对民族成员身轻如燕以及劳动技巧的赞美。由此可见，撒叶儿嗬作为人生仪礼中的重要组成部分，在清江流域土家族地区中已经融入人们的生活中，既是一种生活传统，又是一种传统生活。

（二）撒叶儿嗬的传统功能

人类学家马林诺斯基对文化有自己独到的看法，认为文化是为满足需求而存在的，具有特定的功能，而此功能保证了其存在与发展。我们认为撒叶儿嗬作为土家族生活中的组成部分或作为一种生活方式，其功能是显而易见的。这种功能源自其自身的文化内涵与社会场域，对于个人、家庭及社区而言都具有较强的现实意义。

对于个人和家庭而言，撒叶儿嗬具有团结和协调的功能。首先，撒叶儿嗬是东家表达对亡人悼念的重要方式。撒叶儿嗬的文化内涵本质是祭祀，"不跳不孝"的观念促使也鼓励人们举办该祭祀仪式，并促成了该祭祀仪式的传播与传承。撒叶儿嗬唱词多以歌功颂德、尊老爱幼等内容为主，一方面可使后辈了解家中老人对家族发展的贡献，并以此教化后辈勤勉向上、振兴家族；另一方面该祭祀仪式本身就在潜移默化中向后辈灌输其尊老的美德。同时，撒叶儿嗬具有家庭内部的团结、协调功能。一般情况下，在家中老人逝世后，其膝下的儿辈乃至孙辈都要齐聚一堂，除了对逝世老人表达怀念外，还要对前来吊唁的亲戚朋友表示感谢。当老人去世后，其儿女子孙都要在家给亡人尽孝，向前来吊唁的亲戚朋友磕头下跪，以展示家庭的团结以及尊老的美德。

对于社区而言，撒叶儿嗬则具有社区关系连接和凝聚的功能。首先，撒叶儿嗬的这一功能体现在对丧鼓的保存上。此前拙文《从祭祀到生活——对土家撒叶儿嗬仪式变迁的宗教人类学考察》① 曾对丧鼓的制作、保管以及借用进行过简要的论述。一般情况下，一个或几个传统社区家族或者邻里好友共用一个丧鼓，丧鼓作为一种集体财产，由约定的东家保管，该东家一般是位于所在社区中间位置的家庭。当家中有老人逝世时，便将丧鼓借走并在使用后按照一定的程序将其还回。若是出现几家老人同时去世的情况，则通过内部协商的方式将"坐大夜"的日期排开，使丧鼓得以在传统社区中正常流通。丧鼓的这种流动某种程度上与马林诺斯基描述的特罗布恩群岛"库拉圈"有异曲同工之妙。在"库拉圈"所形成的封闭的交换圈内，人们沿顺时针传递臂镯，逆时针传递项圈，交换不停歇。"库拉"不具有实用价值，只作为交换的媒介连接彼此之间的关系，确保社区关系的延续。② 丧鼓虽具有一定的使用价值，但在形成稳定社区方面与"库拉"具有相同的作用。其次，就跳撒叶儿嗬而言，如在上文中提到的，一般跳撒叶儿嗬的人是不请自来的亲朋好友或者邻里乡亲。撒叶儿嗬实际上是一种在物质条件无法企及的情况下的"人情"，于演跳者而言，他们是在表达自己与逝者或逝者家庭的关系；于逝者而言，"人情"中人的数量多少表明了他自身或者其所在家庭的地位的高低。越是德高望重的人，越容易得到更多的人为其跳丧。林继富曾探讨过撒叶儿嗬与乡村社会关系建设的关系，认为撒叶儿嗬仪式的举行有助于建立、认同及巩固乡村关系，并将这种送"人情"分为四种状况，即因情送情、无情建情、欠情还情及怨情合情。③

撒叶儿嗬还有很重要的娱乐功能。长期的田间劳作以及较为恶劣的自然条件造成人们之间交流不便，人们能够用以放松娱乐的方式极为有限；资源本身的困乏以及人们对资源的竞争也常常使人们焦虑。在撒叶儿嗬仪式中，除了主要的祭祀功能外，也使参与仪式的人们能够进入一个与现实世界相对隔离的时空，通过唱与跳的方式释放在日常生活中埋藏的情绪。阿诺德·范·盖内普将过渡仪式分为分离、阈限及融合三个阶段，认为阈限阶段是一个模糊发展过程，身处其中的人与原有的社会结构分离。④ 撒叶儿嗬仪式中的

---

① 谭志满：《从祭祀到生活——对土家族撒尔嗬仪式变迁的宗教人类学考察》，载《西南民族大学学报》（人文社科版）2009 年第 5 期。

② ［英］布罗尼斯拉夫·马林诺斯基著，张云江译：《西太平洋的航海者》，北京：中国社会科学出版社，2009 年。

③ 林继富：《撒叶儿嗬与乡村社会关系建设》，载《湖北民族学院学报》（哲学社会科学版）2011 年第 3 期。

④ ［法］阿诺尔德·范·盖内普著，张举文译：《过渡仪礼》，北京：商务印书馆，2010 年。

跳丧阶段即是阈限模式，它使人们处于反社会结构的阶段，进而促使其乐融融的气氛的形成。

四、舞台化过程中的撒叶儿嗬

（一）撒叶儿嗬的"非遗"过程

非物质文化遗产是由联合国教科文组织根据日本等非西方国家关于无形文化财的定义及保护措施，为保护世界文化多样性而形成的概念①。从 20 世纪 50 年代萌芽，到 70 年代日本加入联合国教科文组织，非物质文化遗产的概念才逐渐受到重视，其经历了被命名为口头遗产、口头和非物质文化遗产等术语后，最终在 2003 年的《非物质文化遗产公约》中正式提出非物质文化遗产的明确概念。截至目前，中国被列入世界非物质文化遗产名录的有 39 项，其中人类口头和非物质遗产代表作名录 31 项，急需保护的名录有 7 项，最佳实践名录 1 项。

中国根据联合国教科文组织的相关文件和国际经验，为保护传统文化，也建立起自己关于非物质文化遗产的相关评审和保护方式。根据《中华人民共和国非物质文化遗产法》的规定，非物质文化遗产是指各族人民世代相传并视为其文化遗产组成部分的各种传统文化表现形式，以及与传统文化表现形式相关的实物和场所。包括：（1）传统口头文学以及作为其载体的语言；（2）传统美术、书法、音乐、舞蹈、戏剧、曲艺和杂技；（3）传统技艺、医药和历法；（4）传统礼仪、节庆等民俗；（5）传统体育和游艺；（6）其他非物质文化遗产。属于非物质文化遗产组成部分的实物和场所，凡属文物的，适用《中华人民共和国文物保护法》的有关规定。中国从 2006 年起开始建立国家级非物质文化遗产名录，截至目前进行了 4 批国家级非物质文化遗产名录的选报，共有 1300 余项被列入该名录。

撒叶儿嗬属于 2006 年 5 月 20 日公布的第一批国家级文化遗产名录的项目之一，作为传统舞蹈入选。湖北省长阳土家族自治县的覃自友和张言科入选第二批国家级非物质文化遗产代表性项目代表性传承人名录。在这里，有两点值得注意。首先，撒叶儿嗬是作为传统歌舞入选，而非作为传统礼仪入选，这意味着撒叶儿嗬在作为"非遗"事象时是被作为一种艺术事象看待的。《国

---

① 高亚男：《UNESCO 保护非物质文化遗产的实践及其对我国的启示》，载《浙江学刊》2012 年第 3 期。

家级非物质文化遗产名录》中这样介绍撒叶儿嗬："湖北长阳土家撒叶儿嗬，是清江中游地区土家族非常独特的一种歌舞。撒叶儿嗬是一种传统祭祀歌舞，撒叶儿嗬为清江土家所独有，具有一定的艺术价值和学术研究价值。"在此强调了撒叶儿嗬作为传统舞蹈的动律特点、舞步特征，即艺术价值。对于它作为生命仪礼的部分有所忽视。其次，自撒叶儿嗬入选为国家级非物质文化遗产后，其生存状况发生了较大的变化。由于其作为一种传统舞蹈被认定，因此撒叶儿嗬逐渐被搬上舞台进行展演，一方面供人们欣赏，另一方面作为土家族的"民族符号"在形式与内容等方面不断出现"传统再生产"。2010年"蓝色经典·天之蓝"CCTV第十四届青年歌手电视大赛中"撒叶儿嗬组合"获得原生态演唱组金奖，之后前往湖北黄冈等地演出；湖北恩施州野三关镇黄在秀作为恩施州撒叶儿嗬"民间艺术大师"前往多地演出。撒叶儿嗬作为土家族的一张名片越来越多地出现在媒体上，被越来越多的人熟知。对撒叶儿嗬自身而言，这种从生活到舞台的转变，引发了其当代性变迁。

（二）舞台化撒叶儿嗬的表述方式

变迁是一切文化事象的基本特征，也是保持其活力的根源，撒叶儿嗬也不例外。撒叶儿嗬的变迁不仅是文化事象内部的调整与适应，更是外力推动下的表述方式的改变。近年来，随着撒叶儿嗬赖以生存的农村社区的消解、表演主体身份的异化，以及被评为国家级非物质文化遗产后，撒叶儿嗬逐渐从原本的传统生活中脱离出来，走向舞台，也走向更多人的视野。撒叶儿嗬表述方式的变化主要体现在表演场域、表演班子、表演时间、表演程式上。

撒叶儿嗬表演场域的变迁既包括其流传区域的扩大，也包括其表演时空的扩大。首先，撒叶儿嗬的流传区域已有所扩大，从以前的五县扩展到整个鄂西南区域。以恩施市为例，过去市内老人去世后并不跳撒叶儿嗬，但近十多年来恩施市农村地区以及城内殡仪馆一般都举行撒叶儿嗬仪式，即使亡人以及东家并不是土家族也举行该仪式。其次，撒叶儿嗬作为艺术欣赏被搬上舞台，即撒叶儿嗬不再是特定的丧葬仪式，可以在舞台上被需要的时候进行表演。比如，青歌赛中的《土家撒叶儿嗬》曲目，颇受观众和评委好评，并最终获得一等奖。再如部分单位的年会表演上，撒叶儿嗬作为独立节目演出。地方文化精英还将撒叶儿嗬舞蹈动作进行改编，作为都市广场舞曲目。人们将其作为丧葬仪式忌讳的心理在城市中逐渐减少，将其作为观赏性节目的心理观念更胜一筹。值得指出的是，虽然在城市中撒叶儿嗬的范围不断扩大，但在乡村，即撒叶儿嗬仪式的举办频率在降低。这一方面是由于撒叶儿嗬的演出十分繁杂，能够做出高难度动作的演员逐渐减少，另一方面是其他庆祝的方式取代了撒叶儿嗬表演，如请专业的乐队演出。或是由于人们思想观念的改变，撒叶儿嗬不再是生命仪式必不可少的成分。这与整个生命仪式在人们生活中意义的丧失是密切相关的。

撒叶儿嗬表演班子的改变主要体现在表演班子的固定化和成员的女性化。首先，如今老人去世后，前来吊唁的亲朋好友及邻里乡民很少跳撒叶儿嗬，跳撒叶儿嗬需由亡人家庭出钱专门请表演班子。表演班子也根据亡人家庭的具体要求进行表演。据统计，在清太坪、野三关等乡镇一带活跃着近 20 个表演班子，撒叶儿嗬班子成员的年龄在 30 岁至 50 岁之间，他们主要是离土不离乡的农民，参加过系统培训。其次，表演班子不再排斥女性，即女性也可以参与其中。初步统计，专门表演班子中，女性约占一半。这种表演班子成员的变化也体现出撒叶儿嗬逐渐从人们的生活中脱离出来，从前大多数乡民会跳，但由于现在人们不会跳，所以形成了经过培训"以经济为目的"的专业班子。

撒叶儿嗬的表演时间在缩短。当其仍作为亡人的丧葬仪式时，撒叶儿嗬的表演时间一般最长为一个晚上。当其作为舞蹈进行表演时，则被拆分为一个个节目，节目的时间从 10 分钟到 20 分钟不等，但最长不超过半小时。这种拆分既是为协调整个晚会节目的结构，也是随着当前生活节奏的加快，特别是在"快文化"的熏染下，更好地满足了人们的审美要求。

撒叶儿嗬的表演程式在延续以前的曲牌名、舞蹈步法的基础上，也进行了相应的削减或增加；同时，为增加可观赏性，在表演服饰上也更为整齐划一，以达到更好的舞台效果。

综上，撒叶儿嗬的变迁一方面是在原本生活中逐渐内卷化，另一方面是向着更适用于舞台的形式发展。撒叶儿嗬从生活传统变为舞台艺术，从民众的私人领域扩展到社会的公共空间，供人们消费。

（三）舞台化撒叶儿嗬的功能

被搬上舞台的撒叶儿嗬较之以前生活中的撒叶儿嗬在文化特质上发生了一些变化，也导致了其功能的改变。这种改变表现为某些功能的强化或弱化，以及一些新功能的产生。

首先，在"非遗"背景下，撒叶儿嗬的外延从祭祀仪式转变为传统舞蹈，并导致其文化内涵的改变。一方面，在农村，人们不再以跳撒叶儿嗬作为评判儿女孝道的标准，"不跳不孝"的说法不再流行。此外，判断儿女是否孝敬老人的准则延伸到生活的其他方面，如是否在老人生前使其衣食无忧、享受天伦之乐，予以老人足够的养老保障。而在老人逝世后表明儿女孝道的方式更多地集中在为老人建造富丽堂皇的墓碑。另一方面，在城市中，人们聘请撒叶儿嗬表演班子在"坐大夜"时表演也并不一定意味着其儿女孝敬。此时撒叶儿嗬的存在只是作为一种度过"大夜"的方式，供人们打发时间。

其次，撒叶儿嗬的乡村社区关系建设功能降低。随着撒叶儿嗬在乡村生活中的普及性降低，能够跳撒叶儿嗬舞蹈的人群数量减少，"不请自来""一听丧鼓响，脚板就发痒"的村民人数减少，所以，以跳撒叶儿嗬作为"人情"的情况基本不存在。相反，随着物质生活水平的上升，人们以真实的物质，如金钱，作为"人情"，并以这种"人情"的交换来达到以往建立、认同及巩固乡村关系的同样目的。另一方面，由于撒叶儿嗬的表演班子逐渐专业化、固定化，丧鼓的流动基本不存在。丧鼓不再是某一社区的共有财产，而是某一班子的财产，因此也就使专门保存丧鼓的东家以及丧鼓借还的一系列约定，丧鼓的社区连接功能及协调功能不复存在。

第三，撒叶儿嗬的审美功能、娱乐功能逐渐转换，且从娱神转向娱人。作为舞蹈艺术出现在舞台上的撒叶儿嗬，由改编节奏和韵律所营造出的热闹气氛，使人们进入较为轻松快乐的场景中。过去跳舞是为了祭祀逝去的灵魂，现在是为了娱乐前来吊唁的人，这点从唱词中略知一二。在舞台及媒体上，撒叶儿嗬的娱乐功能更为显著。

最后，撒叶儿嗬在目前增添了文化交流功能和经济功能。撒叶儿嗬作为民族符号以及标签俨然成了土家文化的一张名片，在当地许多公共建筑设施上都镌刻有撒叶儿嗬仪式中的组成要件，或将其作为图案印在纺织品上，供人们欣赏与感知；现在鄂西南地区的许多景区每天都有撒叶儿嗬歌舞表演，通过撒叶儿嗬仪式营造气氛来达到"旅游凝视"的效果，起到"文化搭台"最终实现"经济唱戏"的目的。

五、从生活到舞台："非遗"时代民俗传承的趋势

传统文化从生活到舞台的转变而导致的其事象的变迁及功能的转变不是一蹴而就，也不是由某一个原因导致的。这一转变受到来自国家、地方社会组织的外力推动，得益于人们更为开放的心态，更有赖于传统文化自身的文化张力。就撒叶儿嗬而言，其从生活方式到舞台艺术的转变与非遗的权威话语将其归于"传统舞蹈"一类有密切的关系，并与"非遗热"下涌动的经济

利益、政治发展紧密相关。

（一）民俗的"非遗"标签为其舞台化传承提供了契机

撒叶儿嗬逐渐从生活中剥离，在舞台上展示，是在"非遗"国家化背景下外力推动的结果。当撒叶儿嗬被命名为国家级非物质文化遗产时，它的外延侧重点及文化归属权发生了转变。

在外延方面，撒叶儿嗬逐渐从代表包括演唱、舞蹈等文化特质在内的丧葬仪式向传统舞蹈转变，艺术价值凸显，从而为其舞台展演提供了契机。正如上文中提到的，根据《国家级非物质文化遗产名录》的介绍，撒叶儿嗬是一种传统舞蹈，而其作为丧葬仪式的外延被忽视。与此情况相似的还有土族的於菟。於菟本是一种在青海省土族聚居区举行的人神共娱及祛疫逐邪的仪式，于 2006 年作为传统舞蹈被列入第一批国家级非物质文化遗产代表作名录。与其他作为传统舞蹈入选国家级非物质文化遗产代表作名录的项目相比，撒叶儿嗬和於菟具有一定的特殊性，因为大部分传统舞蹈本身不像撒叶儿嗬或於菟一样具有祭祀功能和神圣性。如安塞腰鼓、傣族孔雀舞及苗族芦笙舞等，它们本身在生活中也是以舞蹈的方式呈现的，在外延上不被纳入人生仪礼或其他有特别意义的仪式中。这种归类与我国的非物质文化遗产评判体系有关。因此，当撒叶儿嗬以传统舞蹈的身份被纳入非遗话语体系下，它便与其土生土长的文化空间相分离。

在文化归属权方面，撒叶儿嗬在从生活到舞台的过程中，逐渐从社区走向公众，从个别走向群体。撒叶儿嗬由湖北省长阳土家族自治县申报，作为清江中游土家族的独特舞蹈入选国家级非物质文化遗产。之后，便成为土家族的一张名片，被整个土家族地区享用，一方面进入城市和非土家族社区，另一方面成为土家族的一个符号在媒体上展示。即撒叶儿嗬进入公共领域，并成为公共文化的一部分。

其实，关于"非遗"的国家化转型，学界已开展相关讨论。中国学者李墨丝曾通过界定国际公约中关于"个人""社区"和"群体"的定义，探讨目前国际争议的主要议题，评述非物质文化遗产与国家主权的关系，并认为非物质文化遗产虽然不由国家所有，但是其主权属于国家。① 高丙中对"非物质文化"与"非物质文化遗产"的概念进行了厘定，并在此基础上论述了非

---

① 李墨丝：《谁的非物质文化遗产——以国家主权为视角》，载《求索》2009 年第 4 期，第 137—139 页。

物质文化遗产成为公共文化的机制。① 这种现象的形成是"非遗"必须面对的现象，特别是目前"非遗"与"非遗"保护关系的紧密性，导致在"非遗"保护这一话语下，"非遗"不得不走向公众。即"非遗"在申报时一般作为地方性的特色，但在"后申遗"阶段，为了更好地保护和传承，相关组织或个人更倾向于扩大其传播范围，提升其影响力，也就使更多的人欣赏亦或使用撒叶儿嗬。在这种背景下，撒叶儿嗬被搬上舞台使其成为公共文化是一种必然选择，这种选择又受到相关法规的保障。恩施州于2005年颁布《恩施土家族苗族自治州民族文化遗产保护条例》；长阳县于2006年颁布《长阳土家族苗族自治县民族民间文化遗产保护条例》②。王丹在《仪式类非物质文化遗产保护模式研究——基于长阳"撒叶儿嗬"保护的分析》③ 中提到长阳县对撒叶儿嗬艺人进行建档、管理，建立长阳文化研究会、民间文艺协会等均是将撒叶儿嗬推向舞台的手段。

（二）文化产业发展为"非遗"事象舞台化展演提供了支撑

随着城镇化进程的加快，传统文化的生活功能逐渐降低，社会功能与经济功能则逐渐彰显，当下"非遗"话语系统则为其相关功能的彰显提供了支撑。

自1978年改革开放以来，中国经济发展速度不断加快，融入全球化的趋势不可阻挡。随着生产力水平的提高，自给自足的小农经济体制逐渐解体，在此基础上建立的乡土关系也随之改变。费孝通在《乡土中国》中论述了中国社会乡土关系的重要地位，但也指出在经历了土地革命、社会主义改造等制度变迁之后，中国的乡土性特征发生了变化。钢筋混凝土包裹下的中国社会相比于泥土打造的原中国社会虽在乡土文化或实体结构上有着相似性，但呈现出后乡土性特征。④ 在撒叶儿嗬流传的清江土家族流域，乡村社会的礼治秩序虽仍存在，但表现礼治秩序的物件已发生改变。撒叶儿嗬的传承主体——村民从事农业耕作的人数减少，大多选择外出务工，导致主体的"缺场"；其以孝道为支撑的文化内涵被其他的内容取代；其作为"人情"流通的场域被打破。撒叶儿嗬文化空间的改变使得作为生活传统的撒叶儿嗬不能再

---

① 高丙中：《作为公共文化的非物质文化遗产》，载《文艺研究》2008年第2期，第77—83页。

② 侯彬、周鸿彦：《少数民族传统文化保护相关立法现状与完善》，载《民族学刊》2011年第2期，第27—31页。

③ 王丹：《仪式类非物质文化遗产保护模式研究——基于长阳"撒叶儿嗬"保护的分析》，载《湖北民族学院学报》（哲学社会科学版）2011年第5期，第110—115页。

④ 费孝通：《乡土中国》，上海：上海人民出版社，2006年。

如过去那样发挥其功能。相反，在舞台上，撒叶儿嗬作为一门艺术得到更多人的欣赏和喜爱，作为"文化搭台"中的核心要素其经济功能持续显现。事实上，当下撒叶儿嗬在旅游发展中体现出的经济价值致使相关组织更愿意将其推向舞台。

在这个问题上，需要从两个方面进行分析，一方面是撒叶儿嗬在什么力量的驱使下走上舞台，另一方面是观众对从祭祀仪式转化而来的艺术的接受。作为非遗的撒叶儿嗬不仅是一种文化事象，更是一种文化资源，成为经济与政治建设的一项可利用因素。就这一问题的研究，美国民俗学者吉尔伯特（Barbara Kirshenblatt-Gimblett）认为目前的非遗保护与开发中存在"超文化"（meta-cultural）现象，即部分国家将非物质文化遗产作为对抗西方文明的工具，最初代表亚非、中东等国家文化的非物质文化遗产在申报及保护过程中以数量取胜，却忘记了其初衷。①撒叶儿嗬等非物质文化遗产的申请及被列入目录对于地方来说，首先是能成为其文化部门的业绩，其次是能争取一部分国家财政经费用于保护和传承该文化事象。撒叶儿嗬被列为国家级非物质文化遗产后，它与其他的文化事象相结合，共同为民俗生态旅游区的打造提供素材，其在舞台上的展演更成为一种旅游特色，这在"旅游凝视"中显得尤为重要。另外，对于非物质文化遗产的传承人以及土生土长的乡民而言，由于其生活功能的逐渐消失，为使自己的技能有所发挥，他们也积极参与到培育表演班子等活动中，从而推动了此类非物质文化遗产的转型。特别是经济利益驱使，无论是村民还是政府都更愿意使其剥离生活而存在；在一定程度上，经济利益驱使下所产生的后果与非物质文化遗产保护的初衷有时并不是水火不容，在多数情况下而是有利于通过舞台进行更多的传统知识再生产。

（三）受众的审美诉求是"非遗"事象舞台化展演的基础

解决了在非遗话语体系下撒叶儿嗬本身的转型，其转型的成功还与其受众的接受能力有关，即人们对于艺术以及传统文化的看法影响着传统文化在现代化转型中的成功与否。首先，生活与艺术相结合这一观点成为进入 20 世纪后人们的普遍认同。这一观点的发端是法国艺术家马塞尔·杜尚（Marcel Duchmp）于 1917 年在美国独立艺术协会举办的展览上展出了他命名为《泉》的作品。马塞尔·杜尚用将男式马桶作为艺术展品这种较为极端的方式展示

① B. Kirshenblatt-Gimblett. *Intangible Heritage as Metacultural Production*. Museum International, 2004, 56（1-2）: 52-65.

了其认为任何事物、任何形式都可以成为艺术，而人人都可以是艺术家的观点。这种来自美术界的思潮挑战了传统社会中的许多观念，也使人们对于"非艺术"和"艺术"的界限逐渐模糊，对于艺术的接受力也逐渐增强。目前作为非遗的传统文化在登上舞台时，不能不说受到了这一观念思潮的影响。

其次，受众在"任何事物都可以成为艺术"的思潮的影响下，对于原是生活一部分的传统文化的接受还与他们的诉求相关。特别是对于撒叶儿嗬这一类原本作为祭祀仪式而存在的文化，过去它们曾相对封闭并受到时空场域的限制，但如今却被作为民族文化而观赏和消费，这与后现代背景下人们的消费心理有关。弗里德里克·詹姆森曾在文章中将后现代的特点总结为四点，即一种新型的单调乏味与毫无深度、注重影像在当代艺术中的作用、效果的衰弱、狂喜与自我毁灭。① 这些特点投射到消费者或旅游者中，便形成文化在人们的消费过程中，更多的是将其视为一种符号或象征，不追究其历史的深度，因此当观赏者欣赏撒叶儿嗬时，其祭祀功能是失语的，它是一种民族舞蹈碎片化后的消费。另外，撒叶儿嗬在舞台上备受欢迎和其影响力的扩大也是由于在后现代背景下，人们的猎奇心理作祟。对传统文化的欣赏是一种对于"他者"的凝视，约翰·厄里曾在《旅游者的凝视》中论述凝视的权力是如何运用于旅游观光，并认为后旅游时代已经来临。② 随着非物质文化遗产的概念日益深入人心，人们对其好奇与日俱增，撒叶儿嗬作为并未被完全开发或现代化的传统舞蹈，且作为国家级非物质文化遗产，正是适应了消费者的这一心理，因此我们在舞台上、媒体上越来越多地看到撒叶儿嗬的表演。

"非遗"国家化的推动、经济发展的需求与受众心理的接受能力三者之间是相互影响、相互促进的，三者合力推动了撒叶儿嗬发生场域的变化与现代化转型。

---

① Jameson, F. *Postmodernism or the Cultural Logic of Late Capitalism*. New Left Review, 1984：46.

② Urry, J. *The Tourist Gaze*. London：Sage, 1990.

从仪式到展演：双凤村摆手堂仪式的文化资源再生产

舒 敏

（湖北民族学院美术与设计学院）

摆手活动是土家族特有的一种祭祀仪式，有着强烈的农耕文化气息及浓郁的宗教文化氛围，常被称为"舍巴"、"社巴"或"舍巴日"。摆手活动主要流传于湘、鄂、渝、黔四省交界的武陵山区，每年正月该地区的人们就会以摆手堂为活动中心，展开长达数天的祭祀仪式活动。仪式的内容主要包括唱摆手歌、跳摆手舞、演毛古斯等一系列缅怀祖先、歌颂丰收的活动。这些都是土家族独具魅力的传统民俗，有着巨大的民族文化价值。

一、摆手堂仪式变迁分析

作为土家族最为隆重的庆典活动——"摆手"，其祭祀的内容根据摆手舞的规模、内容来划分，可分为"大摆手""小摆手"。从规模上看，"大摆手"主要以"多村寨多个宗族共同举行且人数多，规模大"；"小摆手"多以"单个村寨为单位祭祀，人数少，规模小"。从祭祀功能、祭祀对象上来说，"大摆手"具有"军事操练"意义，主要用于祭祀"八部大神"；"小摆手"主要用于对先祖的祭祀，主要祭祀土司王"彭公爵主"等。从"大""小"摆手祭祀规模、功能、对象上来看，不管其规模、功能、对象有何差别，其整个仪式过程一定会在摆手堂进行，且必定会跳摆手舞和演毛古斯，为此来表达对祖先的纪念及对年、节的庆祝。双凤村所举行的摆手堂仪式属于"小摆手"，其历史悠久，保留完整，在湘西土家族地区具有一定的代表性，具有较高的研究价值。

（一）传统的摆手堂仪式

1. 仪式组织

传统的双凤村摆手堂仪式都会在每年的正月初三进行，腊月二十三也有进行。仪式一般会由"七寨半"的人一块举行，一寨一夜，一共举行七天八夜。在夜幕降临之时，族里的人会用竹子扎成火把状，俗称扎火龙，以便燃烧，用于照亮四周，方便仪式的进行。仪式开始前七寨半的人会拿着香纸自由进场，如果想加入仪式过程中就去祭拜土王，不想加入也可以当一个普通的观看者，这种现象致使后来留下一个俗语："小小的围场大大的开，爱玩爱闹的就上场来。"仪式的主持由梯玛或村里比较有威望的老人或者是村里的寨老来完成，他们在民间被称为"仪式专家"，通常懂得仪式程序，会唱会跳，被称为"掌堂师"。

2. 仪式地点

仪式的举行场所为摆手堂，地点为枫香湾。传统的摆手堂被称为"舍巴堂""神堂""鬼堂"等，它是仪式行为展演的物质空间，是一座与民房没什么区别的三间房屋。仪式围绕着摆手堂进行，堂内供奉着土司王，堂内设有桌子、香炉，由专门的香客掌管着摆手堂的日常祭祀。摆手堂旁边设立有界碑，阻挡外村人的观看，整个仪式过程比较庄重、严肃，由男人来完成整个仪式的全过程，女人则可以在旁边看热闹。

3. 仪式过程

整个摆手活动以跳摆手舞、演毛古斯、玩游戏为主，当锣鼓响起，成群的族人会自动围着锣鼓，组成一圈进行欢歌载舞。先跳摆手舞，摆手舞的动作为13个，先是单摆、双摆，后是回旋摆，回旋摆的时候要唱歌；再是砍卡子、插卡子、撒小米、接麻、纺麻、吃豆浆、冰口痛、抖蛇虱、牛打架。摆手舞过后是毛古斯，因为摆手活动一共有七夜，所以每晚毛古斯的内容都不太一样。"第一夜毛古斯主要演《做阳春》，分为四个部分，找地、敬神、扫邪、砍火畬。第二夜至第七夜仪式的过程和第一夜基本相似，只是在毛古斯的内容上有所更改，分别为：赶肉、捕鱼、抢亲、读书、做阳春、捕鱼（或赶肉）。"①

（二）现代的摆手堂仪式

1. 仪式展演组织

现阶段的摆手堂仪式属于展演型的摆手仪式，整个摆手仪式主要由村长、村部文化工作人员及出资人等集体筹办，参加仪式的人员主要有传承人（国

---

① 张子伟：《湖南省永顺县和平乡双凤村土家族的毛古斯仪式》，台北：台湾民俗曲艺丛书，1995年。

家级、州级传承人）、当地村民、政府机构人员（村干部、村部文化工作者）。现存的摆手堂仪式在时间上没有固定的约束，不受传统时间的限制，一般会根据筹办者的意向进行安排，整个仪式可以在白天或者夜晚进行，仪式的内容也由筹办者规定。在摆手堂里举行的仪式表演，一般一个月有 3—4 次，有时 5 次，一般在天气炎热、天气寒冷的情况下不会举行表演仪式。

2. 仪式展演地点

现阶段的双凤村摆手堂仪式展演的物质空间共有两个部分，一个是寨门，另一个是新建的摆手堂。现在使用的摆手堂建于 2000 年，它属于村民集资、政府资助共同建立起来的，建在小学旁边。新的摆手堂规模比较大，设有圆形围栏供观看者休息时使用，这和原来的老摆手堂有着明显的区别。

3. 仪式过程

现存的摆手仪式一共分为九个部分，整个仪式由专门的报幕人员，也是整个活动的主持者操控。

仪式的第一个过程为"拦门"，进门之前要喝"拦门酒"，也被称为"迎宾酒"，这是从传统的土家族婚嫁礼俗中直接借鉴过来的，主要由村里仪式表演者组织进行。"拦门"仪式会设在双凤村的寨门前。"拦门"仪式结束后，由仪式表演者带领大家进入摆手堂观看表演，由主持人报幕观看第二个仪式过程。第二个仪式是升龙凤旗。第三个为祭祖仪式，祭祖仪式是摆手堂仪式中比较隆重的一项祭祀行为，具有很大的仪式性。第四、五、六、七个仪式是土家族传统的民俗，分别为打溜子、山歌对唱、哭嫁歌、吹木叶。第八个为摆手舞，这里的摆手舞和传统的摆手舞并没有什么区别，只是在表演方式上相对于传统的摆手舞要轻松活泼些，内容依旧还是传统的"13 个动作"，伴奏乐器仅是鼓、锣两种，跳舞者随打鼓者的节奏点而跳动，整个动作和时间的限制都由打鼓敲锣人来决定。第九个仪式也就是毛古斯，在跳毛古斯之前还要进行祭祀，毛古斯主要是祭祀梅山神，表演内容为祭祖、驱邪、打猎、挖土、抢亲、赶肉等生活场景。毛古斯演完之后宣告整个仪式的结束。

二、从仪式到展演的文化资源再生产

双凤村现存的摆手堂仪式属于展演型的祭祀仪式，是传统文化在现代社会语境中寻求共生的一种新格局，其文化资源再创造的过程体现了一种从仪式到展演的转化。

（一）仪式内容的重组

近年来为了满足非遗工作者及不同层次人员观看的需要，每年双凤村都要举行摆手堂仪式表演，但这种"表演"是现代语境中的表演，而非传统概念上的表演。表演一词具有双重含义：一方面"艺术行为即民俗表演的过程；另一方面指艺术事件，即表演的情景，包括表演者、艺术形式、观众、场景等因素。"① 双凤村现阶段摆手堂仪式其实是对传统民俗表演的重构，又是一种仪式的展演，相对于其他地区的摆手仪式，双凤村对于传统的摆手堂仪式保留还算是较为完整的。

仪式内容的重组主要表现在对传统摆手堂仪式的改编上。为了使现行的摆手堂仪式更加丰富，在内容上加入了其他民间艺术元素，如"喝拦门酒""哭嫁""打溜子"等，这样一来使得仪式展演更具舞台效果，在丰富仪式的同时，又唤起了参观者及参与者对传统民俗文化的追忆，使之在现代社会生存语境中获取更为广阔的发展空间。

（二）仪式功能的转换

双凤村摆手堂仪式功能由原先的娱神功能转向娱人，这种转变是人类进步的需要。文化源自人类的需要，马林诺夫斯基认为"人类需要与文化密切相关，是一种不可分割的关系"②。由传统的"娱神"到现代的"娱人"是人类发展的需要。

传统的摆手堂仪式主要用于酬报祖先和祭祀神灵，其核心功能是祭祀，也被称为"娱神"功能。双凤村传统的摆手堂祭祀仪式较为严肃，程序较为复杂。传统意义上的双凤村摆手仪式在整个仪式过程中充满严肃、庄重的气氛且每个内容和细节都能做到完美，据村民田义蛟回忆他爷爷跳摆手舞时，表情相当严肃，好似上战场一样。另外他们的动作较之现代的摆手舞显得较为生猛有力，完全是一场为"神"表演的仪式。到了现代社会为了适应这一转变，"娱人"功能表现得很明显，其轻松、活泼的娱乐氛围，为仪式的开始增添了不少光辉。另外，仪式展演中大量地采用具有"娱乐"效应的节目安排，来实现"娱人"的目的。

---

① ［美］理查德·鲍曼著，杨利慧、安德明译：《作为表演的口头艺术》，桂林：广西师范大学出版社，2008年，第4页。
② ［英］马林诺夫斯基著，费孝通译：《文化论》，北京：中国民间文艺出版社，1987年。

（三）仪式运作机制的调整

传统的摆手堂仪式都是由村民自发组织起来的，而现在整个仪式的运作主要是由村长、村部文化工作人员及出资人等集体筹办，村里的人几乎很少自发性地组织仪式活动。传统的仪式组织、人员调动、经济支出及仪式程序都是由村里最有威望的寨老主持，现在整个仪式活动的支配权落到了出资人的手里，此处的出资人相当于消费者的身份，他们会根据自己的需求，对主管整个仪式过程的村长及村文化部工作人员进行详细说明，筛选自己喜欢的或者需要的节目进行编排，打破原有的仪式行为模式。仪式整个运行机制的改变还体现在主持仪式的人员上，传统的仪式主持人员大多是寨老或者是专门的仪式主持者，而现在的仪式过程，主要由报幕人来代替执行，这里的报幕者相当于主持人的身份，不仅负责调动现场气氛，维护现场秩序，还要布置和安排各项活动的衔接，维护着整个仪式过程，是整个仪式中最有权威的指挥者。

（四）仪式时空的转变

仪式时空的转变主要表现在仪式时间及空间的转变上。

仪式表演的时间一般根据出资人的情况而定，传统的仪式一般会用几天的时间才能做完，现在只是用短短的一两个小时的时间就将仪式演完，完全脱离了原有的信仰内核，成为一种"文化展演"。另外现在的仪式时间没有"神圣时间"与"世俗时间"① 的节点划分，传统的摆手堂仪式只是在腊月二十三以及正月初三到初十一这个"神圣"时间段进行表演，但是现在展演时间根据仪式运作者的实际情况而定，打破了原有的固定"时间"。

仪式空间的转变不仅表现在摆手堂这个物质空间的转变上，还表现在仪式表演空间的转变上。物质空间的转变主要表现在表演场域的改变，双凤村现行的摆手堂仪式虽保留了仪式的核心内容，但其原汁原味的东西已不复存在。传统的摆手堂仪式是不允许外族人观看的，是一个相对密闭的表演空间，现如今传统民间活动的民间性相对减弱，封闭的表演空间转变成一个相对开放的表演空间，其整个仪式过程也从相对严格固定的体系转变为可根据展演需要进行调整的仪式体系。为了给观众呈现更为传统真实的祭祀仪式，其展演突破了仪式空间、时间的束缚。

---

① ［罗马尼亚］米尔恰·伊利亚德著，王建光译：《神圣与世俗》，北京：华夏出版社，2002 年。

三、文化资源再生产的动力因素

（一）族群精英的推动

"文化的创造和再生产，始终都是同人的生存需要，同人的生存能力，同人的生存状况以及人的生存意向密切地联系的。"① 布迪厄认为，当代社会就是以文化实践或文化再生产作为整个社会的基本运作动力。双凤村现阶段存在的摆手堂仪式是对文化资源的再创造过程，属于文化再生产，这种文化再生产某种程度上与当地的族群精英密不可分。族群精英们侧重于将自身的特点、发展优势与摆手文化的传承、发展结合起来，把它作为一种经济手段来开发利用当地的文化资源，从而达到一种文化保护与经济双收的共赢局面。族群精英作为双重的"文化资本"，在摆手堂仪式进行中扮演着不可或缺的重要角色。此外，族群精英也是整个民俗文化展演的策划者之一，他们的在场为摆手仪式提供了很好的节庆展演文化空间。现行的摆手仪式在原有仪式的基础上，整合了其他文化资源，使之较为有意义，符合参观者的兴趣，如在仪式开始前，会在双凤村寨门口设立拦门仪式，这种仪式在最传统的摆手堂仪式中是没有的。这种拦门仪式最早是婚宴上的仪式，用在此处则活跃了整个摆手仪式的气氛，这种行为的转变体现了当地有关部门根据参观者的爱好进行的筛选，比较符合大众审美取向。

（二）地方民众的文化自觉

摆手仪式是双凤村当地群众生活方式的集中体现，也是土家族传统文化的生动再现。传统的双凤村摆手仪式是一种祭祀仪式，主要用于缅怀祖先、再现祖先生活场景，这种仪式活动每年都会举行，到现代社会后逐渐地衰落了。但近几年随着大众传媒的宣传报道，在强化他者对摆手仪式关注的同时也深化了当地民众对自身文化的认同，这就为仪式的开展提供了动力，这种动力源自民众的"文化自觉"。著名民族学家费孝通先生晚年提出了"文化自觉"的重要概念，它包含两个重要的方面，"一个是如何重新认识我们的传统，认识我们的历史文化，以确立我们民族的主体意识，增强我们民族文化的认同感；另一个方面就是如何更新我们的文化，从传统向现代转化，将自

---

① 高宣扬：《布迪厄的社会理论》，上海：同济大学出版社，2004年，第29页。

己的民族文化融入世界文化体系中，并在这里找到自己文化的位置与坐标。"①
地方民众是摆手仪式的"核心力量"，它包括摆手仪式的传承人及当地民众
等，这些人员都是文化资源再生产的坚实基础，他们拥有"非遗"的文化资
本及社会资本，并对传统本土民俗文化有着深深的眷恋之情。邀请"非遗"
传承人及当地民众积极参与到仪式展演中，不仅实现了由文化资本向经济、
社会资本的一种转变，还实现了文化资源的再生产。在仪式展演过程中，这
些民众无论是仪式的参加者还是仪式的观望者，他们都构成了整个仪式场域
的形成，体现了族群民众自身对于仪式的文化认同。

（三）国家、政府多元力量的综合

以摆手堂为核心所举行的仪式展演行为是多元力量综合的结果。国家的
非物质文化遗产保护政策为仪式的开展和延续提供了可行性，政府的大力宣
传和政绩诉求最终使之成为一种资本转换，成为经济资本。这种利用当地文
化资本转化为经济资本的方式，为摆手堂仪式的保留和传承提供了很好的物
质基础和政策要求。另外，近年来由政府主导传统文化的延续已经是非常明
显的一个现象，双凤村现行展演的摆手活动其实就是政府主导的仪式行为，
政府是维护民族团结与地方文化昌盛的主力军，集管理、组织于一体，还代
表着当地文化活动的经营者，着眼于仪式所带来的经济效益，在丰富其内容
形式的同时，把聚焦点放在当地民众的利益上，利用文化资源的再创造，不
仅满足了当地群众的利益追求，还满足了当地的政策需求，是一种利用民族
文化资源来均衡民族利益的体现。

结　语

双凤村现存的摆手堂仪式是在传承和发展传统的祭祀仪式的基础上建立
起来的，是传统的民俗文化在现代社会中传承、发展的一种适应和调试。传
统文化在现代社会的变迁是文化发展的一个普遍现象，它总是处在一种不断
变化的动态变化过程中。双凤村传统摆手堂仪式的变迁是社会进步发展的必
然结果，它是在现代社会语境中寻求自身发展的必然结果。

现行的摆手堂仪式属于展演型仪式，表演成分占据很大的成分，通过仪
式展演的形式使得民俗文化转换成为一种文化资本，这一举措深得社会认可，

---

① 方李莉：《"文化自觉""全球化"发展——费孝通"文化自觉"思想的再阐释》，载《民族
艺术》2007 年第 1 期。

使得传统文化得以留存，从而加深了人们对于仪式信仰的文化认同。展演摆手堂仪式其实就是传统文化适应现代社会的一种转变形式，是文化资源再生产的一个过程，这种再生产过程离不开族群精英的推动、民众文化自觉的力量及国家、政府的支持，可以说现行的展演型摆手堂仪式就是在当地民众、政府、游客、媒体等多元力量的互助下构建起来的仪式展演场域，它的建立为传统民俗文化的保留提供了广袤的发展空间。

"文化"场域的博弈与"遗产"价值的重构

——基于彝族禳灾文化遗产化案例的思考

吴 薇 王晓葵

(华东师范大学民俗学研究所)

2017 年 4 月，由雷波县人民政府、凉山彝族自治州非物质文化遗产保护中心（以下简称非遗中心）、凉山熊古沙文博旅游文化产业有限责任公司共同策划并执行，雷波县雷池乡呷窝村村委会承办的凉山大型民俗文化复原工程——"雷波瓦岗彝族传统隔离自然灾害仪式习俗活动"举行，这个工程复原了包括中断长达 68 年之久的七个传统自然灾害隔离仪式："阿依蒙格"儿童节、"布史灾"、"鲁洛"、"木瑟洛"、"征丁"、"征毕"、"吕毕"。此次活动的主要目的是对彝族禳灾记忆相关的七个仪式进行修复性采集，并利用此次采集资料申报非物质文化遗产，争取各级单位的文化培育支持。

笔者以民俗学研究者的身份全程参与了此次采集工作，通过对活动中不同立场、不同身份在场者的行为进行观察、与他们进行深度交流，深切体会到在整个仪式文化再生产的过程中，作为地方性信仰、经验、知识集合体的文化遗产构成了一张错综复杂的动态关系网络，不同的利益共同体在这个关系网中凭借各自的话语权进行争取遗产资源的博弈，积极对其进行价值重构，着力挖掘其经济的、政治的、文化的等多方面的利益，形成了文化遗产化过程中惯习场域到动态场域的变化。

一、为何申遗——社会场域的主体性选择

彝族的禳灾仪式原本是为适应复杂气候条件下自然灾害频发的生存环境而产生的地方性知识，是特定人群在特定生存环境中生活经验与集体记忆的结晶，是彝族对日常生活世界的意义表达。但是在当下不同社会场域中，不

同主体从自身所属利益共同体出发对传统民族文化进行了非遗化的建构，赋予其形态各异的价值取向。在这个过程中，禳灾文化主体的传统地位被改变，原有的"价值"在新的评判标准下被重新评价和书写。

（一）灾害禳解仪式的传统意义

彝族的系列禳灾仪式，是通过不同的牲畜（比如鸡、羊、牛等）作为隔离物和祭品，借助毕摩的"神枝阵"与大自然进行沟通对话，从而利用"相似律"和"接触律"的原理对自然进行忏悔，祈求风调雨顺，达到隔离灾害的目的。对于彝族先民而言，这些仪式的举行是警醒其自发地关注、保护自然环境，关注人与自然的平衡和谐发展。七种仪式分别与不同的灾害进行对话。

例如彝族儿童节"阿依蒙格"原本是彝族先民们为了抵御疾病和自然灾害对儿童的侵害而发起的节庆活动。仪式通过对古老神话的叙事树立起儿童们的灾害意识，利用引导儿童们模拟与恶神勇敢抗争的巫术仪式来教授其规避瘟疫等灾害的方法。除了为儿童祈求健康、传授灾害知识、培养卫生观念之外，也培养孩子们勇于向邪恶势力作斗争、团队协作、光明磊落、男女平等等优秀品质，在世界各民族的儿童节中，其内容及价值都是独树一帜的。

又如专门禳除滑坡泥石流灾害的"鲁洛"仪式。"鲁"在彝语里的意思是龙，神龙之义。"洛"是敬献，祭祀之义。传统彝族信仰体系中视蛇为龙，相传此为禁忌惊动之物，若受惊而使其受污，就会发生山体崩塌、滑坡等自然灾害。为将主宰大山大河的"龙"禁锢在山洞，避免其带来泥石流和洪灾，仪式地点须选择在一处滑坡地段，请毕摩设置神枝，念诵祭神语，方可祈求风调雨顺。

总之，传统彝族禳灾的仪式意义是其当时、当地的生存状态下的必然呈现，是族群为了抵御强大的自然灾害进行的灾害记忆、心灵慰藉、文化认同的必然选择。此过程也树立了彝族人民在天人合一信仰下敬畏自然、与自然和谐相处的价值观。

（二）灾害禳解仪式的现代意义——不同社会场域的价值建构

民众出于朴素的实用主义生产和使用传统文化，但是就申遗而言，他们并无有分量的话语权，而是与该仪式潜在利益主体顺势成为该禳灾仪式价值的重构者。

场域是社会文化动态变迁的一个基本分析单位，布迪厄的实践理论指出，文化的不断延续性受制于人的实践目的和行为选择。他提出的"再生产"概念，指明利益格局对文化现象出现或存续的作用，认为社会或文化的再生产机制的运作服务于社会结构中占支配地位的利益者。[①]以"场"为基点，便于展开社会文化动态变迁的过程分析并揭示其内在机制。因此，考虑当代传统文化价值呈现出的消费化和符号化的特征，在考察文化变迁时，须纳入社会整体动态的场域研究"现代性"话语支配与互动建构的过程。[②] 就此次田野调查来看，复原活动的发起者和主办方（即申遗主体）主要涉及 5 个不同场域：权力机构、商业资本、地方精英、传播媒体以及当地群众。他们分别从自身存续角度出发，凭借不同视域积累的知识、经验对该禳灾仪式群的传统价值进行了现代性书写与重构。

1. 权力机构

当代民间文化的生存和发展空间，其实是以国家话语权的分配为主导的。当下，基于对族群认同、文化多样性、人的创造力等因素的考虑，联合国教科文组织倡导"文化遗产"和"非物质文化遗产"，激起了各级权力机构保护传统文化的积极性。出于民族国家的国家认同和团结各民族的政治需要，特别是在少数民族为主体的凉山地区，政府机构也出台了诸多政策引导非物质文化遗产的传承与保护。在此基础上，各级地方单位如凉山州非遗中心、雷波县政府等机构希望利用地域文化促进经济建设、创造政治业绩。基于上述背景，资本和文化精英的代表熊总[③]、俄比老师提出复原彝族传统禳灾仪式并进行申遗，得到了各级政府的支持与配合。

2. 商业资本

深谙家乡古老仪式的熊总和熊古沙文博旅游文化产业有限责任公司，发起并全力推动了这次活动的进行。近年来，以非物质文化遗产为主要开发对象的民族文化资本化运作，逐渐被当作发展民族地区经济的一种有效途径。但在该案例中，资本化的保护重于开发。

发起并主导的中坚力量熊总不仅是商业资本的代表，也是当地文化精英的代表。为了此次仪式，他与彝学专家俄比老师进行了长达一年多的准备，

---

① Pierre Bourdieu, *Outline of A Theory of Practice*. Cambridge：Cambridge University Press，1997，P. 16-18，转引自徐赣丽、黄洁：《资源化与遗产化：当代民间文化的变迁趋势》，载《民俗研究》2013 年第 5 期。

② 徐赣丽、黄洁：《资源化与遗产化：当代民间文化的变迁趋势》，载《民俗研究》2013 年第 5 期。

③ 注：本文所有名字均为化名。

曾先后三次进入雷波瓦岗进行田野调查，了解毕摩复原仪式的可能性，调查当地彝族群众的复原意愿和思想基础。一定程度上可以说，其个人资本为该活动的重新展演提供了可能性。基于他的资本力量、社交关系、社会影响力，非遗保护单位、当地政府、电视媒体等均一路"开绿灯"，为该项目的举行群策群力。由于其身份的特殊性，在整个仪式展演过程中，他始终以一个"当地人"的身份意识参与并行动，保护仪式展演的本真性。因此，在该项目申遗的过程中，商业资本力量始终发挥着较为积极的推动作用。尽管他人都在鼓吹要将该仪式旅游资源化，但是他始终认为眼前更重要的是修复性的采集和整理、保护工作。因此，商业资本对该项目的价值建构倾向于地方精英的价值取向。

3. 地方精英

文化单位和当地的文化精英有比较敏锐的嗅觉和更为开阔的视野，在非遗保护的浪潮中他们迫切地希望建构文化特殊性，希望通过对历史文化记忆的挖掘和重拾，使其在当下获得合法性地位。在本案例中，地方精英代表俄比老师、文化单位代表晓夫老师、商业资本代表熊总均是彝族①，在传承保护民族文化的感情驱使下，其对传统民族文化的价值建构具有同质性，合力作用于禳灾仪式这一传统民俗文化。俄比老师作为文化精英负责申遗材料的整理与撰写，为申遗成功争取更大的可能性，其在对文化的解释中突出遗产价值、利用主流意识形态优化仪式的价值取向，以期建构出更适应社会发展的现代语境的价值。比如三人对复原该仪式意义进行阐释时均多次提到"保护生态环境""与自然和谐相处""调适人与自然的关系"等相似的符合主流发展价值观的字眼。

4. 传播媒体

为了更好地完成资料的采集、记录和数字化保护工作，《中国民族画报》、《凉山日报》、凉山电视台、凉山州非物质文化遗产保护中心、凉山新媒体联盟等州内外主流媒体参与了报道，并有四川省摄影家协会近十位摄影家同行。为了更好地传播和宣传，媒体对该仪式活动的拍摄一般具有三个主要价值取向：一是审美性。无论是电视台记者还是摄影协会的摄影家，他们对仪式的拍摄似乎更讲究美感，而美感的保持可能需要一定程度上牺牲仪式的本真性、影响其灵验性。二是可传播性。在七个仪式中，凉山州电视台只对"阿依蒙格"仪式进行了网络现场直播，而对其他几个仪式采取了录播的形式。原因

---

① 俄比解放与熊古沙均来自瓦岗地区。

是其他仪式均有杀牲和祭祀场面，在进行传播时需要提前"把关"，避免民间信仰中比较敏感的因素被传播出去。三是文化性。在满足上述两个要求的基础上，媒体尽可能地对仪式文化性进行真实、完整的记录。可见，在媒体为该仪式遗产化的价值建构中对其中低俗和迷信的部分进行有意的淡化、抹消或重新诠释，承担着"驱魅"的作用。

5. 当地民众

民众出于朴素的实用主义创造和消费者传统文化的需要，但是就申遗而言，他们并无明确的主体意识和操作经验。由于交通不便、信息闭塞，普通民众并不能自觉意识到非遗保护的必要性和重要性。因此在此案例中，当地民众并不是发起传统禳灾仪式复原的主体。他们的声音和意愿是通过前期进行田野调查的熊总和俄比老师表达出来的。二人的调研结果表明，民众积极支持该文化的复原。笔者认为，当地民众前期的积极态度一方面源于维系内部文化传承机制的需要，即民族认同与文化自信建构的需要；另一方面则是获得外界关注以创造文化经济效益的需要。虽然是文化的创造者和消费者，但受各方面因素影响，他们无法对该文化进行现代性的价值建构。因此对传统文化的重写，主要是为了地方经济需要和政治需要，对民众的现实意义或者说如何实现对民众的意义则被淡化了。

（三）对比：概念的"非遗"与实际的"非遗"

根据联合国教科文组织《保护非物质文化遗产公约》的定义：非物质文化遗产（intangible cultural heritage），指被各社区、群体，有时是个人，视为其文化遗产组成部分的各种社会实践、观念表述、表现形式、知识、技能以及相关的工具、实物、手工艺品和文化场所。这种非物质文化遗产世代相传，在各社区和群体适应周围环境以及与自然和历史的互动中，被不断地再创造，为这些社区和群体提供认同感和持续感，从而增强对文化多样性和人类创造力的尊重。[1] 这是概念上的非遗。然而在对该禳灾仪式进行遗产化的实际操纵中，主体并非在概念中所定义的"社区""群体""个人"，而是产生了一个新的文化遗产化的支撑系统。这个支撑系统由认识到或参与建构了该文化的当代价值的利益共同体有机组成，形成了多重力量制衡中的民族文化保护状态。如果说，最先认识到彝族禳灾文化记忆价值的人[2]是掌控着知识话语权的

---

① 联合国教科文组织：《保护非物质文化遗产公约》（2006 年订正本），巴黎，2003 年 10 月 17 日。

② 即当地文化精英俄比解放。

学术群体的话，那么，有能力将这种价值作为资源博弈工具，使之转变成经济利益和政治资本的，则是由资本、权力等相关共同体所联结而成的利益共同体。而处于弱势地位的文化主体，则受自身条件的约束，在这场资源博弈当中不断被边缘化。[①]

二、如何申遗——不同场域"在场"的博弈

在对该项目差异性的主体选择和价值建构导向下，不同场域的代表在仪式的展演和申遗的过程中彰显出不同的立场，该立场引导其积极发挥主观能动性，在文化的展演场域中通过"在场"的叙事话语和行为实践进行文化资源的博弈，影响着文化的再生产和遗产化过程。

然而，与大多数申遗过程不同，该案例打破了"政府主导"下的申遗惯例，具有相当的特殊性。从该项目展演的整体性视角来看，不同力量的博弈最终形成了良性的资本场域主导[②]、政府权力助推、传播媒体扩散、学术参与指导的"在场"话语分配权，在此过程中，各方"他者"势力均衡，但"他者"的"在场"造成当地民众"自我"话语一定程度的失声。

（一）资本场域：主导

与大多数政治权力主导的非遗生产不同，在该案例中，以熊总为代表的资本场域始终处于中坚力量，主导着该项目的进行。首先，他与俄比老师最早认识到彝族禳灾仪式的传统价值和现代意义，并向政府申请支持，从而全力发起、组织、协调，并提供一定资本支持完成了该项目，掌握了一定的政治话语权。其次，为了切实发掘该文化遗产存续的必要性和重要性，他与俄比老师曾多次进入偏僻的瓦岗地区，搜集文献资料，对当地民众、毕摩传承家族进行深度访谈，从而掌握了一定的知识话语权。最后，参与进行媒体传播的主要负责人也是熊总联络协调的，与其有一定亲属关系。此外，负责完成仪式的毕摩家族之一的沙马俄比家族与熊总也存有亲属关系。因此，在该项目中，资本场域的代表熊总，其实是各方力量的集结，其身份的特殊性和关系网络的多元性使其具备了协调和统筹不同场域价值的能力，从而对该项目的进行起着主导作用。

[①] 吕俊彪：《非物质文化遗产保护的去主体化倾向及原因探析》，载《民族艺术》2009 年第 2 期。

[②] 一般情况下，大多数申遗项目是政府主导。

（二）政治权力：助推

既出于迎合国家非遗保护政策、达到"文化搭台、经济唱戏"的需要，也受熊总本人的交际能力和社会影响力的影响，在民间资本的发起和申请下，当地政府同意并对该项目给予了 11 万元的资金支持，县政府出资 6 万元，县委出资 5 万元。据凉山州非物质文化遗产保护中心晓夫主任估计，该活动的举办需要至少 15 万元左右资金，完成非遗申报总共需要 20 万元左右。地方政府提供的经费之外的差额部分，则由非遗保护中心和熊总的公司负担。

然而，在此次活动中，政府始终难以正面"在场"。由于该系列自然灾害隔离仪式涉及诸多杀牲祭祀要素的民间信仰，因此易受到科学话语和官方的排斥，从而使得站在维持社会安定及秩序这一政治立场上的为政者，失去了合理性上的保障，因此难以将其"公认"为文化遗产。[①] 并且，该项目还不是官方认定的非物质文化遗产，没有专项的资金支持，因此政府的资助只能采取迂回战术，借助文化宣传部门的其他文化项目举行。于是，在仪式活动进行中，一共有两场以"禁毒防艾、拒绝高额婚嫁彩礼、脱贫致富奔小康"并列为一个主题的宣讲活动。将三个主题放在一起，说明这场活动的经费本身也需要依托不同的项目和政策。该文艺演出的地点在毕摩举行禳灾仪式的旁边，两个地点相距不到一百米。于是出现了这样的场景：一边是寥寥无几的专家学者、媒体摄影师们在关注着毕摩进行沉重而庄严的禳灾祭祀仪式，念诵经文；另一边人山人海的群众围观着喧嚣热闹的文艺演出，欢歌笑语。这是一个极为令人无奈的现实，即民俗文化的保护竟需要借力于可能影响其保护的外力来实现。

在为期三天的活动中，政府权力的在场主要是承办方——雷波县雷池乡呷窝村委会。此外还有雷波县语委主任邓老师，再无其他当地政府人员全程参与。可见，行政权力除了给予资金支持和认可其合法性地位之外，几乎始终"缺位"。虽然有通过此项目获得经济利益和工作业绩的价值判断，但也呈现出一种"甩手掌柜"的行为和心态。因此政府让渡了主导的权力，沦为间歇性起作用的助推力量。

（三）媒体传播：扩散

作为官方媒体，凉山州电视台《非遗之光》《五彩凉山》等三个栏目组

---

① ［日］樱井龍彦，陈爱国译：《应如何思考民间信仰与文化遗产的关系》，载《文化遗产》2010 年第 2 期。

全程参与了三天的仪式。除了承担宣传和推广任务之外，同时也负责该项目申遗资料的记录、采集和整理。然而，为了实现对该项目审美性、可传播性、文化性的价值建构，媒体与摄影协会的工作出现了与仪式本真性保护等多重矛盾。

比如，雷波县电信公司工作人员的前期失误，导致电视台带去的设备无法进行室内的网络直播。而"阿依蒙格"仪式的几个议程如抹花脸、收粮食等需要前往各家各户进行。为了能在直播中完整呈现这些议程，电视台工作人员建议将地点改在室外，但这与传统仪式的本真性相背离。最终，经过技术调整双方协商一致选取离主会场最近的一家人作为代表进行直播，其他较远家庭由于网线不够长无法直播而采取录播形式获取完整素材。由于此次拍摄活动的电视台主要负责人商姐本身也是雷波县彝族，因此她在活动中不断地出力协调，积极寻求能均衡传统仪式本真性和媒体价值取向的有效路径，也在一定程度上缓和了各方的矛盾，推动了该活动的顺利进行。

承担传播并扩散该仪式影响力的另一个群体是摄影协会的摄影师们。他们并没有必须完成的任务，大多只因兴趣而参加了该仪式活动，其行为显得有些无所顾忌。在多个仪式的展演过程中，部分摄影师屡次对毕摩提出诸如"换个角度""再重复一遍"等要求，一定程度上破坏了传统禳灾仪式的秩序和伦理。

（四）学术参与：指导

项目中的学术参与力量主要分为三个类型。其一是以俄比老师、阿吉老师等为代表的纯粹的地方文化精英；其二是以凉山州非物质文化遗产保护中心晓夫老师等为代表的国家权力机构场域中的专家学者；其三是高校学术力量的调研力量，比如笔者。其中，俄比老师为该活动进行了长达近两年的田野调查和前期准备，掌握了丰富的第一手资料，策划了整个仪式活动的流程，并对其文化内涵进行了阐释，使得各方力量能更有序、有效地参与此次活动，并各司其职。同时，他凭借敏锐的学术洞察力和社会敏感性对彝族原本分散的禳灾仪式进行打包、整合、诠释，扩展了原有禳灾文化的容量和内涵，充实了仪式文化的现代价值。但是，作为指导力量的学术参与有其视野的盲点。学者对该项目的规划设计是基于一种"想象"的或者"重构"的文化遗产，脱离了原生态的民众生活。因此，笔者认为掌握知识话语权的学术群体的主要任务并不在于让建构文化价值的主体去弘扬所谓的"传统文化"，而在于挖掘传统禳灾仪式对于灾害文化生产者现代生活秩序的意义和价值，使其从内部文化结构认识到保护和发展该仪式的重要性，使文化遗产得到更好的存续和传承。

（五）民间话语：失效的根本力量

根据联合国教科文组织的定义，从根本上说，全球化背景下的中国非物质文化遗产保护，首先应是对创造、享有和传承该文化遗产的人的保护，而对于这一遗产的切实有效的保护，则特别依赖于创造、享有和传承这一遗产的群体。[①]可见，民间传承人、普通民众、民间精英的合力作用才是进行传统文化遗产化的根本力量。但是由于社会的发展、科学话语的介入，民众自身为了适应新的社会语境对传统民俗进行了有意的甄选和挑剔，并在其叙事话语中呈现出来以迎合语境的需要。比如，当被问及对"吕毕"仪式复原的看法时，一位村民说道："神都睡了这么多年了，就不要再去打扰它了。"虽然随机个体的话语并不具有代表性，但从文艺汇演人山人海的对比场景，也不难推断出这些仪式原有的生态已遭到一定程度的破坏。加之多方力量出于不同场域利益考量下的强势介入，民众与传统民俗文化的共生空间被挤压得所剩无几。

由此，当下的申遗逐渐走向"俗"的不断中心化和"民"的无限边缘化。

（六）特殊力量：润滑

在此次彝族禳灾仪式遗产化的过程中，有一些人并不单属于某个利益共同体，而从属于多个群体，代表着不同场域的集体利益，我们把他们定义为"特殊在场"，具有特殊的力量。

特殊在场的存在使得该项目与其他的文化遗产化过程有比较明显的不同。他们在实践中处于不同集合体的公共部分，是联结不同关系网络的"结"，往往具有全局视角和高度能动的协调能力及话语权，能很好地调适各方力量，是文化遗产化进程和非遗保护工作中极其重要而常被忽视的存在。

比如村支书的儿子，在西南民族大学读少数民族经济学研究生的苏古。他的存在就像一根连结当地与外界的链条。作为当地人，他曾多次在发生分歧时站出来希望能尽可能地保留和复原原汁原味的传统文化仪式，尽可能地减少"表演性"，并积极建言献策；作为经济学的学习者和研究者，他又希望

---

① 刘魁立：《论全球化背景下的中国非物质文化遗产保护》，载《河南社会科学》2007年第1期。

能将其与旅游开发等手段相结合，促进当地的经济发展，虽然他深知开发会对保护造成一定威胁和损害；作为村支书的儿子，他在村民中有较高的信任度。精通彝语和汉语，也使他能够在当地百姓与外来者之间进行信息的沟通和传递。由于这种特殊的身份，他必然要使各方利益都最大化，因此整个仪式中不同场域之间的矛盾通过他的调节得到缓和甚至消解。

比如既象征资本力量又是当地精英代表，同时与政治权力联系紧密的熊总，正如前文所提到的，由于自身的文化自觉和对民族文化的热爱，熊总和俄比老师一同发起了这次复原采集活动，他利用自身的社会关系向政府申请获得一定资金，为活动举办确定合法性，联系媒体参与报道并帮助完成申遗的采集记录工作，同时他与非遗保护中心关系甚好，并通过非遗中心得到专业和其他学术方面的支撑。将所有专家学者、媒体从西昌接送到瓦岗地区的近十辆越野车也是熊总私人提供的。一路上一行人的餐饮大多也是由他的亲戚等招待。与其他想最大程度美化文化遗产，从而从中获利的企业家不同，在每一次摄协或者媒体方面的人的行为可能破坏到仪式本真性和灵验性时，熊总都坚决站出来阻止并强调这不是在表演，而是在传承。

除此之外，既是电视台媒体又是当地民众代表的商姐，既是高校学术权威又代表地方文化精英的西南民族大学教授蔡老师等也都扮演着复杂身份的角色。由于身份的多样性，他们的语言和行为往往呈现出了对攘灾文化不同角度不同层面的观照与思考。在多方力量博弈的网络中他们充当着润滑剂和催化剂的双重作用，是申遗和非遗保护过程中有潜在影响力却容易被忽略的积极力量。

三、申遗行为与文化遗产认同之间的矛盾

总的来说，申遗行为中将文化遗产化的过程恰似做蛋糕的过程。各个场域的群体占有原始文化作为原材料后，根据自己的价值取向对蛋糕进行设计，在蛋糕上设计着自己想象的符号图式。其所设计和参与制作的面积的大小，决定了最后分食蛋糕的多少。而辛苦创造并提供原材料的区域民众由于并不具备做蛋糕的技术和能力，因此注定只能得到极其有限的份额。在此过程中，文化遗产认同的矛盾是"做"蛋糕过程中的矛盾所导致的，具体体现在以下三方面：

（一）主体地位不平衡的矛盾

在《保护非物质文化遗产公约》框架里，非物质文化遗产的"保护"指

确保非物质文化遗产生命力的各种措施，包括这种遗产各个方面的确认、立档、研究、保存、保护、宣传、弘扬、传承（特别是通过正规和非正规教育）和振兴。[①] 虽然官方倡导的非遗保护要求努力确保文化原始社区民众最大限度地参与，但是上述 9 个保护措施却是权力机构、商业资本、专家学者等"他者"才有能力完成的。因此，联合国教科文组织强调的保护策略在一定程度上认可了国家权力的主导。可见，受历史、技术等因素的局限，能将文化原材料加工成蛋糕的人并不是最需要吃蛋糕的人。在该项目中，禳灾文化记忆曾经是地方性百姓的精神食粮和生存之需，但在当下，其原有的与社区群众生活世界的联系已几乎式微。此外，在非遗保护的语境中，资本、权力、知识等利益共同体的合力介入，削弱了传统文化主体——当地毕摩和百姓的话语权。因此，造成了保护主体地位失衡的必然结果。

（二）文化供需不平衡的矛盾

由于区域群体本不具备将文化资源整合做成符合主流审美的"蛋糕"的能力和条件，而做什么样的蛋糕又是由做蛋糕的人决定，因此，各方力量都能以自我需求为本对蛋糕进行设计，这就造成了保护的文化不能满足其传承主体需要的局面。正如彝族禳灾仪式的重新展演，仅是各方价值判断和价值重构的结果，并不能满足当下百姓对传统文化的需求。因此，无论权力、资本、知识如何建构禳灾仪式复原的意义和价值，都难以从内心触动地方群众重塑文化认同。

（三）遗产价值分配不平衡的矛盾

既不是做蛋糕的人，也不能参与对蛋糕的设计，虽然提供了原材料，但是在申遗过程中，对蛋糕分配仅以做蛋糕的人的意志为转移，对蛋糕进行怎样的设计决定了蛋糕之于分食者的价值。纵观整个过程，没有任何一个环节给予了文化原材料创造者——当地民众以足够的观照。因此，非物质文化遗产的申请过程有比较严重的"去主体化"的倾向。

尽管联合国教科文组织对非遗保护的不遗余力看似是在给传统民俗文化确立新的合法性，创造适宜其生存和发展的生态环境，但在申遗的实际过程中，各方面力量的价值取向都不得不倾向各自利益的需要，一定程度上造成了文化遗产脱离与民众日常生活秩序与意义建构的现状。非物质文化遗产的

---

① 联合国教科文组织:《保护非物质文化遗产公约》(2006 年订正本)，巴黎，2003 年 10 月 17 日。

概念和实践并未解决无神论的科学话语与传统民俗信仰的矛盾，因此并未真正赋予传统民族文化存在于民众日常的合理性和合法性，它只是创造了一种脱离实际情况、脱离原生态水土的"想象的合法"。如果不能改变这种文化认同的困境，非遗保护终究只是一种"出于人道主义的临终关怀"，而无法拥有自我修复、自我成长的生命力。就该案例而言，我们对如何给予传统民俗文化实际的合法性，走出申遗中文化遗产认同困境进行了如下思考。

四、一个基于主体间性的遗产化可能路径——教育资源化

根据上述论证，非物质文化遗产的传承和保护，关键在"民"。在禳灾仪式传承与保护中"民众缺位"现象，虽然以不同方式呈现于表面，但其内在的深层逻辑仅有两个方面。就内因而言，随着社会的发展，涵养生态民俗文化的水土已逐渐被破坏，现代生活实践逐渐与传统文化进行剥离，传统禳灾仪式对生活世界的传统意义已不复存在。就其外因而言，科学话语的介入瓦解了民间信俗承续的场域。资本-权力-知识利益共同体的合力介入剥夺了传统文化主体的话语权。

因此，激活民众对该文化遗产的热情有两个亟待解决的问题：一是如何赋予已经脱离当地民众现代性生活的传统民族文化的现实意义；二是如何消解科学话语对民间信俗的冲击赋予传统信俗以合法性。只有解决上述两个问题，才有可能从根本上重构民众对非遗的保护和传承动机，从而使其获得存续的生命力。我们以该项目七个禳灾仪式中的"阿依蒙格"为例，提出基于主体间性遗产化路径的看法。

旧时，彝族聚居地地理位置较为闭塞，医疗卫生条件落后，瘟疫频发，先民们为了抵御疾病对儿童的侵害而发起彝族儿童节"阿依蒙格"。在这次系列禳灾仪式展演中，乡政府及村委会与当地学校联系，想争取一天假期让更多的儿童参加到这一仪式中。但由于教育局正在落实"均衡教育"政策，雷波县瓦岗九年一贯制学校唐校长并未获得官方对放假举办传统文化仪式的许可。当天的"阿依蒙格"抽取了该学校两个班级的学生参与。这种做法是特殊地域群体在坚持无神论的科学教育体系与万物有灵的传统民俗信仰中进退两难的妥协选择。然而，民俗的重要功能之一就是教育教化功能。究其民俗信仰的文化逻辑根源，其实与现代教育具有目的一致而内容互补的特性。

首先，雷波瓦岗地区环境破坏严重，百姓缺乏生态环保意识；同时，特殊的地理气候条件和落后的医疗卫生条件导致瘟疫灾害频发，而地方民众缺

乏现代卫生观念。这些应该也可以通过教育手段解决的问题，却在实际操作中无法实现。因为现代教育的课程教材设置是统一的，并不能因地制宜地为当地学生做出调整。这就导致了现代教育与当地学生的生存和生活需要脱节。因此，这些地方性需要的问题无法通过学校教育进行解决。

恰好，"阿依蒙格"仪式本身就是为规避瘟疫、强化儿童禳灾意识而建构的，通过该仪式对当地儿童传授先辈的灾害文化记忆与禳灾知识，是树立儿童现代卫生观念和生态保护意识的良好时机。因此，传统禳灾文化记忆在理论上可以作为地方性教育手段与现代学校教育互补，成为彝族儿童灾害意识教育、环保意识教育以及现代卫生防疫观念教育的途径和渠道。这也正契合了《保护非物质文化遗产公约》中"各缔约国应竭力采取种种必要的手段使非物质文化遗产在社会中得到确认、尊重和弘扬，主要通过向公众，尤其是向青年进行宣传和传播信息的教育计划"① 的要求，以及《国家级非物质文化遗产代表作申报评定暂行办法》的要旨："要通过社会教育和学校教育等途径，使申报的物质文化遗产的传承后继有人，能够继续作为活的文化传统在相关社区尤其是青少年当中得到继承和发扬。"② 二者论证了现代学校教育和传统文化教育在理论和实践层面均可以实现互补和互助的共享意义。

也有人质疑，如果非遗的意义需要外部力量去建构，是否在一定程度上说明它其实已经没有意义了。答案是否定的。在瓦岗调研期间认识了村上热情好客的苏大哥③，他曾发过一条朋友圈，从一个普通的当地民众的角度讲述了自己对复原这些仪式的另一种认识：

> 关于祭祖的"措毕"是为了安一家人的心，而祭天的献牛更是为了安一方人的心。有很多人对我们重新开展祭天不理解，有的认为我们是为名，也有的人以为我们是为利，当然，理解的人一直在理解，但是不理解的人你们说再多也改变不了我们的初衷，那就是"给心灵安一个家"。
>
> 大家细想一下我们这延续了几百年的传统活动在中断的这近八十年都发生了什么变化？不守传统规矩的人越来越多，想不劳而获的人不少，

---

① 联合国教科文组织：《保护非物质文化遗产公约》（2006年订正本），巴黎，2003年10月17日。

② 国务院办公厅《关于加强我国非物质文化遗产保护工作的意见》附件1《国家级非物质文化遗产代表作申报评定暂行办法》，2005年3月26日，国办发〔2005〕18号。

③ 苏大哥，雷波瓦岗村人，30岁左右，是一名司机，作为当地村民他积极参与了此次活动，并一直力所能及地为大家提供方便。他受教育水平较低，当我问及时他一直以"没有文化""文化水平有限"来定义自己。

吸毒贩毒危害自己和社会的人也存在，这是为什么？就是我们迷失了方向，再也找不回过去的自己。做这个活动，其实就是为了重塑我们的精神世界，也为了给心灵安一个家。感谢理解我们行为的朋友，也相信现在不理解的将来或者我们的后代会理解。

苏大哥认为，随着社会发展、科学进步，很多人越来越不确定这些仪式的灵验性，但是，没有这些仪式举行的几十年来，作奸犯科的人越来越多，就是因为他们没有信仰，没有一种约束的力量，于是迷失了方向，才做出了不可饶恕的坏事。在他看来，这些仪式的举办是在给当地百姓的心灵"安一个家"。虽然每一种仪式的具体作用不一样，但其背后都反映了同样一种根深蒂固的民间信仰。这个民间信仰规约着彝族人民的行为方式，维持了族群的秩序，建构着民族的认同。然而，大部分的百姓并没有认识到这一点，但是，没有认识到并不意味着不存在。因此，很多传统文化并非无用，而是有用而百姓并不自知。民间信仰确实没有经济价值、没有现实的可感效用，但是一旦离开它就会导致秩序被破坏。

可见，将非物质文化遗产保护嵌入现代教育，实现传统民俗文化、教育资源、非物质文化遗产三者的相互转换和灵活互动，是消解科学话语与民间信俗矛盾有效的途径之一。一方面，重塑了传统民族文化和民间信仰的合法性地位，让村民和儿童能自觉、自信地践行、传承传统文化；另一方面，也弥补了现代教育与地方社会脱节、缺乏实用性和针对性的缺陷，重新赋予传统文化以当地民众生活实践新的现代意义。此外，仪式所带来的仪式感以及仪式所反映的民间信仰是一种强大的隐形的力量，有道德教化、族群维系等重要的功能。因此，我们认为将传统民俗文化作为教育资源弥补现代教育的空缺，并将其作为申遗的方向和路径，能切切实实地实现"让非遗进校园"的初衷和目的，是真正实现非物质文化遗产活态保护和整体性保护的有效策略。

城镇化背景下基于地方性知识的
非遗保护与传承的启示

——以天津市三道国家级法鼓老会为例①

刘智英　马知遥

（天津大学建筑学院）

　　城镇化的高速发展吞噬了郊区的土地，瓦解了原来存在于都市边缘的村庄共同体，但这种在都市里继续生息的传统文化，依然保持着维系现已分散各处的原有村落共同体中人际关系的机能。不过，这种机能维持在时空带来的种种阵痛与现实阻隔下逐渐消磨，显得独木难支，出现后劲不足。继而拥有历史的传统文化也随着原有"熟人社会"的四分五裂慢慢地从群体记忆向个体记忆转向，而个体记忆的负载者整体趋向老龄化继而又让这一记忆变成临终挣扎，外力的缝缝补补实难挽回。在这种语境下，作为维系传统文化的传承者一旦断层，他们所承载的传统文化也将烟消云散，而目前如何在城镇化大环境下让传统文化保护与传承的效果最大化，值得我们深思。非物质文化遗产作为传统文化的佼佼者同样面临着城镇化背景下保护与传承的问题，在城镇化大潮下如何迎风破浪需要我们立足于现实，从现实中找到根植于具体区域内的成功经验与失败教训，找到非物质文化遗产的生产机制，才能让非遗保护与传承的效果最大化。本文基于格尔兹的"地方性知识"理论，以天津市进行平房改造、村落改迁等城镇化具体操作为背景，查阅相关的文献资料，选取天津市依然活态流传的代表，刘园祥音法鼓、挂甲寺庆音法鼓銮驾老会与杨家庄永音法鼓（该三道法鼓在2008年入选国家级非物质文化遗产）作为研究对象进行多次田野调查。基于天津市地方性区域现有的两种搬迁模式，对原有村落中非遗在新的空间环境下保护与传承的优劣势以及做出

---

　　①　本文系国家社科基金重大委托项目子课题《中国节日影像志·天津皇会》（YXZ2016017），国家科技支撑计划课题阶段性成果。

的努力进行"文化持有者的内部眼界"① 的知识呈现，通过这些呈现进行非遗保护与传承一般性方法的预设以及呈现结果的深度思考。

一、天津市三道法鼓老会的历史与现状

（一）杨家庄永音法鼓

杨家庄永音法鼓，老会址在天津市河西区南北大街挂甲寺附近的杨家庄，当地人称杨庄子。旧时挂甲寺附近参与皇会的会种不胜枚举，种类繁多，村村有花会。但在城市拆迁和海河改道的过程中，有许多会所所处位置正好是改道的范围内，因而被迫迁走，老社区消失，会员四散，不再集中在老庄子一带，会也随之一蹶不振，销声匿迹。今日，杨家庄所处的位置在小围堤道与南北大街交口处，称云广新里社区。之后，经历了土改、抗美援朝、合作化、"大跃进"、"文革"，法鼓表演几次中断，直到 20 世纪 80 年代才真正迎来法鼓的复兴。2004 年，随着城市改造和拆迁的进行，杨庄子不再存在，只留下云广新里一角，住着回迁的老杨庄子居民②。

（二）挂甲寺庆音法鼓銮驾老会

天津市河西区挂甲寺庆音法鼓銮驾老会，坐落于今河西区挂甲寺街。挂甲寺村原来叫大孙庄，因庄内挂甲寺名气日渐超过村名，久而久之，改成挂甲寺村，至今已有一千五百年的历史。该法鼓在天津街颇有名气，很大程度上是因为拥有半副銮驾，这是全国独有的庙会器具，据会员讲该法鼓为明朝娘娘赐的。銮驾有半副和全副之分，所谓半副銮驾是缺轿辇，有仪仗执事。庆音法鼓在 20 世纪 90 年代城市拆迁以来，经历多次变迁。1984 年，民俗复兴大潮下，老会复兴，会员群情高涨，活动频繁、热闹。1994 年，由于拆迁一部分会员去了万新村，一部分去了小海地，会所的东西搬到天津市河西区特教中心，剩下一部分搬到挂甲寺街的临时会所。③。

---

① ［美］克利福德·格尔兹：《文化持有者的内部眼界：论人类学理解的本质》，王海龙、张家瑄译：《地方性知识：阐释人类学论文集》，北京：中央编译出版社，2000 年。
② 转述自杨家庄永音法鼓老会。史静、蒲娇：《杨家庄永音法鼓老会》，济南：山东教育出版社，2014 年。
③ 转述自挂甲寺庆音法鼓銮驾老会。史静、郭平：《挂甲寺庆音法鼓銮驾老会》，济南：山东教育出版社，2014 年。

（三）刘家园祥音法鼓老会

刘园村，位于天津市北辰区北仓镇，以前称刘家园村，距今 100 多年，依北运河而建，村民说立村之时仅有一户，村落以一个大家族聚居而栖，后来村民渐多，行政编制从简，"家"字就去掉了①。但是目前法鼓一直保留着刘家园祥音的称呼。刘家园祥音法鼓老会，成立于道光年间，与锦衣卫桥和音法鼓和杨家庄永音法鼓同出一门，都是武法鼓。该会建立之初，多是利用冬闲排练，春节期间演出。一为庆丰收，贺新春；二为出各种庙会，尤其是东顶娘娘庙会。光绪年间，刘园法鼓相当兴盛，当时，村中已有约百十户人练习法鼓。八国联军侵入天津，法鼓一时衰弱。民国时期，老会健全完备，相传至今已有 150 多年。"文革"开始后，为了防止会具破坏，村民将会具分别存放到有威望、责任心强的村民家中。改革开放后，由老会员丰振富带头，刘园法鼓会又恢复起来。村民团结一致，演出场面十分火爆，老会有了用武之地。进入 21 世纪，随着城镇化推进和旧城改造，刘园祥音法鼓也面临着同样的问题。

二、城镇化背景下两种拆迁改造模式对非遗传承的影响

（一）群体分散搬迁的传承危机

法鼓是以地缘为纽带而组成的草根民间花会，具有鲜明的地域性和集体性特点，它的设摆、行会得以实施离不开以这种地方性知识为纽带的熟人群体。挂甲寺庆音法鼓銮驾老会和杨家庄永音法鼓老会分别因 1994 年和 2004 年进行旧城改造，平房拆迁，原有村址改造回迁的村民很少，老会会员严重流散。挂甲寺村的范家大街、孙家胡同、傅家胡同已不复存在，原有的村民分散到小海地、万新村等地。杨家庄原有的杨庄子村已经不复存在，现在的云广新里是他们的老根据地，但是回迁后住在这里的人很少，大多数分散到小海地、体院北等地。这种分散搬迁的模式由此引出非遗传承危机的连锁反应。

分散搬迁，原有的人文环境被肢解，文化持有者之外的群体对文化持有者进行不同程度的干预。在新环境下，群体认同的地方性知识已然不在，原

---

① 转述自刘家园祥音法鼓老会。路浩、张彰：《刘家园祥音法鼓老会》，济南：山东教育出版社，2014 年，第 4 页。

有地方性知识的持有者失去固有的欣赏群体，本来法鼓是原有村落的主流文化，文化地位与价值极高。现在，大相径庭，没有区域文化的认同，职业声望相较之前大打折扣，被不断地边缘化。文化持有者只能凭借个人记忆与情感累积起来的个体认同勉强维持，在这种处境下，又受到外在的文化冲击，使得文化持有者疲态尽显，非遗传承举步维艰。旧城改造后，杨家庄老会经常因为没有排练场所一再搁置，无法行会。老会长只好把分散各地的村民召集起来在原有的老会址云广新里一角进行排练，而原有的文化空间已然物是人非，锣鼓家伙什儿刚刚敲打，当地派出所就出来喊停，因为，新搬进来的村民"不认这个"。敲敲打打扰民，还有诸如因为上播动作声响极大，社区周遭的家长认为影响到他们孩子的学习，还有家里有病号等。这些都是分散搬迁后，新环境下失去原有群体的文化认同，新环境下的文化持有者群体对迁入的文化持有者个体的干预，而这些干预使得个人在陌生的新环境下失去群体地方性知识的认同后左右为难，甚至对固有的技艺形成自贬自卑的心态。

分散搬迁，法鼓的固有特征成为传承危机，出会规模的缩水彰显非遗传承疲态，会规会制的发展限制非物质文化遗产传承。其一，早期的法鼓行会浩浩荡荡，以势壮声。挂甲寺庆音法鼓銮驾老会每次行会都有 400 人至 500 人，行会的巨大规模成就了法鼓的气势恢宏，而这固有特征在当下反而束缚了法鼓的发展。在城镇化推进过程中，原有的文化空间不复存在，村民分散各处，再聚起来的频次大幅减少。这种情况下，在不与自身工作冲突的前提下在册会员才能赶来，那些村中原有的法鼓"编外"与"临时"人员因旧城改造基本失联。法鼓其声势浩大的特征，在当前因群体分散各处反而对其自身传承造成危机，逐渐呈现弱势化，从一个侧面凸显出非遗传承的疲态。

其二，杨家庄、挂甲寺村的法鼓会规如出一辙地都有"传男不传女，传内不传外"的会规。"传男不传女"是因为法鼓有文法鼓、武法鼓之分，尤其武法鼓，涉及很多武术动作，同时，文场的茶炊子特别沉，有 100 多斤，不仅要挑而且还需要一定的"套步"，体力要跟得上，早期男劳力十分充足，自然不会轮到女人参与其中。"传内不传外"的规制考虑到法鼓负载着地方性的信仰空间，是地方性封闭式艺术，内部消化是为保证法鼓本身的纯正性，同时，早期的村落村民人人爱法鼓，法鼓的传承村内完全可以自持。建立于早期历史情境下的文化规制，因生态与人文环境的双保险作为隐性危机未显现。但是，当前城镇化推进过程中，原村民散居到各处，这种"传男不传女，传内不传外"的规制限制了愿意从事此行业的人的参与性，严重制约会员的选定与培养，成为牵绊其传承下去的绊脚石。

分散搬迁，法鼓出会的必要条件受到威胁，从而增加了非遗传承的难度。首先，增加了法鼓维持发展的资金负担。老会的正常运行离不开资金的支持。因为每次出会会具会出现或多或少的磨损，同时会具的搬抬、搁置与摆设都需要人员服务，由于当前出会费用不断上涨，分散搬迁无疑使得本身就捉襟见肘的资金情况雪上加霜。因此，散居的现实处境让每次出会带来的资金顾虑进一步加大，使得早期老会那种自发组织的出会表演在当前很少见。分散搬迁除了资金消耗的增加，同时，资金来源也变窄。因为分散搬迁，地方性知识消解，原有的村委会不复存在，村民四散各处，斩断了法鼓资金的重要来源，现在主要依靠企事业单位或团体庆典活动以及各级政府或有关部门，只能形成外力"输液式"的救济，自身的造血功能渐趋退化。其次，分散搬迁，排练时间受到影响。因为散居的居住地点离排练场地有近有远，平常练习和出会都由会长逐个联系，即使这样，人无法保证按时到齐，导致赶过来的时间不一致。原本一周一次短暂的排练时间，结果因为散居各处，排练时间进一步缩水。法鼓要求动作与声音的整齐性，没有定期的排练时间做支撑，进行反复操练，久而久之，亦会慢慢生疏。再次，会员被分散到各处，会址不固定，法鼓作为村中共产，因为散居各处，无法集中、定时维护，进而导致承载非遗技艺的会具遭到毁灭性的破坏。挂甲寺村传统社区拆迁时，会所拆除，部分道具损耗、老化程度严重。再加上散居带来的沟通与交流的不及时，不能及时做出集体应对，形成不了统一指挥，会具遭到不断的破坏，继而加剧非遗传承的困难。最后，也是法鼓出会目前存在的最大危机，即非遗传承人问题。文化传承梯队不合理，传承角色断裂，这是现代化进程中非遗传承人共同面临的难题之一。但是，分散搬迁使得这一问题更加严重，作为新环境下的群体先失去了固有的生态环境，进而又失去承载地方性知识的人文环境，只能靠会中几个耄耋之年的老人组织筹划，失去了学习、热爱、欣赏法鼓的群体。同时，分散搬迁导致散居各处的处境，老会员多是被动参与。中国民间文艺家协会主席冯骥才说："民间文化的传承人每分钟都在逝去，民间文化每一分钟都在消亡之中。"① 从非遗传承人目前危机重重的现状道出了保护民间传承人就是保护非遗的重要性。

（二）群体集中搬迁的优势

刘家园祥音法鼓老会是三道活态传承的老会之一，与其他两道老会目前

---

① 张好、侯贺良：《寻找"非遗"掌门人》，载《走向世界》2010 年第 10 期。

最大的不同体现在搬迁形式上。2007 年，在北辰区老城改造规划中，罕见地以村为单位进行整体性回迁。拆迁期间，全民集体外出出租居住。旧村拆除后，在原址上建成占地 150 亩的刘园新苑，村民纷纷回迁。刘家园村的村民绝大多数生活在距离刘家园村旧址不远的刘园新苑社区中，在外居住的人口比例非常小。现在刘家园村有农业人口 1300 多人，非农业人口 2000 多人。而这种回迁形式同样也带来了非遗传承的诸多蝴蝶效应。

集中搬迁，人文环境得以保留，地方性知识的群体共识继续延续，熟人社会的原有关系完整存续。其一，城镇化推进过程中，原有的传统社区全部瓦解，但是，集体搬迁，原有村落中的村民集体回迁到原村址，虽然乡土社区变为城市社区，但村落中的地方性知识随着集体的几乎全部回迁依然保存完好。地方性知识的认同因原有村民完整地保存到新社区中，同时村民委员会并未随着搬迁而消失，村委会的原班人马同时组成新居委会，成为刘园新苑社区的管理者，保证了老会由传统社区过渡到新型社区的过程中的稳定性。其话语权力的比重在新环境中继续延续下去，其原有地方性知识继续在新环境下体现重要的社会地位。非遗作为地方性知识的重要群体认同之一，通过群体共识与认可的保留在新环境下呈现对非遗保护与传承的文化自觉。群体集体保留使得共同的源起、沿革、信仰空间最大限度地原汁原味。反过来，因为法鼓需要团队协作，营造庄严肃穆的氛围，这种文化认同在不断的操演中愈发强烈，个体能够找到因原有的地方性知识的保留缓解与调适在新环境、新身份转换后带来"文化震撼"的不适与焦虑，继而形成地方性知识反哺民众的效用，形成两者的良性互动。其二，因为集中搬迁，原有的熟人社会的情感与记忆机制完整地保留下来。这种机制的保留，既顺应政府的旧城改造的大趋势，又不需要一整套新式规制的制定、职能的调适、理念的树立、关系的重组等耗时耗力却不一定呈现原有效果的机制。集中搬迁，基于群体完整的文化深层结构的情感依然完整，作为原有社区代表性文化的非遗成为熟人社会的情感寄托。年文化是中国传统文化中最为重要的组成部分，每年除夕夜，所有老会的会员，甚至所有喜爱法鼓的村民都会到会所饮茶聊天，只有听到法鼓的声响，心中才踏实。整个刘园新苑社区，上至村委会的领导，下到普通百姓，甚至于社区周边的商铺均投身于法鼓会的正常运作之中。刘家园祥音法鼓作为村中最为重要的民间花会，已经融入村民的生活之中。会员背着香袋为社区居民送上新春祝福，通过法鼓诸形式礼尚往来消解社区高楼林立的情感闭塞。因为集中搬迁，原有社会结构的保留，刘家园祥音法鼓已经成功融入当地的年文化之中，实现传统与现代文化的对接。法鼓再一次表现出反哺社区，引发良性的蝴蝶效应。

集中搬迁，法鼓的必要条件妥善安置，降低非遗传承的难度。其一，会具与会所作为村民共产得到群体认同，以更好的配套设施推动非遗的保护与传承。集中搬迁，除了道路交通系统设计、公共服务设施配置等现代社区固有要素考虑外，还会基于群体认同进行构建原有的地方性知识的物质保障。作为存放会具和日常排练场地的老会会所，它构成了老会主要的记忆空间和文化空间。2010 年，老会搬入了刘园新苑的新会所，在集中回迁过程中，村委会与村民考虑到会具以及会所问题。新会所由村里出资兴建，由数间平房打通构成，面积约 180 平方米，造价 40 万元。其中包括 80 平方米的会具存放室和 90 多平方米的排练场地，设施包括电扇，空调等，墙上悬挂着曲谱、会具图、奖状证书等。会具存放室主要用于存放老会的会具与各种资料，2011年，被天津市文广局评为"非遗"保护示范基地。[①] 其二，资金筹集齐心协力，平日会服、会具的购置与修缮是一笔比较大的开支，而每次出会活动更需要大量的金钱作为后盾，以保障出会的顺利与体面。因为当地都是原有刘家园村的村民，全村上下认可法鼓，民众知道钱用到何处，也放心支持这道老会。村委会、村民、周边商业以及各级政府对老会资金投入力度很大，而且管理合理。从 2013 年起，会里改为一人管钱、两人分管账目，一切开支必须经由三位会长签字，杜绝计划外开支，把钱重点花在添置会具、会服与培养新人上。同时，对于来自各方的善款都要记录在案，并在会所张榜公布，真正做到账目公开、透明、接受会员监督。其三，人员梯队合理化。集中搬迁，原有的会员保留，群体认同度高，而且传承过程中不断有新鲜血液融入该会中。村委会中很多人也是老会会员。老会需要人手时，就算是书记也能随时换上衣服上场，抄起家伙就打。会员岁数分布合理，不包括前场人员、服务人员，47 人中老年（60 岁及以上）15 人，占 31.9%，中年（40—59岁）9 人，占 19.1%；青年（18 岁至 39 岁）17 人，占 36.1%，儿童（5—7岁）6 人，占 12.8%[②]。同时，会长相较于其他两道老会趋向年轻化，更有活力与朝气。而且除会长以外，有两位副会长共同构成老会的会长职位，保证出会应对各方面的问题，管理更成熟。同时，老会长退居二线，作为会里的顾问返聘到会中，就修补、培训等多方面会务问题提供经验与想法，保证老

---

① 数据来源转引自刘家园祥音法鼓老会。路浩、张彰：《刘家园祥音法鼓老会》，济南：山东教育出版社，2014 年，第 27 页。

② 资料转引自刘家园祥音法鼓老会。路浩、张彰：《刘家园祥音法鼓老会》，济南：山东教育出版社，2014 年，第 139 页。

会的历史感与方向性。青少年会员很多，他们不同于其他老会，从散居各处或者学校找寻年轻会员，依然保留着老会员带自家孩子的传统。而且其中不乏佼佼者，刘玉新会长的小孩刘向龙 2017 年正月 15 日北辰区行会表演中已经可以掌握法鼓的基本点，法鼓中鼓是统领其他五种打击乐器的总领乐器，最为难学，但是，刘向龙已然掌握，敲得虎虎生风。

三、文化持有者的权衡与思考

法鼓，是一种封闭性强的艺术形式，它不受外界干扰，逐渐形成独有的"乡音"，这一特点也凸显出地理空间环境变迁下，基于群体完整的人文空间保持的重要性。这一重要性通过上述三道法鼓的优劣势表现得以印证。三道法鼓的文化持有者都在城镇化背景下就新旧地方性知识对非遗传承做出一定的权衡与思考。

其一，三道法鼓的文化持有者都不约而同地打破了法鼓原有的传承规矩。其一，摒弃掉"传男不传女，传内不传外"的会规，拓宽招生渠道，门槛放宽，广招门徒。杨家庄永音法鼓还进行了登报招徒，也尝试以小学教学为突破口。挂甲寺庆音法鼓銮驾老会除了把传承场地对位到天津名都水晶小学、八里台小学、天津师大附属小学等诸所小学，同时传承对象的培训直指大学，联合天津文广局、南开大学进行了"非遗"传承进课堂的活动。除了本城市的孩子，即使外城市的小孩利用课余时间愿意学，庆音法鼓会长傅宝安也愿意教，按照傅会长的话："只要是爱好咱们的法鼓，咱就可以无私教给他们。"① 同时，针对"传男不传女"的会规，庆音法鼓銮驾老会把南北大街居民委员会的腰鼓队的女士们吸收进来，部分还成为飞钹缠铙的主力会员。刘家园祥音法鼓在搬入刘园新苑后，保证了本乡本土的完整性，采用家族式传承方式，进行代际传承。因为群体集中回迁，文化得到认可，年轻的一代长期浸淫于文化之中，久而久之就完成了文化濡化，正如法鼓艺人认为法鼓的培养离不开耳音，是靠"熏"出来的。而这种家族式传承方式在小环境循循善诱下实现了生活性传承。除了本乡本土的村民，还吸纳外来人员丰富社区的人员构成，通过原有社区的群体保留的地方性知识进行濡染。在新环境下，群体原有的地方性知识占主导性，通过定期出会、排练、宣传等方式内化外来人员，个人的观念、行为、心理在潜移默化中接受了法鼓这一艺术形式，夯实了原有的群体。

---

① 采访对象：傅宝安；采访人：刘智英、姜向阳、刘佳；采访时间：2017 年 4 月 29 日；采访地点：河西区文化中心。

其二，采用退而求其次的替代之法。法鼓出会声势浩大，具有集体性传承的特点，五音不能单独表演，必须齐奏。但是当前社会现状，法鼓的传承，尤其是挂甲寺庆音法鼓銮驾老会和杨家庄永音法鼓老会，因为种种原因，无法重新焕发早年间的风采。文化持有者通过集思广益，采用退而求其次的替代之法，以一种暂时妥协的替代方法满足当前并不乐观的传承现状。尽可能地保留法鼓出会的原汁原味，在他日时机成熟之际，还能完整地把法鼓的声势复原。挂甲寺庆音法鼓銮驾老会用轮子代替人员；杨家庄永音法鼓让外围简单易学的那些仪式、动作教授一些入门者，建构起整个法鼓表演的情景，甚至在临时出会时，无法召集到那么多参与人员，文化持有者就会通过上人才市场临时雇用一些务工人员，进行行执事表演，以壮声势。法鼓有夜场，早期三月二十三、四月二十八等时间在大直沽、蜂窝庙都要进行夜场表演，风灯、高照等执事都要点蜡，一根蜡烛燃烧完毕接着换另一个，有时通宵达旦。当前因为资金的紧张，文化持有者换了 led 灯管，既维持了原有形式，又节省了资金消耗。杨家庄永音法鼓就青少年缺乏的传承现状，把培训的年龄段延后延长。84 岁的会长杨奎举针对青少年基本留不住、学不长、表面化、数量极少的现状把传承对象调整到四十岁左右的中年人。因为这一批人还是原来杨庄子的村民，还存续着以前杨庄子法鼓的记忆，学得久、学得深、留得住。杨会长采用退而求其次的方式把他们敲法鼓的年龄推迟到七八十岁，就目前来看，保证了杨家庄永音法鼓三十多年的原汁原味，而且这种方式也利于以中年拉近与青年的距离，缩小代沟，实现从中年逐渐走向青少年学习法鼓的平稳过渡。通过民间智慧，转化思维，化解近期法鼓走向断层的危机，为未来更加平稳地构建成熟的传承梯队保驾护航。

其三，文化持有者总结出一些独有的民间传承方式。滚动式传承，是刘园村民间法鼓文化持有者通过这几年在传承第一线的经验与教训摸索出来的传承方式。以刘园新苑作为传承根据地，利用寒暑假青少年休息的间隙，组织免费培训班。在这段时间培养一批批新鲜血液，这一批新鲜血液等长大外出读书工作，新的一茬传承者又补充上来，形成"铁打的营盘，流水的兵"的滚动式传承。这种滚动式传承不仅仅体现在培养新会员上面，在会长的培养上也同样如此。如果老会长已退居二线，继续返聘会中作为顾问形成一种以老带中的培养会长的滚动模式，避免传承过程中新会长冲劲有余、经验不足的问题出现。因为集中搬迁的优势，建立在群体的文化认同为根基的基础上，弘扬了文化持有者在认识活动过程中的主体能动意识，从而借助对文化符号的意指结构来达到对群体乡愁情感与记忆的复活。刘家园祥音法鼓老会在可能的范围内尽量回归历史传统，比如铙、钹的缨子从红色改回黄色，因为历史上一直沿用黄色，这样使得刘家园村民在新场域中能巩固认同度。除此之外，因行政原因"刘家园"去掉了"家"字，申遗时称刘园祥音法鼓老会。但是，当地居民依然沿用刘家园祥音法鼓的称谓，因为村民认为有"家"有乡愁，有尊敬、团聚之意。

四、基于地方性知识视角下对非遗保护与传承的一些思考

通过三道老会的历史与现状的文献钩沉，结合城镇化背景下两种搬迁方式呈现的法鼓传承的结果对比，以及法鼓在新旧地方性知识交融的新场域下文化持有者完成地方性文化的修补与认同的传承模式，笔者旨在对非遗传承统一与平衡提出一般性的思考。

启示一：非遗传承的重要方式是维系群体的地方性知识的认同。纵观三道法鼓的历史，法鼓遇到的困难不计其数，会具破损，缺少会服，没有会所，没有曲谱，资金匮乏；经历的劫难数不胜数，八国联军入侵天津、十四年抗战、"大跃进"、"文革"，但是因为村民人心所向，所有困难都能迎刃而解。为何只是近十几年来，天津市内六区进行平房改造，危楼拆迁等政策推进反而对非遗的传承带来明显的影响呢？笔者认为，法鼓会最早组织形式是以民间街村为地缘单位，吸纳附近周边地区的居民为会员，他们在饭后、农闲之余进行活动或出会。然而大面积的拆迁征地和个人住房改善，文化持有者散居各处，这也带来了共持的地方性知识的四分五裂，空间内的群体共识被分散性搬迁阻隔中断，同时在新地方受到新地方性知识的消解、边缘化，个体文化持有者的认同往往弱不禁风，伴随着老龄化、弱势化、边缘化等阻力，原有地方性知识认同消磨殆尽，个人孤木难支，造成了"某一群体的个体在认知与情感上对自我和所属群体身份的不承认，从而以一种悲观心态看待本群体的地位、文化、习俗等"①的局面。于是，作为一种以团体或共同的身份把人们吸引在一起的神圣仪式的法鼓因为失去群体认同在城镇化大潮下风雨飘摇。因此，破坏的原因是基于群体认同的地方性知识的破坏。群体的地方性知识认同离不开生态环境和人文环境的原汁原味，生态环境在城镇化推进中，脏乱差的环境势必阻碍整个社会的前进步伐。进行拆迁改造，符合人类向往美好生活的诉求，无可厚非，这也是民众意愿与顶层设计的共识。但在拆迁改造过程中可以保留的是非遗所处的人

---

① 贾林祥：《社会认同：和谐社会构建的社会心理保障》，载《徐州师范大学学报》（哲学社会科学版）2011年第4期。

文环境，它的原汁原味，它所构成的乡情乡音，记忆与情感，有利于从村民转换到居民在适应新环境时实现原有人文环境与新环境的对接。相反，失去群体的地方性知识的认同，人散心离，地远情淡，个体的死亡，带来原有的地方性知识记忆死亡，而记忆的死亡，必然带来非遗最终的消亡，原有的地方性知识的记忆存续，便是活态的推进。从群体文化认同正反两面看，记忆的存续需要共持地方性知识的群体存续。这就要求城镇化推进过程中尽可能保证携带地方性知识的文化持有者群体的完整性，群体的完整性保证了文化的完整性。群体文化认同依靠的是整体社区民众的支持与理解，是民众共同的记忆，有问题一起解决，有方法一起探讨，有利益公平分配，沟通及时方便，共识程度高，非遗艺人和周遭居民是互相理解包容的整体，合力为之，审美趋向相同，信仰空间也相守，非遗艺人实施起来就放得开手脚。这种代表地方性知识的完整保留符合我国提倡的求大同存小异的和谐社会的局面，不断扩大的城市范围也因注入了代表中国特色的地方文化的"魂"，才不会常常陷入"千城一面"的话语窠臼。而把这方面因素考虑其中，不是单靠规划方面的专家就可以完成的，这需要各学科参与其中，统筹协调，传统文化的学者也要参与其中，才能最终落实习总书记所说的"多规合一"的思想，才能承担好社会主义核心价值体系的认知载体。这也是非物质文化遗产在当前传承中实现现代与传统统一与平衡的一般性经验。

启示二：基于现实进行理性的理想追求。精英阶层对非物质文化遗产理想化的期许和一厢情愿的要求，而在现实践行过程中由于原有村落不复存在，文化持有者散居各处，缺乏生态与人文环境的滋养，导致个人原有地方性知识认同力量式微，找不到传承人员，走向连基本的传承都无法延续的现实处境。倘若依旧按照精英阶层的期许与要求进行理想化传承，这样的传承期许无异于给非遗保护与传承镶嵌了一副枷锁。笔者在采访杨家庄永音法鼓时，法鼓传承人杨奎举表达了自己的心声："我们也想原汁原味，我们比谁都着急，也想看到它（法鼓）能传承下去，但是，（现在）学的人都没了，还谈嘛原汁原味啊！"[①] 而这种形态也是当前"非遗"保护与传承中存在的悖论，"保护中主要关注的是对遗产的'稳态'，而忽视了文化遗产的'变异性'，因此导致文化空间保护中，原生性的强力维持不是在提升保护对象的质量而

---

① 采访对象：杨奎举；采访人：马知遥、刘智英；采访时间：2016 年 11 月 3 日；采访地点：天津市河西区南楼前程里 72 门 302 室。

是因为保护而使对象本身陷入了困顿。"① 非遗"稳态"与"变异性"之间的悖论其实三道法鼓当前发展已经提供了一定的参考。通过田野调查，这三道国家级非遗法鼓老会都发生着或多或少的变异，但是他们的技艺、套式、角色等核心内涵保持着原汁原味，其他的变动只是在生存环境变迁后，做出的为了传承下去退而求其次的修补式改变，为这种艺术形式恢复曾经的辉煌或积蓄力量，或在不伤其文化内涵的基础上进行符合当前精准的"扬弃式的建构"或"借鉴式的互构"②。而过于偏执的原汁原味，看似保护，实则扼杀。非物质文化遗产是人们的思想外化，思想是无法固化的，它是变化的，它是无文字、非书面的。在目前传承面临重大困难时，精英阶层还一味臆想式地求全责备，把他们的思想完全固化，是不可能也是不利于非物质文化遗产持有者传承与发展的。专家应换位思考，设身处地与会员待一段时间，生活一段时间，就不会站在道德与理想的制高点上摇旗呐喊，而是建立在冷暖自知的深度实践后做出更加人性化的体悟，这也契合我国以人为本的终极追溯。但是允许变化不是让文化持有者放任自流、随心所欲。如何掌握这个度，就是保证核心技艺和核心内涵不受到冲击。授之以渔，注重民间草根智慧。不要忽视草根智慧，要建设通达的民意表达渠道与民主决策机制，以充分获取"地方性知识"，切实汲取老百姓的草根智慧，激发他们的"文化自觉"，由他们自己来设计、执行、监测以及评估保护自身"非遗"的方式方法，实现自下而上的可持续的"非物质文化遗产"保护目标，保证核心技艺和核心内涵，允许一定的文化弹性。

　　地方性知识的核心就是拓宽其非遗传承与保护整体的视阈与维度，弥补未涉及的问题与盲点，而不是提供其普适性知识。至于能否推导出一般性的参考模式，这需要长期的实践过程，结合具体时空进行精准对待，找到试点固然好，但由于非遗的复杂性、社会的复杂性、时代的复杂性，要找到一劳永逸的保护与传承的方式很难。我们要做的是从现有的保护与传承成功与失败的个案中找到一些启示，对仍未或将要进行城镇化建设的原村非物质文化遗产何去何从提供一些参考与启示。我们要做的是为保护与传承这个大厦不断地添砖加瓦，让它更美、更牢固、更完善。

---

①　马知遥：《非遗保护中的悖论和解决之道》，载《山东社会科学》2010 年第 3 期。
②　郑杭生：《论"传统"的现代性变迁——一种社会学视野》，载《学习与实践》2012 年第 1 期。

土族居住习俗的保护与传承

马延孝

（天津大学建筑学院）

"民俗，即民间风俗，指一个国家或民族中广大民众创造、享用和传承的生活文化。"① 它起源于人类社会群体的生活，在特定的民族、时代和地域中不断形成、扩大和演变，为民众的日常生活服务。按照"民俗学之父"钟敬文先生的理论，民俗可分为物质民俗、社会民俗、精神民俗和语言民俗四大类，其中物质民俗包含居住建筑民俗。

从居住民俗的发展历史来看，人类早期经常迁徙、居无定所，因而也不可能形成经久居住的习俗。人类最初穴居野处，构木为巢，直到畜牧农耕的普遍出现，有了生活保障以后，人类才开始定居下来，随之产生了居住习俗。

一

土族自称各地不一，有"蒙古尔""蒙古尔孔""察汗蒙古尔""土昆""土户家"。藏族称土族为"霍尔"；汉族、回族等民族称土族为"土人""土民"；汉文史书上称土族为"西宁州土人""土民"。中华人民共和国成立后，经过民族识别，根据土族人民的意愿，统一称为"土族"。

土族为青海省特有少数民族，人口近30万，主要居住在青海省东部地区的互助、大通、乐都、民和、同仁等区县。此外，甘肃天祝、永登等县也有少量土族居住。土族居住的地区自古以来就是"可耕可牧""五谷俱产"的地方。② 这种自然条件决定了土族的生产方式，大体上经历了以先畜牧后农业为主要生计模式的生活阶段。据互助县毛荷堡陈姓土族的族谱记载："川有木，山有林，牛羊众多，尔牧来思"，说明他们的祖先长期以来从事畜牧业。《明实录》记载，明万历十九年（1591）西祈土司祈德曾纳马六百五十匹，

---

① 钟敬文：《民俗学概论》，上海：上海文艺出版社，1998年。

② ［清］梁份著，赵盛世等校注：《秦边纪略》，西宁：青海人民出版社，1987年，第58页。

说明到明万历年间，土族人中仍有一部分从事畜牧业。据调查，清初至清中叶，大通县土族中仍有一部分住帐房，从事畜牧业。土族地区在相当晚近的时期，有许多地方，还是放牧之地。互助陈伯堡以北，在清代中叶，尚是荒草森林之区，不种作物，只放牛羊。陈伯堡以南，开垦的田亩也不多。农业生产发展较早的民和，在明朝也有一部分地区是土族发展畜牧业的"挈牧地"，阿拉古山是土族东李土司的放牧之地，杏尔沟一带是东李土司的牧场。土族人民从事畜牧业，基本上是在就近的草山、草场定居放牧。① 可见，土族定居始于明代，这与青海汉族历史上第二次大规模迁移到河湟地区的时间基本一致，土族居住习俗也深受汉文化的影响。

土族民居用汉语称为"庄廓"或"庄窠"。因方言区不同，土语对自己民居的称呼也不尽相同，民和土族称作"昂图"，互助土族则称作"日麻"。庄廓是青海省东部河湟地区各民族民居普遍采用的民居建筑类型。庄者村庄，汉语方言俗称庄子；廓即郭，字义为城墙外围之防护墙，是由高大的土筑围墙、厚实的大门组成的合院。② 土族每户人家都有自己独门独户的庄廓。平中带缓、双面放坡以及悬山屋顶的构造形式是土族民居的主要特征③。

土族生活区域地处黄土高原与青藏高原的交界地带，具有气候寒冷、气温日较差大、气温年较差小、气温垂直变化大等较为典型的高原气候特点，土族先民充分发挥生存智慧，形成了庄廓形态规整、围墙宽厚、内聚向阳、住屋类型多样等建筑特点。同时，土族文化处于儒家文化、佛教文化、道教文化和伊斯兰教文化的叠加区，尤其深受汉族、藏族文化的影响，居住民俗与河湟地区的汉族、藏族具有共性的一面，在庄廓的营造过程、仪式以及房屋的建造、空间的分配等方面表现得尤其明显。但是土族因其自身文化原因，也有不同于其他民族的居住习俗。

二

土族居住习俗主要表现在工匠、仪式、社会组织、人生礼仪、信仰、民间文学等诸多方面。

工匠习俗主要指木匠、瓦匠、石匠及民居使用者和参与者在营造民居过

---

① 土族简史编写组：《土族简史》，北京：民族出版社，2009年，第36页。
② 王军：《西北民居》，北京：中国建筑工业出版社，2009年。
③ 崔文河、于洋：《"多元共生"——青海乡土民居建筑文化多样性研究》，载《南方建筑》2014年第6期。

程中的技艺，主要包括民居使用者和参与者夯筑庄廓围墙、制作胡墼①、砌筑屋内外隔墙、盘筑锅头②的手工艺技术，木匠营造榫卯结构或土过梁梁③形式房屋、木大门、室内装饰的手工技艺，石匠制作柱顶石④、夯筑墙基的特殊技艺。

按时间发生的先后顺序排列，民居营造过程中主要有动工、和龙口⑤、上大梁、立大门、盘锅头、开火等仪式。动工、立大门仪式由喇嘛或风水师主持，上大梁由掌尺⑥主持，其余仪式由村里或家族中德高望重者主持。在不同阶段举行的仪式，因其表示的内涵不同，仪式的内容、过程、所用的材料等也有所不同。

俗话说得好，"驴啃脖子，工变工。"土族传统民居的营造主要靠左邻右舍，甚至是亲朋好友，但最主要的参与者是同姓宗族人。无论是在夯筑庄廓院墙过程中，还是在举行上大梁仪式时，同姓宗族中的所有家庭几乎都要派出一位男性参与。不出三代的同姓宗族家庭，还要派出年轻女主人，帮助民居建造者烧火做饭，供所有民居营造者食用。村里人在这时候，还要看这个同姓宗族是否团结，家族里的长者是否有威信。

人生阶段的几个重要仪礼，诞生、成年、婚姻、丧葬仪礼主要在民居中发生，与其空间密切相关，因此也就形成了与居住有关的人生礼仪。土族人为了获得安居乐业的生活环境和条件，信仰神剑、土地神、家神等掌握世间一切的神灵，尤其是围绕着土地神信仰，在民居的前期准备、营造和使用中，都要举行相应的仪式以期得到它的保佑。所有仪式中的祝词和有关居住习俗的民歌，本身就是土族人生活的一部分，须臾不离。

住居中佛堂、卧室、厨房、畜舍、厕所、柴草房等空间合理划分，正房左侧是家庭中长辈的卧室和款待宾客的地方，正房右侧是供家人日常拜佛之用的佛堂，左右厢房多为厨房以及卧室，南墙附属空间多为入口过道、杂物

---

①　青海汉语方言中对土坯的称呼，由民居居住者和左邻右舍帮忙者使用模具制作，有生土土坯和草泥土坯之分，形状和大小与现代红土砖相差无几。

②　青海汉语方言中对灶台的称呼，由民居居住者邀请有经验的亲朋好友用土坯和草泥筑造。

③　青海汉语方言中对简易房屋的称呼，由于受木材所限，将屋檩直接放在承重土墙上建造的简易房屋。

④　青海汉语方言中对柱础的称呼，由石匠锻造。

⑤　夯筑生土围墙即将围合成方形院落时举行的仪式。

⑥　青海汉语方言中对木匠师傅的尊称。

间以及厕所，中宫、煨桑炉、经幡旗杆等宗教设施和转槽①占据了院内大部分空间，很少出现类似汉族和回族院内种植蔬菜、果树的现象。土族人家有的采用灶连炕的形式，即将锅灶与卧室中的炕通过设于二者隔墙上的烟道相连，从而利用烧灶时的火温使炕加热，提高了燃料的热效率。通常将内外墙均以白土泥抹光。它既给人以坚实、整洁的美感，又减弱了水、风对墙体的侵蚀。在庄廓四角的墙头上也常置白卵石块用以避邪。厨房内多开天窗，用于采光、通风，并在厨房内墙高处用黄泥抹涂一块2尺余高、1尺多宽的平面，缀以白点，成为灶神的象征。土族人家室内常以牡丹图案进行装饰，把牡丹看作月亮的女儿、吉祥的象征，因此有"土族人家满眼是牡丹"之说。

此外，土族还有许多居住禁忌。土族有忌门的习惯，如生了孩子、安新大门、发现传染病等，别人不得进入庭院。忌门的标志是：在大门旁边贴一方红纸，插上柏树枝或在大门旁煨一堆火。到土族人家的门前，须先打招呼，等里面的人应声后方可入内，突然入内的行为被视为很无礼。进入土族家庭内，上炕必须要脱鞋，否则也会被视为对主人的无礼，上炕后不允许坐在枕头、被子、衣物上面。裤子鞋袜不允许悬挂于高处。不得在卧室、厨房里吐痰、擦鼻涕，也不得在人前放屁，不能随便进入青年女子的卧室，不得与未婚女子开玩笑。

三

随着中华人民共和国的成立，土族进入了社会主义社会阶段，各方面都取得了长足的发展，人民生活水平逐步提高。自改革开放尤其是进入21世纪以来，土族地区发展势头更加强劲。与此同时，土族文化也在悄然发生着变化，居住习俗也不例外。

聚落形式松散化。从传统村落的空间设置来看，村庄早期由同一个祖先的后代构成，并根据血缘关系的远近，繁衍成几个支系。同一个宗族支系的后代住在一起，即使分家也要在祖屋周边新建房屋居住。这是宗法制度在居住格局设置上的突出表现。属于同一个宗支的人为一个"家伍"，也称作"党家"。每当营造新房时，按照先辈传下来的惯制，他们相互协作，共同完成。随着社会的快速发展和人口的频繁迁移，土族村落中不再由纯粹的单姓家庭组成，居住空间的格局也不再遵循以往的惯制。由于土地资源的日益紧缺，

---

① 位于庭院正中，亦称之为嘛呢台，主要用于拴骡子、马、驴、牛等牲畜，槽内可放牲畜食用的草料，是家庭生活和宗教两用的设施，直径近2米，高度近1米。

同一个宗族支系的人虽然可能还在一个自然村，但距离祖屋就可能比较远了。还有部分土族人离开出生的村落，迁移到城镇或离城镇不远的交通条件较好的村落居住。

家屋格局实用化。传统庄廓院遵循着合院式院落的布局原则，主屋坐北朝南，东西为厢房，面积讲求"外八内七"[①]。20世纪90年代以后，政府规定一座庄廓院占地面积仅为三分，砖木结构、砖混结构的平房或楼房多了起来，房屋格局也不再遵循左居室、右佛堂、中堂屋的传统格局，而是由房屋建造者与使用者共同商量并绘制草图后修建，空间分布以实用为至上原则。传统土族民居结构已逐渐呈现变型的趋势。新型土族农居除满足功能需要外，既要充分体现出传统风格，又要与现代建筑处理手法相结合。

外部形态个性化。随着生产工具的改进和新型建筑材料的出现，土族的建筑风格也发生了明显变化。土族不再忌讳"门大破财"的习俗，修建的大门越来越大，以至于能让农用拖拉机或小轿车出入。随着私有财产的增多，私人空间感的增强和安全保障的需要，小而旧的木门已不常见，新式的铁门作为庄廓大门且越来越多。围墙用砖砌成，大门周围和墙壁上贴满瓷砖作为装饰。宽大而明亮的铝塑、铝合金窗户代替了窄小而透光性不强的支摘窗，款式更加潮流化。房屋装饰也能采用以前只有寺院或土司家才有的高贵色，色彩鲜艳且应用多样化。庄廓院墙四角的白石也不常见。

内部装饰现代化。从比较的角度衡量，民居的内部装饰无论在变化频率、变化周期，还是变化的难易程度上表现得更加明显，装饰材料功能化，装饰风格大众化。20世纪60年代，堂屋墙上挂的是毛主席画像。到了80年代，土族堂屋中间一般摆放钱柜和两把椅子。堂屋墙上挂福禄寿三星图或宗喀巴、班禅活佛的照片，有的在桌子上供奉弥勒佛。过去居室内没有家具，现在每家都有箱柜桌椅等全套家具，家用电器已进入了普通人家。墙上一般不挂照片或画像。由于影响室内卫生，现在修建房屋时灶台和炕已经分开，炕洞门一般开在厨房或角房中。

仪式过程简单化。作为民居建造过程中象征内涵最深刻、最集中，同时也是象征表达最丰富多样的仪式，发挥着连接民居与社会的桥梁作用。[②] 土族民众也通过各种仪式，表达对平安幸福、发家致富、子孙满堂等美好意愿的

---

① 对庄廓占地面积的传统要求，院内净面积七分，加上围墙就是八分。

② 赵巧燕：《空间实践与文化表征——侗族传统民居的象征人类学研究》，北京：民族出版社，2014年，第470页。

祈求。随着社会经济的发展和认知能力的提升，土族居住习俗中的仪式活动也遭受到极大削弱，仪式过程变得简单化。比如随着砖、瓦等新型建筑材料的应用，和龙口仪式基本消失了。近年来，外省汉族包工队来土族地区承包盖房，因为包工头们盖房速度快，还能降低修建成本，且不打扰自己的正常生活，土族民众普遍愿意让汉族为他们修建民居，但随之而来的问题是不举行传统仪式了。

土族民居及居住民俗的确发生了不小的变化，但体现浓厚宗教氛围的建筑因素则几乎没有发生变化，即使变化也较小。以往堂屋的旁边要有专门供奉神灵的佛堂，现在许多人家没有专门的佛堂了，只是在堂屋中间放置的新式电视柜上供奉菩萨，墙上挂宗喀巴、班禅活佛的照片，每天早晚烧香祈祷。在打庄廓时，由喇嘛或风水师选择吉日吉时举行开工仪式，在中宫和大门两边、四个墙脚下要埋"宝瓶"[1]，保佑家宅平安，镇避邪气。多数人家在中宫处依然竖立嘛呢杆。在中宫位置面对堂屋处建煨桑炉，供家里老人煨桑烧香使用。土族庄廓的大门门梁上或者庄廓墙的四角处要插印有经文的经幡。

四

对于民俗文化变迁的原因，乌丙安说，民俗文化变迁有三种作用机制。变迁的内部机制是由于农村实行家庭联产承包责任制后，传统的生产方式发生了变化，农村居民的经济收入水平提高，消费水平与方式也发生变化，导致生产、消费民俗的变迁。二是外部机制，即异质文化的移植、传播。乡村传统社会经济形态发生变革后，乡村社会内部往往不能创造出新的民俗文化系统以适应这种变革。生产力的提高只是为乡村民俗文化变迁提供充足的动力，却不能供给丰富而具体的现代民俗文化事项。乡村只得采借、移植由城市创造并输出的现代文化。三是主体的选择机制，农民作为民俗文化的主体，正纷纷转移到非农业社会，其社会角色发生变异，乡村民俗文化已不是现代农民的唯一选择取向。[2]

河湟地区各民族居住习俗濒危的原因很多，诸如社会经济的发展，生计模式的改变，手工艺人年事已高，新型建筑材料的运用，新农村建设的需要，留守农村的多为老弱病残者，土地资源的紧缺等，这些都造成了传统民居庄廓营建过程中的材料、技艺、仪式等的消失甚至消亡。由于土族生活于青藏

---

[1] 装有药材、金银、粮食、有灵性活物等的瓷坛子。
[2] 乌丙安：《论当代中国民俗文化的剧变》，载《民俗研究》1996年第2期。

高原上的特殊性，民俗文化发生变迁的原因较其他民族又有一些不同。

自然地理环境的制约不再明显。土族聚居于河湟谷地，有序分布在川水谷地、浅山和脑山地区。与此相适应，气候、土质、植被等都随着海拔和地形的变化而呈现立体分布态势。这种地形地貌气候条件的多样性为土族在河湟谷地的生存与发展提供了物质条件。但随着全球气候的变暖、交通条件的改善，自然地理环境对居住习俗的影响不再像过去那么重要。生土墙越来越薄，没有墙与后金柱之间的"夹道"①了。土地资源的稀缺，使得房屋朝向不一定非得坐北朝南。

国家政策的导向作用至关重要。中华人民共和国成立后，国家有关古村落、民居等方面政策的制定和落实，比如禁止上山砍伐木材，提倡新型建材的使用，使土族居住习俗发生了极大的变化，人们传统的思想观念、价值判断受到了冲击。国家政策作为一种强大的外部力量对土族居住习俗的变迁起到了重要的推动作用。

经济基础发生了改变。中华人民共和国成立前，土族地区相当落后封闭，主要以农业经济为主，生产力水平较低，信息闭塞，与外界联系极少，传统居住民俗文化也就很少受到影响和冲击。中华人民共和国成立以来，特别是随着改革开放的进一步深入，与经济的长足发展和社会的不断进步相伴，现代文明因素对土族居住民俗文化的辐射在不断强化。由于多种经济方式的出现，尤其是旅游经济的快速发展，土族传统文化生成和保持的环境在不断丧失或改变，居住民俗文化也必然会发生变迁，传统居住民俗已很难长久生存或保持原样。

外来文化的冲击。土族生活的河湟地区历来就是中原儒家文化、佛教文化、道教文化和伊斯兰教文化的叠加区，是中央王朝与周边少数民族政权在政治、经济、文化实力伸缩进退、相互消长的中间地带，各民族民俗在相互碰撞和影响的过程中，就会对原有民俗进行整合，冲击彼此的思想观念，发生涵化，出现文化借取。汉文化作为一种强势文化，对土族文化的渗透力和影响力非常强大。庄廓就是汉族北方地区四合院的变体，是汉族合院式建筑在河湟地区进一步发展的结果。土族由游牧居住习俗向定居习俗的转变，也深受汉文化的影响。

主体的自我选择。要使一个民族的成员都接受一种新的反应，并且成为习惯，其中主体的选择性占有不可忽视的地位。土族民众在居住行为上逐渐

---

① 为了抵御寒冷，增强保暖性，在围墙与后金柱之间特意预留的空间。

地、不自觉地学习和借鉴其他民族的生活习俗，表现出对其他文化的认同和接受，是无可厚非的。土族民众居住习俗的变化是自愿的，是主体选择的结果，没有某种力量强迫推行。"土族有钱没钱，都要往墙上抹泥。"这是土族人的文化自觉，也是河湟地区各民族生存智慧借鉴的结果。在院中修建中宫，是其民间信仰的使然，也是其佛教信仰的载体。在民族交往过程中，文化的融合总是相伴而生的。

五

根据联合国教科文组织《保护非物质文化遗产公约》，非物质文化遗产指的是"被各群体、团体、有时为个人视为其文化遗产的各种实践、表演、表现形式、知识和技能及其有关的工具、实物、工艺品和文化场所"。我国《国家级非物质文化遗产代表作申报评定暂行办法》有关非物质文化遗产分类的界定："非物质文化遗产可分为两类：（一）传统的文化表现形式，如民俗活动、表演艺术、传统知识和技能等；（二）文化空间，即定期举行传统文化活动或集中展现传统文化表现形式的场所，兼具空间性和时间性。"[1]

非物质文化遗产和民俗文化并不是同一个概念，也不属于同一个范畴。他们之间也不存在种属关系。由于它们是从"非物质"和"民俗"两个不同的角度划分的文化领域，所以彼此的内容和形式多有交叉和重合，可以认为民俗文化的所有表现形式大于民俗文化，它同时还涵盖非民俗非民间的其他文化形式。[2] 民俗要素渗透到非物质文化遗产的各个方面，众多尚未列入国家非物质文化遗产名录的民俗文化同样属于非物质文化的内容。

从国家住房和城乡建设部、文化和旅游部、财政部公布的四批传统古村落名单来看，土族村落共 14 个，占青海省入选传统古村落总数的 18%。青海省共争取到中央补助资金 2.37 亿元，其中 20 个传统村落保护性建设基本完成。成立了全省传统村落和传统民居保护专家委员会，具体指导传统村落保护各项工作。为防止出现过度开发、盲目建设及改造失当等建设性破坏，印发了《青海省传统村落保护建设项目实施方案》和《青海省实施传统村落保护建设村庄省级联村专家名单及相关制度的通知》。可见，从国家到地方，无论是重视程度，还是资金投入，都有了大的改善。但是，与土族民居保护工作相比较，对土族居住习俗方面的保护工作就显得相对滞后了。

---

① 王文章：《非物质文化遗产概论》，北京：文化艺术出版社，2006 年，第 445 页。
② 乌丙安：《非物质文化遗产保护理论与方法》，北京：文化艺术出版社，2010 年，第 250 页。

　　根据国家有关政策规定，青海省先后制定出台了《青海省加强文化遗产保护的实施意见》《青海土族非物质文化遗产保护条例》等。这些都从法律法规层面为土族传统民俗文化的保护与发展提供了制度保障。学界尤其是土族学者们也在为如何保护而提出各种观点，贡献自己的智慧。从 20 世纪 80 年代开始，互助县小庄村大力发展旅游经济，弘扬和传承民俗文化，走出了以文化搭台、经济唱戏的"小庄模式"。互助县威远镇借助全国唯一土族自治县府所在地、离省城距离较近等优势，建立了彩虹部落土族园、纳顿庄园和西部土族民俗文化村，集中展现了土族古老纯真的建筑风格和别具一格的民居文化。但是，它既不能全面地反映土族居住民俗文化，也不能保护和传承居住习俗。要从根本上解决这些问题，关键在于做好抢救性保护和生态性保护两方面工作。

　　首先，将那些濒危的居住民俗抓紧时间抢救。保护作为一项涉及大众的事件，参与的主体有决策者、组织者，享有者和传承者，实施者和出资者，舆论表达者。政府要把这些诉求不同、作为存在差异的主体组织起来，对土族居住民俗文化做一次全面摸排和甄别，确定实施抢救的具体项目。

　　对于土族民众乃至青海来说，目前最为迫切的就是应该尽快建立中国土族博物馆。湖南甘棠村博物馆、胶东半岛水集二村民俗馆、福建永定区振福楼土楼博物馆等博物馆建设工作已经走在了全国前列，积累了丰富的经验。将传统民居按比例缩小，制作实物展出。将工匠民俗中所用的凿、锯、刨、锤、墨斗、角尺、泥磨、砍刀等工具收集起来，按木匠、瓦匠、石匠分门别类展览。营造生土庄廓院墙所用的墙板、夹杆、磨子、楔子、杵子等生产工具也应该抓紧收集，否则随着时间的流逝，将会逐步消失。在民和县满坪镇大庄村建立的青海永录民俗博物馆，其中有河湟民俗文化博物分馆。此馆距民和土族聚居区二十多公里，交通十分便利。在现有基础上，增加河湟居住民俗展厅或土族居住民俗文化专厅，就可以实现静态保护土族民俗的目的。随着科技、网络技术的发展，将来建立数字博物馆，运用数字化的存储手段，对包括居住习俗在内的土族文化资料进行全面、真实、系统的记录和归档。将营造土族民居的过程、技艺、仪式等用形象的画面方式展示，同时确定和聘请传统民居建造传承人，通过为参观者现场演示和讲解的方式，做到动静结合的全面展示和保护。

　　其次，将原生态的传统古村落留给后人。在全国唯一的互助土族自治县，政府已经对五十镇土观村、红崖子沟乡张家村等一大批村落实施了整村规划、古民居翻新、村容整修等工作。以张家村为例，民居模仿城堡形式建筑，村民称为"团城"。用石头砌成高1.5米、宽0.4米的"团城"围墙，再在石砌墙上用生土夯筑城堡，城堡设二层岗楼。城内则是单元民居，墙连墙，房连房，户户之间有暗道。村中传统土木结构建筑100余户，其中8户为200年前的古建筑。政府将这8户二层楼房形式的古建筑拆除，用新木料按原样修建。但也有村民反映，新建筑和原民居对比，指出存在做工粗糙，二楼木地板缝隙过大无法存放粮食；改变房屋比例，现有房屋不够大气；拆除屋内原有"隔架"，破坏先前壁画等问题，对这种保护措施不太认同。

由于交通闭塞，居住地理位置偏僻等原因，土族聚居区还存在着大量未申请传统古村落的原生态村落。对此类古村落的保护，要区别对待。如古建筑已达危房级别，那肯定得实施拆除重建。但也有古村落中的建筑未达到危房级别，那就不能搞一刀切的模式。日本白川乡合掌村的"合掌造法"可以视为生态性保护的典范。所谓"合掌造法"，是指在屋梁上用木材撑起屋顶，犹如两手合掌，倾斜陡峭的茅草屋顶就是这种建筑的最大特征。现在合掌村里还保留有合掌造民居113栋，目前有600多人生活在里面。合掌造民居的茅草屋顶最多30—40年就需要更换一次，每年村庄里会有3—4处需要更换屋顶茅草。届时邻里们都会自发地组织起来，最多一次有200多人同时参与，互帮互助，两天时间就可以完成。白川乡民众乐于安居田园，生活在童话里，世世代代用这样的方式续写着生命的顽强、执着与智慧，日子平淡而温馨，不会因时间而改变。①

民俗文化遗产，归根结底存在于人们的日常生活之中。广大土族民众既是居住习俗文化遗产的创造者，也是它们的保护者，更是它们的享有者。激发土族民众的主人翁意识，让保护与传承工作走出"政府喊、专家干、百姓看"的局面，实乃当务之急。只有土族人民身体力行、用心体会，自觉传承几千年灿烂的文化遗产，居住习俗才能以生动鲜活的形态传承下去。

---

① 雨秦：《合掌村一瞥》，《中国文化报》，2010年8月6日。

宗教艺术的当代传承

——以黔东北傩戏艺人为例

田红云

（贵州师范学院艺术学院）

宗教艺术的存在与发展有其独特的环境，包括特殊的地理环境、人文环境和社会环境。就傩戏而言，其产生、延续至今并不是偶然现象，而是与民族文化、宗教信仰、生活习俗等有着密切联系。然而，在当代社会，经济发展、科技进步、社会变迁等带来一系列的转变，傩戏这类宗教艺术在当代语境中如何存在，又以何为支撑并得以传承，这其中涉及技艺的传承、信仰的传承，这些问题我们无法回避，亟待解决，在此仅以黔东北傩戏为例予以剖析。

一、黔东北傩戏概述

（一）傩戏的流传及分布

在贵州省东北部的铜仁地区，居住着土家族、苗族、侗族、汉族等民族，傩信仰在这些民族中长期存在，至今仍有大量的还傩愿活动在该地区举行，数以百计的傩戏班子以及数以千计的傩戏艺人，保存完好的傩戏面具、傩戏唱本、法事文书等，都彰显了黔东北傩戏的兴盛。

黔东北傩戏群主要在贵州铜仁地区的铜仁市、松桃苗族自治县、印江土家族苗族自治县、德江县、思南县、江口县等地，傩戏的传播范围较广，但又相对集中①。铜仁地区地处湘、黔、渝边区，北面与重庆的秀山、酉阳、彭水相连，东面与湖南湘西地区的凤凰、花垣等县接壤，武陵山脉横贯其中，交通闭塞、地理位置偏僻、鬼神信仰浓郁等诸多因素的影响，加上荆楚、巴

---

① 文中所涉傩事活动、傩戏艺人等相关资料除特别标注之外，均来自笔者在印江县、思南县、松桃县等地的田野调查。

蜀文化的渗入，傩戏在此处获得了生存发展的空间。"巫觋捶锣击鼓，以红巾裹首，戴观音七佛冠，登坛歌舞，右手执有柄铁环，曰师刀，旁有数小环，摇之声铮铮然，左手执牛角，或吹，或歌，或舞，抑扬拜跪。电旋风转，观者盖如堵墙也。"① 此类场景在当今黔东北乡野村寨的上演不在少数。

（二）傩戏的展演情况

傩戏的展演从来都不是作为一种民间戏剧艺术来单独进行的，而必须与冲傩还愿的仪式相结合②，这种宗教与艺术的结合历史由来已久。傩戏的称谓也各不相同，"傩堂戏""傩坛戏""冲傩""确奴"等。在田野调查中，民众大部分将其称之为"还愿"，即事主因祈求傩神免除病痛、灾难等，或期望达到某种愿望（生子、长寿等）而许下愿信，愿望达成后须展演傩戏，偿还愿信。

还傩愿的时间一般在八月十五入秋之后，此时为农闲时节，而目前也有不少还愿活动在年关将近时举行，这是由于近年来外出打工挣钱的人越来越多，大家只有在过年的时候才回到老家，亲朋好友才能汇聚一堂。还愿地点在事主家的堂屋，除此之外，堂屋外的院坝、屋旁边的路口等地也是仪式举行的重要场所。还愿持续时间多为两天一晚，或是三天两晚，根据还愿的内容及事主家的经济状况而定。傩戏的展演内容为仪式与戏剧的结合，法事与戏剧穿插进行，印江的傩事程序为安师、造水收邪、起鼓发文、立楼立寨、会兵架桥、过牲上熟、差兵、收兵招魂、造船、驱邪扫荡、安营扎寨、发文、观神上篆、和神下马、传花红、投表、禳星筶斗、和标、开洞、报福、先锋、秦童甘生杂戏、开山、了愿上熟、梁山土地、安龙谢土、钩判、送神。思南的傩事程序为合神三堂、贺神、迎神下马、过桥关、开标、开洞、买猪、土地、先锋、回熟、撤标、交戏、勾愿、送神。松桃的傩事程序为起建、请神、发功曹、交牲、封傩、造桥、迎接、开光、安营扎寨、劝酒花红、上表、下马、讨筶、开洞、搬先锋、搬开山、搬算将、禳星和尚、谢土、腾牲、甘生八郎、发标、上熟、游愿、梁山土地、判官、送神。可见，傩事活动的程序繁简不一，内容不尽相同，但无论仪式程序怎么变换，还愿大都沿着请神—迎神—娱神—送神这条线索来进行，在人神的往来、圣俗的交替中传递趋吉

---

① 中共贵州省铜仁地委办公室档案室、贵州省铜仁地区志·党群编辑室整理：《铜仁府志》，贵阳：贵州民族出版社，1992年，第28页。

② 当然，在现代社会中，随着旅游开发热潮的推进，傩戏被搬上表演的舞台，被"娱乐化"，以满足他者的猎奇心理，神圣性已不复存在。

避害的美好祈愿。

（三）还傩愿缘由分析

　　傩戏在不同的地域有不同的表现形态和类别，有"大愿"／"小愿"、"全堂傩"／"半堂傩"、"冲傩"／"还愿"等区分，总的来看，大致有以下三种：一类是还子童愿，夫妻多年未生育或期望添男丁而许愿，待生子后请傩坛还愿；一类是还过关愿，希望子女顺利成长，消灾免难而许愿还愿；一类是还寿愿，为老人求得长寿，身体健康，至七十岁或八十岁高寿之后还愿。这些还愿的事由不外乎消灾、求吉这两方面，纵观任何一种傩事活动的缘起到结束，体现为"许愿—灵验—还愿"这一行为模式。事实上，在现实生活中，人们不全是因为愿望的实现而举行傩事活动，还愿仪式也并不是"征服灾难之后谢神的庆典"，在他们的观念里，"许愿是一个严肃的问题，所以一般不轻易许。若许下愿，愿望实现而不还，便认为会遭到神的惩罚。"[①]这其中许愿不是人们关注的重点，何时许愿，为何许愿，在许多傩事活动中事主都已经无法解释清楚，只是笼统地说明为"有老愿没还"，人们更多地注目于"惩罚"，这种惩罚包括疾病、灾祸、不顺等，在现实生活中被不断地凸显与附会，傩愿再次被提及。

　　在田野调查中，还傩愿的家庭大多是家有不顺，为祛疾消灾而举行傩祭仪式。如在印江 RRJ 家中举行的还子童愿，起因为 RRJ 初次外出打工，两根脚趾无故骨折，医院治疗几个月不见好转，究其原因说是家有老愿未还，便承诺还愿，之后脚伤便逐渐好转、痊愈；印江 TJH 还子童愿，起因为 TJH 四兄弟家中均不顺，老大在几年前父亲去世后突然晕倒，浑身无力、头疼，到处求医无效，丧失劳动能力至今，老二家中无故失火，房屋烧毁大半，老三被热油严重烫伤，四兄弟商议共办一场还愿仪式。在松桃 LJH 家中还愿，起因为 LJH 夫妇身体不好，四个子女中大女儿腰痛、肚子痛，医院查不出病因，小儿子肠胃出血，一家人大多有病痛的经历。上述种种，在疾病、灾难面前，人们无法用常理来判断，在现代医学也无能为力的情况下，将这些异象的出现归结于有老愿未还而带来的神的"惩罚"，因而还愿以期解除厄运。

---

① 庹修明：《德江傩堂戏》，贵阳：贵州民族出版社，2012 年，第 17 页。

二、黔东北傩戏艺人的现状

（一）傩戏艺人概况

黔东北地区的傩戏艺人大多数是农民出身，也都生活在农村地区，平时在家务农，和普通村民一样生产劳作，没有太大的差别，而到下半年农闲时节有人邀请还愿时便化身为傩法师，活跃于各个村寨，从事冲傩还愿活动。但近些年来，这种从业格局在逐渐地发生变化，最大的变化就在于已经出现了职业性和半职业性的傩法师。职业性的傩法师可分为两类，一类是到旅游公司任职，成立专门的绝技表演团体，为广大游客表演傩技，每天遵循上班制度来表演傩戏节目，如在松桃正大乡的苗王城景区里就有这类职业化的傩法师；另一类是自己成立傩文化公司，从事许愿、还愿等活动，明码标价，为人还愿酬神或表演傩戏、傩技，如印江 QRJ 就在贵阳成立相关的傩文化有限公司，他自身为秦氏傩坛第三十三代传承人，带领一批傩法师进行傩戏表演（每场 800 元）、傩祭表演（收费 600 元）、还愿（38000 元/次）等，还从事选址、择吉、丧葬服务等。半职业性傩法师的情况为不完全在家务农，一年之中大部分时间在从事与傩事相关的工作，如印江 YZG，五六年前在外打工，现在镇里开办了一家殡仪用品店，标明文武坛都做，店里出售香蜡纸草等丧葬用品，兼做还愿、安香火、丧葬等法事。此外，在松桃地区，年老的傩法师基本在家务农，有傩事活动便参与，而稍微年轻些的傩法师会外出打工，在每年的秋冬时节便会回到家乡，待上三四个月，为乡民还愿，待到年后仍外出打工，年复一年，似候鸟般来去。

在黔东北地区的傩法师中，受"传男不传女"思想的影响，男性傩法师居多，女性傩法师不多见，仅在印江、德江有两三个，作为职业表演的女性傩法师有不少。从年龄分布上看，四五十岁及以上的人群占多数，二三十岁的年轻人并不多见。

（二）傩戏班子的构成

完成一整堂傩事活动离不开众多傩戏艺人的共同协作，其中作为核心人物的是掌坛师，其次是在仪式过程中参与酬神还愿的傩法师们，他们既是驱邪逐疫的法师，同时也是傩戏表演的主要角色。一般而言，一场还傩愿需要6—7 个傩法师，所谓"七紧八松"，人多人少都能把法事做完，只不过内容会有适当的缩减与变化，这也是掌坛师需要注意与协调的。

　　傩戏班子的构成并不是固定不变的，掌坛师会根据各个傩法师的空闲时间、相互合作的密切度等因素来决定每次还愿傩戏班子成员的组成。"武陵山区的傩坛有两种组织形态：一种是体现掌坛师师承关系的祖师坛，一种是进行冲傩还愿活动的傩坛班。但二者并非泾渭分明，有时候冲傩还愿的傩坛班成员都是一个祖师坛的，有时候冲傩还愿的傩坛班成员则来自不同的祖师坛。"[①] 事实的确如此，在 ZYQ 过职仪式中，共 8 名傩法师，掌坛师为 YSY，他和 YSH、、YXG、TJB 为一个祖师坛，YXP、YZG 为另一祖师坛；在 RRJ 还子童愿中，共 6 名傩法师，掌坛师为 YZG，他和 YXP、YL 为一个祖师坛，YSY、YY 为另一祖师坛。据 YZG 介绍，每次还愿仪式不是固定的组成成员，而是哪个人有时间就去帮忙一同还愿，几个祖师坛的人会经常相互帮忙去还愿，一个祖师坛的人很难凑齐，有的人有事情，或出去打工没回来。像 YZG 在 2016 年底就有五六场还愿活动是和 TJB 所属的祖师坛成员共同合作完成的。这种跨师承的合作关系相对比较稳定，在较小的地域范围内一直延续至今，不同师承之间在仪式做法、傩歌唱腔、傩事程序等方面会存在一定的差别，但这种差别对整个傩仪没有什么影响，各自按照各自师承所学来操作完成即可。从地域分布来看，傩戏班子也有不同地域的交流，和铜仁地区相毗邻的秀山、凤凰等地，傩戏艺人会进行跨地域的合作。

　　除傩法师之外，在傩戏表演的过程中还有一类不可或缺的艺人——锣鼓师，主要为傩祭仪式和傩戏表演进行鼓乐演奏。这类人可以是由傩法师来担任，也可以由事主家自行安排人员，如果是傩法师来担任，会因为增加人数而增加事主支付的酬金，因此，一般都是由事主家找两三个会敲锣打鼓的亲朋好友来充当锣鼓师的角色，只不过在傩事活动正式开始之前，双方相互配合一下，找准击打节奏，看准傩法师的相关手势，便能完成傩事的配乐工作。

（三）掌坛师的多重身份

　　掌坛师在傩戏传承中的作用举足轻重，他首先是作为非物质文化遗产的传承人而存在，即使他没有获得国家或政府的明文公示，至少在民众看来他掌握着某种独特的技艺。"非物质文化遗产传承人应是：在有重要价值的非物质文化遗产传承过程中，代表某项遗产深厚的民族民间文化传统，掌握杰出

　　① 许钢伟：《论武陵山区傩坛的组织形态》，载《世界宗教文化》2016 年第 5 期。

的技术、技艺、技能，为社区、群体、族群所公认的有影响力的人物。"① 作为掌坛师，他是傩坛的组织者与领导者，威望较高，受人敬重，经验也很丰富，在傩祭仪式中沟通人神，无形中体现出一种神圣性。此外，掌坛师不仅能在傩事中沟通人神，在其他的祭祀活动、丧葬仪式中，他也可以从事相关的仪式来驱邪纳福。据思南掌坛师 LSY 介绍，在武坛还愿活动中他的法名为 LFG，在文坛为死者超度仪式中他的法名为 LHZ。掌坛师和道士这两种身份之间是可以相互转换的，这种特殊的身份为常人所不具备，可更广泛地参与到各类仪式中。

掌坛师也是当地民间艺术、地方文化的掌握者，多精通当地的歌舞、小戏等。如德江掌坛师 WGH，既精通傩戏的表演，又精于傩面具的雕刻与制作；松桃掌坛师 TZJ，还傩愿的法事程序及傩戏演唱技艺精湛，对傩坛布置中所用的扎染、剪纸、吊挂等制作也相当精美。此外，除去那些职业性的傩法师，绝大多数的掌坛师都是农民出身，仍然从事农业生产活动，在家里耕田种地，发展养殖业，也有部分较年轻的掌坛师到县城或是外省打工。尽管他们在不同的时间背景下其身份会发生相应的转变，但总的来说，傩坛之外的掌坛师和普通人没有什么区别。

三、黔东北傩戏的当代传承

（一）傩戏艺人的传承现状

在较早时期，黔东北地区傩戏艺人在收徒授艺时秉承"传男不传女""传内不传外"的原则，直到近代才逐渐放开条件，不再受家族、地域、籍贯、性别等方面的限制，只要人品好，有意愿来学傩戏都可以拜师学艺。然而，傩坛组织的开放收徒并未带来过多新鲜血液，在整个黔东北地区，甚至扩大到湘鄂渝黔边区，各地的傩坛仍是以父子或家族成员为主体构成的。这种格局的形成主要是由于行傩活动所处的地域环境的局限，以及人文环境的渗透，傩风浓郁的村寨一般在较为封闭、交通不便的地域，长期以来一直盛行各种宗教信仰及神灵崇拜，还愿的习俗亦影响深远。七十岁以上的傩戏艺人大多都有跟随父辈或祖辈冲傩还愿的经历，长时间的耳濡目染让他们无形中将傩戏、傩仪铭记于心，最终走上和祖辈同样的道路。如印江省级傩戏传承人

---

① 祁庆富：《论非物质文化遗产保护中的传承及传承人》，载《西北民族研究》2006 年第 3 期。

YSH 就是在 9 岁时帮其曾祖背包包，到别人家还愿，跟着看跟着学，1961 年 24 岁时就已过职正式掌坛，到目前为止收徒 13 人，过职 9 人，徒孙更是数不胜数，YSH 的三个儿子均会表演傩戏，其大儿子 YXG 已经过职收徒。目前，非家族内的收徒现象也有不少，这类傩戏艺人对傩祭、傩戏有着天生的爱好，喜欢热闹，善于唱跳，记忆力强，观察细致，因而会获得掌坛师的青睐，学到了很多东西。

投师学艺的门槛降低并不意味着就能将傩戏很好地传承下去，傩戏这一宗教艺术形式具有极强的复杂性，在很大程度上制约着学习者的深入把握。譬如，傩祭仪式中的祭词以及傩戏唱词是非常复杂、繁缛的，要记住众多的神灵名称、仪式程序等，没有相当好的记忆力是没有办法做到的，尤其是傩戏的传承多是依靠口传心授，在文本缺乏的情况下只有靠记忆来记录整理，也有傩戏艺人将文本抄录下来日夜背诵。傩戏的表演讲究的是手、脚、口、脑并用，唱的时候要结合舞步、手诀或是法器同时进行，这就很考验傩戏艺人的表演才能和艺术天赋。有的傩戏艺人嗓音条件很好，唱出的傩歌高亢悠扬，有的傩戏艺人肢体语言表达丰富，动作或孔武有力，或柔美多姿，这都是一名合格的傩戏传承人必备的一些条件。此外，还要有吃苦耐劳的精神，傩事活动经常要通宵达旦，能善始善终完成仪式，而不是喝酒、偷懒。傩戏的传授方式较为单一，有少部分掌坛师会在雨天或农闲时召集徒弟在家中指点、传授，更多的是要求徒弟在实际的还愿活动中自主学习，细心观察，抓住时机询问，通过天长日久的积累来学习这项技艺。经过三年五载的跟师学艺，各类法事、傩戏都已掌握娴熟的弟子可以迁阶度职，师父传法于过职弟子之后即可自立门户，开坛授徒。

（二）傩戏艺人的当代传承

在非物质文化遗产保护的背景下，还傩愿在黔东北大部分地区得以复兴，甚至呈逐年上升趋势，这里面有国家及政府的支持与鼓励，如德江傩戏作为国家级非物质文化遗产，获得了政府极大的关照，传承人获得的物质上的补助以及精神上的荣誉称号都是对他们的肯定，这会使他们重新审视自己的民族文化传统，也促使他们在传承过程中的积极性进一步加强。在印江县，还愿这种非遗活动是被允许操办请客的，不在办酒的禁令管制之中，这也从一个侧面促进傩戏的传承，但也会带来一些问题，因还愿而办酒的花费巨大，至少需要一两万元的开支，付给傩法师的工资占据了大半，这也使得某些傩法师在年前几个月内仅靠还愿就能收入两三万元，这样的经济收入多少会刺激傩艺人的速成，即还没有完全掌握整坛法事便度职出师，虽然没有人明确表示出于收入的原因而学习傩戏，但从还愿的实际收入和农事所得收入来看，不排除是出于经济上的考虑。长此以往，是否会带来傩戏传承的断层与缺失，目前不得而知。

傩戏艺人在当代的传承更多的是困惑，借用松桃一位掌坛师的话："还是不愿意他（掌坛师的儿子）学，现在年轻还好，等到老了像我这样就不行了①，学到这个就是一辈子的事情，别人请到你了就得去，不去脸面上过不去，所以你不能不去，怎么着都得去。他现在唱词、唱腔都学会了，就是不会动作，在家里也不问不学，现场来学，临时抱佛脚哪里行，作为掌坛就要整坛法事都会做，台上一分钟，台下十年功。再说，做这个现在讨不到吃，外面去打工一天收入一百多元，这个一年也没得几次。"和印江县不同，松桃的傩戏艺人在还愿中不会获得太多的酬金，他们坚持"师钱不讨，师米不量"，认为再苦再累都不讲报酬，看主人心意而定，多少钱都不计较，都是做好事。这也会造成一个很实际的矛盾，当经济收入无法满足生存所需时，非遗的传承就面临巨大的挑战。

（三）傩信仰的当代延续

信奉傩神的黔东北人民，有着许多原始宗教观念和信仰习俗，尽管在社会发展中已经发生变化，但鬼神观念仍然根深蒂固，以驱鬼酬神为主的傩事活动在此地仍在繁衍生息。据老一辈的人介绍，中华人民共和国成立前几乎每个村寨都有傩坛，每个家族都举办过还愿活动，傩信仰早已渗透到人们生活中，乃至于潜移默化在精神生活中，驱邪、治病、求子、禳灾等，无一不寄托于傩坛。1949 年以来，傩坛活动由于鬼神迷信而属禁锢之列，尤其在"文化大革命"期间，傩坛巫师多被划为"牛鬼蛇神"，面具、服饰、道具、"三清图"等均被焚毁。在当代社会中，还愿活动并不比以往少，反而有增多的趋势，有掌坛师这样解释："以前经济条件不好，还一场愿要花费不少钱，现在大家有钱了，就来还愿。"这只是说明了表象，究其深层，是为了生存而进行的逐除仪式。

在人的生存过程中，疾病、厄运、死亡这些都是人们不愿意面对的，即使现代社会经济发展，科技发达，也有很多用现代科学知识无法解释的现象，

---

① 这位掌坛师在演傩戏《搬开山》时动作幅度过大，加上年老体力有限，将脚不小心扭伤了，还得忍痛继续表演。

发达的医疗技术无法治愈的疾病，人们在傩祭仪式中获得了慰藉，特别是有通过还愿仪式而解脱病痛的案例的出现，傩仪起着无可替代的抚慰与治疗作用。巫术仪式带给人们的治愈作用，是其他物象无法做到的，即使在当代科技、医疗迅速发展的时代，仪式的象征、过关的隐喻等会给予人们心理的暗示与强化。正如拜伦·古德所言："当我们遭遇疾病时，科学的局限性很快成为显而易见的。在目睹属于其他宗教信仰、医疗传统和文化背景的人对疾病所作出的反应时，我们感到需要学的比需要教的要多。"① 这也可以解释在松桃县世昌乡某村卫生所门口张贴着这样一副对联："除瘟逐疾岁长春，救死扶伤人永健。" 宗教信仰与现代医疗的同时存在，彰显了在一些少数民族地区"神/药"并存的局面，医疗机构解决不了的疑难杂症，可以由傩神来祛除，这只不过是人们为了生存，趋利避害的一种本能的选择。

结　语

傩戏这类宗教艺术与其他的非物质文化遗产有本质的区别，就在于它是基于宗教信仰的层面，或者说是基于精神层面的一种存在，其本身的神圣性大过于世俗性的戏剧展演，它关乎人们生存的可能，因而，只要有趋利避害这类本能心理的存在，傩信仰、傩戏就有其存在、繁衍的空间。而至于在当代社会中，宗教艺术如何传承，是由民众自身来决定的。

---

① ［美］拜伦·古德著，吕文江等译：《医学、理性与经验——一个人类学的视角》，北京：北京大学出版社，2010 年。

试论新疆少数民族非物质文化遗产中传统手工技艺的保护及对策

黄适远

(新疆文化厅艺术研究所非物质文化遗产保护研究中心)

新疆自古以来就是一个多民族、多宗教、多文化的地区。各民族文化以自己绵长的历史传递给今天瑰丽而斑斓的色彩。1949 年中华人民共和国成立以来，新疆的民族文化得到了党中央、自治区党委、政府的高度重视，民族文化得到了空前发展。进入 21 世纪以来，随着世界经济一体化的发展，保护民族文化多样性的健康发展更显得迫在眉睫。其中，作为民族文化中最具有古老技艺符号之一的传统手工技艺在当前显得尤为突出和濒危。

一、新疆少数民族传统手工技艺的独特人文价值

新疆少数民族传统手工技艺充分体现了农耕民族和游牧民族在长期适应大自然的过程中总结经验、热爱生活的智慧与情愫，具有较高的人文价值，具体表现为：

1. 集中反映了农耕民族和游牧民族的历史"记忆"。新疆地理环境丰富多元，主要形成以三大地域为特点的区域分布方式：以天山南部新疆、东部新疆从事农耕生产维吾尔族为主的传统手工技艺；以天山北部从事游牧生活的哈萨克族、蒙古族等为主的传统手工技艺；以在帕米尔高原生活的高原民族塔吉克族、柯尔克孜族的传统手工技艺。这些少数民族的传统技艺深刻反映了从古代西域到今日新疆大地上的民族"记忆"和沉淀，也从另一面反映出了新疆少数民族的智慧，得以施展于生活的方方面面。

2. 历史悠久，种类繁多，技艺古老。如：和田桑皮纸、花毡、切克曼、乐器、食品服饰、毡房、小刀、马鞍等制作技艺，都是原汁原味的原生态制作方式，至今仍然完整地呈现在少数民族的吃穿住用行中。

3. 艺术形式与宗教文化有机融为一体。手工艺作品中的图案造型和色彩

的选用是一门再造物的技术，也是人们追求美的一门艺术。新疆传统手工技艺选用的图案和色彩体现了新疆少数民族特有的审美情趣。图案造型方面，新疆的少数民族以信仰伊斯兰教为主。伊斯兰教的偶像禁忌是绝对的，伊斯兰教允许绘画大自然风景，但不能画人。所以维吾尔族在花帽中选用的图案也多以花卉、果实等自然形象为素材，如巴旦木纹样、奇依曼纹样与各种组合花卉及几何图形，图案与纹样千变万化、各不相同，这种图案在中亚地区也显示出十分广泛的宗教文化的认同。色彩方面，新疆地表多以灰色暗淡的沙漠色为主，冬季寒冷而漫长，人们长期生活在简单的以灰色为主的环境中，对缤纷的色彩充满向往，于是选用色彩时，更偏向艳丽多彩的效果。

4. 有些民间传统手工项目制作方式一样，同出一源。如维吾尔族中的切克曼、花毡、帕孜拉和哈萨克族、柯尔克孜族传统手工基本相同。维吾尔族刺绣和蒙古族刺绣、柯尔克孜族刺绣在工艺上也基本一致。反映了在遥远的游牧生活历史上，彼此同出一脉、同出一源。

二、新疆少数民族传统手工技艺现状及存在的问题

辽阔的新疆，生活着维吾尔、哈萨克、蒙古等少数民族，这些民族在世代生活中，保留着许多古老的生产生活方式。其中，传统手工艺是记录他们族群符号的重要标志，这些传统手工艺凝聚着少数民族的智慧、情感和创造力，记载着新疆各族群众文明演进的轨迹，反映了古老的文化精髓。

中华人民共和国成立后，新疆少数民族文化遗产得到了很好的保护。从最初的单独保护、分类管理，到保护文物古迹，后来延伸到文化名城、历史文化区域的保护，现在又针对非物质文化遗产进行类别保护。当前，对于传统手工技艺的保护更是被列入了议事日程和实施当中。

通过近几年对新疆各地传统手工技艺的了解，我们发现形势不容乐观，主要表现在：

一是掌握传统手工技艺的传承人大多为老年人。从实际情况看，许多传统手工已经出现了人亡艺绝或濒临失传的状况。如桑皮纸的制作、苏尔制作等。以桑皮纸制造技艺为例，桑皮纸在新疆的使用历史悠久，直到明清时仍然比较盛行，但随着时代变迁以及科技的发展，到 20 世纪 70 年代，只在维吾尔族民间仍在使用桑皮纸。20 世纪 80 年代以后，桑皮纸制作技艺已经面临极度濒危，目前，除了几个年龄偏大的制作老艺人外，因为没有市场需求，制作桑皮纸的匠人都已转业，年轻人也不愿继承这门技艺。

二是学习传统手工技艺的周期漫长。传统手工技艺的学习从跟随师父学习开始，一般需要三年到五年。在此期间，只拿学艺的一些费用，难以持家。因此，乡村的年轻人更愿意从事其他来钱比较快的服务行业。

三是多数传统手工技艺难有市场。例如，传统手工技艺制作的穆萨莱斯（一种饮品）、萨本（哈萨克古老的洗涤用品，类似肥皂）、奶酒等，多仅限于本乡镇村的消费，难以形成规模，成本高，而现代工业制作的酒、肥皂等价格低、消费群体多。因此在市场竞争上，这些传统手工技艺产品没有太多优势，处于弱势。

三、对新疆少数民族传统手工技艺保护的对策

新疆各级政府一直致力于推进新疆少数民族传统手工技艺的保护和发展，在这方面做了大量的工作，例如政府定时向传承人发放生活补贴，解决生活困难；组织相关的演出，并在经济上给予回报；鼓励优秀的传承人带徒弟以培养接班人等，这在一定程度上使少数民族传统手工业得到了保护，但是相对于更多的民间工艺来说则远远不够。

在此情况下，非遗工作者采取了博物馆式的保护方式，同时通过影像方式、文本等形式予以记录和保存，最大程度上保证民间艺术的存续。

就当前而言，急需做的工作为：

1. 广泛开展田野调查，摸清新疆少数民族传统手工技艺的现状。2005 年底，新疆启动了历史上时间最长、规模最大、参加人数最多、覆盖面最广的非物质文化遗产普查工作。经过普查，3772 项新疆非物质文化遗产资源项目已获确认，其中少数民族项目占 95% 以上。在公布的第一批 108 项自治区级非物质文化遗产代表作名录中，传统手工技艺为 30 项，所占比例几乎达到三分之一；在公布的第二批 77 项自治区级非物质文化遗产代表作名录中，传统手工技艺占到 17 项。通过这些年的不懈努力，截至目前，已经掌握了多数传统手工技艺的存续状况，指导和敦促各地文化部门通过视频、音频、文字记录等手段予以保存，各地针对技艺传承人也出台了有关扶持政策，把民间手工技艺的保护列入了议事日程。

2. 对传统手工技艺生产过程、生产经验，及时跟进行访谈、记录、录像和整理，形成完整的资料并建立健全相关数据库。目前，采取了几种不同的方式。一是当地文化部门开展田野调查，对传统手工技艺利用多媒体样式记录，对技艺的历史渊源、分布、主要内容、价值、传承谱系等进行整理，

形成完整的数据库，同时根据情况逐步申报为县市、地州级、自治区级非物质文化遗产代表作名录。二是由自治区级非遗部门对濒危和具有民族代表性的项目进行抢救式保护、保存，邀请专家"会诊"，提出相关保护措施予以对待。各地现在还存在着对传统手工技艺认识不到位，保护措施没有因人制宜的情况，这都是在实际工作中急需改进的。

3. 把传统手工技艺与艺人有机地结合，整体保护。主要是通过对传承人的保护与培养，让传承人传、帮、带，带徒传艺。新疆地州和县市中，有相当一部分地方已经实行了这一做法。政府通过向手艺传承人发放补贴，如南疆莎车、阿瓦提、麦盖提等县给手艺传承人每月发放 300 到 500 元不等的补贴，鼓励他们带徒传艺，对拜师学艺的传人免除义务工等形式极大地调动了学艺者的积极性。喀什地区对具有杰出技艺才能的民间艺人命名为"喀什民间大师"荣誉称号。哈密、吐鲁番等地的文化部门鼓励民间艺人组织传艺馆、传习所，组成班社，参加地区、县市、乡镇举办的各类活动。这些措施使工艺依附艺人可以代代相传，使"保根留种，传宗接代"有了坚实的土壤。

4. 把传统手工同市场需求结合起来。通过生产性保护，实现传统手工技艺的自救。"根据传统手工技艺自身的特点、规律和条件来展开，通过组织作坊化、体制民营化、流程一体化、规模小型化、制作精致化等，遵循传统手工艺生产规律和运作方式。"① 不能沿袭强调产速、量大、划一的大工业开发方式，盲目地追求产业化、市场化和商品化。所谓"生产性方式保护"，便是力求在不违背手工生产规律和自身运作方式、不扭曲其自然衍变趋势的前提下，将传统手工技艺导入当代社会生活及产业体系，使之在创造社会财富的生产活动中得到积极保护。切合手工技艺存在形态和传承特点的生产性方式保护，是涉及非物质文化遗产的生产方式基础，以至可以不断"生产"文化差异性的一种生态保护方式或社会文化实践。

我们要认识到，所有的非物质文化遗产都存在于老百姓的生活当中，无处不在。其中，有些传统手工艺最能和时代接轨。实际工作中，我们对那些适合采用生产性保护、开发措施的可采取适当集中、前店后厂的方式。和静县、博湖县、阿合奇县目前就采取了这样的方式。和静县、博湖县蒙古族的蒙古族特色刺绣基地、阿合奇县柯尔克孜族特色刺绣基地都是当地传统手工的亮点，既让传承人增加收入，又使她们有精力有时间有兴趣传承技艺，最

---

① 吕品田：《在生产中保护和发展——谈传统手工技艺生产性方式保护》，载《美术观察》2009年第 7 期。

终形成品牌效应。不仅促进了传统工艺产业的发展，还可以解决少数民族群众的就业问题，有利于社会稳定。

近几年在新疆各地，有一些传统手工业发展势头较好，实现了生产性保护。在南北疆各地，已经初步形成了艾德莱丝绸生产基地、刺绣基地和乐器制作基地。如喀什市、新和县、疏勒县的乐器制作村，和田、洛浦的艾德莱丝绸制作基地，已经有了产业化的势头，产品除满足新疆境内外，还远销中亚和欧洲，实现了产业致富。这是目前比较有效和现实的一种保护手段，已为国内许多地方所采用。

传统手工技艺在文化产业开发方面拥有巨大优势和潜力。如具有就地取材、就地加工、能耗低、污染少、附加值高、适合家庭生产或当地经济和社会发展的优势；丰厚的人文蕴含，鲜明的民族特色和以材料、技艺、样式、风格的独特性所构成的手工风格，使手工产品成为文化附加值较高，市场竞争力强，并可以形成一定产业规模的品牌产品。

5. 加强新疆少数民族传统手工技艺的研究工作，做好分类保护，以研究助保护。从这个意义上讲，仅靠记录技艺是远远不够的，必须要对其进行必要的研究。对于极度濒危而又不能实现生产性保护的项目，可以考虑采取文化记忆的形式进行保存。如土陶制作、维吾尔族切克曼布制作、乔鲁克靴制作、模戳印花布制作等，采取和桑皮纸制作技艺一样的博物馆式记录。对已经形成产业化的英吉沙小刀制作、地毯制作、民间刺绣、乐器制作等采取生产性保护方式等，研究考虑出台适合的政策，从税负优惠到对传承人的资金支持等各个方面予以扶持帮助。

6. 实现文化行政部门、传统手艺传承人及专家"三合一联动模式"。这三者是民间文化普查及保护、振兴工作的主要力量，要明确各自的角色定位，实现良性互动。文化行政部门在非物质文化遗产保护工作中起着主导的作用，负有领导、统筹、协调及督促、检查之责。传承人及其所属实体是手艺运作和传承的主体，也是手艺保护和振兴的主体。手艺人及其实体在当前常处于弱势地位，需要政府和其他社会力量予以扶持甚至救助。吐鲁番、喀什、阿克苏地区在这方面进行了实验，取得了很好的效果。吐鲁番文化部门和大漠土艺馆专家以及民间传统手工艺人合作，实现了"三合一联动模式"，已经成为当地展示传统手工技艺保护的一张名片。

四、做好新疆少数民族传统手工技艺保护的重要意义

传统手工技艺是人类智慧的结晶，日本学者柳宗悦就曾说："只有工艺的

存在我们才能生活。从早到晚或工作或休息。我们身着衣物而感到温暖，依靠成套的器物来安排饮食，备置家具、器皿来丰富生活……因此，如果工艺是贫弱的，生活也将随之空虚。"①

有一句话说：越是民族的越是世界的。但这里恐怕是有一定局限性的，因此，这句话已经被订正为"越是民族优秀的越是世界的"。而作为活态性流变的中华民族传统手工技艺无疑是一枝奇葩，代表着中华民族气质和自身的族群符号。在中华民族的文明史中，这些技艺在几千年的时间中成为永恒的文化空间，保存着我们民族的薪火，这种鲜明的气质和精神也成为世界和全人类的宝贵文化遗产。从这个意义上讲，少数民族的手工技艺已经不单单是谋生和生活的依赖，更是他们传承民族文化的载体和生活中不可或缺的生动符号。

作为非物质文化遗产，传统手工技艺面对着现代工业文明的挑战，活态性流变的资源持有者传承人本身，和传统技艺的文化生态面对着全球经济一体化的挑战，民族文化安全面对着西方意识形态的挑战，都是我们眼前必须警惕的问题。同时，我们不能不看到，长期以来少数民族的文化形态处于自发封闭的原生状态；其中一些少数民族的人口数量少，文化的规模和影响也小。规模小的文化，抵抗外力冲击的能力就弱，流失和失传的速度就快，通过市场机制发展自身的难度就大。从文化安全上讲，文化具有很强的意识形态属性，西方敌对势力一直把少数民族和民族地区作为突破口，加紧利用各种手段，进行思想文化渗透，对我国文化安全和边疆稳定构成严重威胁。因此，必须采取有力的政策措施，把少数民族和民族地区的文化建设搞上去。这是关系国家长治久安和兴旺发达，关系我国民族团结、社会和谐的大事。

在如今经济一体化、全球一体化的浪潮中，我们应该像保护物种多样化一样，保护民族文化的多样性。守护和传承多彩的民族记忆，不只是留住我们的美好传统和精神财富，更是为了中华民族的美好未来。

---

① ［日］柳宗悦著，徐艺乙译：《工艺之道》，桂林：广西师范大学出版社，2011年，第18页。

民族杂居地区非物质文化
遗产保护传承的策略

——以蒙古族、汉族杂居地区辽宁省朝阳市为例

曹 萌

(沈阳师范大学中国北方少数民族文化研究中心)

所谓民族杂居是指两个或两个以上的民族交错居住的地区。位于辽宁省西部的朝阳市是蒙汉民族融合杂居的典型地区，该市西面与内蒙古昭乌达盟亦即赤峰市接壤，南面与河北省青龙满族自治县和围场满族蒙古族自治县邻近，市内又下辖喀喇沁左翼蒙古族自治县和若干个蒙古族自治乡镇。在漫长的历史岁月中，勤劳智慧的朝阳蒙古族、汉族人民创造了流光溢彩的物质文化遗产，同时也繁衍出丰富多样的弥足珍贵的非物质文化遗产。这些既是中华文明的璀璨瑰宝，也是社会和谐的坚实纽带，是建设先进文化的不竭源泉。从当地社会经济发展的角度说，该区域的诸多非物质文化遗产也是朝阳市文化强市和推进其更好更快发展的精神动力和文化资源。在此意义下，朝阳市非物质文化遗产的保护和传承也在近年得到进一步的强化，并被提高到发展战略的高度。立足我国非物质文化遗产进入立法保护的时代背景，依托这样的发展机遇和良好氛围，作为蒙古族汉族杂汇聚居地区的朝阳市也应该本着"合理利用、传承发展"的原则，在非物质文化遗产保护传承方面再上一个台阶。除了常规的保护传承措施之外，朝阳市还应该大胆开拓、勇于探索，为民族杂居地区的非物质文化遗产的保护传承闯出新路。为此，本文参考了云南滇中国学研究院在非物质文化遗产保护传承方面的许多成功经验，以及非物质文化遗产领域的一些理论成果，吸纳鞍山市非物质文化遗产保护工作专家委员会副主任戚永哲在辽宁经济社会发展课题研究推进中的阶段性成果《辽宁非物质文化遗产生产性保护思路与对策研究》等，就蒙古族汉族杂居地区的非物质文化遗产保护传承提出以下几方面的策略，并予以适当的分析论述。

一、确立标准实施调查进行生产性保护

朝阳市的汉族和蒙古族人民的先辈为满足其自然需求、社会需求和精神需求，加之他们在劳动、生活和生产中产生的对忧乐、生死、婚配、祖先、自然、天地的敬畏与态度的表达，形成和创造了大量的、丰富深厚的非物质文化遗产，这些非物质活态文化今天有很多形式和种类依然在该区域以丰富多彩的形式在民众中传承和发展。按照国际和国家非物质文化遗产的标准或规范，根据相关部分的要求和实地情况，我们在对朝阳市非物质文化遗产的存续状况进行了充分调查和数据统计的基础上，提出应构建科学的民族杂居地区非物质文化遗产标准与机制，其具体内容如下。

首先，研究制定朝阳市非物质文化遗产保护专项绩效与经费使用标准，并且尽量做到周密、具体、细致和深刻。其标准大体可以确定为以下几个层面：一是省级和国家级项目保护实施情况及保护现状，包括：是否制定行之有效的项目管理措施，如何进行项目的管理；是否制定并按时上报项目保护实施方案，并按照方案开展保护工作，绩效目标完成情况；是否建立项目和传承人档案和数据库，工作实施进度情况，以及项目保护存在的问题和总结的经验等。二是省、市保护传承经费和国家资助的专项资金落实到位及使用标准。包括：专项补助经费到达保护责任单位的时间和具体金额，是否存在专项经费被截留、挪用或挤占的现象；经费使用是否存在用于基建工程、人员工资或福利发放等违规现象；经费支出实际与项目实施方案经费预算是否相符，怎样进行资金的管理，传承人补助经费是否按时按量发放及发放凭证查验和经费使用是否建立单独的流水账本以及能说明经费使用的发票复印件；三是省级和国家级项目保护单位的履行保护职责标准。

其次，使用制定的非物质文化遗产的标准，全面普查、清楚存量，科学确定保护项目。目前，朝阳市已经具有计入各级各类非遗名录的近百项非遗项目，形成了门类齐全的非物质文化遗产分布局面。但是目前的系统化、深入化以及全面化和数字建构方面还有很大的距离，因此，朝阳市在非物质文化遗产的挖掘整理、体系化描述和数字化建构上，还应该继续努力，在摸清家底、清楚存量的基础上，通过科学论证确定应该予以保护的非遗项目。

再次，坚持生产性保护，使之成为主题性根本性保护方式。生产性保护是在非遗保护中应运而生的，是实现其合理利用、传承发展、有效保护的方式之一。目前，朝阳市市级以上"非遗"项目已经有 49 项，适合采取生产性

保护的项目的比例还不高，而生产性保护的成败与否直接关系到朝阳文化事业的协调发展。因此在这方面还有很大的努力空间。

二、强化政策支持重视传承的持续性

除了上述的措施和努力外，朝阳市蒙古族汉族杂居地区的非物质文化遗产的保护传承还应该在强化政策支持、重视传承的持续性等方面下功夫。

一是在深入调研的基础上，加强政策支持，根据项目实况分别制定保护措施和制度。朝阳市应该针对适合生产性保护的非遗项目进行深入调研，根据项目特点采取相应措施，加以引导。对适合生产性保护但处于濒危状态、传承困难的项目，要优先抢救与扶持，尽快扶持恢复生产，传承技艺；对有市场潜力的项目，鼓励采取"项目+传承人+基地""公司+农户"等模式，结合发展文化旅游、民俗节庆活动等开展生产性保护，促进其良性发展；对忽视技艺保护和传承或者过度开发、破坏传统工艺流程和核心技艺的，要及时纠正偏差，加强管理和规范。

二是强化传承载体建设与管理，重视传承的持续性。传承载体是非遗保护、传承的依托。要在对具体项目充分调研的基础上，合理规划布局，有计划地建设一批生产性保护载体；为开展非遗项目的传承活动、手工技艺产品的生产提供必要的生产、展示和传习场所等载体。政府在政策上要鼓励相关企业、单位和个人根据自身条件建设非遗展示馆（室）和传习所；鼓励社会力量参与非遗保护性载体建设。充分发挥已有的载体、条件、氛围，积极开展宣传、展示、传习等活动。

三是要强化体制机制建设，加强专业人才队伍培养和建设。针对朝阳市非遗人才流失、后继乏人等实际情况，朝阳市要在健全传承机制，强化人才队伍的培养建设方面加大投入力度、创新性展开工作。在具体的保护传承工作中，要做到认真负责、科学定位和标准判断，在对待各级各类项目的传承人方面，除了应有的支持和热情等态度外，还应该对申报人所申报的内容、形式以及传承的时间等进行考量。在制度上，最好形成老、中、青相结合的传承人梯队建设；完善所确定的传承人的管理和制度建设工作，一般而言，非物质文化遗产的传承人为四个级次。对于不同级次的传承人都要明确其责任与义务，从而建构出"金字塔"形的传承人结构模式；与此同时，还要采取相关措施，努力培养出一些精通业务、具有管理能力、能够进行运作的非物质文化遗产领域的高层次传承人、经理人和企业家；此外，在制度建设上，还应该注重政府的引导、相关政策的支持，以及社会民间团体组织的加盟或襄助等，多途径、多方式地培养非物质文化遗产领域的传承人。在此基础上，要为这些传承人的技艺传承和项目持续延展、文化产品的品牌塑造和商业经营等创造适宜的氛围和环境，并借以提升这些非物质文化遗产传承人的素质和水平。在这方面建平县的做法值得推广，该县在使更多的传承人作为本项目的传播者和继承者的同时，还注重使其成为文化产业发展的率领者和骨干中坚，利用这样的战略策略推动相关文化产业的进展和繁荣。

三、搭建平台重视知识产权保护

这里所说的平台是指传播平台、推广平台和学习、培训平台等相关方面的机制或论坛。与上几点相联系，朝阳市的非物质文化遗产保护传承还应该在搭建保护平台、建立生产性保护示范基地等向度做出努力。这主要包括两方面的内容：一是非物质文化遗产的生产性保护需要以多种形式为载体，搭建保护平台，使非遗保护和传承融入当代、融入大众、融入生活。充分利用每年"文化遗产日"等相关节庆日举办展示、展演活动及博览会、庙会等，使非遗进商场、进社区、进学校，加强宣传推介，让传统技艺走出作坊和车间，走进人们的文化生活和文化市场；同时充分发挥传统民俗节日的氛围和效应，传承传统的饮食文化、节日习俗，传承传统美术、传统技艺类项目。与此同时，还可以在保护区内建立一批非遗生产性保护示范基地，通过基地的示范、带动作用，总结成功做法和经验，进一步强化非遗保护与传承及其文化意义；此外，非物质文化遗产的生产性保护还需要依法按章保护，重视知识产权所有权。通过知识产权保护非物质文化遗产的工作目前已成为非遗依法保护重点热议的话题，非遗保护已经成为知识产权法关注的重要内容，后者在为非遗依法保护提供法律保障的同时，也使非遗项目传承人的利益得到应有的保障。在某种意义上，这种依法保护还会一定程度地激励和鼓励非遗传承人在自身项目的传递中进行传承和创新活动，同时也对其传承的非适当性加以限制。

四、非物质文化遗产生态保护区的构建

近年来，在一些民族杂居地区和少数民族聚集区，兴起了建立文化生态保护区的做法。这种形式也可以在朝阳市的非物质文化保护传承方面作为尝试。也就是说，从非物质文化遗产生态保护区的层面和规模上进行构建该市

非物质文化遗产的生态保护区，这种策略对于保护传承该区域的非物质文化遗产具有更为实际和扎实的意义。经过一定的调查研究和分析讨论，本文就朝阳市非物质文化遗产生态保护区的规划设计和构建思路提出几个方面的参考建议。

第一，在建设生态保护区之前，应该对构建该保护区的氛围和各种背景因素或条件，以及该区域内所囊括的非物质文化遗产资源存量，有一个具体的调查和特定角度、层面的阐述与说明。像许多地方一样，以朝阳市为主体的辽西蒙古族汉族人民在长期生产生活实践中创造的丰富多彩的非物质文化遗产，是智慧与文明的结晶，是联结民族情感的纽带和支持区域经济社会发展的基础和动力之一。朝阳的非物质文化遗产是该区域各族人民世代相传，并被视为文化遗产组成部分的各种传统文化表现形式以及与传统文化形式相关的事物和场所。这些非物质文化遗产种类和形式承载着区域社会的文化和文明，同时也体现着该区域文化的多样性。调查和特定角度的描述说明朝阳市的背景氛围如何适合构建非物质文化遗产生态保护区，其内容既需要对包括世界文化发展背景在内的国内外经济文化的情况和形势的分析，也要涵盖省内社会文化事业产业的情况说明；同时对于十八大以来党中央、国务院、辽宁省委省政府关于非物质文化遗产保护传承的相关政策、规定或制度办法等也应该有所涉及和描述。至于朝阳市既有的文化基础、文化资源、文化产业等方面也要予以特定的阐述和说明，甚至应该将该区域的物质文化资源、自然风光旅游文化资源等历史和现状予以梳理。这些方方面面的背景条件和因素能够梳理清晰，能够在相关数据要求上提供精确数字、能够对其特点予以把握和认识，这就为朝阳市的非物质文化遗产生态保护区的规划设计和战略实施打下了牢固的基础。

第二，应该对非物质文化遗产生态保护区构建的意义价值进行深刻、全面的归纳总结和描述说明。从表层与宏观的角度看，朝阳市构建生态保护区有以下三个方面的意义与价值：一是对朝阳市多元文化的非物质文化遗产保护传承和创新发展的意义。朝阳市非物质文化遗产作为承载和满足该区域文化多样性的载体之一，蕴含着多元文化内容，诸如历史文化、宗教文化、民族文化、自然景观文化等。因此，该市的非物质文化遗产也是朝阳历史文化发展和民族文化发展，以及社会生产发展文化形式的重要表现。在特定区域内对这些非物质文化遗产进行保护传承和生态发展，对于朝阳区域的文化具有传承发展和创新意义。二是对党和国家尤其是十八大以来关于文化发展和文化与社会和谐、文化与社会生产力的提升等具有重要意义。朝阳历史悠久，文化积淀深厚，有很大的发展潜力。促进朝阳地区的经济文化发展是我们义不容辞的责任和使命。社会文化的发展有多方面的方式和途径，但是文化的发展乃是其中的根本之一。因此，构建非物质文化遗产生态保护区进行发展传承，对于朝阳地区全面协调可持续发展的意义是不言而喻的。三是确立坚持以马克思主义为指导，加大文化遗产保护力度，构建科学有效的非物质文化遗产保护体系，提高全社会非物质文化遗产保护意识，充分发挥非物质文化遗产在传承文化、提高人民群众思想道德素质和科学文化素质、增强民族凝聚力、促进社会主义文化建设和构建社会主义和谐社会中的作用和意义；确立和遵循以下基本方针，即非物质文化遗产保护要贯彻"保护为主、抢救第一、合理利用、传承发展"，并将上述内容作为确立建设朝阳非物质文化遗产生态保护区的指导思想与基本原则。与此同时，对联合国教科文组织《保护非物质文化遗产公约》（2003）、《国务院关于加强文化遗产保护的通知》（2005）、《国务院办公厅关于加强我国非物质文化遗产保护工作的意见》（2005）、《国家"十一五"时期文化发展规划纲要》（2006）、《国务院关于振兴东北的若干意见》《国家"十二五"时期文化改革发展规划纲要》（2012）、《文化部"十二五"时期文化改革发展规划》等，以及辽宁省的相关政策与发展规划，也包括保护区内各级政府的社会经济文化发展的规划等，通过整合研究，明确该保护区构建的政策依据与战略核心。从而达到转变观念、拓宽视野、创新机制、科学规划，以非遗生态保护区为核心，整合朝阳市文化资源，积极构建环朝阳文化保护区生态旅游区，努力把朝阳建设成为辽西和东蒙地区的重要文化旅游集散地。

第三，制定战略措施，在朝阳市进行生产性保护传承示范点和示范基地建设。为了鼓励和支持有着突出成就的传承人或传承群体将所掌握的传统文化知识、艺术及技能原汁原味地传授给后人，朝阳市应着手进行非物质文化遗产生产性保护示范点和示范基地建设。在建设这类传承保护载体过程中要以保持遗产的真实性、整体性为前提，以有效传承传统的手工技艺为核心，通过生产、流通、销售等手段，将非物质文化遗产资源转化为文化产品，使广大民众通过拥有和消费传统技艺的物态化成品，来分享非物质文化遗产的文化蕴含。同时在建设完成后，还要充分发挥这些载体的示范引领和模范带动作用，找准定位、发挥优势、突出特色，按照有阵地、有组织、有制度、有人才、有活动的标准和要求，推进朝阳市非遗保护、传承、传播工作的健康有序开展，支撑以朝阳市为核心的辽西非物质文化遗产生态保护区的发展和壮大。

表 1　朝阳市各级非物质文化遗产名录

序号	级别	项目类别	项目名称	编号	主管部门	保护单位	审批时间	备注
1	世界级	传统戏剧	凌源皮影	Ⅳ—91	凌源市文体局	凌源市非遗保护中心	2011.11.27	国家级一批
2	世界级	传统美术	建平剪纸	Ⅶ-16	建平县文体局	建平县文化馆	2010.8.15	国家一批扩展
3	国家级	民间文学	喀左东蒙民间故事	Ⅰ—19	喀左县文广局	喀左县文化馆	2006.6.8	国家级一批
4	国家级	传统舞蹈	朝阳社火（民间秧歌）	X-54	朝阳县文化局	朝阳县文化馆	2008.6.7	国家一批扩展
5	国家级	民间文学	北票民间故事	Ⅰ-52	北票市文广局	北票市文化馆	2008.6.7	国家级二批
6	国家级	传统音乐	建平十王会	Ⅱ-121	建平县文体局	建平县文化馆	2008.6.7	国家级二批
7	省级	传统舞蹈	喀左天成观皇会	Ⅲ-5	喀左县文化局	喀左县文化馆	2007.6.7	省级二批
8	省级	传统舞蹈	凌源高跷秧歌	Ⅲ-22	凌源市文广局	凌源市非遗保护中心	2009.4.26	省级三批
9	省级	民间文学	辽西·古战场传说	Ⅰ-19	朝阳市文广局	市非遗保护中心	2011.7.26	省级四批
10	省级	传统舞蹈	哨口高跷	Ⅲ-25	双塔区文广局	双塔区非遗保护中心	2011.7.26	省级四批
11	省级	传统戏剧	喀左皮影	Ⅳ-23	喀左县文化局	朝阳县文化馆	2011.7.26	省级四批
12	省级	传统美术	朝阳红土泥塑	Ⅶ-34	朝阳市文广局	市非遗保护中心	2011.7.26	省级四批

序号	级别	项目类别	项目名称	编号	主管部门	保护单位	审批时间	备注
13	省级	民俗	辽西·朱碌科黄河阵	X-16	建平县文体局	建平县非遗保护中心	2011.7.26	省级四批
14	省级	传统技艺	喀左塔城陈醋酿造技艺	Ⅷ-38	喀左县文化局	喀左县文化馆	2015.7.22	省级五批
15	省级	传统美术	朝阳民间绣活	Ⅶ-44	朝阳县文化局	朝阳县非遗保护中心	2015.7.22	省级五批
16	省级	传统美术	朝阳根雕	Ⅶ-43	双塔区文广局	双塔区非遗保护中心	2015.7.22	省级五批
17	省级	传统技艺	凌塔白酒传统酿造技艺	Ⅷ-37	朝阳县文化局	朝阳县非遗保护中心	2015.7.22	省级五批
18	省级	传统体育	喀左纺车秋千	Ⅵ-14	喀左县文化局	喀左县文化馆	2015.7.22	省级五批
19	市级	传统戏剧	朝阳县评剧	Ⅳ-2	朝阳县文化局	朝阳县文化馆	2007.3.21	
20	市级	传统美术	北票剪纸	Ⅶ-2	北票市文化局	北票市文化馆	2007.3.21	
21	市级	传统美术	朝阳宏观寺刺绣	Ⅶ-3	朝阳市文化局	朝阳市群众艺术馆	2007.3.21	
22	市级	传统美术	建平民间绒绣	Ⅶ-4	建平县文体局	建平县文化馆	2007.3.21	
23	市级	民间文学	北票惠宁寺传说	Ⅰ-3	北票市文化局	北票市文化馆	2008.4.24	
24	市级	传统音乐	凌源榆州鼓乐	Ⅱ-2	凌源市文体局	凌源市非遗保护中心	2008.4.24	

序号	级别	项目类别	项目名称	编号	主管部门	保护单位	审批时间	备注
25	市级	传统美术	凌源剪纸	Ⅶ-5	凌源市文化局	凌源市非遗保护中心	2008.4.24	
26	市级	传统技艺	北票龙潭粉丝制作	Ⅷ-2	北票市文化局	北票市文化馆	2008.4.24	
27	市级	传统技艺	北票民间石雕	Ⅷ-3	北票市文化局	北票市文化馆	2008.4.24	
28	市级	传统美术	喀左红土紫砂泥塑	Ⅷ-4	朝阳市文化局	朝阳市群众艺术馆	2008.4.24	
29	市级	传统音乐	中国.朝阳北筝	Ⅱ-3	双塔区文化局	双塔区非遗保护中心	2010.11.11	
30	市级	传统舞蹈	吉祥法轮寺布扎	Ⅲ-4	朝阳市文化局	朝阳市群众艺术馆	2010.11.11	
31	市级	传统舞蹈	喀左民族民间大秧歌	Ⅲ-6	喀左县文化局	喀左县文化馆	2010.11.11	
32	市级	传统戏剧	建平北部皮影	Ⅳ-4	建平县文体局	建平县非遗保护中心	2010.11.11	
33	市级	传统戏剧	北票皮影	Ⅳ-5	北票市文化局	北票市文化馆	2010.11.11	
34	市级	传统美术	韩秀双特色剪纸	Ⅶ-7	朝阳县文化局	朝阳县非遗保护中心	2010.11.11	
35	市级	传统技艺	二十家子干豆腐制作工艺	Ⅷ-5	朝阳县文化局	朝阳县非遗保护中心	2010.11.11	

续表

序号	级别	项目类别	项目名称	编号	主管部门	保护单位	审批时间	备注
36	市级	民间文学	凌源民间故事	Ⅰ-5	凌源市文体局	凌源市非遗保护中心	2013.11.5	
37	市级	传统音乐	喀左韶音会	Ⅱ-4	喀左县文化局	喀左县文化馆	2013.11.5	
38	市级	传统音乐	朝阳县民间鼓乐	Ⅱ-5	朝阳县文化局	朝阳县非遗保护中心	2013.11.5	
39	市级	传统舞蹈	喀左背歌抬歌	Ⅲ-7	喀左县文化局	喀左县文化馆	2013.11.5	
40	市级	传统舞蹈	北票民间太平歌	Ⅲ-8	北票市文化局	北票市文化馆	2013.11.5	
41	市级	传统舞蹈	凌源花钹舞	Ⅲ-9	凌源市文体局	凌源市非遗保护中心	2013.11.5	
42	市级	传统戏剧	朝阳县皮影	Ⅳ-6	朝阳县文化局	朝阳县非遗保护中心	2013.11.5	
43	市级	传统戏剧	凌源评剧	Ⅳ-7	凌源市文体局	凌源市非遗保护中心	2013.11.5	
44	市级	传统美术	喀左面塑	Ⅶ-8	喀左县文广局	喀左县文化馆	2013.11.5	
45	市级	传统美术	凌源玉雕	Ⅶ-10	凌源市文体局	凌源市非遗保护中心	2013.11.5	
46	市级	传统技艺	红山灰陶	Ⅷ-7	建平县文体局	建平县非遗保护中心	2013.11.5	

续表

序号	级别	项目类别	项目名称	编号	主管部门	保护单位	审批时间	备注
47	市级	民俗	官大海黄河灯	Ⅹ-2	喀左县文化局	喀左县文化馆	2013.11.5	
48	市级	传统体育	朝阳拽	Ⅵ-1	双塔区文广局	双塔区非遗保护中心	2013.11.5	
49	市级	民俗	辽西朱碌科撒灯	Ⅹ-3	建平县文体局	建平县非遗保护中心	2013.11.5	

区域、空间、文化共享
非遗保护的模式构建

——以西北少数民族刺绣为例的探索

李　懿

（青海师范大学美术学院）

引　言

非物质文化遗产（以下简称"非遗"）保护越来越受到政府与社会各界的重视，联合国教科文组织《非物质文化遗产公约》提出了"保护为主、抢救第一、合理利用、传承发展"的方针，其目的是要让非遗技能和艺术不至于迅速消失。近年来，全社会对"非遗"的传承、创新、记录、整理等方面付出了巨大努力，按照联合国公约要求和多年的经验，最好的保护状态应该是对"非遗"进行活态传承。但是如何使"非遗"能够完全与当代生活相融合，寻求一种被当代人所接受的观点与措施，一直成为学界关注的话题，这也是大家在具体进行"非遗"保护时所面临的实际难题。

国内目前有关"非遗"保护原则与措施的研究可谓丰硕，诸家就自己在"非遗"保护中所面临的实际问题及对"非遗"保护的认识而提出诸多不同的观点，综观这些成果，主要出现两种观点，即"非遗"是一种特殊的文化符号，更是民间文化精神的体现，对其保护应在坚持本真性和完整性的原则下，在维持其原貌的基础上采取静态保护，真实地、完整地还原和复制原样；另一些学者则倾向于"非遗"本身具有巨大的科学价值、历史价值、艺术价值，是人类社会的精神财富和无形资产，保护时应本着因地制宜、因时而变、古为今用的目的，致力于保护成果可以转化为社会的现实文化产物，采取开发传承相结合的动态保护。"非遗"其本质是一个复杂的社会、历史、文化系统的综合体现，以上两种观点的初衷都是保护，且在实践中有一定成效，但在笔者看来，作为一个"非遗"保护的践行者，我们不应忽视"非遗"自身还具有人类学研究的科学价值、文化寻根的历史价值、审美日常生活化的艺术价值等，其生存与发展是和各个民族特殊的生活生产方式紧密联系的，也就是说"非遗"是各民族民俗、个性、审美的有机体现，所以，一味地主张单纯以静态或动态的方式保护，未免显得片面。笔者以近期在"非遗研培"过程中觉察的一些问题，并结合全国其他地域一些案例参考、分析，认为探索和寻求一条更为有效的保护途径，是值得深入思考和探讨的问题。本文就西北少数民族刺绣为主要研究基础，尝试展开一些思考，寄希望起到抛砖引玉的作用，引发学界就"非遗"保护问题的更多讨论，以便最终可以建立一套切实有效的保护体系。

一、西北少数民族刺绣保护及问题显现

刺绣作为一项古老的手工艺技能，具有独特的艺术形式，曾一度是我国广大地区妇女们必备的技能，在数辈人的创作与传承中凝结着各个民族的智慧，是一种反映不同民族文化、审美内涵，且具有多民族共通性的民族工艺美术，在其发展中逐渐成为中华民族文化宝库中的耀眼明珠。西北地区约占全国总面积的 1/3，一直蕴藏着丰富的文化资源，此区域内有蒙古、回、藏、维吾尔、满、哈萨克、东乡、柯尔克孜、土、达斡尔、撒拉、塔吉克等少数民族，这些民族拥有本民族特色的刺绣技艺，作为主要的装饰形式被广泛运用于日常生活中，各民族的刺绣以这种活态的形式传承至今。2006—2008 年，国务院公布的第一、第二批国家级非物质文化遗产名录和第一、第二批国家级非物质文化遗产扩展项目名录中，全国范围内有近 40 种刺绣入选，其中就包括了维吾尔族、蒙古族、柯尔克孜族、哈萨克族、土族 5 个西北少数民族的刺绣[①]。这些刺绣技艺已成为整个西北少数民族精神、情感、历史、气质的重要载体，可以说是这些民族凝聚力和向心力的重要组成部分。

在人类的社会环境不断改变中，西北少数民族生活环境城镇化、信息化是发展的必然趋势，在这样的趋势下，他们的文化生态和生活方式也在逐渐发生改变，这对于包括"刺绣技能"的"非遗"传承冲击也是巨大的，原有的一些传承方式、方法的局限性也不断显现出来，保护与传承受到了前所未有的冲击。

近些年，在中国的非物质文化遗产整体保护的驱动下，西北各地对少数民族的刺绣保护力度也越来越大，西北五省（区）各级政府结合当地实际，

---

① 参见国发〔2006〕18 号文件、国发〔2008〕19 号文件。

相应制定出台了适用于本地实际状况的《非物质文化遗产保护工程实施方案》并下达到基层。综观这些方案，除对当地非遗保护的总目标、方针和原则、对象、方式等做了明确阐述，制定了近年工作目标、任务及实施步骤、方法、内容外，特别就保护经费做出明确要求，[①]各地、各级政府立足于本地实际，先后采取一些保护措施，不断深化认识，从政策、环境、人才培养等方面，细致、扎实地推进工作，通过不断探索和实践，推动了各省区内部传统刺绣的保护传承工作，并积累了宝贵经验。

西北地区城镇化、现代化建设的日益推进和整个社会经济、科技的不断发展，给刺绣技艺真正意义上的保护增加了难度，总体呈现出几方面的情形：

（1）现代文化潮流增加了保护的难度；（2）对传统研究不足使保护走向误区；（3）缺乏交流和支撑成为保护的阻碍等。导致各地区"非遗刺绣"保护仍存在诸多问题，诸如，个别地方在保护中带有强烈的功利目的、政绩目的或者经济目的，出现一味地追求经济价值，以各种形式的民俗活动过度开发文化旅游，刺绣的文化内涵被忽略；甚至有些地方的决策层对"非遗"保护的内涵理解歪曲，将保护作为提高政绩的途径，将传承人作为表演的工具，甚至有些从业人员将"非遗"技能作为自我作秀的手段，这些状况严重丧失了对文化的尊重。[②]其实，这种现象不仅出现在西北地区"刺绣技能"保护中，这在全国范围内，在其他"非遗"项目的保护中也是屡见不鲜的。所以可以看出"非物质文化遗产保护面临的最大问题不是客观因素造成的损毁，也不是缺乏相应的技术保护，而是人们各种片面的观念和错误的做法。这是当今做好非物质文化遗产保护要解决的首要问题"。[③]那么，各级政府和社会力量是否能有效地对"非遗"进行保护，商业运作的掺杂对"非遗"原真性的保护是否有益，在经济利益驱使下盲目开发与原文化环境间矛盾之处如何处理，这一系列问题是值得认真思考的。因此，笔者认为有必要对西北少数民族刺绣的保护与传承模式进一步加以探析。

二、西北少数民族刺绣的传承语境分析

每一种艺术都是不可能独立存在的，其发展是在和其他艺术门类并存中

---

①　虎有泽：《论西部大开发中的民族法制建设》，载《民族研究》2003年第1期。

②　参见李懿：《区域、民族间及其文化共享——基于土族刺绣与哈萨克族刺绣传承人群的交流实验》。

③　王文章主编：《非物质文化遗产概论》，北京：文化艺术出版社，2006年，第326页。

相互交流，而逐渐形成符合本民族的习俗和审美。少数民族文化遗产是中国历史上各个少数民族在社会生活中创造的具有一定历史、艺术和科学价值的优秀的物质和精神文明成果，少数民族的优秀文化遗产是中华民族文化遗产的重要组成部分。① 西北地区少数民族，在漫长的历史发展中形成了多种宗教、多种形式为主的民族文化，各民族间相互交往，因此各少数民族非物质文化遗产是在本民族的智慧、文化与其他民族文化内涵凝结下逐渐形成的，包含着深刻的少数民族文化内涵、民族基因和传统审美价值。可以说西北地区的"非遗"具有鲜明的地域特色和多样的文化特征。

（一）草原文化圈中刺绣的共同性

综观西北少数民族刺绣我们便会发现，虽然这些绣品风格多样、特色各异，但总体呈现出造型夸张、色调浓重的特点，明显不同于江南刺绣，整体反映出北方民族的粗犷豪放，这与这些民族共同的气质和所处的草原文化氛围是密不可分的。追溯历史，西北少数民族以前基本上都是逐水草而居的游牧民族，在不断适应自然、社会中，先后有一些民族逐渐转为农业定居民族，但仍有一些民族至今保持游牧的习俗。丰富多彩的草原文化生存环境赋予了这一区域少数民族豪放的民族热情、自由的思想情感和强悍的性格气质，也铸就了这些民族自古以来极强的动手能力。因而，这些少数民族的刺绣具有一定的共同性。

1. 刺绣的运用范围：基本上每个民族日常的生活用品、服饰上都用刺绣装饰。如：藏族、蒙古族的帐篷外面通常用刺绣装饰；各民族的服装上也常会用有吉祥图案的刺绣装饰；维吾尔族、土族等佩戴的帽子上大多也会绣制图案等。

2. 刺绣的色彩表达：丰富的色彩运用，也是这些民族共同的特点，这些民族的刺绣色彩艳丽丰富，对比鲜明却又讲求和谐，用色大胆而强烈，都喜欢使用强烈的对比色。如：土族红色象征太阳，橙色比喻光明，喜欢在刺绣上用红色、橙色等；哈萨克族刺绣上喜欢用红色把对"火"的崇拜表现出来；藏族、蒙古族将白色视为美好高贵的色彩。

3. 刺绣的图案构成：每个民族的刺绣图案呈现各自的风格，但整体上将这些民族的刺绣图案进行分析，基本可归纳为吉祥图案、植物图案、动物图案、宗教图案几种类型，几何图案和植物图案运用较为普遍，纹饰以二方连

---

① 何琼：《西部民族文化研究》，北京：民族出版社，2004年，第2—3页。

续、四方连续、单独纹样、适合纹样居多；其中在图案形态上多以几何、简洁的形式表现，基本都由三角形、菱形、散点式、流水状、旋涡状等形式构成；就构图而言基本都运用对称式、均衡式、散点式、连续式等，讲求平衡与和谐是大家共有的设计准则。值得提出的是，这些民族的刺绣中有些图案的核心母题是极其类似的。如蒙古族的犄纹，哈萨克族、土族的羊角纹、鹿角纹，柯尔克孜族的羝角纹造型十分相似，而蒙古族常将犄纹与云纹一起组合，柯尔克孜族的羝角纹和土族的羊角纹常常与锯齿纹一起出现。

（二）不同宗教信仰下刺绣的多样性

西北五省区宗教信仰人数较多，社会影响比较大的有伊斯兰教、藏传佛教、道教等，各种宗教一直贯穿于信教少数民族的日常生活中，也先后影响着各民族刺绣的形成与发展。回族、维吾尔族、哈萨克族等民族普遍信仰伊斯兰教，而哈萨克族则先后信仰过景教、拜火教、伊斯兰教等不同的宗教，这些民族在心理、生活习俗禁忌、文化等方面严格遵守伊斯兰教的规定，在信奉伊斯兰教的这些民族创作的刺绣上一般不会出现人物、动物图案，喜用几何化设计的植物图案；土族、藏族与蒙古族受藏传佛教的影响较大，其心理、行为以及其活动创造的结果都与藏传佛教的教义密切关联，所以"卍""盘长"是刺绣中广泛运用的图案，由法螺、法轮、宝伞、白盖、莲花、宝瓶、金鱼、盘长八种法器组成的佛教八宝图案也被广泛运用。"每一种文化都包含了某种形式的宗教"，[①] 这种由宗教产生的"异化"的刺绣图案，不仅使刺绣具有巨大的无形的精神资产，更促使刺绣形成了巨大的物质形态资产的多样性。

多元文化组成部分之一的藏传佛教文化模式，也是由西北藏文化、西北蒙古文化、土族文化和裕固文化等创建而成。地域的相同，各族文化之间难免会有相互影响和相互传播，但更多的是一种主动的自我需要。

（三）民俗互动中刺绣的传承性

在西北地区刺绣的主要生产者主要以女性为主，年轻姑娘们未出嫁之前基本都要学习刺绣，且大部分是母女间口传身教的传承，姑娘们在掌握了刺绣技能后要为自己绣制嫁妆。在调研中得知，土族、哈萨克族和维吾尔族姑

① ［美］菲利普·巴格比著，夏克、李天纲、陈江岚译：《文化：历史的投影》，上海：上海人民出版社，1987年，第163页。

娘们在出嫁前除了要为自己绣制嫁妆，还要为男方的长辈准备绣品，在出嫁的前一天或出嫁当天在亲友面前展示，由男方的亲友评论，从这种习俗中我们可以看出，民族群体间的交融所形成的习俗也是相同的。这一现象不单单体现在习俗方面，往往也会影响"非遗"的发展。民族艺术的发展，也是在借鉴其他民族艺术元素的过程中发展的。通过 2016 年"青海土族盘绣和新疆哈萨克族毡绣"传承人的互动、统计，土族刺绣的主要针法有近 20 种、哈萨克族刺绣的针法也在 18 种之多，仔细分析这些针法，我们发现，有很多绣法（针法），如拉线、网绣、平绣、插针、掺针等，两个民族对其命名不一样，但绣的过程和展现出来的视觉效果是完全一样的，甚至有几种绣法（针法）将名称翻译成汉语后叫法竟是完全一样；再如：蒙古族贴绣，主要用于马鞍和鞋子的装饰上，而柯尔克孜族称为"西尔达"或"鄂勒朵"的补贴花毡，与蒙古族贴绣极其相似，主要用于本族的毡上和壁挂上，更有意思的是不管是蒙古族的贴绣还是柯尔克孜族的"西尔达"，从制作方法到成品都与青海湟中的堆绣极其相似。

如上文分析，西北少数民族刺绣的发展从来不是自我封闭的，而是和本民族的其他文化、艺术相互交融中逐渐形成了符合本民族气质的刺绣，在这期间，必定会有一些共同的特质出现，如活态性、可传承性、地域性和社区性、教喻性和期望性等，这也是同样处于草原文化圈的各民族长期以来文化艺术相互影响与融合的结果。同处于一个文化圈中，无论是"非遗"还是其他艺术形式，不管民族、语言和具体的形式，正如刺绣技能一样，总会有一些类似性和特殊性。笔者认为，保护工作者如果不顾少数民族的文化安全和文化精神以及他们赖以生存的文化生态环境，不能很好把握不同民族共同体的交往环境和气氛，不充分考虑到特殊地区"非遗"的开放性、多元性和混杂性在民族性、宗教性和地域性中掺进的异质因素，那么很容易造成"破坏性"保护，造成该种"非遗"被动消失，这就要求保护工作者必须根据项目的表现形式、生存环境现状、传承人数量和年龄结构等具体情况，为其量身打造科学有效的保护规划。

三、建立区域有效保护模式的构想

现代社会是开放社会，但非物质文化遗产的发生、传承等活动依赖于其特殊的文化生存空间，虽然非遗的各种项目依然存在于现代生活当中，从研究、保护的角度我们应该清楚，从生产主体上来说，非物质文化遗产的"知识构成是在规范的教育系统之外生产的",[1] 包含了特定文化范围内局内人的"参与式观察",因此,对与"非遗"相关的人群的关注与很好地保护"非遗"有着密切联系,这需要给传承人群构建适合的空间和"非遗"技能传承共生共存。这也迎合了"非物质文化遗产"的认定一直到申请进入各类名录的整个环节中,始终都在强调的"社区最大限度地参与"(widest possible participation of the communities),[2] 并主张"相关社区、群体和个人在保护其所持有的非物质文化遗产过程中应发挥主要作用(should have the primary role)"。[3] 只有"社区建设"得到政府的足够重视,以及他们赖以生存的文化生态环境不遭到冲击,在相应的空间中"非遗"才能够充分地发挥其民族、文化认同的功能,才能有效传承、保护"非遗"。

(一)加强人地关系视野与空间修复

据上述可知,自然和人文的整体性场景是保护"非遗"的前提,也是"非遗"赖以产生和传承的生存环境、生产方式、生活智慧、文化人格等诸多因素组合而成的立体空间。它们的合力是非物质文化遗产发生的首要条件,也是开展非物质文化遗产保护的前提。[4] 目前,有很多地方盲目学习他人的经验,不顾"非遗"区域间整体性的文化结构,使得文化空间沦为支离破碎的状态,这种单纯"文化碎片"式的保护比比皆是。笔者认为,由于西北地区地区性、民族性的特殊,作为同处"草原文化"的刺绣技能以及其他"非遗",最重要的当然是恢复其生存的文化空间,而并非仅仅重视其中一两个要素,更不能只是从形式上保护,这样民族、地区文化固有的整体风貌和适应"非遗"生存的空间势必荡然无存。

笔者拙见,可利用原有的物质文化遗存形态与当地民众特定的生活方式、生活习俗等多种元素互动构建适应"非遗"传承的具有民族、地区文化特征的文化场,注重对其生活和生存所依赖的文化生境或文化生态的保护;民族

---

① 孙发成:《非遗保护背景下民间传统手工艺知识体系的构建》,载《非物质文化遗产研究集刊》,2014 年 11 月。

② 联合国教科文组织:《保护非物质文化遗产公约》第十五条,联合国教科文组织创意处非物质文化遗产科,基本文件,2003 年,保护非物质文化遗产公约。http://www. unesco. org/culture/ich,2014 年中文版;UNESCO. Aide-Mémoire for Completing a Nomination to The Representative List of the Intangible Cultural Heritage of Humanity, For 2016 and Later Nomination. No. 28。

③ 联合国教科文组织、巴莫曲布嫫、张玲译:《保护非物质文化遗产伦理原则》,载《民族文学研究》2016 年第 3 期。

④ 陈勤建:《非物质文化遗产的保护——生态场的恢复、整合和重建》,载《湖南文理学院学报》(社会科学版)2009 年第 2 期。

群体交往的心态在时间上具有不确定性，在空间上具有接触点多样化，在内容上具有多主题、多内容、多兴趣的特点，在形式上具有表达的不拘礼节、个性化的特点。所以，可以根据行政的、地理的、民族—语言的或者其他标准来界定，传承人因此可以归属于与自己相关的不同的社区，他们可以根据很多因素，比如他们的语言，一项特定的非遗，或者一系列特定的非遗，来界定自己的社区或者群体。① 使之具有心理的共同性、生活习惯的共同性、历史和文化与宗教信仰的共同性等，这样就会将物质形态的精神诉求迅速上升到文明交流的过程中，在前期"土族与哈萨克族"刺绣交流中，我们看到这种空间的营造与交流的渴望是人们发自内心的。刺绣的图案、技能是两个民族的传承人对话的源头，绣娘们不需要语言，一针一线承载各自民族的情感和价值观，也使她们沉浸在各自的刺绣世界中。

（二）加强定位动静结合交流

交流是科学研究的组成内容，是科学研究所需要的环境构成的重要因素，是促进和推动学术繁荣与发展不可缺少的条件与组成部分②。就组织管理者层面的交流，笔者认为可以形成横向交流与纵向交流两种，也就是本地区管理者与其他地区管理者之间可以展开长期不断的组织管理经验等交流，通过组织管理者之间的交流，可以向纵深方向思考和探索。这一层面的交流可以建立在网络通信平台、电话会议以及亲自考察等形式之上，随时随地交流，这样可以逐渐使组织者具有敏锐的战略眼光和学科素养。

给传承人创造多层次的交流与合作机会是培训过程中最直接、有效的传承保护方式，搭建特定的对话空间，将为这些社区和群体对技能不断地再创造提供契机，真正将传承人作为非遗保护的主体，为他们提供深层次交流的机会。传承人之间的交流是不受语言、文字等客观因素影响的一种单纯的技能交流，在彼此的信息传递和接受的方式上是根据自己对技能和传统文化尊重、喜爱而进行的需求交流。形成这样的交流与共享的模式，非遗技能的保护就不会脱离民俗生活和民俗文化环境，继而所创造的新作品也不会失去灵魂，同时也会逐渐增强传承人的文化自觉，在正视自己民族的同时也尊重其他民族、社区、群体的文化。

---

① UNESCO. 2003 Convention for the Safeguarding of the Intangible Cultural Heritage: Strengthening National Capacities for Safeguarding Intangible Cultural Heritage, Training of Trainers Workshop, Ratification & Inventorying. NOM 5.3, Slide 15. 2011-01-10~14. Beijing.

② 李芳：《学术交流对高等学校的作用》，载《技术与创新管理》2009 年第 6 期。

除上述几种交流和资源共享模式外，还可以在同一种技能中寻找全国其他地区进行一定程度的交流，但笔者认为，就目前整体状况而言这种交流具有极高的风险，需要有正确的引导，否则"一些最具感染力的文化符号，由于在不同种类的媒体上多次曝光，就失去了它们的原初意义，获得了新的内涵。非语境化一方面导致一种文化的全部象征内容大幅度增加，但另一方面，由于一再被复制、并置和剪辑，全部象征内容中的每一次内容的有效性会被非语境化降低"①，很容易造成"失去自我、失掉基本"的状况，这样的先例在全国比比皆是。

（三）加强空间保护逐渐完善保护机制

吸收先进文化是一个民族发展壮大的精神源泉和智力支持，与现代思想相结合，可以汇聚成少数民族自身的素养，并逐渐积淀为民族心理、民族品格，使"民族感"获得持续不断的精神力量，所以逐步完善保护机制，不至于地区"非遗"因为精神力量的疲软而失去生存与发展的动力。外力的推动固然可以对少数民族"非遗"的保护与传承起到引导、促进的作用，但外力不能解决持续推动力的问题，我们也不能把文化生存传承的实力高低作为评价尺度，而否定文化传统核心要素的存在价值。在良好的空间建立后还应不断完善，不要出现"文化封闭"，要不断培养传承人的"文化自信"。

马克思说过："人们自己创造自己的历史，但是他们并不是随心所欲地创造，并不是在他们自己所选定的条件下创造，而是在直接碰到的、既定的、从过去承继下来的条件下创造。"② 2007 年至 2010 年，我国建立了 10 个国家级文化生态保护实验区，这些实验区的保护范围共涵盖了 10 省区 41 个市（县），青海省热贡文化生态保护实验区至今运行良好，可以在其他"非遗"项目的保护中，参考已有的成功案例，注重挖掘少数民族非遗自身"造血"功能，把对当地传统文化形式所产生的影响作为考虑因素，积极挖掘其社会价值和经济价值，才会有民族文化保护态度和保护行为的跟随，才会有少数民族非物质文化保护良好局面的出现。

---

① ［美］戴安娜·克兰著，赵国新译：《文化生产：媒体与都市艺术》，南京：译林出版社，2002 年，第 4 页。

② ［德］卡尔·马克思：《路易·波拿巴的雾月十八日》，《马克思恩格斯选集》（第 1 卷），北京：人民出版社，1972 年，第 603 页。

结　语

少数民族非物质文化遗产的传承与保护，不仅是学术研究的热点，更是社会关注的焦点问题。通过以上分析和提供的解决途径，寄希望引起社会各界对少数民族"非遗"保护的更多关注和思考。只有这样，才可能更好地保护"非遗"中的民族文化差异性和文化形态所具有的历史性、地域性、民族性；有利于增强少数民族"非遗"自身活力，推动少数民族"非遗"保护更紧密地融入民众的生产生活，为其保护奠定持久、深厚的基础；同时也有利于少数民族"非遗"的广泛传播，从而唤起社会的更多认同，扩大民族文化影响力，将我国的"非遗"保护事业切实有效地向前推进。

非遗保护视域下手工技艺的旅游文化涵化与变迁动力

——以河南孟津剪纸手工技艺为例[①]

谢芳　孔琮　徐宝佳　吴爽

（天津财经大学）

引　言

文化涵化是指异质的文化接触引起原有文化模式的变化。文化涵化作为文化变迁的一种主要形式，是近半个多世纪以来国际人类学研究论坛上的重要课题之一。涵化与个别文化因素的借用不同，往往意味着许多文化因素的变化。文化涵化能够引起文化变迁即文化的结构性的变化。在文化涵化所产生的结果中，"文化灭绝"、"文化被同化"和"主文化亚文化并存"三种情形都不是理想的文化涵化成果，而"文化合并或融合"带来了文化的整合性、创新性再生，是文化交流和文化演变的福音。游客对东道主的涵化，在使其地方性和传统的表述发生困惑，文化边界发生模糊的同时，也使其能够吸纳游客文化的精髓而进行自我文化的创新。[②] 从变迁的视角追溯孟津剪纸的来龙去脉，分析其变迁路径和规律，探讨其当代处境和未来的命运，能够做到以小见大，以点带面，既能看到非遗的文化变迁，也能看到社会变化与民间文化之间的相互作用和影响。

在没有旅游产业发展的前提下由于人们思想意识的历史局限性也会导致传统文化遭到破坏。旅游产业的发展使人们逐渐意识到"民族文化"不是现代化的障碍，反而通过民族文化的保护与发展可以带来丰厚的经济效益。传

---

① 本文系天津市 2014 年社科规划艺术类资助项目"非物质文化遗产的场所依赖和再生产"（C14005）阶段性成果。

② 王金玲：《旅游中的涵化：一种理论概观》，载《贵州民族学院学报》（哲学社会科学版）2011 年第 1 期。

统民族文化成为实现现代化的路径之一，通过赋予民族文化以价值，参与市场竞争，使民族文化被重视并得以保护和发展。① 涵化理论在对于旅游目的地社会影响研究中被广泛使用。②

一、文化涵化的文献综述

（一）涵化的定义

文化涵化是指异质的文化接触引起原有文化模式的变化。文化涵化作为文化变迁的一种主要形式，是近半个多世纪以来国际人类学研究论坛上的重要课题之一。关于"涵化"（acculturation）这一学术用语，以三位美国人类学家的界说最具有代表性。早在1936年美国著名人类学家M. J. 赫斯科维茨就在他和R. 雷德菲尔德、R. 林顿两人合著的《涵化研究备忘录》中对"涵化"下了定义，认为："涵化"指的是"由个体所组成的而具有不同文化的民族间发生持续的直接接触，从而导致一方或双方原有文化形式发生变迁的现象"。童恩正对涵化的解释是"当一个社会与另一个经济文化上都比较强大社会接触时，这个较弱小的社会经常要逼迫接受较强大社会的很多文化要素，这种由于两个社会的强弱关系而产生的广泛的文化假借过程即称为涵化。"③

（二）涵化的过程与结果

美国人类学家唐纳德（R. Thurnwald）认为"涵化是一种过程，而不是孤立的事"。④ 哈维兰（W. A. Harviland）以为"文化涵化是指有着不同文化的人们共同体进入集中的直接接触后，造成一个群体或两个群体原来的文化形式所发生的变迁"。⑤ 这种变迁会经历一个过程，涵化过程包括文化之间的文化特质的传递，文化的结合、替代、融合和同化、隔离或孤立。

美国人类学大师克屡伯（A. L. Koreber）以为"文化涵化是文化与文化之间的影响所造成的结果"或"文化与文化接触后在文化上所产生的结果。涵化包括一种文化受另一种文化的影响所产生的变化，其结果使两者变得日益

---

① 刘海洋：《民族旅游对民族文化变迁的影响研究》，东北师范大学硕士学位论文，2010年，第50页。

② 刘赵平：《社会交换理论在旅游社会文化影响研究中的应用》，载《旅游科学》1998年第4期。

③ 童恩正：《人类与文化》，重庆：重庆出版社，1998年，第299页。

④ R. Thurnwald: The Psychology of Acculturation, American Anthropologist, vol. 34, 1932.

⑤ W. A. Harviland: Anthropology, Holt, Rinehart and Winston, 1983, chapter 16.

相似"。① 英国人类学家弗斯特（M. Fosetr）以为"其中居于劣势的社会，它的文化受到居于优势的社会文化的影响而发生急剧的变迁，以求与居于优势的社会文化相一致"。②

涵化是由不同文化的接触而产生的，没有文化的接触，涵化不会产生。在文化接触中引起文化变迁的现象，使文化双方日益采借对方文化特质，而使文化共性日益增多。文化涵化是指两种或两种以上的不同文化在接触过程中，相互采借、接受对方文化特质，从而使文化相似性不断增加的过程与结果。

文化涵化引起文化变迁——文化的结构性的变化。这种结构性的变化表现为四种情形：文化合并或融合，主文化、亚文化并存；文化被同化；文化灭绝。只有"文化合并或融合"带来了文化的整合性、创新性再生。③

（三）旅游文化涵化的研究范畴

从旅游社会学来讲，文化涵化对目的地文化复兴起到了一定的作用，刘赵平（1998）对涵化理论对于旅游目的地的社会影响进行了研究，以野三坡为案例，发现村民在消费倾向、审美、家庭婚姻观念等方面所表现出的变化有明显的都市化的倾向。④ 高婕（2009）从民族社会学视角分析黔东南苗寨在旅游开发过程中的文化变迁，表现在文化变迁中的解构与建构并存，精神变迁先于物质变迁的现象。⑤

文化变迁的三个层次第一层是人类的生产文化；第二层是人类的社会文化，它表现为人类群体生活条件下的人与人之间的关系（自觉）；第三层是人类的思想文化，最核心的就是人生态度与价值观的精神内涵（自悟）。⑥

从旅游人类学角度，学者在旅游业对东道国文化产生的影响研究中提出"真实性"和"商品化"是研究旅游工艺品问题上容易出现的争执。文化商品化是不可回避的社会现象；文化商品化的产生不一定只产生负面影响；文化商品化和文化真实性在一定条件下会发生转型，文化商品化在某种程度上

①　A. L. krocbcr：Anthropology，N. Y.，1948，chapter 12.

②　M. Foster：Culture Contact as a Dynamic Process，Africa，vol. 9，1936.

③　李安民：《关于文化涵化的若干问题》，载《中山大学学报》（哲学社会科学版）1988 年第 4 期。

④　刘赵平：《社会交换理论在旅游社会文化影响研究中的应用》，载《旅游科学》1998 年第 4 期。

⑤　高婕：《民族旅游发展背景下的民族文化变迁与保护研究》，华中农业大学硕士学位论文，2009 年，第 124 页。

⑥　刘海洋：《民族旅游对民族文化变迁的影响研究》，东北师范大学硕士学位论文，2010 年，第 50 页。

还会给地方文化带来好处。①

　　游客对东道主凝视的涵化。游客对于东道主社会的凝视必定带有一定的主观色彩。而东道主社会在利益的驱使下，会根据游客的审美要求来构建自己的文化。这其中其实隐含着游客（凝视者）与东道主（被凝视者）之间的权利不平等。同一层面的凝视有助于文化觉醒（协商过程）。旅游对目的地的文化影响是指旅游对目的地民族心理、传统文化等要素而构成的文化环境所产生的影响。要将社会文化目标融入旅游规划之中，同时加强当地社区居民的参与性，使旅游对文化的影响变得最小。②

　　从旅游文化学的研究角度，文化涵化对于目的地文化复兴有一定作用，旅游艺术品开发过程中不可忽视其文化复兴功能，可以凭借它来恢复濒于消失或已经消失的、具有当地民族传统特色的手工艺品。③ 旅游工艺品文化真实性与文化商品化的问题得到关注，学者就如何从民俗及民族文化内涵的角度开发具有特色的旅游工艺品提出了风格特色、市场品牌、功能多元相应对策。④ 游客和移民对接待地会产生影响，应用比较文化理论对旅游接待地社会文化影响的变化机理进行分析，涵化是比较文化理论的基础。⑤

　　刘燕（2005）从涵化角度探讨了旅游业发展对目的地的影响，提出在发展旅游业后出现古城文化商品化和古城文化氛围减弱的问题。⑥ 旅游业的发展提高了接待地居民的生活质量和现代意识，有利于接待地传统文化的保护与弘扬，促进了传统文化的发展和不同文化的交流。同时也可能导致旅游接待地民俗文化的商品化甚至庸俗化。⑦ 乡土社区在旅游开发之后，文化效应和社会影响多呈正面性，更多地表现为一种接受和适应的涵化过程，但调适的机制尚待完善。⑧

---

① 王金玲：《旅游中的涵化：一种理论概观》，载《贵州民族学院学报》（哲学社会科学版）2011年第1期。

② 吴忠军：《文化人类学方法在旅游规划中的应用》，载《桂林旅游高等专科学校学报》2002年第1期。

③ 陈昕：《旅游艺术品的发展方向及其文化复兴功能》，载《民族艺术研究》2002年第6期。

④ 刘秀丽：《基于文化保护与传承的旅游工艺品开发》，载《江西农业学报》2010年第5期。

⑤ 王妙：《游客与移民对社会文化影响之比较》，载《重庆工商大学学报》2003年第3期。

⑥ 刘燕：《旅游业的发展对丽江古城社会文化的影响》，载《云南地理环境研究》2005年第1期，第29—32页。

⑦ 陈丽华：《旅游业对接待地社会文化的影响分析》，载《郧阳师范高等专科学校学报》2008年第4期，第28—30页。

⑧ 谌世龙：《涵化视角下乡土社区旅游开发文化效应研究》，载《旅游论坛》2011年第4期，第158—163页。

二、研究的理论依据

运用企业文化演化理论的基本思想，从动力机制入手研究其促进文化演化的方式。企业文化演化的动力机制有两个：一是企业的学习和创新机制，使企业文化产生多样性；二是市场选择机制，通过企业文化对企业经营产生的推动作用而进行选择。企业会通过自然演化和强制演化两种方式，实现由一种企业文化状态向另一种状态的演变。

由于旅游文化涵化其结果一般包括自愿接受的"顺涵化"（positive acculturation）和被迫接受的"逆涵化"（negative acculturation）即对抗涵化。其中的顺涵化可以理解为由于受到内部需求而产生的主动学习动力，而逆涵化的过程可以理解为受到外部市场机制影响而产生的被动适应能力。

通过整合企业演化过程的机制，将其运用于旅游文化涵化上，将旅游文化涵化的机制分为三步：

第一步为遗传和传承，如同生物基因一样，文化的内涵是可以通过模仿而传递的。文化涵化的基础就是文化是具备继承性的。对于一个非物质文化遗产的发祥地和传承地，面对外来文化的影响，首先要做好的是要在充满异质性和特质性的文化背景下，传承自身文化内涵，充分发掘本民族（地域）的文化特征、文化精髓，做到立根固本的第一步，为文化的涵化过程打好基础。

第二步为变异和创新，变异和创新是基于多样性和复杂性的基础上进行的，其结果可能是充满未知的。有目的的创新和变异是将原有的资源进行重新整合的过程。在非物质文化遗产的开发过程中，既要考虑文化的内涵，又要做到与时俱进，寻找创新点，使文化内涵多样化发展。

第三步为选择和淘汰，通过变异和创新而产生的新的文化，经过进一步的商品化加工，文化的内涵有了实体化的表现，并投放市场产生经济效益。能够通过市场选择机制的商品被成功保留，不能被市场认可的剩余部分被淘汰出局。经过新一轮的洗牌过程，文化涵化外在表现的多样性最终形成一种具有稳定性的新的文化表现形式。

文化涵化的表现形式主要有精神变迁和物质变迁，而两者的顺序为精神变迁先于物质变迁。因为自身认识到了与外界的巨大的意识差异，才能积极寻求发展道路，利用外界先进思想意识指导自身发展。物质文化的变迁通常伴随旅游地开放程度的增加而不断地发生改变。在当地居民从思想上接受和认可了外来文化以后才能够有外在表现，即物质层面的表现。旅游文化涵化的动机、过程和变现形式见图1：

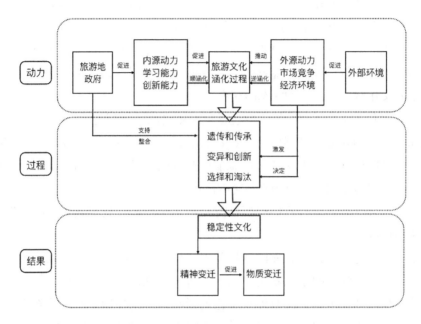

图1 旅游文化涵化的动机、过程和变现形式

三、案例分析——孟津剪纸的旅游涵化

（一）"孟津剪纸"重生于非遗语境

中国的民间剪纸，自诞生以来就依附于民众的日常生活，是民众生活的重要组成部分，是传统文化的重要民俗载体。始于清乾隆年间，有近三百年历史的河南"孟津剪纸"，俗称"铰花"，是一种具有物质形态和文化内涵的民间手工艺品，凝聚着大量的历史信息和时代信息。"孟津剪纸"诞生于河南省洛阳市孟津县，以其独特的民族特色、鲜明的艺术个性、精湛的工艺技巧饮誉国内外。同时，它体现了黄河流域民众独特的风情习俗、艺术智慧和审美情趣，文化内涵非常丰富，是黄河流域民俗艺术的一朵奇葩。一方面它反映了黄河流域风土人情、独特的审美取向和勤劳的内在品质；另一方面也从侧面反映了历史上黄河流域经济发展状况和工艺技术水平。自改革开放以来，这种曾经广泛流行于民间，深受群众喜爱的剪纸艺术，伴随着社会高速发展，

科技迅猛进步，以及生活习俗的转变，受到前所未有的冲击，逐渐被边缘化，甚至面临消失。随着"非遗"语境的到来，孟津剪纸艺术得以新生，出现了功能、形态、传承方式等方面的转变。孟津剪纸的变迁历程反映了黄河流域地区逐渐从封闭走向开放的过程。孟津剪纸艺术的产生、发展及其演变是在一定的时间和空间环境中展开的，只有多角度多层次地考察其发生的时空系统，才能解读孟津剪纸的历史进程和发展规律，才能更好地认识和把握孟津剪纸的现实状态以及未来发展。

（二）孟津剪纸特殊性分析

孟津剪纸是我国民间剪纸中的一大分支。孟津地区的民众创造性地将剪纸工艺与民族特色非常浓郁的民间习俗相结合，生产出了技艺精湛、文化底蕴深厚的"孟津剪纸"，既体现了黄河流域文化的历史传承，也反映了文化的吐故纳新。孟津剪纸丰富了中国民间剪纸艺术的表现主图和题材样式，形成了独特的地域风格，对于改进民间剪纸加工工艺，扩大民间剪纸的应用领域，促进文化多元化和对外文化交流等方面的贡献也是不容忽视的。随着"非遗"概念的引入，非物质文化观念逐渐深入人心，非物质文化遗产的保护值得我们关注。其实，有形文化遗产与无形文化遗产，并不是截然不同的两种事物，而是一个事物的两个方面——如建筑与建筑术，剪纸与剪纸术，两者相辅相成、不可分割。①

作为文化遗产的守护者，我们必须清楚地意识到文化遗产自身所具有的整体性，并对有形文化遗产与无形文化遗产实施同步保护。非物质文化遗产的保护，既要保护传承技艺的人，也不能忽视非遗的"形"，对孟津剪纸的工具、技法、构图、特色及成品进行研究也具有重要意义。

孟津剪纸反映了黄河流域地区的社会变迁，既能表现黄河流域的风土人情，又能描绘强烈时代感的现代生活，故而具有鲜明的艺术特色和生活情趣。"艺术具有认识价值，首先在于艺术的本质特征——以形象反映生活。"②

（三）孟津剪纸的多元聚合与同质叠加

民俗的特殊性表现在它不仅仅是一种文化意识，也是社会生活的一部分，

---

① 王晓为、杨秋艳：《涵化理论视角下赫哲族传统文学艺术的嬗变与传承》，载《黑龙江民族丛刊》2016年第3期。

② 卢成仁：《涵化的另一面：文化传统的创新与再发现》，载《云南社会科学》2007年第4期。

民俗生活是其他文化潜藏的河床，也是社会变迁研究的基本依据，在社会变迁的动态体系中，民俗生活是真实、质朴、未经雕琢的社会存在。孟津剪纸是多元聚合与同质叠加共同作用的结果。多元聚合与同质叠加是文化变迁的两种形式。聚合意味着异质文化共生共荣的文化心态和兼收并蓄的文化发展方式，叠加则表明固守本民族的文化根性，立足于自我，在民族文化得到传承的基础上发展，谨慎地吸收外来文化成分，并将外来文化吸收消化后融入本民族的文化肢体中。① 构成民俗语境的时间既是自然时间，也是文化时间、社会时间和历史时间。民俗事象正是在一个个具体的地方性的时空场景中不断传承的。

（四）孟津剪纸的变迁路径

变迁是人类社会文化的一种恒常状态，所有的社会文化都历时而变迁，但变迁的动因、方式、结果等，却因时、因地、因不同人群而异。民俗学应立足于民间生活的具体语境，通过综合研究文献资料和田野资料，揭示传统的形态构成，阐释传统的意义，追溯传统的来龙去脉，关注传统的当代处境及未来命运。②

从变迁的视角追溯孟津剪纸的来龙去脉，分析其变迁路径和规律，探讨其当代处境和未来的命运，能够做到以小见大，以点带面，既能看到黄河流域的文化变迁，也能看到社会变化与民间文化之间的相互作用和影响。通过对黄河流域的变迁路径进行详细的考察，其变迁主要体现为如下三个时期，这几个时间段也是孟津剪纸的转折点。首先是晚清，从原生态时期走向前工业时期；其次是20世纪80年代以来，孟津剪纸作为民间文化受到各方面的保护和关注；再次是当代，在传承空间和时间、传承方式、参与人群方面的变化主要归因于申遗成功。申遗成功后，旅游化语境为孟津剪纸的发展、传承提供了契机，也提出了挑战。在经济快速发展、社会转型的冲击下，以乡土社会为代表的地方性知识出于自身发展的需要，以适应经济社会为策略，凸显为一种文化资源。

传统艺术民俗在旅游化新语境中体现出商业性以及娱乐性的属性，发生了艺术上的新变。艺术民俗从生产与消费大致平衡的传统乡土社会进入旅游消费语境中，虽然缺乏众人深度参与所引发的狂欢景观，却在艺术形式上更

---

① 曹亚男：《湘西苗族踏虎凿花研究》，赣南师范学院硕士学位论文，2012年。
② 郭齐勇：《论文化变迁中的涵化与整合》，载《江海学刊》1990年第1期。

加精湛、完善，成为一种"讲究"的艺术，并日渐与消费时代的艺术需求发生了深刻的关联，这是艺术民俗新的发展。孟津剪纸在旅游化（旅游涵化）语境下实现了自我的重构，实现着从"俗"文化向"雅"文化的转变。2015年，孟津剪纸成功入选第四批河南省非物质文化遗产实现了"俗"文化与"雅"文化的良好的融合。

为了不至于在新的社会环境中灰飞烟灭，及时融入当前的文化建设，孟津剪纸艺人们适时调整自己的创作方式，通过创造更具有普世价值观的图案，用精湛的剪纸技术和现代的宣传手段，实现孟津剪纸的功能转变，不断与主流文化氛围、精英审美意识相对接，扮演着新的也是非常重要的角色，既为民族文化保存记忆，也为新兴的旅游文化添砖加瓦，满足旅游消费者购买旅游纪念品的需求。

传统社会，民间技艺在自然界有规律的岁时交换中传承，在农业文明成熟稳定的结构中传承，在农业人口同质性强的环境中传承，其传承的时间分布和空间分布互相吻合，互相补充。①

由于传统的传承生态相对稳定，孟津剪纸技艺在环境变化的情况下，进行相应的调试、转型依然能适应社会的变迁。当代，经济、社会、政治、文化以及日常生活的方方面面都在进行深刻的变化，孟津剪纸的变迁主要体现在以下几个方面：表现形式的变迁，传承主体和传承方式的变迁，归根结底，孟津剪纸的本质属性在发生变革。这种变革顺应时代要求，符合民众的期望，更满足了现代旅游者消费的需求，孟津剪纸展现了新的生命活力。

1. 表现形式的变迁

孟津剪纸图案的纹样，主要用作衣边花、裤边花、头巾花、帽子花、麻裙花、背裙花、枕头花、门帘花、帐檐花、被面花、荷包花、绣鞋花、背带花等日常生活用品的刺绣底稿。剪纸图案还用于在节庆期间贴于门楣的"喜钱"，以及祭祀期间的装饰物和辟邪物。随着经济的发展，孟津剪纸走向产业化和民族文化符号的发展道路，在表现形式方面出现了一系列的变化。它一方面通过展示民族特色文化，创新文化表现形式迎合政府关于文化大发展大繁荣的要求，一方面不断借鉴寓意吉祥的内容和精美的造型满足大众消费文化的需要。孟津剪纸的精湛工艺是民族文化的主体，其色彩纷呈、寓意深刻的表现内容也是民族文化的重要载体。

---

① 王敏、张慨：《传承人视角的非遗保护——安塞剪纸艺人访谈》，载《西南民族大学学报》（人文社会科学版）2014年第3期。

作为文化符号的孟津剪纸。文化符号是一个国家、一个民族长期历史积淀的精髓，它将一个群体的文化理念、行为方式、思想价值观念通过一系列抽象符号表现出来，具有鲜明的文化标志和认同作用。孟津剪纸的图案内容、表现方式、社会功能和制作技艺具有反映黄河流域文化发展、变迁，反映民众价值观念的符号作用。在许多重要的场合，孟津剪纸发挥着文化的符号功能。外界通过观看孟津剪纸技艺和作品，能够间接地理解黄河流域文化的内涵和独特性。同时，孟津剪纸丰富的表现形式，可以借助民间艺人的精湛技艺将具有代表性的黄河流域文化刻于纸上，能够很好地记载和展示民族民俗文化。

作为文化商品的剪纸。申遗成功后，孟津剪纸走向了产业化的发展道路。文化局成立文化遗产开发公司，引入符合大众消费审美观的图样，如"福""禄""寿""年年有余"等吉祥图案，采用先进的剪纸技艺，制作精美的宣传图册，运用现代物流手段，对孟津剪纸成品进行销售，成为家中寓意丰富、高雅的礼品和装饰挂件。

2. 传承主体与传承方式的变迁

在乡土社会，和很多民俗工艺一样，孟津剪纸也通过耳濡目染、口口相传的方式在家族成员间进行传承，其销售范围广而传承范围却相对狭窄。当代，孟津剪纸的保守传承方式被打破，剪纸技艺已经不是一个家族的谋生手段，也不是少数几个家族专营、垄断的工艺，而是民族文化的优良代表，是国家的文化遗产，其传承主体和方式的变迁不可避免。这种变化更有利于剪纸技艺的保存和创新，更能维持民间艺术的生命力。

传承人在技艺的保存和传承过程中起着重要的作用。传承人在过去被称为手艺人、匠人，在当代，被称为传承人。当我们仔细思索为什么民间技艺能够一代又一代地沿袭不断，是谁将它传承保存下来的时候，我们不得不将目光转向那些生活在民间的默默无闻的民间手艺人。一种艺术传统的存在是以大量从事这种艺术的艺人为前提的。正是这些民间手艺人无休止的传承守业，创作革新，才使得民间技艺绵延不绝，给当代留下了一笔丰厚的文化财富。以下是笔者调查过程中主要访谈的一位"90后"传承人畅杨杨，通过他的学艺经历和故事，我们可以对孟津剪纸传承人有一定程度的了解。

出生于1991年的畅杨杨老家在孟津县农村，自幼受奶奶等老一辈剪窗花、绣鞋花的影响，开始学剪纸并逐渐表现出非凡的剪纸才艺。高中毕业后，他向周边村镇民间剪纸老艺人拜师学艺，收集民间传统剪纸作品技法等资料，逐渐创作出大量反映淳朴民俗的剪纸作品，并成为"孟津剪纸"省级非遗传承人。2013 年，他开办剪纸工作室，在传承创新剪纸艺术的同时，积极发扬工匠精神，使民间剪纸图案由简单走向复杂，题材也由传统走向现代，创作出了视觉效果更好的染色剪纸和套色剪纸作品，并多次参加全国及省市剪纸比赛。他还积极将剪纸作品包装成装饰品和特色礼品，以推动传统民间艺术焕发出新的活力。

（五）孟津剪纸变迁动力分析

作为生活文化的民俗文化，包含着个人行动处事、群体互动以及相互理解的最基本的文化指令，包含着人生最基本的行为方式和规范。它通过言传身教的途径在人际和代与代之间传播和传承，即使社会条件不发生变化，它也不可能毫发无损地被重复。在不断变化的生活情境中，社会主体必定要进行适当的调试，才能满足时代的需求，适应社会的发展。

孟津剪纸作为民族遗产得到政府的保护和重视，为它的变迁创造了稳定的物质基础。孟津剪纸传承人敢于推陈出新、转变观念，为它的传承奠定了扎实的人才基础。引发孟津剪纸变迁的动因是多方面的，在变迁过程中经历了多种合力的作用。物质生产方式的根本变革、乡土社会中人群涌入城市引起的文化场的移位、民族国家文化的发展需求、民众闲暇生活方式的转换、外源动力的影响比如市场激烈的竞争、传承人需要剪纸技艺谋生、生活依赖等因素和外来文化的影响都或深或浅地影响着孟津剪纸的变迁。

游客到东道主社会后，东道主（主人）文化与游客（客人）文化发生接触，由此引发文化涵化。这种文化涵化所带来的影响是多方面的，它关涉东道主、游客以及旅游地等一切旅游要素，因而，具有十分深刻的理论含义。在旅游当中，不同文化背景的游客与东道主社会的接触，会引发不同的涵化路径。一方面是游客文化对东道主社会的多方面影响；但同时，我们也应看到，东道主文化对游客文化的涵化，也是旅游场域当中一个不争的事实。

毫无疑问，面对旅游中的这一涵化现象，我们应该更多地保有一种宽容与理解。游客对东道主的涵化，在使其地方性的表述发生困惑，文化边界发生模糊的同时，也使其能够吸纳游客文化的精髓而进行自我文化的创新，这是东道主社会旅游业持续发展的力量之基。而东道主对游客的涵化，可以使游客更深层地体会到异文化的不同，甚至对自己原有的价值观念开始重新定位，显然，这对于消除双方的理解壁垒将具有一定的作用。①

孟津剪纸的"90后"传承人畅杨杨从小在孟津长大，对黄河有着情感依赖，黄河流域文化对传承人的影响很深，传承人通过自身转型、蜕变不断顺应时代变化，加入现代元素，主动迎合现代民众及旅游者的审美需求，使其成为现代民众能够接受的审美体验，不断创新表现形式，适应市场需求，体现了顽强的生命力。现在他把工作室移到了景区，又增加了产品特制项目，游客可以通过微信把自己喜欢的照片或婚纱照传给他，他用剪纸的形式做出作品，得到了游客的认可和满意。其成功的创新变迁过程值得众多手工技艺文化遗产借鉴和参照。

结　语

非遗传统技艺在旅游化新语境中发生了文化涵化，在创新与融合的道路上发生了新变。在没有旅游产业发展的前提下由于人们思想意识的历史局限性也会导致传统文化遭到破坏。旅游产业的发展使人们逐渐意识到"传统的非遗文化"不是现代化的障碍，反而通过非遗文化的保护与发展可以带来丰厚的经济效益。通过赋予非遗传统手工技艺以价值，参与市场竞争，才能够实现非物质文化遗产的活态保护与发展。

---

① 王金玲：《旅游中的涵化：一种理论概观》，载《贵州民族学院学报》（哲学社会科学版）2011 年第 1 期。

在社会变迁中重构公共文化：对非物质文化遗产属性与保护路径的再思考

——基于宁波市非物质文化遗产保护实践的案例观照

张青仁

（中央民族大学世界民族学人类学研究中心）

为了确保全球一体化进程不会对地方性的文化实践造成破坏，联合国教科文组织从 2003 年起在全球范围内开展非物质文化遗产保护的工作，我国亦迅速地加入了这一行列中。在十多年的发展中，我国各地非物质文化遗产保护工作取得了一定的成效，但也存在着突出的问题。不少地方开展的非物质文化遗产保护工作存在着与民众生活脱节和措施不当等弊端①。在工具理性的侵袭下，围绕着非物质文化遗产的商业价值，各地非物质文化遗产生产性保护的措施纷纷上马，不少地方甚至陷入对非物质文化遗产所有权的争论中，保护本身流于形式②。

当前我国非物质文化遗产保护困境产生的根源在于国内学界对非物质文化遗产的属性认识不清，以及在此基础上没有形成契合遗产属性和社会发展的保护措施。因此，在中国非物质文化遗产保护工作开展已过 10 年的今天，有必要重新审视非物质文化遗产的特征与属性，对我国当前非物质文化遗产保护的策略进行反思。

一、从遗留物到公共文化：对非物质文化遗产属性的再认知

非物质文化遗产的保护最初兴起于以拉美国家为代表的第三世界。一方面，全球一体化加强了拉美国家与发达国家之间的联系，但在商业资本的侵蚀下，拉美国家的文化资源成为发达国家竞相追逐的对象，以玻利维亚为首

---

① 吕俊彪：《非物质文化遗产保护的去主体化倾向及原因探析》，载《民族艺术》2009 年第 2 期。
② 刘爱华：《工具理性视角下的非物质文化遗产保护困境探析》，载《民族艺术》2014 年第 5 期。

的拉美国家开始对本国文化的所有权进行保护；另一方面，全球化、现代化在世界范围内的渗透使得诸多非西方国家对本国文化的处境产生了担忧，包括日本、韩国在内的诸多发达国家开始对本国文化传统进行保护[1]。在这两种思潮的交融下，联合国教科文组织于2003年在全球范围内开展非物质文化遗产保护运动，其目的在于通过对世界各地人类非物质文化遗产的保护，从而确保全球化、现代化的进程不会对地方社会的文化造成破坏，确保人类文明的多样性。

联合国教科文组织颁布的《非物质文化遗产保护公约》对非物质文化遗产作了如下定义：非物质文化遗产，是指被各群体、团体、有时为个人视为其文化遗产的各种实践、表演、表现形式、知识和技能及其有关的工具、实物、工艺品和文化场所。[2]

联合国教科文组织将非物质文化遗产分为口头传统和表现形式、表演艺术、社会风俗、礼仪与节庆、有关自然界和宇宙的知识和实践及传统手工艺等，这一内容体系与民俗学研究的范畴基本一致。此外，在浪漫主义、民族主义基础上诞生的民俗学致力于在现代化进程中重构民族国家的文化传统。研究内容与研究旨趣的双重一致性，使民俗学者成为非物质文化遗产保护实践中最为重要的参与主体。

然而，诞生于浪漫主义、民族主义基础上的民俗学研究很长一段时间秉持着遗留物的理念看待民俗。尤其是以芬兰、德国为代表的欧洲民俗学者将民俗视为历史遗留的产物，他们希望通过对本国民俗传统的搜集与抢救，在现代化的进程中构建本国的民族文化之根。虽然遗留物的理念在当下民俗学研究中已是日渐式微，但在传统和现代二元对立基础上诞生的非物质文化遗产保护运动却激活了民俗研究中的遗留物理念，并使其成为评定非物质文化遗产名录、确定非物质文化遗产保护策略的基本原则。

在遗留物理念的影响下，对遗产真与假的判定成为非物质文化遗产保护的首要问题。对于能够进入保护名录中的项目，秉持遗留物理念的保护主体将其视为人类文明的集大成者与终极形态，诸多保护措施的确立旨在在社会变迁的情境下对人类文明终极形态本真性的维持；此外，传统社会遗留至今的、具备着本真性的非物质文化遗产更是因此成为价值属性的代表。在商业资本的参与下，各地生产性保护措施纷纷上马，成为当下非物质文化遗产保

---

① 安德明：《非物质文化遗产：民俗学者的两难选择》，载《河南社会科学》2008年第1期。

② 巴莫曲布嫫：《非物质文化遗产：从概念到实践》，载《民族艺术》2008年第1期。

护的主要手段，围绕非物质文化遗产的产权归属更是导致了诸多纷争的产生。

　　围绕着遗产真与假的争论，生产性保护的大行其道与遗产保护的本真性之间的张力使得当下非物质文化遗产保护的理念与实践处于撕裂状态，而脱离社会语境的保护策略及其保护效果的差强人意亦引起了社会各界对非物质文化遗产保护必要性的质疑。在理论层面上，自 20 世纪 60 年代开始，人类学民族志书写已经注意到遗留物理念影响下的本真性并非是真实存在的实体，而是不同主体合谋建构的产物。而在当下，对于本真性的研究已经转移到"了解在个人和群体的话语中，本真性的功能和意义究竟是什么"①。这意味着，对于非物质文化遗产的关注并不在于挖掘遗产本身作为传统的属性特征，而是应该对遗产在社会生活中的意义与价值进行关注。事实上，在非物质文化遗产保护兴起的拉丁美洲，在多元族群社会中具备的社会生产能力正是评判与确立遗产的重要指标②。

　　基于这一思考，高丙中提出了"作为公共文化的非物质文化遗产"③ 这一命题。他认为，在传统社会中，非物质文化遗产是以日常生活的形态存在于一定的社会与团体中，并作为民众日常生活的组成而为群体成员共享和传承。进而言之，非物质文化遗产是一定区域的民众在长期历史发展进程中形成的、凝聚着世界观与认知观的地方性知识，并以生活文化的形态存在于特征场域民众的日常生活之中。作为软性社会规范，非物质文化遗产以区域社会民众共享的公共文化的形式，在规范民众行为、实践共同体认同和维系社会运作中有着重要的意义与价值。对于非物质文化遗产而言，赋予其价值的来源并不在于遗产本身作为碎片化的遗留物的本真性特征，而在于遗产作为地方社会民众共享的公共文化具有的意义生产的价值。

二、非物质文化遗产的保护路径：在社会变迁中恢复公共文化的意义生产

　　非物质文化遗产在现代社会遭遇危机的实质是共同体内公共文化的传承断裂。原因在于现代化进程导致传统社会结构的巨变，突出表现为当下生产、生活方式的变化对传统社会结构的影响，由此导致作为公共文化的非物质文化遗产传承场域的破裂。此外，中国非物质文化遗产传承危机的出现亦与包

---

①　［德］瑞吉娜·本迪克丝著，李扬译：《本真性》，载《民间文化论坛》2006 年第 4 期。

②　CARABALLO P C. El Patrimonio Cultural y los Nuevos Criterios de Intervención. La Participación de los Actores Sociales. Palapa, 2008, Vol. 1, No. 3. pp. 41–49.

③　高丙中：《作为公共文化的非物质文化遗产》，载《文艺研究》2008 年第 2 期。

括民俗学在内的现代学科对传统社会公共文化的定性密切相关。中国社会现代化的进程起源于"五四"时期，但从那时起，作为民众日常生活共享的民俗文化被定义为由"传统性的（落后的）农业、农村和农民所代表的观念"①，进而被标签为落后、愚昧的象征，由此导致中国社会的现代化进程成为去传统和去民俗的过程。改革开放后，随着现代化进程的加快，西方文化的影响与渗透更加剧了这一过程。文化自觉的缺失与现代化影响的双重作用直接导致了当下中国社会非物质文化遗产传承危机的出现。

在传统社会中，非物质文化遗产是群体共享的公共文化，并在群体共享过程中实现其意义生产，维系着社会的正常运转。在非物质文化遗产失去传承场域与意义生产的当下，对于非物质文化遗产的保护就不应该只局限于项目本身，而是应该建立在对非物质文化遗产作为共同体公共文化属性认知的基础上，在社会变迁中恢复其公共文化的属性。在实现遗产保护的同时，实现其在培育民众自我认知、实现社会创造性发展的意义。这意味着，非物质文化遗产保护应"扎根于现在，是对过去的重建、选择和阐释"。非物质文化遗产保护"并非仅是对静止的过去表达敬意，而是立足于社会延续性对其进行后续的创造"②。这也正是发挥非物质文化遗产在新时期国家文化建设作用的基本要求。

恢复遗产作为群体共享的公共文化以及在此基础上实现其意义生产的前提是立足遗产本身的特征，为其在当下社会寻找新的社会定位和生存空间。尽管联合国教科文组织对非物质文化遗产做出了类别区分，但这一区分是基于学科范畴基础上的产物，缺乏从民众的立场出发对非物质文化遗产在当代社会定位的准确认知。

重新审视民众日常生活，可以看出，非物质文化遗产在民众日常生活的存在形态主要包括处理人与自然的物质生活，人与人之间关系的社会生活，满足人类自身诉求的、作为人类精神生活组成的艺术生活和人类自身所处的文化空间四种类型。恢复非物质文化遗产公共文化的属性，就必须立足非物质文化遗产在民众日常生活中的存在形态，依据不同形态的非物质文化遗产与当代社会生活的融入程度，在变迁的社会结构中为其寻求新的社会定位，恢复其公共文化的属性。

具体而言，对于能够融入当下社会的物质生活实践，可通过政策性支持、

---

① 高丙中：《作为公共文化的非物质文化遗产》，载《文艺研究》2008 年第 2 期。

② ROSAS M A. Presentación. Alteridades, 1998, Vol. 16, No. 8, pp. 3-10.

大众传媒宣传等多样手段，培育民众对物质生活实践的需求与传承自觉，并以此为基础对其传承与发展进行保护；对于与当代社会完全脱节的物质生活实践，可通过活态博物馆的形式，发掘其作为文化象征、社会记忆的价值，服务于当下社会的发展与建设。社会生活是民众日常交往的重要维度，是规范民众日常生活的基础与框架。即便在社会变迁的当下，集体参与的社会生活亦能起到文化之根的作用。对于此类形态的非物质文化遗产，可以采用政府引导、群众动员的理念，通过将其转变为当代社会的公共文化活动，重构其在当代社会的传承场域，实现非物质文化遗产存在形态与精神内涵的双重传承。艺术生活作为人类精神层次的追求，具有一定审美属性与价值，因而具备产业开发的价值。对于此类形态的非物质文化遗产，一方面要培育民众的审美需求与市场需要，通过切实可行的生产性保护措施，从技艺传承的层面进行保护。需要注意的是，在生产性保护的实践过程中，必须协调好艺术生活的精神内核与当前社会需求之间的关系。在不违背艺术生活精神诉求的前提下对其进行适度的创新，这也是对非物质文化遗产作为公共文化传承与创新并举诉求的回应。对于文化空间的保护，首先需要对文化空间本身及其拥有的非物质文化遗产资源进行勘定与归类，并在此基础上确立文化空间保护的范围。在保护措施上以人为核心，通过民众的生活实践将文化空间的保护与非物质文化遗产的传承融合，赋予文化空间造血功能，从而实现文化空间整体性保护的目标。

三、个案观照：非物质文化遗产保护的宁波经验

作为我国海洋文明与农耕文明的交融地带，浙江省宁波市有着丰富的非物质文化遗产资源。截至2013年，宁波市共有国家、省、市级非物质文化遗产190项。改革开放后，宁波市较早地开始了对辖区内非物质文化遗产的保护，并在长期的实践中形成了非物质文化遗产保护的"宁波模式"。宁波市非物质文化遗产保护的实践紧扣非物质文化遗产公共文化的特征，依据不同类别的非物质文化遗产在当代社会的融入程度，为非物质文化遗产在当代社会的传承营造相应的社会空间，并通过传承群体的实践恢复其作为当代社会的公共文化，盘活非物质文化遗产在当代社会中的运作，实现非物质文化遗产保护与社会发展的双向结合。具体而言，宁波市非物质文化遗产保护的措施主要包括博物馆建设、生产性保护、校园传承基地建设、公共文化建设和文化生态保护区建设等多种路径。

（一）博物馆建设

博物馆保护是指利用博物馆这一空间，通过图像、视频等媒介手段，以融合实物的形式，对非物质文化遗产进行收藏、保护、研究与展示的过程。采用博物馆方式保护的非物质文化遗产，通常是在地方社会中有着重要价值，却与当下社会完全脱节的物质生活和艺术生活类的非物质文化遗产项目。

从 1997 年宁波慈溪兴起的第一家民间非物质文化遗产博物馆开始，在经历了慈溪发轫，宁海、象山等地民间非遗博物馆的纷纷兴建，再到鄞州区 20 余家非物质文化遗产博物馆群的发展后，宁波市非物质文化遗产博物馆目前已经发展到了四十余家，其中宁海县十里红妆博物馆、象山县德和根雕艺术馆、鄞州区朱金漆木雕博物馆等尤具典型代表性。

以现代科技展览与社会生活完全脱节的非物质文化遗产项目，一方面是对非物质文化遗产项目的直接保护，另一方面，这一途径亦使民众以直观、生动的形式，获得对非物质文化遗产的直观感受，并能以参与体验的方式，传承作为文化记忆的非物质文化遗产。更为重要的是，博物馆是现代社会文明进步的重要标志，是现代社会重要的公共文化空间。宁波市文化部门在推进非物质文化遗产博物馆建设的同时，亦通过在博物馆举办多样形态的非物质文化遗产展览，将与社会生活完全脱节的非物质文化遗产项目以公共文化的形式嵌入当下社会生活。在实现非物质文化遗产传承、培育民众文化自觉的同时，发挥非物质文化遗产在当代城市文化建设中的作用。当前，宁波市非物质文化遗产博物馆的建设取得了良好的效果，参观博物馆非遗展览已成为宁波民众日常生活的重要内容。在群众热情的推动下，宁波市民办非物质文化遗产博物馆已如雨后春笋之势遍地开花。

（二）生产性保护

生产性保护，是指在非物质文化遗产保护工作中，通过对非物质文化遗产资源的产业开发，将其转变为当代社会的消费产品，在生产过程中实现对非物质文化遗产的保护。宁波市非物质文化遗产的生产性保护主要运用在当前仍然表现出强烈市场需求的非物质文化遗产项目上，尤其是在传统技艺、传统美术与传统医药等非物质文化遗产项目的保护上。

宁波市文化部门通过资金支持、项目补贴、政府重点采购和后期奖励等多样化的方式，对不少非遗项目、服务和项目的生产性保护进行资助。诸多非物质文化遗产项目在政府资金支持下，走上了市场化运作的轨道，取得了经济效益与文化传承的双赢，宁波江北慈城冯恒大食品有限公司就是其中的突出代表。年糕制作技艺是宁波重要的非物质文化遗产。随着年糕制作技术的进步，传统年糕制作技艺逐渐面临着传承危机。在文化部门的大力支持下，年糕制作艺人冯恒大成立了宁波江北慈城冯恒大食品有限公司。在继承传统手工技艺的同时，冯恒大食品有限公司利用现代科技大力开发新的产品。如今，冯恒大食品公司已成为宁波年糕生产历史最为悠久、规模最大的专业企业之一。在实现年糕传统技艺传承的同时，亦获得了较大的经济效益。

在传承传统技艺的同时，生产性保护亦应该突破遗留物的理念，在传承中创新非物质文化遗产的生产技艺。这不仅是非物质文化遗产生产性保护取得成效的关键，更是非物质文化遗产作为公共消费文化具有的传承性与变异性特征的体现。宁波市在非物质文化遗产生产性保护的创新性实践中积累了一定的经验。以骨木镶嵌为例，宁波本地传统的骨木镶嵌技艺多用于家具陈设。随着西式家具的普及，传统骨木镶嵌技艺失去了生存空间。在创意礼品兴起的当下，不少企业将骨木镶嵌技艺应用于书签制作、钢笔装饰等创意性礼品中，取得了不俗的经济效益，骨木镶嵌技艺亦以新的形态得以传承与应用。

（三）校园传承基地建设

作为民众生活文化的组成部分，社会生活、艺术生活中的不少非物质文化遗产因其具有的教育意义成为传统社会儿童社会化的重要内容。随着村落、家庭结构等非物质文化遗产赖以依存的传承场域发生变化，不少此类非物质文化遗产项目正面临着传承土壤缺失带来的传承危机。在当代社会，学校是儿童社会化的重要场所，是现代文明的传承空间。由于传承内容、传承旨趣的重合性，在非物质文化遗产面临传承危机的当下，学校成为非物质文化遗产在当代社会传承的重要依托。

基于这一认知，结合本地文化传统与教育发展水平，宁波市文化部门选择在本地区有着悠久文化底蕴的、契合社会发展且在儿童社会化中起着重要作用的非物质文化遗产项目，通过将其纳入学校课程等多样化的方式，大力推进非物质文化遗产的校园传承。

从2007年开始，宁波市文化部门就开始了非物质文化遗产校园传承基地的建设。目前，宁波市已经建立起了多家非物质文化遗产校园传承基地，形成了包括奉化区尚田镇中心小学"奉化布龙"传承基地、奉化区萧王庙街道中心小学"奉化吹打"传承基地、镇海区职业教育中心学校"蛟川走书"传承基地、余姚市泗门镇中心小学"犴舞"传承基地、北仑柴桥实验小学"造跃"传承基地、北仑区梅山学校"水浒名拳"传承基地、余姚市肖东第一小学"姚剧"传承基地、宁海县第一职业中学"宁海狮舞"传承基地、奉化区高级中学"奉化布龙"传承基地在内的多个非物质文化遗产校园传承基地。除了将传承人请进课堂，在校园内传授非物质文化遗产外，宁波市文化部门还通过让学生走出校园，参与非物质文化遗产展演等多样性的活动，实现着非物质文化遗产外在技艺与内在蕴含的双重传承。

校园传承基地建设对非物质文化遗产的传承有着重要意义。首先，非物质文化遗产传承危机的根源在于社会巨变带来传承空间的消解，学校作为制度性的文化传承场所，能够作为新的传承场域解决非物质文化遗产传承空间缺失的困境。其次，非物质文化遗产是传统社会的公共文化。由于遗产本身具有的象征意义，传统社会非物质文化遗产的传承往往局限于血缘、地缘等共同体内部。在非物质文化遗产面临传承危机的当下，对传承群体的限制不仅加剧了遗产本身的传承危机，亦无益于恢复其作为公共文化的属性，因而也限制了社会大众对非物质文化遗产的认知、体验与参与。校园传承打破了非物质文化遗产传承边界的限制，通过将所有学生纳入传承对象，扩大了非物质文化遗产的传承范围。最后，学校教育是儿童社会化的重要场所，学校教育是儿童文化观、世界观形成的重要阶段，将非物质文化遗产纳入学校教育，能够培养学生对于民间文化的兴趣以及接受、感知多元文化的能力，促进学生开放、包容的文化观的形成。

（四）公共文化建设

公共文化建设是政府部门采用行政手段，通过举办文化活动、文化展览等多样化的方式，向民众提供普及的、大众文化产品服务的过程。作为相沿成习的民俗生活，传统社会的非物质文化遗产本身即是共同体内的公共文化。将非物质文化遗产传承纳入城市公共文化建设，亦是满足现代社会民众多元文化诉求的基本要求。宁波市文化部门通过多样化的方式，将非物质文化遗产的保护纳入城市公共文化的建设体系，并使之成为宁波市非物质文化遗产保护中的亮点。从 2007 年至今，宁波市连续多年举办广场展览、非物质文化遗产讲座、公益培训和公共庆典，形成了诸如"阿拉非遗汇""我们的节日"等一系列公共文化建设的典范。

"阿拉非遗汇"是宁波市文化馆和市非遗保护中心联合举办的大型群众性参与的非物质文化遗产展览，从 2013 年至今已连续举办两届。"阿拉非遗汇"选择在宁波市重要的公共文化空间——宁波广场举办，以"亲近、共享、传承"为宗旨，精选宁波地区最具代表性的非物质文化遗产项目在广场上集中展演，通过文化表演、邀请观众参与、举办非遗讲座等多样化的形式与参与民众互动。在深化宁波市民对本地非物质文化遗产感受的基础上，通过群众参与的方式实现非物质文化遗产在当代社会的传承，引导民众多元文化观的形成。"我们的节日"则立足于宁波本地丰富的节日文化，通过举办以群众为主体的公共庆典，展演并传承宁波本地的传统节俗。仅 2010 年，宁波市文化部门就组织了"我们的节日·清明放风筝""我们的节日——'瑞虎纳吉'端午女红技艺展"等多项民俗节庆活动。此外，连续多年举办的"我们的节日——端午龙舟竞渡"等更成为全市民众参与的民俗庆典。

以公益性、参与性为主要诉求的公共文化建设为非物质文化遗产在当代社会的传承营造了新的场域，恢复并实践着非物质文化遗产在当代社会的意义生产。与传统社会局限于共同体内的非物质文化遗产传承实践不同，宁波市文化部门推动的公共文化建设跨越了共同体的边界，为不同层级、不同地域的文化构建了一个交融的平台。这一举措不仅推动了非物质文化遗产在当代社会的传承，而且也是当代社会文化生态建设的重要内容，蕴含着文化启蒙的社会意义。

（五）文化生态保护区建设

文化生态保护区是"指在一个划定的自然和文化生态环境区域，为达到保护目标而指定或实行管制和管理的地区。在文化生态区中，有形的物质文化遗产如古建筑、历史街区、乡镇、传统民居、历史古遗迹等和无形的非物质文化遗产如口头传统、传统表演艺术、民俗活动、礼仪、节庆、传统手工技艺等相依相存，并与人们的生产生活密切相关，和谐相处"①。构建生态文化保护区的目的在于通过对文化空间的整体性保护，对以物质形态存在的文化空间和以非物质文化遗产形态存在的民俗生活保护的结合，构建物质文化与非物质文化之间良好的、互动的关系。

靠海而居的环境使得宁波东部形成了深厚的海洋文化，其中以象山文化最具代表性。三面环海的自然环境、靠海而居的生产方式形塑了象山独具特色的海洋文化，形成了包括徐福东渡传说、晒盐技艺、渔民开洋谢洋节和象山-富岗如意信俗在内的一系列非物质文化遗产。此外，象山本地更是有着包

---

① 黄小驹、陈至立：《加强文化生态保护提高文化遗产保护水平》，2015 年 12 月 7 日。http：//www.zjwh.gov.cn/dtxx/whrd/2007-05-31/57615.htm.2015-12-07。

括石浦渔港古镇、王将军庙、妈祖庙和城隍庙等多个海洋物质文化遗产。从整体层面而言，以海洋文化为中心，象山本地已经形成了一个非物质文化遗产和物质文化遗产互相依存、人类社会生活与自然环境和谐共处的文化生态系统。

在对象山渔文化普查的基础上，在专家学者、地方文化精英与当地民众共同参与下，宁波市文化部门制定了《海洋渔文化（象山）生态保护实验区总体规划》，确立了象山文化生态保护区建设中以人为核心，活态传承的思想。近年来，象山县先后恢复了诸如三月三踏沙滩、渔民开洋谢洋节、妈祖信俗、如意信俗、渔师信俗等传统民俗，创新发展了渔歌、渔曲、渔戏、渔鼓、渔灯等渔文化传统的艺术表现形式。此外，象山文化生态保护区还以诸多非物质文化传承人为主体，通过传授、培训以及宣传等多样性的手段，激发传承人对于本土文化的热情，并在非物质文化遗产传承人的带动下，使得文化保护成为象山民众的文化自觉。

宁波市非物质文化遗产保护体系的形成是建立在对非物质文化遗产公共文化属性认知的基础上的。这一认知自觉使得宁波市文化部门能够较为精准地把握非物质文化遗产传承危机的根源，通过契合遗产属性和社会发展的多样性的措施，建立非物质文化遗产融入当代社会的机制，实现非物质文化遗产在当代社会的活态传承。宁波市非物质文化遗产保护体系的形成亦与当地经济发展水平有关。迅速发展的经济使宁波民众较早地产生了文化自觉，同时亦减轻了非物质文化保护过程中的经济诉求，使得宁波市非物质文化遗产保护的工作能够突破文化资本论的局限，建立起非物质文化遗产在当代社会的多样传承机制。

宁波市非物质文化遗产保护的这一举措不仅盘活了本地的非物质文化遗产资源，激发了宁波民众对于本地非物质文化遗产的认知，而且促成了宁波民众文化自觉的形成，形成了当下非物质文化遗产保护全民参与的社会氛围。在社会结构变迁、人口流动性急剧增加的当下，对于外来人口众多的宁波而言，通过将非物质文化遗产保护的实践转变为全民参与的公共文化建设，其实质是引导外来人口建立文化认同，发挥非物质文化遗产在社会运行中的重要作用。

结　语

在传统社会中，非物质文化遗产是共同体内的公共文化。非物质文化遗产在当代社会面临的传承危机，其实质是作为民众日常生活的公共文化在社会转型期遭遇的困境。因此，非物质文化遗产的保护是恢复非物质文化遗产作为共同体的公共文化，实现其在当代社会意义生产的过程。就此而言，非物质文化遗产保护不仅是文化本身的问题，更是关乎社会发展的问题。

重构非物质文化遗产作为当代社会的公共文化，首先需要打破遗留物思维的局限，紧扣当下民众的日常生活和变迁的社会结构，从民众的生活世界入手把握非物质文化遗产的内涵与价值，在变迁的社会结构中重新定位遗产属性，进而通过多样化的手段与保护措施，恢复其作为当代社会的公共文化，实现其在当代社会的意义生产。对遗产公共文化属性特征的恢复亦须突破文化资本论的局限，在超越遗产保护工具理性论的前提下，从人类社会共同体的视域出发审视非物质文化遗产保护在维系人类文明的多样性和推动全球社会发展中的意义与价值所在。

作为一项政府主导的文化实践行为，恢复非物质文化遗产公共文化的特质有赖于政府部门的角色转型。在非物质文化遗产保护的实践中，政府部门必须转变为公共文化服务提供者的角色，在立足文化规律的基础上，动员社会力量，根据非物质文化遗产的形态特征与当代社会的现状，建立与文化本身相适应的传承机制。唯有如此，才能真正实现非物质文化遗产在当代社会的传承及其作为公共文化具有的意义生产价值。

自在到自觉：土家族摆手舞
经典化过程探究

彭书跃

（吉首大学文学院）

　　土家族摆手舞从民族识别与确认开始，随后作为民间传统文化被整理和保护，特别是 21 世纪以来成为国家级非遗项目，这一过程中国家、民族的理念逐渐融入这一民间文化中，使得摆手舞一方面丰富了本身的价值，另一方面扩大了凝聚的群体对象。越来越多的人，在活动中寻求民族的精神价值、思维方式、想象力和文化意识，并力图展现民族的生命力和创造力，于是自在的民间文化成为自觉的文化经典。这一经典化过程由以下几个方面共同完成：记忆的经典化、动作的经典化和口头文本的经典化。

一、记忆的经典化

　　记忆的经典化指与土家族摆手舞的活动相关的几段记忆成为经典记忆。其中第一段是 1956 年 5 月、6 月间，潘光旦在湖南永顺双凤村的民族调查活动，据《访问湘西北"土家"报告》中所述：

　　（调查）从吉首出发，后来又回到吉首，中间 17 天里，走的两条路线。一是南北线，较长；一是东西线，较短。两线构成一个十字，以保靖县城为交叉点。
　　南北线的重点，主要是龙山，其次是永顺。……所以在此两县境内，一去一回，和在沿路的县、区、乡停留接触，前后跨了 12 天。龙、永两县县城之间约 120 公里没有公路的，又多高山陡坡，行旅困难，这种困难使得停顿的机会多，而和"土家"人接触的机会也就多；而这一路的"土家"人，也正因为交通不便，所保持的特点也就比其他县份的"土家"人更见得突出。①

出于民族甄别工作的需要，潘先生进入湖南西北角的土家地区进行实地调查，期间就来到了永顺县双凤村，与村子结下了不解之缘。虽然在其撰写的各种相关学术著作中几乎找不到他在双凤这段考察的经历，但是双凤村的村民却将其变成了记忆，并且因为他们日后在各种场合的反复讲述，这段记忆历久弥新；也因为先生的文章在学术界的权威性日益增强，这段记忆被学者们从各个角度进行解读，成为一段经典的记忆。这段记忆在当时经历者的脑海里还特别生动、清晰，双凤村彭家珍老人回忆道，"当时县里来人到村里，讲有中央的干部要来考察，要村里派人下山去接，我们总共去了10多个人，到了山脚下，县里人介绍就是潘光旦。山路陡，他有只脚不行，根本走不上去。我们就想了个办法，找了把太师椅，再搞来两根杠子，一边扎一根，从椅子两边穿过去，搞成一个轿子，就那么把他抬到村里来的。中间还换了几次人，他走的时候又抬他下山。"② 双凤村的这段记忆还直接关涉土家族摆手舞，如今的传承人田仁信回忆道："当时有个姓潘的教授，到我们双凤来，他看我跳摆手舞，跳一个动作就要我停（一）下子，再问我这个动作的名字和意思，我就给他讲。他喊我跳我就跳，喊停我就停，搞了好久。"③

第二段记忆是田仁信、彭若兰上京表演的经历。1957年土家族摆手舞上京参加民族文化会演。这次会演是摆手舞在土家族民族确认后的第一次展演，1956年双凤村的田仁信、彭若兰两位作为土家族代表参与其中。当时他们是与苗族代表共同组成了一个队伍，对于自己是怎么被选为演员代表，加入上京表演的队伍经历，彭若兰老人还记忆犹新，她说："当时我们到吉首，州里面就选。唱歌跳舞、扯琴打锣打鼓的一共120多人，大家就到台上唱戏、跳舞、跳摆手舞。我唱戏、跳舞都搞得（好）。台下面领导坐着看，选了20个，我和田仁信两个都选上了。土家族就我们两个，苗族的（人）多。我们六月间到长沙学起，到第二年开年正月间才到北京。我们在队伍里头互相学，摆手舞是我们自己搞的（好），接龙、跳仙是苗族的。我们教他们摆手舞，他们再教我们接龙、跳仙。在团里的时候，苗族团员看我小，就开我玩笑，她们问我'蹦'在哪里，我懂不倒（意为听不懂）她们的话，旁边人就跟我讲，

---

① 彭继宽主编：《湖南土家族社会历史调查资料精选》，长沙：岳麓书社，2002年，第223页。

② 采访对象：彭家珍，采访人：彭书跃，采访时间：2016年8月，参访地点：湖南永顺县双凤村彭家海家。

③ 采访对象：田仁信、彭家珍，采访人：彭书跃，采访时间：2016年8月，参访地点：湖南永顺县城田仁信女儿家。

她们在问我的爱人在哪里。我就用土家话骂她们'哈尼嘎''务尼嘎'。"① 这是两位老人人生中最为荣耀的时刻,他们已经记不清向别人讲述了多少次了,这首先是两位经历者的"经典记忆";两位老人的亲朋好友,以及双凤村的村民也将此作为整个家族、村寨的骄傲来记忆和讲述,这是整个村寨的"经典记忆";当地的学者、文化机构、政府部门在研究土家族民族文化、制定和实施相关民族文化政策的时候也以调查报告、学术著作、政策文件等各种形式对这段经历进行整理和研究,它又是关涉民族的"经典记忆"。

以两段记忆为核心,人们形成了关于土家族摆手舞在国家语境中的典型形象,人们在记忆中理解和认识摆手舞与国家的关系,摆手舞记忆的经典化为摆手舞成为国家级非遗项目奠定了心理基础。

二、动作的经典化

动作的经典化是指摆手舞动作的规范和标准的设立以及这个规范和标准的实施过程,这个过程分别从民间和学校两个方面进行。民间主要指通过传承人对摆手舞动作的示范,建立摆手舞动作的规范和标准。学校则是通过将摆手舞嵌入常规化的教学中,使之符合一定的规范性。

(一)传承人的示范作用

传授摆手舞技艺本来就是传承人的职责所在,他们通过言传身教来进行,并且在传承的过程中认识和理解自己的传承人身份。除了能确立自己的身份以外,这个传承的过程也是一个标准动作的示范过程,能确立动作的规范和标准。如两位传承人都多次提到,现在的动作不"正宗",这就表明他们一直是有一个标准在心里的,他们也以这个标准传授摆手舞技艺。但是,教学场合是不能由传承人自己决定的,一些政府部门、文化机构和有关学术研究的场合,会要求他们"原汁原味"地展演摆手舞动作;而一些商业化场合往往对此要求不太高,甚至只要求他们对动作进行符合市场的改编。因此,第一种场合下的教学活动符合他们心里的标准,他们会比较重视,并且有较深刻的印象,而第二种场合他们就没有那么上心,如果报酬不是特别多的话,对此也没有什么印象。比如,田仁信还记得自己应湖北民族学院的邀请去当地教学的过程,关于此过程他的大儿子田义言在前面已经有过详细的讲述,田

---

① 采访对象:彭若兰,采访人:彭书跃,采访时间:2016 年 8 月,采访地点:永顺县县城彭若兰家。

仁信老人年过八旬，并且不太善于表达，但是在采访他时，他基本能将当时的教学过程讲清楚，特别是内心的那种骄傲溢于言表。另一位传承人张明光也是如此，当问起他的教学经历的时候，他讲述道："我这些年来教的徒弟起码要上千！到各处教。2008 年发证书，当时要安排表演，我就被安排到州艺校教。田仁信也在，我们分开教的，我们每个人都带了十几个学生。教了几天，后来上台表演，才表演了几个动作，下面就鼓掌了。"①除了谈起这次教学经历外，采访中他还谈到了一次进高校的教学经历。"那年，有个吉首大学的李老师带了一些学生到我屋里，他们来了几天，现场采访问问题，后来就教他们，学生伢儿脑子活，学得快，动作都搞得好。后来，又有个田老师专门到屋里喊我，请我到吉首大学学校里，到学校操场上教。"②在这些场合里，他们能感受到其中的严肃性，也觉得自己受到了理解和尊重，他们首先会摆正自己的心态，都会一丝不苟地按照自己的标准进行教学，对动作有严格的要求，每一个细节都不马虎，所以舞蹈中的举手投足都力图符合标准，成为规范。这种示范性还在电视台对传承人的采访中出现，传承人是理解镜头意义的，这是能令他们更加出名获得更大荣誉的场合，就像张明光说的"我们寨子里的人在电视上看到我了"。所以，每次电视台的采访传承人都能付出极大的热情给予配合，也特别在意自己在镜头前的表现，能打起十二分的精神在镜头前展演摆手舞动作。我采访田仁信老人那天，刚好在某电视台采访之后，后来我听他女儿抱怨说采访搞得太久了，记者一直要求老人又唱又跳，又说到老人已经好久没这么跳过了，那天还跳了全套的小摆手动作。老人没说话，只是在边上有些不好意思地笑。我理解这可能是老人在镜头前培养出的"镜头感"，面对镜头他会不自觉地拿出最好的状态，跳出最规范的动作来。因此，在这些场合，摆手舞传承人以自己的方式做出了示范，树立了摆手舞的动作标准。

（二）摆手舞教学规范和标准的建立

近几年来，土家族摆手舞走进了当地的中小学校园。这里的进校园不是指请传承人来校上几次课，而是真正意义上的进入学生的日常课堂，成为日常教学中的一环，其中包括有专门的教室，专门的教学场地，专门的课程安排，以及学期末的相关考核等硬性标准。下面将结合笔者对永顺县对山乡九

---

①② 采访对象：张明光，采访人：彭书跃，采访时间：2016 年 8 月，采访地点：湖南吉首乾州"格朗渡"后台。

年制学校的调查采访进行探讨和分析。

永顺县对山乡处于永顺与龙山两县交界之处，地处偏僻，境内多高山峡谷，少平地，史志中记载："对山寨，城西七十里有市，以二、五、八日为期。"①。对山乡交通不便，只有一条县道与209国道相通，经济发展十分落后，是永顺县的贫困乡镇之一。因其交通闭塞，经济落后，受外部影响较小，所以土家文化保留较好。学校位于乡镇边缘的一处山坡之上，校园占地面积约29000平方米。除了原国家计委教育扶贫工程新修了一栋教学楼外，其余的校舍都已陈旧，学校的硬件建设和同类学校相比远远不如。2008年，州民族事务委员会与吉首大学文学院主抓土家、汉双语文教学试点工作，在学校设立了土家语传承教学实验点。2015年12月28日被湘西州民族教育科学研究院设立为湘西民族文化传承教育研究基地学校。学校设立了三个实验班，作为试点班级，以教授土家语为主，同时教授土家文化。以下是笔者对学校的土家语专职老师盛志远的采访。

笔者问："盛老师，你能简单介绍一下你们学校的土家文化教学活动吗？"

盛志远："我们这里土家语教学点是2008年设立的，我主要是教土家语，同时也开展土家文化活动。如摆手舞、咚咚喹，我们还成立了土家学生溜子队，平时还教学生玩土家自己的棋类游戏，如打扇棋、猪母娘棋、五子汇棋、夹子棋、金木水火土。课堂上主要是教土家语，土家文化活动一般在课间教，有时大家一起，全校统一起来教摆手舞。三个实验班老师自己组织，课间或者利用一两个课时也可以专门教授。三个实验班全称是土家语传承实验班，主要以土家语教学为主，土家文化也要教。我本身是万坪人（永顺县另一个乡镇），以前这些都不会，2008年的时候我和彭五一老师、彭万秀老师一起到州里统一参加土家语和土家文化学习，到吉首大学专门有老师教我们，当时叶德书老师还没去世，他给我们讲土家语拼音方案，他写的《土家、汉双语读本》作为我们学习的教材。"

笔者问："你们土家语、土家文化教学学校里有专门制订的方案吗？"

盛："有！叫做土家文化传承方案。年年都做，由土家文化传承室制订，由我负责。我们做的是一个大方案，一个是土家语教学方案，主要包括三个老师的课时安排情况；再一个是土家文化活动在学年内的开展计划，以及要达到什么效果，都要写清楚。每周都要细化到老师的责任，制定活动日程安

---

① 民国《永顺县志》卷2《地理志七·保里街市》，《中国地方志集成·湖南府县志辑》，南京：江苏古籍出版社，2013年影印本，第193页。

排表。州民委每年来学校考核一次，主要是土家语，也涉及民族文化传承活动，要求传承一些民族文化记忆，我是想把我们学校打造成土家文化传承教育基地。近两年举行了几次全校性的摆手舞活动，由老师组织，学生全部参加。我们每个班进行比赛，然后再评奖。"

笔者问："这种全校性的摆手舞活动现在还能举办得起来吗？"

盛："搞得起来！看新校长来了，有没有资金支持。还要看其他的任务多不多，现在政治性任务比较重。比如讲，我今天准备开展摆手舞活动，突然上面来人要搞一些其他活动，你就要取消。碰到天气不好，又要推迟几天，拖了几天，人就没得味了（意为失去兴趣了），那就搞不成了。这个事情不是我们传承室几个人讲了算的，全校这么多师生，都要考虑到。搞摆手舞活动时，每个班都要练习，到处都是锣鼓声，肯定会影响到学习，所以这些我们都要考虑到。"

笔者问："你们开展这些课程和活动，有没有专门请传承人进行现场教学呢？"

盛："土家语没请，其他活动县里面有专门的老师来教过。大概是 2009 年的时候，我们搞摆手舞活动时当时永顺县文化局来了几个专业的老师，教了一个星期。一分钱都没收，他们早上开车过来，晚上又回县里。他们先教老师，再由老师教学生。教的对象主要是新升上来的四年级土家语传承班，一、二、三年级学生年纪太小了，考虑到安全问题我们暂时不教。我们这里四年级以上的班级都能跳，来了客人，要摆个手，唱几首土家歌，迎接一下，马上就能组织起来。摆手舞当时是要求全体老师都学的，就这几年新参加工作的老师没有统一学习，我们准备今年抽时间再统一学习一次。我和彭武一老师还有个设想，我们在学校的课间操时间加入摆手舞，在中午大课间的时候集体跳。"

笔者问："学校里学习摆手舞，当地学生的家长有什么反映？"

盛："我们练摆手舞的时候，家长有过来看的。2013 年我们那次统一搞，过来好多家长看。有些家长还会跳摆手舞，他们说我们跳的和他们以前跳的不同。我也就搞不清楚谁的正规些，就问他们：'哪个好看些？'他们讲：'你们这个好像好看些。'我们是文化部门专门派老师教的，可能是要好看些。前几天我和几个老师还去州里学习土家语，还同时和张明光老师学了大摆手，总共只学了六个动作，都比较简单，学生容易学，一节课都能教会。我们先跳基本动作，之后再加入一些生产生活的动作。先划船，然后找到一个地方开荒、砍火畲、撒小米、撒谷种，再就收获，收割粮食，最后庆祝一下。这是精简的几个动作。摆手歌比较难，要用土家语唱，我们没学。我们只搞常规的几个动作，其他的活动内容比如说祭祀、好多其他的动作我们都没搞。所以讲，我们学校的摆手舞不是正规意义上的摆手舞"①。

由采访内容可见，进入学校的摆手舞呈现以下特点：

第一，摆手舞是为了配合土家语传承而进行的一些土家文化传承教育的一部分。它有自己明确的活动目的，即学校老师谈话中所提到的"传承土家文化记忆"，它是在土家语教学的基础上展开的，同时也是为了能促进学生对土家语的学习，为语言学习创造良好的文化语境。

第二，摆手舞与其他的土家文化活动有专门的教学计划，配有专门的老师，这些老师受到政府文化部门的专门培训。有专门的教学场地和教学器具，平时以全校性活动的形式来推动学习，政府部门来人时，组织学生以文艺会演的形式进行教学成果汇报演出。

第三，摆手舞的动作是经过精心编排的。它针对教学的需要和学生的实际情况，由传承人或是文化部门专业人员从众多的摆手舞中选出几个符合要求的动作，按照生产生活的秩序，以一节课的课时量为时间长度标准，对动作进行重新的编排。动作较讲究艺术性，与传统的摆手舞比较而言更具美感。

这些特点使得摆手舞已经成为学校里的一门课程，它是构成土家族民族经典文化教育的一部分。在教学过程中，结构严密的现代教育系统，使得摆手舞动作呈现出规范性、典型性、权威性，并逐渐成为具有经典意味的动作。

三、口头文本的经典化

口头文本经典化是指摆手舞活动中的口头传统变成民族文化经典文本，这个过程包括两个方面，一方面是故事、传说、歌谣等被收集、整理并记录成册；另一方面是对这个文本进行充分的阐释，使其获得丰富的意义。摆手歌从口头演唱到文本阐释的变化可以说是这一经典化过程的集中表现。

（一）《摆手歌》的收集整理

摆手歌是摆手舞活动中，随着活动环节的变化民众所要演唱的歌谣。歌谣以土家语演唱，活动中的掌堂师或者领头人是主要演唱者，民众在特定场

---

① 采访对象：盛志远，采访人：彭书跃，参访时间：2016 年 8 月，采访地点：湖南永顺县对山乡九年制学校。

合也要齐声附和，歌谣与摆手舞动作一致，歌以舞兴，舞随歌动。歌谣主要由两部分构成，一是祭祀性的内容，包括人类起源、民族迁徙、英雄人物等；一是生产生活性的内容，包括农事劳动及日常生活等。摆手舞因地域的变化分为大小摆手，各村寨的摆手歌在具体的演唱内容上也有很大的变化。如龙山县马蹄寨、农车、洗车河等地的大摆手活动中一般由掌堂师演唱祭祀八部大神的各种经文，摆手舞传承人张明光作为一名掌堂师，他在采访中讲述道："摆手中先要唱《长马辞》，又叫《梭子卡》，什么意思呢？就是在摆手前在小庙堂清理人，年过了，正月间鸡鸭鱼肉大家都吃了，正月初九日子好，准备摆手，把人都请来，要点名清点人数。然后就是唱《短马辞》，就是讲到了什么地方。到一个地方报一个地方的名字，一步一步唱，一直讲到摆手堂，最后就到摆手堂的神龛这个地方。再是什么呢？就要开始《奠酒》，给八部大神敬酒。酒敬完了以后就唱《嘎麦请》，就是正式请神，请八部大神、土王，这些都要请，八部大神是土王的大臣，这要跪到神位前唱。唱完这些过后就要唱《嘎麦翁》，就是安位，安神位。《嘎麦请》《嘎麦翁》后就要扫堂，就是要把摆手堂里面扫干净，我们要摆手。首先，在里面东嗖西嗖，讲小话的人要赶出去，扫到外面去，不准到里面搞。小偷小摸的全部要扫出去；骗人的，比如大秤进、小秤出的这些人要全部赶出去。这些人全部赶出去后才开始摆手。"[1] 在永顺双凤村举办的小摆手活动中，摆手歌的内容就少了很多，据州级传承人田水香讲述："摆手舞跳到回旋摆的时候就要唱，你一唱了，一个圈子的人就要和。这才有气氛，表示（大家）感到高兴，唱啊，跳啊！以前老一辈跳的时候都是这么唱的。领唱就是领头的那个人，我帕普[2]就是领唱。一般人也唱不好，他们唱的话也合不到动作点子（节奏的意思）。使用土家语唱的，一般是要四句四句地唱，内容由你唱，鼓敲得久你就要多唱，敲得短就少唱。唱的内容都不一样。开头都要唱：'小小的哦屋场，大大地哦开。那爱玩爱耍的哦，上场了哦来。'意思就是喊大家都来，围场再小，人要多一些。然后就唱一些生产生活的歌曲。"[3] 这是当下大小摆手活动中演唱的摆手歌所涉及的内容，在以前可能还有些内容，现在基本已经听不到了，但在学者的调查报告里还有记录，如在《土家族摆手活动史料辑》中就收集了学者们在20世纪60年代对龙山、永顺、保靖三县共26个土家村寨的摆手舞

---

[1]　采访对象：张明光，采访人：彭书跃，采访时间：2016年8月，采访地点：湖南吉首乾州"格朗渡"后台。

[2]　土家语，爷爷的意思，此处指田仁信，他与田水香同宗。

[3]　采访对象：田水香，采访人：彭书跃，采访时间：2016年8月，采访地点：湖南永顺双凤村。

调查报告，其中大多记录了摆手歌的演唱内容，可分为以下四类：

第一类与八部大神相关。这主要是在龙山马蹄寨、农车、洗车等村寨演唱。一般由掌堂师以土家语演唱，内容除了包括张明光所讲的祭祀经文以外，还包括大量的关于人类起源、民族迁徙和祖先英雄人物的古歌，如《开天辟地》《八部大神迁徙记》《洛蒙挫托》《日月岩地开岩》等。

第二类与土王相关。以龙山县四方村和永顺夕铁、沙撮村最为典型。内容由几个部分构成，分别在摆手互动期间的每个晚上演唱，在龙山永顺交界的坡脚乡四方村最为丰富，这里摆手歌共七个部分分为七个晚上，由土老司以土家语演唱，按照时间顺序其演唱内容如下：第一夜是请土王。内容为后代儿孙们已经准备好了各种祭品，急切地盼望着土王的驾临；第二夜是给土王安位。请来土王后要将其安排在神堂之中，并向其诉说民众的祈愿，求得土王的保佑；第三、四、五、六夜都是敬土王。内容基本上就是重复第二夜的唱词，只是在活动中增加了不同的娱乐内容；第七夜是送驾、扫堂。送驾一节内容为依依不舍送别土王，希望它能禳除灾祸、邪秽，为村寨带来幸福、吉祥。

第三类与社巴菩萨（也叫社菩萨、社巴公公，土地公公等）有关，主要在古丈县断龙乡的田家洞，茄通乡的马达坪等地演唱。其内容十分丰富，一般由土老司演唱，先唱请神、敬神的歌，再唱反映开天辟地、民族起源、迁徙以及英雄人物的古歌，接着要唱劳动歌、情歌，同时还要唱《田家古根》《向家古根》《彭家古根》和《狗爹羊娘》等反映村寨中家族来源的风俗歌。

第四类是与生产生活相关的歌谣。永顺双凤村、龙山县苗市乡的岩烈巴村的摆手活动中只演唱关于生产生活的歌谣，其他一些村寨在唱完八部大神、土王、社巴公公的内容后也会唱关于生产生活的内容。

根据以上对摆手歌演唱内容的整理分析来看，它具有以下特点：

第一是流传广泛。在举办土家族摆手舞活动的村寨都能听到；第二是形式多样。里面有祭祀歌、古歌、劳动歌、情歌，包括了多种歌谣的类型；第三是内容丰富。歌谣中既出现了八部大神、土王、社巴公公等神灵的形象，也有民族的英雄人物，同时民众自己也以生产劳动者的形象出现。这说明摆手歌与摆手舞一样历来就不具备统一的形式和内容，它是各村寨的民众在各自村寨的摆手舞活动中演唱的形式多样、内容各异的歌谣。

1989 年，学者们通过对摆手歌进行收集、整理将其记录成册，并由出版社将其以中国少数民族古籍的名称出版发行，作为土家族古籍，它以其内容命名为《摆手歌》。参差不齐的民间歌谣在这个古籍文本中从内容到形式进行了整合，成为一个较为完备的、系统化的文本。这是由口头到文字，由民间文化到学术古籍，由参差不齐到秩序井然的建构过程，这是如何进行的呢？下面以《摆手歌》一书为基础，结合本人及其他学者的调查情况进行对比分析。

　　编者们对于民间摆手舞的存在状况是十分了解的，如他们在《摆手歌》一书的前言中就提道："《摆手歌》与摆手舞一样，它不是一个时代的产物，而是随着历史的发展不断地发展丰富，不仅内容丰富，而且形式多样。它有叙事长诗，也有零散的短歌；有固定的唱词，也有即兴的创作。"[①] 同时还提道："毋庸讳言，《摆手歌》还有一定的不足之处，如内容庞杂，衔接不紧等，特别是农事劳动歌，由于即兴创作较多，歌词不定性，艺术上简单粗糙。"[②] 这两段文字从正反两方面说明了摆手歌在民间的存在状况及其难以统一的原因。如何认识这个问题呢？编者们又说道："尽管如此，但它通过大型的摆手活动，将各个部分统一起来，因此从全局看，《摆手歌》无疑是一个整体。但从具体内容看，各个部分又相对独立，可以单独成篇，体现了整体性与多样性相结合的特点。"[③] 从这样的认识出发，编者们对摆手歌进行了系统化的整理，他们做了以下四个方面的工作：

　　第一是对形式的整合。编者们将多种形式的歌谣按照它们的风格分门别类编成了天地、人类来源歌，民族迁徙歌，农事劳动歌以及英雄故事歌几个大类。

　　第二是对内容进行整合。通过天地、人类来源歌整合进了开天辟地、人类起源的内容；通过民族迁徙歌整合进了社巴公公的内容；通过农事歌整合进了各地的生产生活内容；通过英雄故事歌整合进了八部大神、土王以及西兰卡普的内容。

　　第三是将歌谣按照历史发展的顺序进行安排。从开天辟地到人类起源，再到民族的形成，最后到与民族繁衍生息相关的生产生活内容，基本上符合人类历史发展的规律。

　　第四是将属于祭祀部分的歌谣内容删除。这部分内容属于土家梯玛演唱的经文，其内容庞杂怪诞、晦涩难懂，并且与现实生活相距较远，参与整理工作的学者提道："毋庸讳言，由于摆手歌是同社会发展形式联系在一起的，也就不可避免地带有历史局限性。经过长期封建社会中的历史演变，在古代

---

　　① 彭勃、彭继宽：《摆手歌》，长沙：岳麓书社，1989年，第3页。
　　②③ 同上，第4页。

史诗的核心外形成的厚厚积层中，必然打上封建等级观念和小生产意识的烙印，掺杂着宗教迷信成分。"① 这部分内容编者们难以将其归类，便索性将其删除。

经过这样的建构，摆手歌不再是按照摆手舞活动进行秩序分别于每个夜晚在村寨里演唱的歌谣，也不再是因地域变化而在形式和内容上参差不齐的歌谣，甚至梯玛在活动中吟诵的晦涩难懂的经文也被排除在外。规训了这些差异、散漫、荒诞、晦涩的内容，活动中的摆手歌变成了结构严谨、内容完备、意义清晰、价值明确的学术古籍——《摆手歌》，这种文本也正符合编者们宣称的目的："（摆手歌）今作为民族古籍加以整理出版，不仅对研究土家族文学本身起着重要作用，而且对历史学、民族学、民俗学和语言学等学科的研究提供了珍贵的资料。"② 民间的文化经此一番建构变成了亟待学术阐释的资料性文本。

（二）学者对《摆手歌》的研究

《摆手歌》作为资料性的文本被建构出来之后就被学者们从各自学科的角度进行阐释，使其生发出丰富的意义，同时这些意义也在更大的范围内建构着《摆手歌》文本，使其成为民族文化经典。这一过程是作为口头传统的摆手歌经典化的第二个阶段，其过程如下：

《摆手歌》单独成书之前，其中的第一部分"创世纪"已经于1981年发表于《楚风》杂志的第一、二期。1984年湖南省少数民族古籍整理出版领导小组成立，《摆手歌》被列入省民族古籍出版计划，并于1989年12月整书出版发行。彭继宽、彭勃作为整理工作主要参与人分别于1986年10月在《民族文学研究》发表《土家族原始而朴素的道德观——评史诗〈摆手歌〉》，1987年在《长沙水电师范学院学报》（社会科学版）第三期发表了《漫话土家族传统古歌——摆手歌》的文章，这两篇文章最早将《摆手歌》作为主要对象进行研究，也是两位土家族学者对自己民族古籍整理工作的阶段性总结。两位学者各有偏重，彭勃注重从"史"的角度对摆手歌的产生、发展、成型进行了探讨，首先作者认为摆手活动来源于与土家民众生活紧密相关的摆手活动；接着论文对摆手歌的资料收集整理历史过程进行了梳理；再对摆手歌的内容进行了概括归纳，形成了"做天坐地""迁徙记""农事活动""人物

① 彭勃：《漫话土家族传统古歌——摆手歌》，载《长沙水电师范学院学报》1987年第3期。
② 彭勃、彭继宽：《摆手歌》，长沙：岳麓书社，1989年，第4页。

故事"四个部分，《摆手歌》整书内容结构已具雏形；论文最后还对摆手歌的价值做了简单的论述，其中特别突出了其史学、民族学价值。彭继宽则从社会功能的角度对摆手歌的社会道德价值进行了较为深入的探讨和分析，他认为摆手歌从维护族群利益、树立劳动协作规范、协调族群内部关系几个方面体现了远古时期土家先民朴素道德观念，摆手歌的文化价值得到首次阐释。自此以后大量的以《摆手歌》为研究对象的学术性文章出现，其中较有代表性的有以下一些：

朱祥贵《摆手歌的原型及其他》［1993 年第 4 期《中南民族学院学报》（哲学社会科学版）］、巫瑞书《史诗〈摆手歌〉的民族学价值——土家"摆手"研究之一》［2003 年 9 月《湖南大学学报》（社会科学版）］、彭丹《论湘西北土家族〈摆手歌〉中的创世神话思想内涵》（2012 年 1 月《白色学院学报》）、胡炳章《论土家族人的善恶观念——土家族史诗〈摆手歌〉研究的伦理视角》［2009 年 11 月《吉首大学学报》（社会科学版）］、陈东《土家语摆手歌〈嘎墨请〉的艺术特色研究》（2013 年 2 月《长江师范学院学报》）、彭司礼《〈摆手歌〉：土家族社巴节的历史见证》（2013 年 10 月 14 日《团结报》）、张立玉《土家族典籍英译的审美损失和翻译补偿——以〈摆手歌〉英译为例》［2016 年 1 月《中南民族大学学报》（人文社会学科版）］，其中还包括肖仕云《"文学仪式"理论视域中的土家族〈摆手歌〉》（云南大学 2013 年 5 月）、张俊《土家族史诗〈摆手歌〉的叙事研究》（陕西师范大学 2014 年 5 月）两篇硕士论文，以上这些学术性论文分别从民族学、神话学、文学的角度对其价值进行了阐释，首先是对《摆手歌》文学价值的阐释尤为凸显，研究者认为《摆手歌》已经是一部结构完整、语言特色鲜明的史诗性作品，具有丰富的文学性，是一部土家族文学经典；其次，一些学者仍然注意对《摆手歌》民族学价值的进一步研究，他们从神话学、伦理学、生态学等学科角度对摆手歌的民族性进行探讨，发掘出其中的丰富内涵，认为《摆手歌》是能体现民族特征的文化经典；在研究角度上较为新颖的是张玉立对《摆手歌》的英文翻译的研究工作，其论文以文本的翻译实践为基础论述了民族经典翻译过程中的问题及其补救方法，表明了经典文本的权威性、稳固性特征。

《摆手歌》作为与摆手活动紧密相连的口头传统经由学者们的建构变成了民族经典文本，一方面学者们从各个角度对其进行阐释，使其获得丰富的内涵；另一方面，《摆手歌》成为民族史诗，它在民众中树立了"经典"意识，成为民族文化的标志性符号之一，具有权威性、典型性。摆手歌成为整个摆手舞活动"经典化"过程中的一个重要环节，这种"经典化"在更大范围内对"民族"概念进行建构，使其理念获得更多元、更深刻的意义，扩大其概念的内涵和外延；同时也使其能凝聚更大的群体，在现代社会中，充分展现民间文化"经典化"的社会意义。

结　语

摆手舞的经典化造成了这样几个后果：第一是赢得了广泛的声誉；第二是形成了一套规范的动作标准；第三是建构了稳定的书写文本。于是，在声誉的感召之下，越来越多的民众参与到摆手舞活动中来；规范的动作标准，推动了摆手舞在更广范围的传播；稳定的书写文本，则为学者们丰富、多元化的阐释打下了坚实的基础。摆手舞是一种舞圈形式的集体舞蹈，参与人必须进入圈子当中来，才能成为其中的一部分，"入圈"在某种程度上具有了群体认同的意义。摆手舞的经典化，其三种现实的后果最终都使得摆手舞的"文化圈"被扩展，个人、家族、村落、民族，甚至于国家的理念都被囊括进这一"舞圈"，同时摆手舞所表达的群体认同也在范畴上不断延伸。经典化的摆手舞在同一个时代，被不同空间里的大小群体展演，这在客观上符合本尼迪克特·安德森所说的"同时性"概念，他认为这种"对时间的理解"是人们"理解世界的方式"，与其着重论述的"想象的共同体"即民族本身的起源密切相关。经典化的摆手舞使得民众能超越家族和村落的范畴，在更广泛的范围内想象一个更大的共同体，进而形成民族和国家的理念①。因此，摆手舞的经典化过程又是民族、国家理念建构过程中的重要一环。

---

① ［美］本尼迪克特·安德森著，吴叡人译：《想象的共同体——民族主义的起源与散布》，上海：上海人民出版社，2003年，第23—25页。

壮族传统体育文化人文内涵及国际传播策略研究①

余舒萍

（桂林航天工业学院）

壮族传统体育是伴随着壮族民众生产与生活实践而发展起来的一种民族体育文化形态，是中华民族传统文化中体育文化与壮族传统的凝聚和结晶。壮族传统体育文化起源于中国岭南地区本土文化，属于古越族分支文化体系，在人类文化起源和世界文化之林中占有一定的地位。随着世界范围内多元文化的融合发展，异域文化以各种形态对本土文化产生了或深或浅的影响，壮族传统体育文化在海量信息传播中一度被覆盖、蒙尘，其所蕴含的民族文化内涵、特性和人文经济价值还未能被外界知晓、关注。

一、壮族传统体育文化人文内涵

壮族传统体育具有极高的观赏性、娱乐性和群众参与性，内涵深厚，特色鲜明，是世界文明发展进程的个性体现，在全球经济社会高速发展的今天，具有不可多得的开发价值。

（一）布洛陀文化

布洛陀是岭南壮族先民传说中的始祖，也是壮族文化的开端。布洛陀文化在壮族文化体系中具有崇高地位，于2006年被列入国家级非物质文化遗产名录。壮族传统体育作为壮族文化载体，留下的布洛陀历史印记鲜明，对壮族民众的生产和生活具有深远的影响。壮族舞狮、踩风车等传统体育活动都起源于布洛陀文化，由人们对先祖的祭祀仪式、求神拜祖活动等演变而来；壮族龙舟赛也包含着祈求风调雨顺、祛病消灾等祭祀崇拜思想；世界文化遗

① 本文系广西高校中青年教师基础能力提升项目"媒介融合背景下广西壮族传统体育文化传播策略研究"（KY2016YB518）阶段性成果。

产"左江花山岩画"中，绘有春秋到东汉等多个朝代壮民参拜布洛陀先祖的场景，岩画上古人的膜拜、跳跃动作对壮族传统体育活动蚂拐舞的产生及发展起到了一定的促进作用。壮族传统体育文化对于传承民族历史、保护民族优良传统发挥着不可替代的作用。

（二）壮族民俗文化

壮族民俗节会与传统体育活动密不可分，如众所周知的"三月三"歌节（会）、炮龙节、花炮节（会）、铜鼓节、陀螺节以及传播并不广泛的开耕节、花王节、尝新节、九月九节、送灶节等。这些节会活动中，人们都会借助体育活动沟通情感、娱乐健身、凝聚力量；壮族传统体育文化在渲染节日氛围的同时，体现着丰富的民俗文化内涵，展现着独特的人文魅力。从壮族传统体育的寓意和发展来看，投绣球、背箩球等延续着情爱婚配、男女追求等民俗风情；抢花炮传递着"发财、添丁、如意"等吉祥祝福；打陀螺表达着惩治民族背叛者的愿望和情感；水上拔河蕴含着古时关于河流使用权归属的民俗民风。由壮族传统体育文化延伸而来的绣球文化、铜鼓文化、龙舟文化、舞龙舞狮文化等，更是中国民俗民间文化的瑰宝。

（三）中华养生文化

壮族传统体育文化体现着壮族人民勤劳朴实的生活习惯，打磨秋、投绣球、打扁担、赛龙舟、拾天灯等传统活动形成于长期的生产劳动生活中，极富运动养生意义，既能文娱身心，又能强身健体，为人们所喜闻乐见。两千年前已有壁画记载的壮拳是由民间壮医创编，手法沉实稳健，至今仍然具有独特的养生功效和广泛的群众基础；太阳棋（五行棋）、跳夹棋等融入了阴阳五行学说和万物平衡联系的传统理念，有助于舒缓身心，使人感受到和谐宁静、知足常乐的愉悦心境；投绣球、抢花炮等运动中频繁的45°仰头动作和360°挥臂动作，能够持续拉伸人体颈部、肩部关节肌肉，对于上班族的身体保养十分有益。这些都是中华民族源远流长的养生文化的体现。

（四）文化共通性与独特性

体育文化在国际传播中既有共性也有特性。壮族传统体育文化在传承推广中，凸显着积极向上、追求理想、不断超越的品质以及生命力、凝聚力、创造力，这是与西方体育文化相似的，如赛龙舟、板鞋竞速、打手毽、登山赛等，抢花炮更被誉为"东方橄榄球"，它们显著的竞技性、对抗性和协作性体现着拼搏进取、越挫越勇的当代体育精神。

壮族传统体育对比西方体育而言，还具有独特的形态美、自然美、柔韧美、平衡美，例如投绣球、背篓球运动过程中流畅的人体线条、抛物线条；壮拳花样多端、变化无穷的套路和节奏感极强的壮语发声；壮族绣球、龙舟、舞狮等道具也是民族精美手工艺术的代表，它们能够带给人们平和惬意的感官体验，对于爱美求美者极具吸引力。

二、西方体育文化品牌赛事对本土体育文化的影响

近现代以来，西方体育文化随着工业革命和信息革命在世界范围内整体推进，这种与竞争、冒险精神相适应的文化类型，在体育文化领域中逐渐占据领先地位，至今仍然受到世界体育爱好者的普遍关注。

在国内，人们参与业余体育活动大多选择的是跑步、篮球、足球、羽毛球、乒乓球等西方体育项目，人们关注的也是西方体育世界性品牌赛事，如中央电视台体育频道、新浪体育、搜狐体育、凤凰体育等各大媒体，通常以NBA、英超、意甲、世界杯、奥运赛事等为主要专栏大篇幅报道，CBA、中超、亚冠等赛事实际上也是西方体育文化的本土化和延续，总体传播内容鲜少涉及民族传统体育文化。

以壮族传统文化为本土文化的广西地区，壮族传统体育文化传播较为突出。如广西体育局与广西日报传媒集团合作上线的广西体育频道开辟"健身休闲"专栏传播广西特色传统体育活动及赛事信息，体现了主流媒体对本土文化的支持和推广；每年的壮族"三月三"、炮龙节等民俗节会期间，壮族传统体育文化在大型民俗活动中也得到了国内外媒体的关注，但这些丰富多彩、引人瞩目的文化盛宴仍被大规模西方体育赛事所淹没。

在体育教育方面，对壮族传统体育文化的重视也显然不够。以广西各大城镇为例，仅有少量民族小学、民族中学在课堂上传授壮族传统体育内容，大多数中小学只能保障西方体育基本项目的教学，壮族传统体育活动仅作为课外活动，由学生选择参与。一项针对广西高校体育教育专业开设民族传统体育课程的现状调查显示，大部分涉及民族传统体育的课程教学内容以武术专项为主，壮族传统体育项目如打陀螺、投绣球、板鞋竞速等，基本没有引入体育教育专业课程[1]。参与全国少数民族运动会的运动员也是临时组建，通过集训增进对项目的了解，提升运动水平。

---

[1]　王斌：《民族传统体育课程融入广西高校体教专业研究》，载《科技视界》2016年第6期。

三、体育文化国际传播要素对比分析

世界范围内影响较大、传播效果较好的体育文化类型一般具有成熟的传播手段和运作模式，传播要素健全并实现系统化运作。体育文化作为一种最原始最纯粹的人类文明载体，其传受关系构建中的人文要素显得尤为关键。西方体育文化、中国传统体育文化及壮族传统体育文化国际传播的初衷与对人类社会的贡献是相似的，但传播质量和传播效果却不均衡。

西方体育文化起源于古希腊，经工业革命、军事途径和西方传教士得到传播扩散，近现代以后逐渐形成科学合理的传播模式，并融入了东方社会生活和文化体系。例如篮球文化、足球文化凭借 NBA、英超联赛等国际品牌赛事和"全明星""世界杯"等文化符号的传播效应实现了规模化运作和职业化垄断。

中国传统体育文化、壮族传统体育文化历史源远流长，近现代由于政治、经济的束缚和西方体育文化的影响，对外传播和发展受限。20 世纪末，以武术为代表的中国传统文化经由李小龙、成龙、少林寺等文化符号和明星效应，在世界范围内得到了广泛传播；21 世纪初，北京奥运会的举办和武术表演赛的加入彰显了中国日益增长的综合国力，武术作为"国粹"，在中西体育文化弱强定势后，首次精彩亮相，再掀中国传统文化热潮。

壮族传统体育文化在 20 世纪末有一次飞跃性发展，得益于刘三姐、投绣球文化的传播，使世人了解到壮族传统体育的一些代表性项目和美好寓意；21 世纪初，首届广西投绣球比赛成功举办，规范并改进了赛制和规则，投绣球进而列入了少数民族传统体育运动会项目[①]。实际上，由于地理相邻、文化相通等原因，东南亚国家对于壮族传统体育文化具有一定的认同性和共通性。例如，壮拳与泰拳套路、掌法、拳舞都十分相似，只有技法上的不起高腿与泰拳相区别；龙舟赛、打陀螺、抢花炮等传统体育活动在马来西亚、印度尼西亚、越南等东南亚国家均十分盛行。说明壮族传统体育文化的国际传播在一定程度上具备了文化背景、地理优势、心理倾向等潜在人文要素。

传播学拉斯韦尔理论认为，完整的传播过程包括五个传播要素，称为"5W"模式，包括传播者（Who）、传播内容（Says What）、传播渠道（In Which Channel）、受众（To Whom）、传播效果（With What Effects）。以篮球、武术、投绣球三项典型项目为例，比较分析体育文化传播过程 5 要素可知，

---

① 何卫东、伍广津：《论广西壮族投绣球竞技的发展状况》，载《广西民族学院学报》（自然科学版）2005 年第 8 期。

壮族传统体育文化国际传播中的弱势主要体现在传播内容、文化符号、传播渠道等方面（见表1）。

表1　西方体育、中国传统体育与壮族传统体育典型项目传播要素简要分析

要素	典型项目传播	篮球	武术	投绣球
Who	代表文化	西方体育	中国传统体育	壮族传统体育
Who	传播主体	职业团体、商业集团及世界各大体育机构	政府相关部门、单位，武术协会等民间组织	政府相关部门、单位，少数民族民间组织
Says What	传播主要内容	高水平职业运动技术、战术，体育商品	强身健体手段及效用，击防战术，器械	强身健体手段及民俗习惯，民族手工艺
Says What	核心价值	英雄主义、竞争对抗	天人合一、形神一体	休闲养生、情感传递
Says What	文化符号	NBA、迈克尔·乔丹、全明星、梦之队、姚明、选秀制度	功夫、李小龙、成龙、少林寺、太极	绣球、刘三姐
In Which Channel	主要传播渠道	体育赛事、电视节目、娱乐新闻、体育教育、衍生商品等	体育赛事、影视作品、孔子学院、商业演出、民间活动等	体育赛事、影视作品、节会活动等
In Which Channel	媒介整合情况	电视、网络、报刊、在线平台直播、融媒体产业化运作	电视、网络、报刊、影视、教育等媒介各自独立运作	电视、网络、报刊、影视、教育等媒介各自独立运作
To Whom	受众群体	中青年体育爱好者、篮球从业者	中国文化、传统体育文化爱好者，研究人员	壮族传统体育文化爱好者、研究人员

续表

典型项目传播 要　素		篮球	武术	投绣球
With What Effects	传播范围	以美国为源的世界范围传播	以中国为源,以亚洲为主,逐渐走向世界	以广西为源,逐渐向东南亚延伸
	传播效果	全球化影响	全球影响逐渐扩大	主要国内影响

（一）传播主体

以篮球文化为代表的西方体育在工业革命、市场经济条件下发展起来,其传播主体也具有资本主义市场竞争的特色,职业团体和商业集团是最初的信息源,吸收社会关注和有效资源,经各界媒体的追捧而实现利益最大化。而壮族传统体育的传播遵循着中国传统体育文化的传播模式,在政府相关部门、机构和民间组织的支持下,逐渐与更大范围的民众建立联系、产生影响,过程虽然缓慢,但随着国际传播的推进,投绣球、板鞋竞速等典型项目正赢得越来越多的关注。

（二）传播内容

对比西方体育文化饱满的传播内容,壮族传统体育文化的传播内容显得较为贫乏,仍有待丰富,有待梳理。投绣球作为壮族传统体育中传播最为广泛的典型项目之一,最令人印象深刻的是 20 世纪 80 年代的影视作品。虽然近年来,投绣球项目已列入民族体育特色教材,并引入部分民族学校课堂,其赛制和规则也改进得更具趣味性,更适合普通民众参与,但赛事组织和传媒合作的缺乏,使得投绣球文化传播难以规模化运作,传播效率也不高,一直无法超越其塑造的影视形象经典。

此外,壮族传统体育的许多典型项目名称尚未统一,在传播过程中,易导致信息接收者即受众产生疑惑与困扰,如投绣球与抛绣球、板鞋竞速与板鞋竞技、磨秋与打磨秋等。统一项目名称也是整理传播内容、明确概念定位、实现规模化运作的首要条件。正如武术在国际传播中的突出问题一样,投绣球传播内容较为零散,在体育赛事、影视传播、教育传播、民间活动等传播渠道中未能“统一口径”,形成合力,同时也缺乏新颖的、深入人心的文化符号。而文化符号好比信息传播海洋中的洋流，能掀起阵阵文化热潮，使传播效率成倍增长。因此，梳理现有资源、丰富传播内容实在是壮族传统体育文化传播的当务之急。

（三）传播渠道

篮球文化至今最著名的传播渠道是体育赛事（NBA–National Basketball Association，美国男子职业篮球联赛），其优势是充分利用人类心理中的猎奇、从众倾向达成有效传播，借助体育赛事中凸显的对抗性、竞争性、英雄主义吸引全球观众；弱点是人们在长期接触刺激性信息的条件下，容易忽略体育文化中自然和谐、裨益身心的属性，终将对激烈行为产生厌恶情绪与不适感。而武术与投绣球文化传播中，国际上最受欢迎的是影视途径，优势是通过艺术化加工凸显了审美属性，以礼尚往来、伸张正义的情节传递了体育文化的和平初衷，符合人心向善的价值取向标准，有利于增强东方文化魅力并获得世界认同；弱点是实际场景传播不足与跨文化传播的非策划性、无组织性，使得人们对运动技法不甚了解，难以真正参与练习，难以突破信息传播瓶颈。

此外，在信息浪潮与多维媒介交织并进的今天，通过典型项目的传播可以窥见壮族传统体育文化传播媒介的整合远不如西方体育文化。电视、报刊、影视、教育等传统媒介甚少合作与交流，网络、手机等新媒介仍是待整合状态，要实现资源整合条件下精准、高效的融媒体传播，可谓任重而道远。

（四）受众与传播效果

文化传播最初的受众都是社会中具有特定喜好的群体，随着信息流和从众心理的蔓延，被动接收信息。而在新形势下，受众群体的选择性增多、主动性增强，受众需求在文化传播中显得空前重要。当前，各类体育文化都有其固定的受众群体，要提高传播效率，还需分析受众需求，细分受众类型，提升人文内涵和价值宣传，扩大影响力，才能培育新的受众，提升传播质量与效果。

四、广西壮族传统体育文化国际传播策略调查分析

为提升壮族传统体育文化影响力，提高文化传播效率，"媒介融合背景下广西壮族传统体育文化传播策略研究"项目组对广西区内关注体育文化发展的部分民众进行了调查（发放问卷近300份，回收有效问卷266份，调查对象涉及青年、中老年群体，家庭收入水平为上、中、下的民众群体）。通过调

查分析壮族传统体育文化传播现状及策略，结果显示，超过半数的民众认为当前壮族传统体育文化传播最缺乏的因素为：多样化传播渠道（68.4%）、丰富传播内容（63.5%）、构建互动信息平台（59.4%）；认为壮族传统体育文化被民众接受与喜爱的关键因素为：内容是否丰富有趣（87.6%）、是否紧密结合时代（83.1%）、是否增加人际交往（53.4%）；认为互联网发展和媒介融合趋势有利于壮族传统体育文化发展的有87.6%；支持壮族传统体育文化借鉴西方体育文化（如美国NBA）发展模式的有68%；支持壮族传统体育文化借助"三月三"等民俗节会传播的有96.2%；支持壮族传统体育文化借助民俗村寨等旅游景点传播的有71.1%（见表2-表4）。

表2　壮族传统体育文化传播最缺乏的因素统计

（N=266人，单位：人、%）

最缺乏的因素	公众场合的广泛宣传	引入体育教育课堂	丰富传播内容	多样化传播渠道	构建互动信息平台	专业化传播团队	其他
人　数	88	61	169	182	158	77	5
百分比	33.1	22.9	63.5	68.4	59.4	28.9	1.9

表3　壮族传统体育文化被民众接受与喜爱的关键因素统计

（N=266人，单位：人、%）

被喜爱的关键因素	内容是否丰富有趣	技法是否容易掌握	是否有益身心	是否紧密结合时代	是否增加人际交往	是否体现自身价值	其他
人　数	233	32	91	221	142	45	2
百分比	87.6	12	34.2	83.1	53.4	16.9	0.8

表4　壮族传统体育文化发展观点支持率统计

（N=266人，单位：人、%）

观点支持程度		非常支持	支持	不支持	很不支持	说不清
互联网发展和媒介融合趋势有利于壮族传统体育文化发展	人数	62	171	10	3	20
	百分比	23.3	64.3	3.8	1.1	7.5

续表

观点支持程度		非常支持	支持	不支持	很不支持	说不清
壮族传统体育文化可借鉴西方体育文化（如美国 NBA）发展模式	人数	36	145	55	11	19
	百分比	13.5	54.5	20.7	4.1	7.1
壮族传统体育文化可借助"三月三"等民俗节会传播	人数	95	161	4	2	4
	百分比	35.7	60.5	1.5	0.8	1.5
壮族传统体育文化可借助民俗村寨等旅游景点传播	人数	25	164	34	8	35
	百分比	9.4	61.7	12.8	3	13.2

（一）改进传播手段，丰富传播内容

借鉴西方体育对力量、速度、美的追求和展示，壮族传统体育文化可以从多方面丰富传播内容，寻求富于民族代表性的文化符号，吸引受众广泛关注。例如，组织竞技、表演、交流等多种类型赛事，塑造壮族传统体育文化品牌，寻找典型项目的品牌代言人，发掘与文化定位相契合的民间故事，与媒体广泛合作打造潮流时兴、健康有益的话题和栏目，营造壮族传统体育文化朴实、亲民、真挚、积极的氛围和形象。

随着互联网等新媒体的迅速发展，信息传递和文化传播的模式也向着多维、纵深、融合等新方向转化，这意味着各个渠道的信息传播都不是单向而独立的。壮族传统体育文化可以在充实传播内容的同时，拓宽传播渠道，激发内在潜力，在体育赛事、文艺交流、教育培训、商业往来、旅游景点等多方面体现传承价值和内涵，吸引更多国际关注。

（二）发挥互动优势，促进新型整合

除了充分利用电视、广播、报刊、网站、网络平台等媒介载体，壮族传统体育文化传播还应在多样化传播渠道中进行系统化整合，实现新老媒介优势互补，达到资源、内容与宣传的良好共融，以及传播效果、整体利益的全面提升。例如，构建专业化运作的媒介信息平台，建设权威性、具体性的传媒资料数据库，设计并提供全媒体策划方案，在项目合作过程中实现无障碍沟通和服务，进一步推广壮族传统体育文化产业和民族优良传统。与此同时，越南、泰国、马来西亚等东南亚国家体育文化虽然与壮族传统体育文化有共同的群众基础，但在合作交流与国际互动方面仍然处于初级阶段，需要借助专业化、特色化、平民化的途径推动文化宣传和价值认同。构建专业化信息平台同时也满足了赛事组织、活动参与、国际交流互动等目的，能够有效促进民族文化产业体系的发展和健全。

（三）国际受众分析，潜在价值开发

传播学理论认为，受众需求对于传受关系的建立具有极其重要的意义。具体性、有针对性的受众分析有利于壮族传统体育文化传播发展。特别是对于跨区域、跨民族、跨文化的国际传播而言，需要对不同的生活条件、风俗习惯、价值观念、民族信仰、心理特征、消费水平等进行深入考察，寻找、宣传文化共通性，促进壮族传统体育文化得到更大范围的认同。例如，东南亚国家许多地区与我国东南、西南地区居民同源，同为古越族分支后裔，这是民族文化的共同点，以此为切入点加强交流，扩大文化影响力，让壮族传统体育文化传承历史、寻根溯源的属性得到国际性的宣传和展示。而对于西方国家民众而言，持续接触刺激性、对抗性信息后，原生态文化的真善美与休闲养生特性，正是他们自然产生的心理诉求。壮族传统体育文化可以充分展现自然、质朴的文化魅力，吸引外宾、外资。

（四）节会气氛营造，层次多维传播

近年来，中国—东盟博览会的举办和自贸区建设日趋完善，带来了来自东南亚国家的大量商机，促进了文化交流、合作与发展。与此同时，壮族"三月三"等民俗节会逐渐受到国内外媒体关注，传统节假日被重新提上日程，这对民族文化核心内涵传承、社会价值展现与区域旅游经济发展具有重要作用，也为壮族传统体育文化走向国际创造了良好的开端。壮族传统体育文化国际传播应结合传统节会，有计划、有层次、有目标地进行传媒合作与策划，抓住外宾对于节庆氛围的喜好，创新传播渠道，拓展传播维度，有效促进民族历史文化事业的传承和发展。

此外，"桂林国际旅游胜地"等旅游项目建设拓宽了广西国际项目的开发空间。壮族传统体育文化可以在各旅游景点加强宣传策划，提高传播质量。如桂林鲁家村、漓江民俗风情园、逍遥湖风景区、金钟山风景区等新型村寨旅游景点均设置有壮族传统体育文化体验环节，不失为人际交往与文化互动的良好途径。如能促进旅游景点与文化传媒的合作与渗透，为壮族传统体育文化编织立体化、开放化、现代化的文化互动宣传网络，则壮族传统体育文化的国际化传播道路将越发畅通无阻。

五、结论与建议

在全球经济高速发展的当代社会，壮族传统体育文化具有不可多得的人文内涵和经济价值，但在国际传播过程中存在传播内容、文化符号、传播渠道等方面的弱势。应进一步明确亲民形象定位、突出人文核心价值，在体育赛事方面加强组织宣传，在国际受众分析与深化传媒合作的前提下加强跨区域、跨民族、跨文化互动，与壮族民俗节会、国际旅游项目等地区重点建设内容相结合，以专业化、系统化、多样化的媒介整合为中心，构建媒介信息平台及宣传网络，促进壮族传统体育文化国际化传播和民族文化事业的繁荣发展。

文化涵化、国别区隔
及族群认同的楹联文字表征

戚剑玲

(广西师范学院文学院)

　　楹联有着悠久的历史，是中国传统文化宝库中的瑰宝。楹联发源于秦汉以前的桃符。中国民间过年把传说中的"神荼"和"郁垒"分别书写在两块桃木板上，悬挂于门以趋吉避凶。① 这种习俗持续了一千多年，到了五代才开始把联语题于桃木板上。此后，楹联兴盛于两宋，风靡于明清。楹联和书法艺术、民俗事项等结合起来，形成了一种综合的艺术形式，历经一千多年的悠久历史，至今仍保持其文化的活力。随着各国文化交流的发展，楹联还传入越南、朝鲜、日本、新加坡等很多国家。楹联习俗在华人乃至全球使用汉语的地区以及与汉语汉字有文化渊源的民族中传承、流播，蕴含着深厚的历史记忆，丰富了人类社会璀璨的历史文明。2006 年，中国国务院把楹联习俗列为第一批国家非物质文化遗产名录，这对于弘扬中华民族文化有着重大价值。

　　千百年来，各族人民为楹联的繁荣发展都做着积极的努力。中越跨境民族京族楹联的出现与发展，是智慧的京族人民做出的又一贡献。在现代民族国家的政治框架下，京族跨中越两国国境而居，形成同根异枝的跨境族群。自古以来，由于此种特殊的地缘关系，中越两国之间的文化交流从未间断过。同时，从文化涵化的角度看，中国传统文化在各方面的影响已深深扎根于越南民众的社会生活之中，这种特殊的文化渊源将两个国家的人们紧紧地维系在一起，为整个东南亚地区乃至世界的文明进步做出了各自的贡献。同时，这种独特的地缘文化形态也造就了中越两国传统文化的共通性。传统汉字楹联体现着中越两国文化交融与涵化的历史，凝聚着中国京族的迁徙历史以及

---

① 张小华、龚联寿：《联话文本总貌及其整理的现状和学术价值》，载《古籍整理研究学刊》2010 年第 3 期。

文化精神；拉丁文楹联则是越南在独特的认知符号系统上，树立其国家观念，从而在当代世界文化之林中凸显了国别区隔；喃字楹联则是同源民族历史文化渊源的一种表征。在中国非物质文化遗产制度的推进过程中，京族人民更是借助悠久的历史遗产与民族文化象征符号，增进族群认同以及民族文化交往的多样性途径，加强中华民族的内部凝聚力。

一、汉字楹联：儒家文化传播的历史表述

涵化是文化变迁的一个重要内容，意指两个或两个以上不同的文化体系间由于持续接触和影响造成的一方或双方发生大规模的文化变迁。[①] 涵化作用下同一民族文化会呈现出不同的表象。在族群历史的互动过程中，文化涵化会直接影响族群性的变迁，进而影响族群关系的融通。

从历史源流上来看，京族传承至今的很多传统文化与汉族文化有一种贯穿历史古今的和谐精神。西汉末年，汉字开始传入越南，并且逐步扩大了影响。朝廷的谕旨、科举考试，以至民间商人经营贸易的账单都用汉字书写。当时越南的文学作品也是以汉文、汉诗的形式记录留存。[②] 随着中国与世界各国文化交流的日益发展，楹联习俗也逐渐传入越南。越南作为中国的相邻邦国，受到一千多年儒家文化的影响，越南社会的各方面都程度不一地留下了儒家文化的"烙印"，楹联就是其中的一个

图1　越南河内圆觉寺的汉字楹联

---

① 中国社会科学院文献信息中心国外文化人类学课题组：《国外文化人类学新论——碰撞与交融》，北京：社会科学文献出版社，1991年，第290页。

② 严明：《东亚汉文小说的衍变及本土特色》，载《浙江大学学报》（人文社会科学版）2009年第1期。

典型代表。越南传统文化中，楹联艺术也占有十分重要的地位。至今仍然有大量楹联保留在越南各大小庙宇、神殿、寺祠里。它们作为历史上中国文化曾对越南社会影响的一个独特载体，或是反映民望，或是教化后人，多角度地反映越南的社会、政治、文化、生活、宗教、历史进程、人文发展等。

图 2　越南主席府旁一位"图翁"在写汉字春联

（图 1、图 2 为戚剑玲摄）

　　越南楹联兴盛和普及于李朝和陈朝，李朝和陈朝的楹联大多直接采用汉字撰写，发展到黎朝则出现了采用喃字书写的楹联。1070 年，越南黎圣宗皇帝下令修建越南文庙，用作皇帝太子们学习的地方。1076 年，越南黎仁宗仿照唐朝名称把它改名为"国子监"，这是越南古代的第一所大学。文庙里保存了不少汉字楹联。越南的黎圣宗是第一位模仿中国明朝的官吏组织、朝服和礼仪的越南皇帝，尤其是在除夕夜悬挂楹联的风俗，在黎圣宗时代的越南得到了大范围的推广。传说越南黎圣宗皇帝自己就会写一手绝妙的春联。在越南楹联发展鼎盛时期，不管是富裕人家还是贫苦的家庭，春节时分家家都贴春联。除了贴在大门口上，也贴在祖先盒上、土地神的供台上、家中的柱子上，体现出对先人的尊敬和慎终追远的文化传统。当然，汉字楹联和其他外来文化一样，在越南社会、文化状况的影响下不断发生变化。中国汉民族楹联文化传入越南以后，经过消化、吸收、再创造等过程，逐渐和越南原有传统文化融为一体，演变成为越南自己的文化。而随着京族这个跨境民族的历史迁徙，这种融合了两国民族文化的楹联又回到了中国本土。

泛北部湾地区自古以来就是诸多族群互动交融的区域，源自独特的地理环境和生态环境，作为中越两国跨境民族的京族是一个历史悠久的古老民族，追本溯源，京族是由南下的中原汉族和古骆越人融合发展而来。而就现今居住在中国的京族来说，他们与越南的主体民族京族（越族）是同源族群。2010 年中国第六次人口普查资料显示京族总人口为 2.85 万人。① 京族的祖先大约在 16 世纪初，即明代正德年间由越南涂山（今海防市附近）等地漂流而来，至今已有五百年的历史。当时，京族三岛还是无人居住的荒凉小岛，他们和陆续迁来的汉、壮各族人民一起开发和建设这三个岛屿。19 世纪法国侵占越南后，多次入侵中国京族地区，京族人民和当地各族人民一起进行了抗法斗争。② 在 21 世纪，特别是国家的非物质文化遗产制度唤醒了京族人民的文化自觉意识之后，京族与汉族以更多不同的方式相互交叉、渗透和融合，同时中越两国京族人民之间的交往交流也日益密切，民族文化的交流与交融成为当地民族关系的主要特质。

京族拥有很多独特的民俗文化，截至目前，这个总人口 2 万多的民族一共拥有各级各类文化遗产项目 14 项，其中两项为国家非物质文化遗产项目，分别是京族哈节和京族独弦琴。同样被列入第一批国家非物质文化遗产名录的京族哈节也因为其神圣仪式空间哈亭中的不同类型的楹联而丰富了其文化意蕴。它是了解京族社会思想文化的窗口，也是文化交流的桥梁。

京族哈亭的形象和它在京族村落中的位置布局很容易让人联想到伊利亚德所说的"神圣空间"——人们在建造村落时，认为村落必须建造在一个"显圣物"的地方，然后，围绕着这个中心，村落得以建成。"显圣物"作为村落的轴心，是连接神圣世界与世俗世界的圣洁之地。③ 很多在京族社会广为流传的古歌与古训都隐喻着哈亭是村寨之中心，亦是村寨建立秩序的护佑之物。

而在越南，亭是聚落的聚会场所，具有行政、信仰与文化的三种功能。

---

① 数据来源：广西东兴市统计局。
② 广西壮族自治区编辑组：《广西京族社会历史调查》，北京：民族出版社，2009 年。
③ ［罗马尼亚］米尔恰·伊利亚德著，王建光译：《神圣与世俗》，北京：华夏出版社，2002 年，第 12—13 页。

作为村落的行政中心，"亭"是村落内聚会讨论村内事务的场所；在信仰功能方面，"亭"是祭祀村神的场所；在文化功能方面，"亭"是所有传统歌剧与传统民歌演唱的场所。①

中国京族地区各处的哈亭楹联众多，其中最为典型的是澫尾哈亭。目前的澫尾哈亭中，左右偏殿共立有 20 根柱子。偏殿里的每一根柱子上都刻有汉字楹联，这些汉字楹联内容丰富。而且每一副楹联刻在哪一根柱子，甚至是柱子的哪一面都是有讲究的。许多楹联都是京族村寨内部某一姓氏的祖先刻上去的，作为某个姓氏的家族象征，代代相传下来，其后人在新哈亭每次翻新重建之后，会由该姓氏的族人再次集资将同一副楹联刻上去，下面落款某氏家族某年，如果由族中条件好的人单独出资将楹联刻上去，那么落款就是单独出资人的名字了。②

图 3　京族澫尾哈亭上的国家级非遗牌匾

　　①　黄兰翔：《越南传统聚落、宗教建筑与宫殿》，台北：台湾地区研究院人文社科研究中心，2008 年。

　　②　黄安辉：《中国京族哈亭研究》，载《广西民族研究》2011 年第 2 期。

图4　京族潕尾哈亭里的汉字楹联

（图3、图4为戚剑玲摄）

以潕尾哈亭的汉字楹联为例，共计有三种类型的内容，即京族文化历史类楹联、爱国类楹联、祈愿类楹联。潕尾哈亭最古老的汉字楹联共两副。其中一副为"风云一遍白腾江上接威灵，社稷两回青史边中垂火烈"。横批为"上等英灵"。这副楹联是京族祖先迁居京族三岛之潕尾村后，在岛上建立第一座哈亭时所撰写的，时间为明朝1530年前后。楹联中的"风云一遍"指的是当年越南民族英雄陈兴道抗御外敌大获全胜，其威灵成为沿江百姓的保护神。地方多建立庙宇，于每年农历八月初十举行盛大庙会纪念他。"社稷两回"，是指原来每年农历六月与八月分别纪念兴道大王与白龙尾镇海大王等神圣，但后来两轮祭祀合为一次。这副楹联已经有四百多年的历史，潕尾哈亭三次移址和重建无数次，但仍然保存至今。每次都请专人将楹联抄刻在新建哈亭的亭柱和主梁上。外楹联最早是清光绪十四年（1888）苏光清所撰："古在南邦成原例山河之永固，今朝北国敬严存社稷之遗风。"此楹联的意思是建立哈亭供神之事，古时在南邦（越南）已经是惯例，今朝在中国同样随同社稷风俗永遗传。

其他具有代表性的还有"爱国尽忠一片英雄志，旧客新貌万代敬仰心"；

"浩然正气参天地，民族传统冠古今"；"千秋出入门亭迎五福，万代往来通碧纳三多"；"海岛庆安定世代香花酬厚德，边隅叩庇荫万年歌舞答鸿恩"；"地灵人杰子午旺，边陲神州恋此游"；"千里欣往观世界，万步远乡念祖祠"；"万秋癸巳望乾坤德正保民安，一时运造仰权施恩典护国泰"；巫头哈亭中有"风调岁稔乐尧天，雨顺年丰歌舜日"。这些楹联结合汉族传统文化概念和京族传统文化，富于象征意蕴，体现着民族文化交流与民族交融之特征。

从内容上说，京族哈亭楹联反映出京族人民在坚持京族传统的前提下，适当运用了汉族传统儒家观念和理学的很多概念、命题，表达了他们自己的认识论。在这一过程中他们建构起了既保存京族传统文化基本内容又具有中华文化特色的符号象征，为丰富中华文化做出了杰出贡献。

二、拉丁文楹联：国别文化区隔的符号表现

选取越南拉丁文楹联与汉字楹联、喃字楹联作为对比研究，是基于民族学人类学的"整体性视角"。在越南拉丁文楹联背后是一幅广阔的社会背景，镌刻着这些楹联的既有越南京族重要的宗教场所以及宗族神圣空间，又有各级各类政府部门之门。拉丁文楹联在这里与其说是一种符号，不如说更像一面镜子，折射出越南京族的语言文化兴衰的历史，见证着民族文化精神在一代又一代的楹联上延续，同时见证着其国内外族群之间的文化交流与交融。在尊重族群文化差异的基础上，通过拉丁文字与楹联习俗的融合使本民族文化在多元认同的基础上形成特定的一种文化符号，进而呈现出明显的国别特性。

20世纪中叶以前的越南文书主要由两种语言写成。一种是被称为"汉文"的自古代中国传入的古汉语文言文，其为完全意义上的书面语言；另一种是汉字与越南京族民族文字喃字混合书写的汉喃文，用来记录日常生活的越南语书写系统。根据法国汉学家昂利·马伯乐的研究，在有着这样的历史的越南语中，大量词汇都是以越南"汉越音"发音的汉源词（汉越词）。而汉越音为基于9世纪前后唐代长安方言的汉字音。[①]

现在被称为"国语字"的越南语拉丁拼音文字源于17世纪法国传教士亚历山德罗所编纂的《越南语-拉丁语-葡萄牙语辞典》内的表记法。1885年，法国统治者在越南开始强行推广拉丁拼音文字。1945年之前的越南，在法国

---

① 阮武琼芳：《汉越词及汉越音在新时期越南语中的实践价值》，首都师范大学硕士学位论文，2007年。

殖民者废除了与汉字相关的各种类似科举的考试之后，多数学校仍然开设汉字相关课程。虽然课程数寥寥无几，但这已经足够让人们读懂传统的越南文字、并让那种文字所承载的传统精神塑造人的性格。1975 年越南南北统一之后，汉喃字及其相关教育在越南近乎绝迹，只有极少数的老年人以及从事历史、古文等研究的专业人员才对汉喃字有一定的了解。①

　　但是，楹联这种习俗还是保留了下来。与中国一样，春节是越南最为重要的传统节日。越南民众过春节也讲究阖家团圆，贴春节楹联则是必不可少的一个春节习俗。每年临近春节，在越南首都河内市的文庙外就会有许多书法爱好者集中写春联，以供民众选购。这些春联既有拉丁文的，也有汉字的。但目前一般机关单位的楹联都是拉丁文的，老百姓贴的则可能是拉丁文的也可能是汉字的。而很多知名的旅游景区里，景点和饭店悬挂的楹联则是一面是汉字的，一面是拉丁文的。

图 5　越南某政府机关大门的拉丁文楹联

---

① 阮武琼芳：《汉越词及汉越音在新时期越南语中的实践价值》，首都师范大学硕士学位论文，2007 年。

图6　越南茶古坊一座天主教堂的拉丁文楹联

（图5、图6为戚剑玲摄）

越南拉丁文楹联作为历史变迁的产物，富含文化象征意义与国别区隔意义，传统习俗与现代文字相互交融，最终形成二元一体的符号体系，而此过程是对两种文化的衍生与发展。这是一个文化上的创造，其文化贡献是不言而喻的。拉丁文楹联是越南在独特的认知符号系统上，树立其国家观念，从而在当代世界文化之林中凸显了国别区隔。

三、喃字楹联：族群文化认同的现实表达

恰逢国际社会重新定义其文化政策的良机，21世纪以来为各民族传统文化遗产的传承和保护提供了多种多样的机缘。因为从人类全球化角度来看，文化和发展的不可分割性，是达成共识的基础。此外，作为人类的普遍遗产，文化是各民族、各文明之间相互理解、相互沟通交流的关键因素。

京族哈亭中的楹联，在一定意义上，可以说是带着民族宗教色彩的民俗文化的一种"物化象征"。它们既表现为具体的物质形态，又是一种精神现象，并在民族传统文化与当代文化、族群文化与大社区文化之间起着沟通和贯穿的作用。

当下京族族群内部的文化精英们注重在国家视野之内构拟自己的历史，并展望京族的发展前景。京族的文化传承使人们有较高的文化自觉，注意表现自己的独特文化性。因此又重新将京族所拥有的本民族的古老文字：喃字，以楹联的形式在京族仪式空间——哈亭呈现出来。

喃字是越南在古代自创的文字。越南在长期使用汉字的同时，利用汉字的部首偏旁，依据京语的读音，创造了一种新文字。至于京族人使用喃字的起始时间和过程，文字学界至今仍有争论，但据最保守的说法亦认为喃字的使用自公元6世纪后开始盛行。而京族地区保存的《宋珍歌》喃字歌本，所记述的关于五代十国的故事，恰恰就是在喃字盛行之后形成的。可见京族喃字有很深的历史文化渊源。[①]

喃字既根源于汉字，其造字的原则和方法自然有共同或相似之处，如形声、会意、假借等。但京族喃字又有其独特的地方。很多古本京族文献所使用的喃字，乍一看颇像民间常见的手抄繁体汉字，以至误以为联系上下文便能认识一些，但这些孤立的"汉字"在文中却并非汉字本意。因此，普通京族和汉族人阅读这些似曾相识的京族喃字的时候，实则如看天书一般。

以假借喃字为例。这类喃字较多，约占喃字总数的三分之二。特点是借助汉字声符读京族语音，并通过京族语音反映特定的意义。如古时候京族人称呼父亲，其音为"布"；称呼母亲，其音为"盖"。如果借汉字"布盖"之读音表京族父母之意，那么"布盖"就是父母的意思。而"布""盖"也是喃字。有时甚至整句话都是借音表意。如，借汉字"胡公决计承机"六个声符，表的是"梅骨格雪精神"的意思。

京族的歌谣、谚语、格言、故事传说和宗教信仰等，都有相应的历史文献资料，而这些文献资料就是用喃字记载的，是一座巨大的文化宝库。但是由于历史原因，中国境内京族三岛京族人民的日常生活是离这些文献资料很远的。喃字文献在中国京族地区曾经作为一种宗教场所的"神圣物"而存在。更是在几百年的动荡变迁中散落遗失，不可复得。

直到21世纪初期开始，京族地区的一些地方文化精英，才开始了对这些喃字历史资料的收集与整理工作。他们自发地致力于喃字的文化传承，是喃字文化保护的先驱人物。在进行喃字字典编纂、喃字文献整理等工作的同时，他们还与越南方面进行文化交流。在他们的努力之下，京族喃字成为市级非遗项目，用喃字写成的楹联也被重新挂进了哈亭之中。

---

① 陈增瑜：《京族喃字史歌集》，北京：民族出版社，2007年。

京族作为跨境民族，在有着一般民族共同体的民族认同感与国家认同感的同时，又有其特殊性。其内在因素是寻求族群自身生存空间和利益诉求；其外在因素主要是 20 世纪 80 年代之后，由于国家民族政策影响而形成的新的民族关系的现实双重因素相互交织，共同影响着京族的民族认同感。

图 7　越南茶古坊村亭喃字楹联

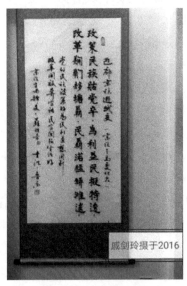

图 8　京族喃字保护传承中心喃字楹联

（图 7、图 8 为戚剑玲摄）

　　文化是政治、经济发展的深层基础，是社会秩序建构与维护的基本精神。各个民族在文化发展中不断培育和加强民族认同感以及国家统一意识也是他们的神圣职责所在。① 由于边疆地区跨国文化族群的特殊性，京族先民从一开始就处于一种身份和社会地位都不确定的环境之中。首先从族群身份看，他们与近在咫尺的边界线对面的越南京族由具体实在的亲缘关系或地缘关系变成了严肃的国际关系。他们自然而然地想保有自己的文化传统，但是在新的环境中又必须"入乡随俗"，不能不采取文化适应的策略。保有传统是文化民族的要求，而适应环境则是取得现代国家族群政治身份的必然途径。② 京族在早期与当地的汉族、壮族等其他民族的互动过程中，习惯利用模糊族群边界的策略来换取安定有利的生存空间和利益。

　　20 世纪 70 年代以后，由于受到国家政策的影响，京族人民与族群外部的联系不断增多。与外界日益频繁的交流，使京族人与其他族群之间的认识和了解逐渐加深，彼此之间认同程度也在不同提高，族群文化的趋同性倾向日趋明显。因而，无论是在地理空间上，还是社会心理上，抑或是在族群文化的认同上，京族与其他族群之间的族群边界较之过去都变得更加模糊。京族人在外表看与当地汉族人无异。主要语言也是当地粤语，只在家中才说京语。而且京语还是很多年轻人没有办法完全掌握的。20 世纪 80 年代以来，随着民族宗教政策的落实，随着中国的对外开放，随着中越关系的正常化，京族人身上的民族文化特点重新被展示出来。人们开始重新审视自身的文化传统，与国家话语进行"对接"，以获得更多的资源与便利。

　　20 世纪 90 年代以来，随着一系列民族优惠政策的实施以及地方经济的迅猛发展，京族人的社会地位发生了根本性变化。不过，被认为已经成为"中国最富裕的少数民族"之一的京族人，仍然不断运用各种社会文化资源来强化族群认同，这些举措不仅凝结了京族人深厚的根基性情结，同时也是其在社会资源博弈上的一种策略性安排。一方面是对于作为民族标记的民族传统文化的认同，对于拥有与分享共同文化的群体的认同，恢复与发展京族的传统文化，是京族人重建其族群认同的重要举措。

　　当普通人走向了前台，成为文化创造和接受的主体，从这个角度上说，

---

　　① 马翀炜：《从边疆、民族理解国家文化软实力》，载《西北师范大学学报》2015 年第 1 期。

　　② 周建新、吕俊彪：《从边缘到前沿：广西京族地区社会经济文化变迁》，北京：民族出版社，2007 年，第 288 页。

"普通人"成了当下建构非物质文化遗产经典的主导力量。[①] 20 世纪 90 年代之后，京族地区各个村落的哈亭得到重建，哈节的举办日渐隆重，各种祭拜仪式不断规范。京族地区还建立了京族歌墟，使其歌唱传统得以恢复，而独弦琴、字喃、越南语等京族文化象征的传承和发展也得到了愈来愈多的重视。京族中的民族精英坚持践行以服饰、节日以及喃字楹联等来彰显其民族性。截至 2016 年，京族共有 14 项传统文化项目成为各级非物质文化遗产项目，其中京族哈节以及京族独弦琴成为国家级非物质文化遗产项目。

结　语

非遗保护中应该充分认识各类民族遗产所包含的民族团结以及国家认同的集体记忆的意义，充分认识到民族文化遗产的生命力就在于各民族的文化遗产都能够成为国家认同的社会文化符号体系的有机组成部分。[②] 在中国边疆少数民族地区，大量的跨国跨民族文化交流交融实践，皆以尊重、平等、多元为基础，在"文化"框架内解决由文化交流和民族交融引发的民族间交流问题。重视跨文化交流可以增进了解、消除误会、达成共识、促进文化繁荣。唯此才是维护"中华民族多元一体格局"稳定的基础以及战略保障。

---

① 林继富：《非物质文化遗产"经典化"的可能性》，载《云南师范大学学报》（哲学社会科学版）2014 年第 5 期。
② 马翀炜：《民族文化遗产的国家认同价值》，载《云南社会科学》2013 年第 4 期。

云南石林彝族《阿诗玛》传承的现状及其困境

赵 颖

（西南民族大学）

在历史上，每个民族都曾创造了不计其数的民族史诗和神话。彝族作为西南地区历史悠久的民族之一，其古老的语言和文字有幸得以保存至今。同时，彝族拥有卷帙浩繁的珍贵典籍，其中包含着深厚的哲学思想、宗教理念、中医药疗法和法律规范等内容。在少数民族文学领域中，彝族的史诗神话、长篇叙事诗、民歌韵律等内容均占有举足轻重的地位，涌现出了一批彝族长诗神话的杰出代表，如《阿诗玛》《阿细的先基》《查姆》《勒俄特依》等。李缵绪①曾提及《阿诗玛》汉文整理本已搜集共计 41 份资料之多；他认为《阿诗玛》的版本具体可分为三种，一是由朱德普整理的 1953 年的版本，二是 1960 年和 1987 年所记录整理的版本，三是其他版本，具体根据 20 份材料整理而成。从彝文古本和口头流传所搜集的材料而言，就篇幅而论，口头流传的作品长达 588 行，短至几十行；同时彝文古本中所记载的长达 1027 行，短至 411 行。相比较而言，口头流传作品最长的内容与彝文古本中最短的内容相比，只有 177 行的差距，口头流传作品的重要性不言而喻，由此间接说明了口头资料和书面资料对少数民族民间文学研究具有重要意义。

一、叙事长诗《阿诗玛》及其社会功能

（一）《阿诗玛》流传区域人文生态

文化生态系统是原始性叙事长诗酝酿、产生、发展与存活的"母体"。文化生态系统具体可由两个部分组成：一是外显部分，包括经济活动系统、自然生态系统、行为方式系统等，它使原始性叙事长诗具有民族与地域的特点，

---

① 李缵绪：《阿诗玛原始资料集》，北京：中国民间文艺出版社，1986 年。

对叙事长诗发展有着重要作用；二是内因部分，包括信仰系统、认知系统、知识系统、传承系统等。核心部分主要是价值观念系统，即人的文化心理结构，在叙事长诗的发展过程中起着决定作用①。可以说原始性叙事长诗体现了该民族的价值系统。《阿诗玛》的形成与发展过程与该流传地区特定的民族文化生存土壤有着密切的关系，深深植根于石林彝族的文化生态体系之中，始终与祭祀信仰、民俗活动等有机联系在一起。

1. 流传区域的自然生态环境

石林彝族自治县旧称"路南"，是云南省昆明市的远郊县，距昆明 78 公里，全县总面积 1719 平方公里，辖 7 镇 1 乡。全县有二十余个少数民族，少数民族以彝族、苗族、壮族为主。彝族人口占少数民族人口的 97.4%。在石林县境内的彝族有撒尼、黑彝、彝亲、阿细、阿彝子等支系。另石林地势平缓，雨量充沛，干湿分明，四季如春，植被种类丰富，可利用草场 5 万公顷，森林总面积 5.7 万公顷，森林覆盖率达 42.2%，煤、铅、锌、大理石等矿藏资源丰富。种植水稻、玉米、烤烟、葡萄、苹果、甜柿、人参果等作物，是全国重要的烤烟和奶山羊生产基地，是全省的生猪及苹果基地县。

2. 《阿诗玛》流传地的历史沿革

在石林境内，早在旧石器时代就已经有人类生产和生活。到春秋战国时期，路南与滇池地区的古滇人一道创造出了辉煌的青铜器文化，社会也随之步入了有阶级的部落奴隶制社会。秦代以后，汉文化被中原移民不断传到祖国西南边疆，促进了当地经济、文化的发展。公元前 111 年，汉武帝在路南设立谈稿县，已有两千多年的历史。南诏、大理国时期，世代生活在路南的落蒙部得到发展壮大，成为三十七部中的强大力量。元初置为落蒙万户府，其辖地达弥勒、陆良、师宗等地。1276 年（元至元十三年），改落蒙万户府为路南州，下辖邑市、弥沙二县，隶属于澄江路。1287 年（元至元二十四年），并弥沙入邑市县，路南州领邑市县。明因元制，仍设路南州，隶属于澄江府。1490 年（明弘治三年）废县入州，清代仍袭明制。

1913 年（民国 2 年）废州设县，始称路南县。先隶滇中道，后废道隶于省，1948 年（民国 37 年）又隶于第三行政督察专员公署，1950 年属宜良专区，1954 年属曲靖专区。1956 年成立路南彝族自治县，1958 年被裁并入宜良，1964 年始恢复路南彝族自治县建制，仍隶属于曲靖专区。1984 年路南彝

① 胡立耘、李子贤：《原始性史诗存活与文化生态系统的关系》，载《贵州民族研究》2005 年第 2 期。

族自治县划归昆明市管辖。1998 年 10 月 8 日，经国务院批准，将路南彝族自治县更名为石林彝族自治县。

3.《阿诗玛》与民俗生活

《阿诗玛》的创作与当地彝族撒尼人民的生产生活有着密切联系。如原文化部首批公布的国家级非物质文化遗产口传文学《阿诗玛》的代表性传承人之一毕摩毕华玉所言，彝族撒尼人在头胎婴儿的起名仪式的"祝米客"中会唱《阿诗玛》；彝族撒尼人在娶媳妇嫁姑娘的时候会唱《阿诗玛》；家中有老人过世也要唱《阿诗玛》；《阿诗玛》已经成为撒尼人日常生活、婚丧礼节以及其他风俗习惯的一部分①。过去，石林彝族撒尼人有一种青年男女自由恋爱的传统方式——进公房。公房是彝族青年男女谈情说爱的特定社交场所。早婚早育者居多，一般姑娘或小伙子长到十三四岁开始发育后，他们便搬离父母的住处，开始前往公房居住，公房一般有男女之分，各自独立居住。自从姑娘小伙搬进公房居住后，就开始认识结交异性青年朋友。两位彝族男女青年由相识、相交到相爱情投，同订婚约，一方便搬到另一方居住（分为从夫居和从妻居两种），在女方家举行婚礼宴请，即算是夫妻了。这里遵循男女平等的传统婚姻，结婚离婚自由。结婚虽不举行仪式，但待生了孩子，必举行隆重的庆贺仪式，由老祖或舅父给小孩取名字，请毕摩念生育经，请人唱《阿诗玛》。

（二）《阿诗玛》的文本整理与搜集

所谓"史诗文本"（text），是指通过口头或书面表达的，用各种方式记录下来，以各种可见载体保存的史诗。从口头诗学的角度来看，史诗的每一次展演都应是一个独特的文本，但是，由于其与包括听众、场景、事由等相关展演环境的不可分离性和因此导致的不可重复性，对于这些动态文本的整体把握尽管非常重要，在实际中却无法实现②。叙事长诗《阿诗玛》同史诗一样，也具有以上特点。

1.《阿诗玛》的文本搜集

《阿诗玛》文本的搜集、整理的资料有 41 份之多。最早且比较完整的为1953 年 10 月由朱德普整理发表于《西南文艺》的版本；1954 年 7 月整理的

---

① 王珍：《阿诗玛：流淌在血液的歌》，《中国民族报》，2007 年 7 月 20 日。

② 胡立耘：《史诗的文本分析——以彝族史诗〈梅葛〉为视点》，载《民族文学研究》2005 年第 3 期。

由云南人民出版社出版的版本；1954 年 12 月整理的由中国青年出版社出版的版本；1955 年 3 月由人民文学出版社出版的版本；1956 年 10 月由中国少年儿童出版社出版的版本；1960 年 4 月由云南人民出版社出版的版本；1978 年 11 月由云南人民出版社出版的版本；1980 年 7 月由中国青年出版社出版的版本。

《阿诗玛》无文字记载，所有文本的搜集、整理都是经过演唱者演唱再由翻译者翻译成汉语，再由精通汉语的编辑把内容按诗歌的形式记录而成的。据参与《阿诗玛》调查者指出，由于受当时时局的影响，整理本删去了一些当时认为不健康、带迷信色彩、社会等级表现的部分。而《阿诗玛》的整理本进行了拼接以后，既有各流传地的特点又不完全是各地的内容。在此暂且不讨论翻译到"他文化"空间的文本呈现的合理性。首先，整个翻译过程是非常复杂烦琐的，以当时的条件和设备，不仅困难费事，也会发生遗漏或误解。其次，最基本的因素是参与大规模搜集整理的工作人员所应具备的民族学田野调查的训练和水平。再者，从某种程度上说，搜集整理的工作人员竭尽全力克服了在具备相应条件和设备的新时期，搜集本身也同样会出现的各种困难。因此，《阿诗玛》整理本虽因时代、学科发展的局限而在搜集、翻译、出版过程中被误读、误译、删节、修改，但是《阿诗玛》在整理时恰好保留了文本的原真性，而这一时期已一去不复返，其中保留的一些宝贵资料现已难以再现。毋庸置疑，《阿诗玛》整理本即使没有完整真实地呈现其搜集时的原生面貌，也至少反映了在特定时代背景下民间文学工作的真实状况。正是这些宝贵的传统文学作品正式出版问世，让这部分彝族传统和文化得到完整的保存。

2. 《阿诗玛》的文本内容

叙事长诗《阿诗玛》以口头形式流传，分布区域较为分散，内容动态性较强，不同地区的叙事长诗内容差异性较大，同一地区不同时期的长诗内容也存在较大差异。

关于北部彝区的《阿诗玛》资料译本：石林北部彝族地区月湖村是传统文化保护工作做得较为突出的村寨。具体有月湖村译本 7 号、8 号、16 号、17 号资料本，7 号资料本的内容和情节较为简单，讲唱者会在情节中加入细致的描述，具有突出的个性和特点。主要对阿诗玛的出生、洗婴、寻找婴儿的服装和裹布，以及主人公的成长过程做了细致的描写，并对说媒、出嫁、在婆家受欺负从而外出打工的情景做了详细的描述。8 号资料本内容只涉及阿诗玛和媒人两个人物，全篇内容以第一人称"我"作为叙事的主体，描述了阿诗玛从出生到成长的过程，以及媒人说亲，被迫嫁给不喜欢的人，并在婚后受公婆虐待，意外怀孕，祈求得到父母的帮忙却未脱离苦海，还劝阿诗玛安心留下继续过活，继而度过了苦难的一生。16 号资料本从阿诗玛的成人开始描写，并到了谈婚论嫁的年龄，被热布巴拉家抢婚，阿黑知道后追赶阿诗玛，与热布巴拉家展开了多次斗争，但最终均以失败告终。17 号资料本只有阿诗玛和热布巴拉两个人物，在叙述阿黑和阿诗玛的人物关系时均用"哥哥"一词指代。从阿诗玛的 15 岁开始描述，出嫁是因为小蜜蜂做了媒人，但她并不情愿嫁到热布巴拉家；出嫁后阿诗玛受到热布巴拉家人的欺负，阿诗玛的哥哥挺身而出与热布巴拉家展开了打虎和剥虎皮的较量，并射三箭警告热布巴拉家，阿诗玛拔出箭以后，热布巴拉家再也不敢怠慢阿诗玛。

杨放整理的《阿诗玛》，原名为《圭山撒尼人的叙事诗〈阿斯玛〉——献给撒尼人的兄弟姊妹们》，篇幅短小精悍，在《阿诗玛》的整理和发展过程中具有开创性的意义。"杨放整理本的内容不全，没有结尾，但该整理本为后来大规模搜集整理工作奠定了一定的基础，其整理风格对后世有一定的影响。"① 整理本从"阿斯玛"出生以后的三天开始谈起，涉及结婚、聘礼、出嫁后遭公婆虐待等内容。

朱德普整理的《阿诗玛》题为《美丽的阿斯玛——云南圭山彝族传说叙事诗》，第一次将其定位为叙事长诗而非史诗，并对全诗的内容进行合理的分段。"朱德普整理本的内容、情节、篇幅较之杨放整理本长得多，全得多，但其整理的语言风格、艺术风格没有了撒尼民间的那种朴实的特点。"② 该整理本起到了承上启下的作用。整理本从阿诗玛 15 岁开始叙述，谈及了成长、出嫁、阿黑为营救阿诗玛与热布巴拉家展开艰苦的较量，并将阿诗玛带回家，最后却被岩神所害变成了回声。

云南省人民文工团圭山工作组搜集整理本、作协昆明分会重新整理本和圭山工作组第二次整理本的主题、内容、情节以及诗句大部分相同，只是情节不同。实际上后两者是在前者基础上所做的加工及处理，并未对内容进行较大的调整。20 世纪 50 年代末由杨知勇、黄铁、刘琦执笔编写，公刘对其进行了润色的《阿诗玛》版本在社会上引起了强烈的反响，并将其推上了世界文坛。整理本《阿诗玛》中的主题、内容乃至具体情节均可在原始资料本中找到详细的依据。"圭山工作组整理本是在占有大量的第一手资料的基础上进行整理的，因而内容情节都比较全面、完整，其中的部分语言是按汉族的欣赏习惯进行改写的，但内容和情节都有民间原始依据。作协昆明分会整理本

---

①② 黄建明：《阿诗玛论析》，昆明：云南民族出版社，2004 年，第 298 页。

对圭山工作组整理本中民族特色、地域特色不浓的部分做了修改，对生硬的句子做了修改，因而是一部较为成熟的本子。圭山工作组第二次整理本在作协昆明分会整理本上做了补充修订，吸收了原始资料中的部分细节，但是有些吸收得合理，有一部分则没有必要吸收。"①

由马学良、罗希吾戈、金国库、范慧娟所翻译的《阿诗玛》，1985 年在中国民间文艺出版社以单行本的形式出版，首部以彝文汉文对照的形式出版，采用国际音标注音的形式，对其原文的保存和传播起到了重要的作用。

二、石林非物质文化传承人发展现状

（一）民间口耳相传

叙事长诗《阿诗玛》无文字记载，它的传承是口耳相传的传承方式，因而是口传长诗。毕摩有经书传和口传两种传承方式，彝族《阿诗玛》属于口传毕摩的毕摩经。

毕摩、歌手都是靠耳听心记叙事长诗的内容和曲调，在各种表演场域反复演练，形成"大脑文本"。概括而言，《阿诗玛》的传承方式分为两种类型：一是与原始宗教黏合在一起的传承形式，由毕摩演述的各种祭祀仪式的祭辞传承，可以称之为纯正型的传承；二是歌手演唱的《阿诗玛》的传承，这样的传承形式是带有创造性的，因时而变，与世俗生活相结合。

纯正型的传承形式是师徒式的，有一套严格的规矩。师徒式的传承形式可分为两种情况，一种是毕摩世家的传承，另一种则是拜师，成为毕摩的徒弟。要成为毕摩的徒弟，必须经过严峻的考验。这种家传或正规拜师学艺的传承方式，是《阿诗玛》较早的正规传承方式，它与原始宗教的传承结合在一起，成为宗教信仰的重要组成部分。

（二）传承场所

传承场所是文化得以延续的一个重要基础，是文化传承的静态和动态的物化载体。传承场所是一个有感情、有意义的神圣空间，它是群体生存的物质环境和精神文化再创造的复合场所。这些场合使文化逐渐得以传承且在无意识中使文化得到了再生产。叙事长诗《阿诗玛》以口耳相传的形式传唱至今，在于它在口耳相传的过程中，已化为生活本身的要素，人们在成长过程

---

① 黄建明：《阿诗玛论析》，昆明：云南民族出版社，2004 年，第 298 页。

中，耳濡目染地学会了它并运用于生活中，这得益于一些特定的场所。

1. 岁时节日中《阿诗玛》的传承

"岁时节日指的是与天时、物候的周期性转换相适应，在人们的社会生活中约定俗成的、具有某种风俗活动内容的特定时日"①。"从节日的主要内容考察，粗略可分为农事节日、祭礼节日等"②。在彝族撒尼人的节日中，为了渲染节日的氛围，歌手们会自发地唱起《阿诗玛》来表达喜悦之情。在一年一度的火把节和密枝节中，毕摩会诵读《阿诗玛》中的部分选段以达到驱邪避祸、祭祀神灵的作用。《阿诗玛》作为彝族叙事长诗的典型代表，虽然讲述了一个凄美的爱情故事，但是其应用的场景并非只局限于婚礼，却同样适用于岁时节日等重要传承场所之中。

2. 人生仪礼

"人生仪礼是社会民俗事象的重要组成部分。每一个人之所以经历人生仪礼，决定因素不只是他本人年龄和生理变化，而是在他生命过程的不同阶段上，生育、家庭、宗族等社会制度对他的地位规定和角色认可，也是一定文化规范对他进行人格塑造的要求。因此，人生仪礼是将个体生命加以社会化的程序规范和阶段性标志。人生仪礼与社会组织、信仰、生产与生活经验等多方面的民俗文化交织，集中体现了在不同社会和民俗文化类型中的生命周期观和生命价值观"③。人生仪礼具体包括人一生遇到的重要环节所举办的一定仪式的过程，具体包括婚礼、葬礼、诞生礼、成年礼等。同时生日祝寿礼也包括在其中。

彝族撒尼人在新婚之夜，由新郎、新娘方各自派出优秀的歌手开展对唱《阿诗玛》的比赛，目的是为了给婚礼增添喜庆之意。在当地的传统彝族婚礼中，男方迎娶新娘必须要通过对歌的考验，对歌的内容则是以《阿诗玛》为主，巧借《阿诗玛》的成长经历来夸赞新娘的美貌和聪慧。借用《阿诗玛》幼年时期的描写来生动刻画新娘的幼年成长经历。

> "美丽阿诗玛/生下满三月/笑颜似花开/妈给囡梳头/乌发似阴影/
> 阿妈喜两场/女儿满七月/会坐头偏斜/女儿满八月/爬得似耙地/
> 阿妈喜三场/女儿满一岁/一岁会走路/走似麻团滚/阿妈喜四场/

---

① 钟敬文主编：《民俗学概论》，上海：上海文艺出版社，1998年，第131页。
② 乌丙安：《中国民俗学》，沈阳：辽宁大学出版社，1999年，第331页。
③ 钟敬文主编：《民俗学概论》，上海：上海文艺出版社，1998年，第156页。

女儿满三岁/走亲又串戚/坐在门槛上/帮妈绕线团/阿妈喜四场"①

引用"阿诗玛"少年时期的唱段描写，则为展示新娘的勤奋、好学、知书达理等优良品质。

"女儿满五岁/背上背菜篮/上山伐野菜/阿妈喜六场/
女儿满七岁/七岁会绩麻/绩麻赛阿妈/阿妈喜七场/
女儿满九岁/走路谁做伴/做饭去挑水/水桶来做伴/
做饭站灶边/灶台来做伴/美丽阿诗玛/做饭赛阿妈/
阿妈喜八场/女儿满二十/为父补衣裳/补裤又缝衣/
为父遮风寒/阿爸喜一场"②

引用"阿诗玛"青年时期的唱段刻画，则为展示新娘的天生丽质和美丽漂亮的外貌等特征。

"包头红光闪/两边垂耳环/脸庞如明月/身段如金竹/
左手戴戒指/右手戴银镯/身披羔羊皮/腰系飘须带/
飘须似胡须/一缕又一缕/缕缕飘身后/脚如萝卜白/
身穿绣花鞋/蓝衣青裤子/一身美无比/从头看到脚/
没有不好处/没有不美处"③

彝族撒尼人对于新生命的诞生十分重视。当父母的第一个孩子满月时，要举行隆重的起名字仪式，宴请双方的亲友参加，隆重程度堪比婚礼，当地人称为"祝米客"。现在由于生活水平的提高，不论孩子的排行，均会举行"祝米客"仪式。仪式中不可缺少的环节是邀请歌手演唱《阿诗玛》中的选段，目的是为了赞美婴儿，对新生命的降临给予衷心的祝福。

"取名这天啊/亲朋满堂坐，全家待客忙/
九十九盆面/九十九甑饭/九十九席客/
酒坛搁堂前/就像大石林/坛上插哂酒管/管管相交错/野猪牙一般/
取名这天啊/献先祖的饭/堆得像尖山/
供先祖的肉/大得像牛身/祭祖先的酒/酒碗大似羊/
香火烟袅袅，香灰似雪山，父老乡亲们/我因取啥名/快些来取吧/
你因似金贵/就叫阿诗玛"④

_____

①②③④ 李缵绪：《阿诗玛原始资料集》，北京：中国民间文艺出版社，1986 年。

（三）毕摩、传承人的传承

毕摩是彝语音译，"毕"是念经诵咒的意思，"摩"是对有知识的长老的尊称。在彝族历史发展的过程中，毕摩占有举足轻重的作用。在古代彝族领主制时期，毕摩不仅是专门掌管文书、主持宗教仪式者，而且是教师、军师、医师和法官。同时，他们又是创造文字，撰写、收藏彝文经典，通晓彝族历史、天文、地理的知识分子。彝族毕摩限于男性，有着严格的世袭制度。

1. 毕摩在彝族历史文化中的地位

有关毕摩活动的记载在史志中比较多，而且非常具体。例如《元混——方舆胜览》"建昌条"，在记述当时西昌一带的彝族时说："有疾不识医药，惟用男巫，号大奚婆，以鸡骨占吉凶，事无巨细，皆决之。"

明《黔记·诸夷·罗罗》："罗罗本卢鲁，而讹为今称。……有疾不识医药，惟用男巫，号大奚婆，以鸡骨占吉凶，居酋长左右斯须不可阙，事无巨细，皆决之。"

明末清初的顾炎武《天下郡国利病书》原编第三十二册，《云贵交趾》"爨蛮条"："罗罗……病无医药，用夷巫禳之。巫号大觋白番，或曰拜祃，或曰白玛。取雏鸡雄者生刳，取其两髀束之，细刮其皮骨有细窍，刺以竹签，相其多寡向背顺逆之形，其鸡骨窍各异，累百无雷同，以占吉凶。或取山间草，齐束而拈之，略如其法，其应如响。有夷经皆爨字，状类蝌蚪，精者能知天象，断阴晴。在酋长左右，凡疑必取决焉。"

随着社会的发展，彝族先民进入阶级社会，主祭鬼主分为酋长阶级和鬼主阶层。然后，出现了"兹""莫""毕"三个统治机构中的三个阶层。其中，"兹"为最高统治者，彝语意为权力，旧译为君。"莫"可译为"臣"或"管事"。"毕"可译为"师"、"巫"或"军师"。

在彝族人民的生活中，毕摩具有崇高的地位，起着重要的作用，毕摩是彝族文化的传者，他承担着多种角色。一是教师角色，起着传授知识，解释自然现象的作用；二是祭祀角色，毕摩在彝族的村务、家族、节日活动中承担祭祀任务，充当主祭人；三是医生角色，毕摩巫医结合，神药两用，使他们的医术让人觉得"神圣灵验"；四是乐师角色，毕摩第一要素就是会唱经书，各种祭祀活动都要唱。

毕摩有自己专门的服饰和法具。祭祀时，毕摩边念经书，边摇法铃，从而传送人与鬼神之间的信息，并助法威。毕摩祭祀用的法器有法帽、法衣、法铃、法扇、法箱或法袋、法筒。

2. 毕摩与《阿诗玛》传承

毕摩在彝族民间文学的传承中功不可没。同样的，毕摩在叙事长诗《阿诗玛》传承过程中起着关键作用。《阿诗玛》是以口传毕摩经的形式得以代代相传的。毕摩是最早对叙事长诗《阿诗玛》进行搜集、整理、规范、保存运用并得以传承之人。毕摩作为人神沟通的媒介，《阿诗玛》则作为沟通的工具。这样，经过一代代毕摩的搜集、筛选和整理才成就了《阿诗玛》祭辞。能系统完整演唱《阿诗玛》的在主要流传地区（石林、丘北）只有毕摩。毕摩演唱《阿诗玛》时，总是伴以神圣的宗教仪式，以此来祈求神灵保佑，驱邪纳福。由于这种宗教仪式的神圣性，祭辞《阿诗玛》也就有了神圣性。比如毕摩主要演唱的《阿诗玛》，就有许多演唱的禁忌和规范，它的传承和运用就要遵循一定的规矩，无形中确保了内容的固定性，把口耳相传中的变异程度减到最小。使得一些古老的神话完整地保存下来，这些神话反过来又保证毕摩祭辞的神圣性，让信众相信毕摩的法力，提高他们的地位，增强经典的力量，扩大其在民众中的影响力。在宗教祭祀活动中，毕摩作为彝族中的知识分子，是原始宗教信仰的体现者和传承人。在《阿诗玛》流传地区较大的祭祀活动中，祭祀的祭辞一般都是由毕摩来演唱的。

除了对神灵的各种祭祀活动外，还有与彝族的祖先崇拜观念相关的祭祖活动和丧葬仪式。彝族的祖先崇拜很发达，自然十分重视葬礼。这些活动都具有神圣性，只有毕摩才能主持。作为毕摩在祭祀场合的祭辞，它只能在神圣的场合由神职人员毕摩吟诵，在祭祖、送魂等活动中，毕摩都要吟诵与其有关的内容。毕摩主持的是一种仪式，仪式是神圣的，不可随意更改，仪式往往是千百年来形成的，只能照做，以体现其神圣性。

3. 歌手在《阿诗玛》传承中的作用

在石林由毕摩传承《阿诗玛》这一文化事象在20世纪80年代就已全部消亡，之后《阿诗玛》便全靠歌手传承。由歌手演唱的《阿诗玛》传承，是因时而变、融入生活的创造型的传承形式。《阿诗玛》从神坛走入世俗生活后，它的内容也有了发展变化，神圣的祈神娱神功能隐退，世俗的娱人功能增加。歌手的传承方式也是口耳相传，歌手的传承没有严格的限制，不是家传，也无须拜师仪式，只要喜欢唱，就可以在各种场合通过听唱而学习，歌手在掌握了《阿诗玛》演唱的基本调式后，在相对固定内容下，可以进行再创作，加入许多即兴的部分。也有个别人会向唱得好的歌手请教，但是不必正式拜师。从田野调查看，许多有名的歌手，多半是自己的父母唱得好，或家族中有唱得好的歌手，从小耳濡目染，慢慢地唱出了名气。

　　歌手们除了在喜庆场合相互学习外，还会到外村进行竞唱。据许多石林月湖村的老人讲，过去，月湖村周边的西街口、巴茅、大小老挖等村的歌手也会到月湖村来，与月湖村的歌手比赛对唱，月湖村的歌手必须全力以赴，若唱输了，需要办伙食招待对方，并且也会觉得这是一件很没面子的事。因此，在比赛过程中，老歌手们会在一旁指导本村年轻的歌手，听众也会群策群力支持本村的歌手。这样的对唱可以进行几天几夜，年轻歌手也在这样的比赛中迅速成长起来。

　　而要成为一名受人尊敬的歌手，必须具备超强的创造力，演唱水平的高低由歌手自身的素质决定。月湖村受人尊敬的《阿诗玛》演唱者李 HF，就是凭着自己对《阿诗玛》的一腔热血，通过自己的编创，让更多的人爱听《阿诗玛》。她谈道："以前自己学会唱以后，有好多句子我自己也不知道是什么意思，于是我自己找老一辈的人问，找人翻译，知道意思以后，我演唱时才能根据意思做出相应的表情和动作，这样人家也喜欢看，喜欢听。以前搬新房、举行婚礼的时候都要唱，我总是自己创作，加入一些新的东西（内容），这样就有很多人愿意请我去唱。"可见，在掌握了《阿诗玛》的基本曲调和主要叙事程式后，在演唱的主干内容基本不变的同时，优秀的歌手对歌词的即兴创作是歌手的智力、才能、知识、应变能力等综合素质的体现。

　　如果说在叙事长诗《阿诗玛》的传承过程中，毕摩的历史功绩是不可忽视的，那么，歌手更称得上是让月湖村的《阿诗玛》生生不息的最大功臣。歌手演唱的《阿诗玛》在歌词的结构形式上，是对事物等的来源用问答方式进行溯源式追问，即从眼前的事物追述其起源。其方式是根据事物的相关性特点进行推演，如甲事物源于乙事物，乙事物源于丙事物，依次类推，运用联想，使用大量的比喻，进行知识、口才、现场表现能力等的较量。在婚礼、节日、亲朋聚会等场合，歌手对唱，一问一答，直接把对方难倒，对答不上者输。这也是《阿诗玛》演唱绕来绕去的原因，是叙事长诗世俗化之后，它所具有的内部交往功能、娱乐功能和教育功能增强的结果。在叙事长诗发挥娱人功能方面，歌手起到了重要的作用，同时，由于歌手的传承和演唱不像毕摩的传承和演唱那样有严格的规矩和禁忌，也不像毕摩的传承那样需要较长时间的严格训练，并在祭祀中反复实践，以确保其传承过程中内容的稳定性。歌手在口耳相传的过程中，必然会使叙事长诗的内容在传唱过程中变异性增大，由不同的歌手演唱就有可能出现不同的改编。

　　歌手演唱叙事长诗，是在特定的情景中，用特定的形式表达特定的文化观念和审美情趣，它既受歌手的知识能力的局限，更依赖于演唱空间听众的反响，它不仅仅是简单的记忆的复原，更是歌手和听众一起完成的一个再创造的表演过程。热情的听众会刺激歌手的演唱欲望，带给演唱者精神上的满足，甚至决定演唱者演唱的内容。演唱者会根据听众的需求来决定演唱的内容。演唱的过程是一个娱乐的过程，人们对它的热爱，就在于它给这个特定情景中的人带来了快乐，这种特殊的艺术审美满足感使人们乐此不疲，从而代代相传。

歌手在《阿诗玛》传承过程中，做出过重要的贡献，他们使《阿诗玛》从宗教祭辞而变为人们的娱乐方式之一，使它从娱神变为娱人，同时也丰富了它的内容和曲调，使《阿诗玛》成为人们生活文化的重要组成部分，使叙事长诗从神圣仪式展演空间转向世俗化的日常生活空间，在更大范围内满足了当地彝族人民生活的广泛需要，与人们世俗的日常生活结合在一起，歌手起到了一个桥梁的作用。

三、《阿诗玛》传承面临的困境

（一）毕摩、传承人现状

1. 毕摩的现状

古老的《阿诗玛》现在仍保留在民间老艺人的记忆之中，随着老人的逝去，原生态的《阿诗玛》正面临消亡的危险。据笔者调查所知，目前石林境内，已无人能完整演唱《阿诗玛》了。《阿诗玛》作为一部人类文学艺术遗产，深刻地改变了民族的命运，而其原生性形态的消亡，却令人惋惜。"文革"中，阿诗玛的传承遇到了前所未有的危机，传唱被禁止，传承人受到迫害。1978 年以后，《阿诗玛》的传承得到恢复，同时由于现代化进程中流行文化的冲击，出现了其文化的生境危机。在石林彝族地区，彝语普及率每况愈下，善于运用彝族撒尼语演唱《阿诗玛》的人更是凤毛麟角，《阿诗玛》处于濒危的困境之中。

自 20 世纪 70 年代初，毕摩呈现逐渐消亡的趋势。连《阿诗玛》的主要传承地石林圭山地区的毕摩也很少会传唱与阿诗玛等所相关的内容。据 1957 年参加"阿诗玛"收集整理的普 ZG 回忆，1957 年月湖村比较有名的毕摩是普正邦。精通《阿诗玛》的还有毕华玉、金国库、毕风林等人，均已先后去世。虽有后辈传承，却只能唱诵一些片段，没有人能像过去的毕摩一样完整地唱诵了。据调查，能完整演唱《阿诗玛》的毕摩在石林地区已经不存在了。

2. 歌手的现状

自 20 世纪 70 年代起，在石林彝族地区，《阿诗玛》的演唱一般都是歌手，歌手成了完全世俗化的《阿诗玛》主要的传承人。歌手没有严格的拜师仪式，也不用师徒相承，主要是自然形成的。石林地区歌手相比其他流传地区数量众多，但能完整演唱《阿诗玛》的却无一人。据笔者调查，能唱《阿诗玛》的人大多年龄在 70 岁以上，能完整演唱《阿诗玛》的老艺人基本上不存在了。50 岁以上的人大多只能零星地演唱一些片段，30 岁以上的人却只能听懂唱段中的只言片语，大多没法演唱；而 20 岁以下的青少年大都听不懂或尚未听过撒尼语版的《阿诗玛》。"《阿诗玛》的传承后继乏人，处于失传的边缘。现急需采取有力、可行的保护措施，使采用撒尼语演唱的原生态《阿诗玛》能够继续传承下去。"①

（二）《阿诗玛》传承面临的困境

1. 从神圣走向世俗

随着经济社会的发展，文化的转型，《阿诗玛》的文化功能逐渐减弱，《阿诗玛》已走向全面的世俗化，从神圣的祭坛走入了彝族人的日常生活。《阿诗玛》叙事调具体可分为"老人调""哭调""悲调""喜调""骂调"等。《阿诗玛》的演唱已经没有严格的规范和禁忌。如《阿诗玛》所反映的婚丧嫁娶的内容，多由老年人演唱。青年人演唱《阿诗玛》的内容则以谈情说爱为主。不同类别的《阿诗玛》演唱，均有一定的环境限制，老年人演唱《阿诗玛》是在节日聚会、婚丧嫁娶等场合；青年人演唱《阿诗玛》是在山岭野地男女青年相会等场景。而如今，随着《阿诗玛》的流传及衍变，有关《阿诗玛》演唱年龄及演唱场合的种种限制已经被打破，而演唱的一些禁忌规则也不复存在，如年轻人会演唱《阿诗玛》中婚丧嫁娶的内容，在家中也可演唱《阿诗玛》的相关内容等。

叙事长诗《阿诗玛》的传承系统也遇到了危机，作为传承人的毕摩其职能逐渐衰落，特定的原始宗教、原始思维、神灵观念的社会基础和认识根源逐渐消失。20 世纪 60 年代前，在月湖村如有老人去世，为亡人指路、送灵、安魂，必须由毕摩主持各种仪式，死者家庭即便倾家荡产也要办得体面，各种议程十分完善。但随着时代的变迁，至今在丧葬仪式必须吟唱的《阿诗玛》悲调已无人会唱，所进行的各种丧葬仪俗仪礼还需从其他周边彝族村寨邀请，甚至有的家庭因经济或其他原因，干脆不再请毕摩。在石林县圭山地区，在六七十岁的老人中只有个别几人能演唱叙事长诗《阿诗玛》的片段内容，已

---

① 王娟：《彝族叙事长诗〈阿诗玛〉的传承与保护研究》，中央民族大学硕士学位论文，2009 年。

没人能将《阿诗玛》的内容演唱完整。近些年，在石林等地，有的人家在办喜事时，不再像以往那样要唱《阿诗玛》调，而是放电视和音响，有的甚至只播放流行音乐或请歌舞队跳舞助兴等。随着老毕摩、老歌手的相继去世，叙事长诗《阿诗玛》的传承出现了危机。

2. 传承人及表演者人数的下降

毕摩是叙事长诗《阿诗玛》的主要传承人和表演者，随着老一代毕摩相继离世，叙事长诗《阿诗玛》的传承和表演也逐渐走向衰微。20世纪50—60年代，彝族叙事长诗《阿诗玛》还有很好的群众基础，精通《阿诗玛》和善唱《阿诗玛》的歌手比比皆是。但是，现在善于演唱叙事长诗《阿诗玛》的歌手已经越来越少。这些歌手很少有人能完整演唱《阿诗玛》的所有曲调，大部分只会演唱《阿诗玛》的一些片段。村子有人结婚或给小孩起名，一般会请他们去演唱。《阿诗玛》流传地的年轻人，则仅仅会唱些简单的喜调等。

3.《阿诗玛》式微的原因

"除口头文本的脆弱性及对传承场的依赖性等叙事长诗的传播特点本身的限制以外，文化环境的变迁、核心价值观的变化、经济类型的多样化、外来文化的影响乃至自然环境的变化等因素都会对叙事长诗的流变产生影响。"[1]《阿诗玛》的式微，与毕摩的减少和节庆文化的变迁密切相关。石林一带彝族的节庆活动较多，主要有祭龙、祭祖、祭山神、火把节、祭山神、祭密枝、进新房挂梁、春节、婚丧仪礼等。这些节庆活动孕育了丰富的《阿诗玛》文化，人们播种收割前要唱《阿诗玛》、狩猎建房时要唱《阿诗玛》，婚丧嫁娶要唱《阿诗玛》。而演唱《阿诗玛》有着严格的禁忌规约，如办喜事时需要唱《阿诗玛》出嫁时的歌调；不同辈分的人不能对唱《阿诗玛》中的歌词，在家里不能唱《阿诗玛》中的歌调。节日具有"文化凝结""文化整合""经济联系与文化交流""社群联系与娱乐"四大文化功能，[2] 它使得各民族的民族自豪感、道德意识、民族认同心理等充满了向心力，通过各种节庆活动，能使民俗禁忌在传统的氛围中得以巩固，而对于《阿诗玛》文化而言，还能使《阿诗玛》的演唱禁忌很好地保留下来。但随着社会经济的发展，物质文化和精神生活日益丰富，生活节奏日益加快，生活空间也随着外出打工、就业、上学等活动日益扩大，农业生产不再是当地经济的主要来源，加之现代

---

① 李云峰、李子贤、杨旺甫主编：《"梅葛"的文化学解读》，昆明：云南大学出版社，2007年，第80页。

② 黄泽：《西南民族节日文化》，海口：海南出版社，2008年，第9页。

社会的观念和意识的影响，在当地节庆活动变得不再那么重要，有些大型祭祀活动已经停办，古老的《阿诗玛》演唱就很难听到。即便有人演唱也不太顾忌演唱者的年龄、性别及演唱场合。在一些节日庆典中，人们很少对唱《阿诗玛》，所演唱的内容也是世俗化的，传统成分很少。有时，在节日里的《阿诗玛》演唱甚至变成一种临时的舞台表演。

宗教仪式的消失，也能引起叙事长诗《阿诗玛》的式微。叙事长诗的传承是借助特定的场所、演唱语境，并依附于一些特定的宗教祭祀活动才得以保存。过去由于卫生医疗条件的限制，婚后无子嗣的现象时有发生，或由于身体状况等多种原因生育一胎后终止生育的现象时有发生，家中就会请毕摩来举行祭祀活动，祈求神灵赐予儿女以起到"求子"的目的。这种祭祀活动称为"智古"或"招禄古"；通常也会邀请歌手来演唱《阿诗玛》中"招禄古"的相关片段，以起到告慰神灵之功能。待女性怀孕后，还需要做一次"尼都米塞当"来祭祀娘家的地气神，保佑婴儿的平安诞生。现在由于医疗水平的提高，遇到同类情况，人们大多求助于西医疗法，以打针吃药为主，很少会以宗教方式告慰神灵，所以此种宗教信仰面临着失传的态势。

（三）叙事长诗《阿诗玛》的保护

《阿诗玛》是一种"活形态"的叙事长诗，它以百科全书式的角度揭示了彝族撒尼人的历史状态、民族文化的形成和发展、民众的社会经济生活、宗教体系、婚姻道德和心理结构等。从 20 世纪 50 年代开始，国家有关部门即着手开展对《阿诗玛》有组织、有计划的搜集、整理和出版工作，然而，半个多世纪过去，这些以文字或音像带记录下来的译本和整理本，由于众所周知的原因，始终很难重返民间，无法阻挡《阿诗玛》式微乃至逐渐消逝的脚步。随着传承场不断流失，传承范围缩小，传承人青黄不接难以为继，叙事长诗文化赖以生存的生态系统遭受到严重破坏。面对民族文化逐渐淡化的现实，保护好《阿诗玛》这一民族民间传统文化，确实任重而道远。

叙事长诗《阿诗玛》在特定的文化生态环境中产生和流传，与彝族的原始宗教密切相关。在《阿诗玛》的流传地石林地区，人们对人生礼仪、祭祀、节庆等都很重视，有着古老的记忆认同，作为"表达认同的超级故事"①，《阿诗玛》已经融入了民族的血液，有了世世代代积累起来的心理

---

① ［芬兰］劳里·航柯著，孟慧英译：《史诗与认同表述》，载《民族文学研究》2001 年第 2 期。

积淀。中老年人对《阿诗玛》心存敬畏，虽然年轻人不大认同《阿诗玛》，但却在无意识中受到《阿诗玛》的熏陶，受到其规范。人们对《阿诗玛》的自豪感深藏于心，《阿诗玛》魅力依旧。尽管《阿诗玛》正在从神圣性不断走向世俗化，但核心《阿诗玛》却依然得以保存，并渗透到人们的日常生活中，成为民族文化传统的一个组成部分。千百年来，这些地区的彝族世代口耳相传《阿诗玛》，《阿诗玛》的声音广泛流传于石林地区的彝家山寨，逢年过节、结婚或起房盖屋，彝家人都会不约而同聚在火塘边三天三夜，倾听《阿诗玛》歌手的深情演唱。

2008 年 6 月 7 日，彝族《阿诗玛》被国务院公布为第二批国家级非物质文化遗产保护名录，从而形成了由民间和地方政府保护转向由民间、地方政府和国家三者共同保护的局面。县政府在申报非物质文化遗产材料中提出了五年保护计划。

	年份	保护措施	预期目标
五年计划	2006	对《阿诗玛》进行专题调查，进行文字、音标等记录；进行录音、录像，并做妥善保存	完成建档工作
	2007	选定一两名中青年承传人，由老艺人以师傅带徒弟的传统方式培养接班人	接班人（承传人）基本担当起传承任务
	2008	由中青年传承骨干到石林风景区（有时上百人）传授《阿诗玛》演唱技能	使《阿诗玛》传承队伍达到数百人
	2009	建立一座中型的长期的《阿诗玛》文化展览馆；举行《阿诗玛》歌唱大赛，在更广范围内传播《阿诗玛》	参与此项活动的人达到万人以上
	2010	建立"阿诗玛文化研究所"，对《阿诗玛》进行全方位研究，继续组织出版"阿诗玛文化丛书"	对《阿诗玛》研究取得突破性进展

（资料来源：云南省石林县申报非物质文化遗产材料）

截至 2016 年 12 月，石林县人民政府相继投入专项资金，对彝族叙事长诗《阿诗玛》进行了保护。从 2003 年起，开始召集相关专家尽可能地搜集和整理有关叙事长诗《阿诗玛》的相关资料和文集；2004 年，总计投入 30 余万元出版了"阿诗玛文化丛书"即《阿诗玛研究论文集》《阿诗玛原始资料汇编》《阿诗玛文献汇编》《阿诗玛文艺作品汇编》《阿诗玛论析》《阿诗玛国际学术研讨会论文集》。2004 年 8 月 6 日至 8 月 9 日，石林县投资 25 万元召开"阿诗玛国际学术研讨会"，吸引了中国、日本、韩国、美国等多国学者和嘉宾的参与，"与会人员还包括歌舞剧《阿诗玛》的编演人员徐演等人，如日语歌舞剧《阿诗玛》的演出人员、日本'山毛榉艺术团''人与人艺术团'和韩国艺术团的演职人员，电影《阿诗玛》的演唱者胡松华、杜丽华及竹笛伴奏者毕光贤等人"①；2004 年县政府投资 10 万元成功举办了"阿诗玛文化展览"；"2015 年 9 月 25 日至 10 月 7 日期间，石林成功举办首届国际阿诗玛文化节，期间开展了丰富多彩的文化活动，在全球招募 99 对新人、伉俪前来阿诗玛的故乡石林，免费重演《阿诗玛》电影，让普通大众过把明星瘾，即 99 对新人、伉俪将以趣味竞赛的形式再现电影《阿诗玛》经典片段和情节——情歌对唱、英雄射箭、阿支抢婚、阿黑背媳妇、阿诗玛走秀、阿黑阿支摔跤迎娶阿诗玛等精彩活动。"② 迄今为止已成功举办两届。近 50 年来石林县对《阿诗玛》的抢救与保护投资已超过 100 万元。一些新闻媒体如中央电视台《魅力十二》《民歌中国》等栏目曾先后多次制作专题栏目进行相关报道，中央电视台首届"中国民族民间歌舞盛典"还隆重邀请石林县的民间艺人现场进行《阿诗玛》的表演，引起了国内外的广泛关注。借助这些平台和载体，彝族叙事长诗《阿诗玛》得到了有效的传承和保护。同时，《阿诗玛》所呈现的各种艺术形式如各种译本、舞台、影视等均已发生了根本性的改变，可称为传承方式的一种改革和创新。但对于如何保留叙事长诗《阿诗玛》这一艺术瑰宝的本真性，仍是一个尚待解决的难题。

《阿诗玛》原来只是唱述古老传说的叙事长诗，随着社会的不断发展，人们在生活中创作了一些民歌如风俗歌、情歌、诉苦调、儿歌等，这些民歌渐渐地均被称之为《阿诗玛》，从此《阿诗玛》的音乐题材范围得以扩大，这是一种文化的整合，"文化的整合是民族文化变迁中的一种内在需要"。③ 可以说，《阿诗玛》对彝剧的产生和发展有直接的影响。

《阿诗玛》作为一种古老的文化遗产，无论是其文学价值还是艺术价值均同等重要。《阿诗玛》是通过吟唱的方式流传下来的，毕摩、歌手演唱时从不看文本，一代又一代毕摩歌手吟唱中不但靠记忆力，更是靠自己的理解力和创造力，这才使如此经典的叙事长诗一代一代流传至今。因此，我们应该以活形态的意识加强对阿诗玛的整体保护，才能使叙事长诗《阿诗玛》代代相传，流芳百世。

---

①　王明贵：《阿诗玛国际学术研讨会综述》，载《彝族文化》2004 年 3 月。

②　孙应钦：《首届石林国际阿诗玛文化节系列活动"十一"呈现》，人民网微博，2015 年。

③　张文勋、张惟达、张胜冰、黄译：《民族文化学》，北京：中国社会科学出版社，1998 年。

论新媒体环境下少数民族
非物质文化遗产传播的困境及对策^①

杨 光

（哈尔滨商业大学学术理论研究部）

迅猛发展的新媒体具有价格低廉、传播范围广、信息量大、使用便捷等优势，已经得到社会各年龄段人们的青睐，无论是社交联络、获取信息、饮食购物、文化娱乐处处依赖于新媒体，新媒体越来越与我们日常生活紧密相关。新媒体的强大优势也获得少数民族文化工作者的关注，尤其在当今少数民族非物质文化遗产传承人逐一故去的严峻形势下，少数民族非物质文化遗产的传播与新媒体的结合具有重要的现实意义。同时，由于新媒体具有时效性强、风险性强、互动性强、多元化等特点，使新媒体环境下的少数民族非物质文化传播在获得发展的新机遇的同时也出现了许多新的问题甚至逐渐陷入困境，值得我们深入思考。

一、新媒体环境下少数民族非物质文化传播的问题

（一）新媒体环境下少数民族非物质文化传播的同质化

生活节奏的加快，使人们对消费产品的需求在时间上要求越来越苛刻，体现在文化消费上往往也是追求"快餐式"的文化享受。在网络视频、移动社区、QQ、微博、微信无处不在的情况下，民众对文化产品的需求是在最短的时间内享受最佳的视听盛宴。这种"速成"的消费观念下使制作者、传播者较为钟情于短小精悍的文化产品。

新媒体环境下的少数民族非物质文化，不可避免地走市场化运作的形式。

① 本文系中国博士后第56批科学基金资助计划项目（LBH-214124），黑龙江省博士后科学基金资助项目（2014M561368）、黑龙江省哲学社会科学研究项目"黑龙江下游少数民族非物质文化遗产传承人口述史研究"（15MZE01）阶段性研究成果。

按照市场运作的逻辑，少数民族非物质文化的传播向同质化的趋势发展。由于新媒体具有复制性、同步性、时间短、受面广等特征，因此瞬间化、片段化的少数民族非物质文化传播更受欢迎，甚至大行其道。而大多数少数民族非物质文化的传播要求连续性、完整性，这样才能保证其真实性，这与市场化的传播理念相冲突。

因此，时间上的速成、经济成本的约束，造成制作者无论在前期采集、后期加工上不能保证每个文化产品都是精良佳品。而内涵丰富、个性鲜明的少数民族非物质文化产品则需要制作者和传播者细细打磨、不断沉淀，只有态度认真严谨才能够产出精品。而在现实情况下，速成的少数民族非物质文化则沦为机械式的文化符号复制。

另外，新媒体与传统媒体最大的不同点之一就是信息量的骤然增多且带有相当大的随机性，呈现出片段化的特点。而少数民族非物质文化往往具有完整性、不可分割的特点。仅从短短的片段是不能真实表现一个民族的精神内涵和文化底蕴，甚至分辨不出是哪个少数民族所特有的。例如赫哲族著名的民间艺术伊玛堪，一首原汁原味的"伊玛堪"至少要断断续续唱上一天一夜才能品出其艺术精粹，可在新媒体时代下的"伊玛堪"仅被截取不到 3 分钟的传播片段，单从这短短的几分钟广大的受众无法判断"伊玛堪"与其他民族非物质文化遗产的不同之处，这使少数民族非物质文化趋向同质化方向发展。

（二）新媒体环境下少数民族非物质文化传播的形式化

民族文化是在漫长的历史长河中逐渐积累和创造出来的完整体系，具有其独特的内涵，是民族特征的重要标志。少数民族非物质文化则是民族文化的精华，具有存在的实质化特点，表现在民族文化的完整性、系统性、真实性、纯粹性等诸多方面，因此需要得到精心保护和用心传承。新媒体环境下的少数民族非物质文化传播，尽管能得到效果显著的推介，但同时也将少数民族非物质文化推入形式化的泥潭。"新媒体具有同步性、复制性、时短面广等特征，因而碎片化、瞬间化的少数民族文化传播大行其道，不断对少数民族文化完整性、纯洁性和真实性形成冲击。"①

自新媒体渐兴以来，传播者就常以"新、奇、特"来吸引大众的目光，因此传播者往往为了吸引受众人群的眼球，随意对少数民族非物质文化进行断

---

① 翁泽仁：《大众媒介语境中的少数民族文化发展态势》，载《中国民族》2011 年第 5 期。

章取义，使民族文化传播流于表面、注重形式、成为"文化快餐"，而忽视少数民族非物质文化深层次的内涵。如内涵丰富的赫哲族美丽的天鹅舞是该民族非物质文化遗产之一，但是在某新媒体传播者的眼里却流于形式化，不去挖掘文化内涵，关注点始终聚焦天鹅姑娘的美丽容颜、华丽的服饰、优美的身姿，而对天鹅舞所蕴含的文化意蕴，如舞蹈的来历、舞姿的象征、舞者的造型、舞步的节奏以及所展现的赫哲族人民勤劳善良的精神面貌一概被忽略。

甚至有些个别新媒体传播者为了博取众人眼球、牟取暴利，任意曲解少数民族非物质文化。很多少数民族的丧俗中带有一定的宗教信仰仪式，但是却被某新媒体传播者猎奇成为低俗的迷信活动。一些网络媒体传播者为了提高点击率、增加可信度，打着保护非遗的口号，故弄玄虚地把惊悚玄幻的文化产品标榜成所谓的少数民族非物质文化遗产。由于新媒体的受众面广、传播的范围大，容易误导普通大众，从而造成少数民族非物质文化普遍形式化的趋势。

（三）新媒体环境下少数民族非物质文化传播的功利化

随着社会的发展，人们对精神文化的需求越来越高，往往出现"文化搭台，经济唱戏"的现象，许多具有敏锐目光的商家看出了文化市场所带来的经济利益，纷纷投入文化产业的商业化运作之中。而少数民族非物质文化具有深厚的文化底蕴、独特的文化气质，理所当然地成为文化产业商业化发展的重头戏。新媒体时代下的传播具有的高效、便捷、同步的优势，大大加速了少数民族非物质文化遗产的文化消费。文化消费的同时，某些新媒体传播者在商业利益驱动下，打着自己的如意算盘，使少数民族非物质文化传播趋向功利化。

新媒体环境下少数民族非物质文化的市场开发运作本是无可厚非的，通过媒体新平台可广泛有效地推介少数民族非物质文化遗产的经济效益，精美的非物质文化手工艺品具有相当大的市场潜力和投资前景，可以为少数民族家庭带来不菲的收入，这是值得肯定的。但同时也应看到新媒体文化市场的混乱。由于目前我国的新媒体法律监管落后，虽然我国新媒体的受众已经超过了6亿人，占到全国人口的一半以上，然而我国尚没有针对新媒体的专门法律法规。①

因此，在经济利益的驱动下，个别不法商人钻法律和政策的空子，打着

---

① 褚雅睿：《新媒体发展中存在的问题以及应对策略》，载《新闻研究导刊》2014年第8期。

传承与发展少数民族非物质文化旗帜的幌子，利用新媒体平台来牟取暴利。但在新媒体环境下的少数民族非物质文化遗产的传播，由于相应的法律监管的缺失，传播者文化素质良莠不齐，传播的目的也不尽相同，往往个别传播者所注重的不是文化保护与传承，追求的却是经济利益至上，只要有利可图，就死死盯住不放。他们忽略非物质文化遗产的内涵和本质，借助新媒体手段而把非物质文化遗产当作商品进行销售。

例如著名的东北少数民族非物质文化遗产桦树皮技艺，从桦树皮的选取、剪裁、打磨、拼接、缝合、绘图、烘干等一系列复杂的制作过程中，每一个技术环节都离不开非物质文化遗产传承人的口传身授，这样才能够最终制作出美轮美奂的桦树皮手工艺品。

而对东北少数民族非物质文化遗产——桦树皮手工艺品的文化推介，一些不良传播者利用新媒体平台将其演变成为桦树皮手工艺品的销售广告以及制作手工技艺的教学广告，甚至直接打出"速成学习制作少数民族非物质文化——桦树皮手工艺技术×××元，出售桦树皮笔筒×××元、桦树皮画××元、桦树皮小工艺品×××元……"，而这些手工技艺传承人以及桦树皮制成品并非真正民族文化的代表，多半是为了投市场之所好而恣意改变的产物，根本不是真正的民族文化。

文化传播理应需要经费的支持，允许传播者合理、合法地收取一定的费用。但是禁止那些披着传承少数民族非物质文化遗产的外衣，实为以牟取暴利为目的的"民族文化传播者"，他们辱没了非物质文化遗产传播的意义，破坏了少数民族非物质文化遗产的根基，使新媒体环境下少数民族非物质文化传播陷入功利化的困境和怪圈。

（四）新媒体环境下少数民族非物质文化传播的媚俗化

随着社会节奏的加快，生活压力、工作压力日益增大，越来越多的人选择用休闲娱乐的方式来作为放松身心的消遣手段。因此，"新媒体的广泛传播，从文化生活的内容到文化的表达方式，娱乐化已经深深打下了坚实的烙印，而媚俗化、符号化生存是对新媒体时代人类文化泛娱乐化的印证"①。少数民族非物质文化的特质多为厚重、严肃、沉淀，这与时下新媒体平台上所流行的娱乐节目里的媚俗、矫情、夸张的风尚格格不入。

随着全民娱乐化、全媒体娱乐化趋势的增强，文化的娱乐化也是不可抵

---

① 何华征：《新媒体时代的娱乐文化及其生存论警示》，载《广西社会科学》2016 年第 1 期。

挡的趋势。少数民族非物质文化本身具有一定的娱乐功能，若是利用新媒体手段得到合理、适度的开发，不但能够有效地对非物质文化遗产进行传播，而且能够更好地发挥社会主义精神文化的功能。

但是文化的娱乐化并不等于媚俗化，不应为了点击率、播放率、收视率、票房收入而对少数民族非物质文化进行媚俗化。如少数民族非物质文化遗产中包括独具特色的婚俗仪式，在迎亲和接亲的过程中，这些蕴含着阴阳结合、敬仰天地的传统仪式具有神圣庄严的意境。但是新媒体环境下个别素质低下的传播者为了取悦于人，把本具有浓厚少数民族特色的婚礼加入更多的媚俗的成分，沦为大众取宠的工具，扭曲了少数民族非物质文化的真实面貌。

尼尔·波兹曼认为，"娱乐"已经赢取我们这个时代"元媒介"的地位，尤其在以消费文化为主导的大众文化语境中，从新闻到电视剧，从人物访谈到"脱口秀"，从音乐节目到各类体育比赛，不仅仅是电视如此，报刊、网络、移动数字平台等，包括所有的传统媒体和新媒体在内的所有大众媒体，几乎所有的节目类型，都无一不趋向于娱乐化。新媒体所承载的少数民族非物质文化遗产当然也不例外。

综上所述，新媒体环境下的少数民族非物质文化传播虽具有明显优势与重要的意义，这已为世人所共识。但在传播过程中，由于规范的不力，监管的丧失、方向的偏颇，不可避免出现了形式化、功利化、媚俗化、同质化的突出问题，这不仅影响少数民族非物质文化合理、真实、有效的推介，而且还会造成一系列负面的社会影响，应引起各方足够的重视。摆脱新媒体环境下少数民族非物质文化遗产传播的困境，要厘清新媒体与少数民族非物质文化遗产之间的相互关系，探究有效的途径来维护新媒体时代下文化传播的空间环境，逐步治理、纠正新媒体环境下少数民族非物质文化遗产传播的误区。

二、解决新媒体环境下少数民族非物质文化传播问题的对策

新媒体时代下的少数民族非物质文化遗产传播是一种全新的文化现象，它对相关法律体系建设、新媒体人的自律水准以及民众的鉴别能力都提出了一定的需求。由于新媒体是现代社会的新产物，而少数民族非物质文化遗产往往带有历史性、厚重性和传统性。要保持两者和谐统一发展，走出困境则需要做到以下几个方面。

（一）加强非物质文化遗产传播的立法

迅猛发展的新媒体时代，迫切需要相关的法律法规与之配套。但是当今我国关于新媒体传播的立法工作还远远跟不上新媒体发展的速度，因此法律效力较低，尤其是涉及自媒体的监督和管理方面的立法更是存在诸多漏洞。面对某些新媒体扭曲少数民族非物质文化遗产的本质甚至歪曲事实的情况，只能采取封锁或删除公众号等方式来解决；而现有的法律法规主要的是针对受众，采用以往的法规监督其言论和行为，这样造成的结果是遇到新媒体不正当传播时所导致的舆论危机，这种舆论危机往往钻法律的空子，逃避法律制裁，以至于监管部门应对不及时、处置不当，处于相对被动的境地。

在新媒体发展迅猛的今天，少数民族非物质文化传播与新媒体平台的结合是不可抵挡的趋势。尽管存在许多不尽如人意之处，倘若从立法上予以加强，以法律的手段来规范传播来源和传播手段，充分发挥传播者和受众的宣传力量和保护意识，新媒体视角下的少数民族非物质文化遗产传播则会向着更健康的方向发展。

少数民族非物质文化遗产的传承和存续需要一定的法律保护，完善的法律法规承担着传承和保护的现实重任，同时也直观烘托了非物质文化遗产"活态"特质。在当今新媒体时代下，尽管已经有一些相关的法律法规对少数民族非物质文化遗产方面的传承与发展做了相关的规定，起到一定的制约作用，但由于经济利益的驱使，面子工程的存在，这就导致很多法律法规配套并不完善，重外在不重内涵，限制了少数民族非物质文化遗产的发展、创新和传承。

同时，有的法律法规跟不上新媒体迅猛发展的步伐，或是配备了法律法规却缺乏相关的专业技术人员的参与和指导，甚至使法律法规形同虚设，以至于新媒体环境下少数民族非物质文化遗产缺少健康的土壤，不利于其不断传承和创新发展。加强非物质文化遗产新媒体环境下少数民族非物质文化遗产传播的立法，应积极借鉴国外的先进经验，与国际级别的非物质文化遗产网络传播相接轨。同时应广泛宣传少数民族非物质文化传播的相关法律法规，使新媒体视角下少数民族非物质文化遗产传播获得法律的支持和民众的认可，做到有章可循、有法可依。

（二）规范新媒体的传播途径

随着全球城市化步伐的加快，少数民族非物质文化遗产的保护和继承已经成为全世界面临的问题。而保护和发展非物质文化遗产必须结合时下流行的新媒体时代的各种传播途径，尤其是越来越多的年轻受众群体，对于少数民族非物质文化遗产处于既新奇又陌生的状态，因此对于这些潜在的受众群体，要勇于不断地开拓创新，不断寻找新的传播途径。只有这样才能使少数民族非物质文化遗产的传承具有永恒的生命力，获得发展的动力。新媒体时代的变迁就是寻找新的传播途径，但是这种传播途径必须是规范有序的，而不是处于无政府、无组织的紊乱状态。

传播途径对受众的影响力是较大的。霍尔斯和费斯克认为，受众对信息的解码具有重要的意义。少数民族非物质文化遗产经过组织者的策划、新媒体的传播，最后传达到受众的感官里。在受众那里，少数民族非物质文化遗产已经通过新媒体途径被解读、被阐释、被拒绝或者被接受，从而产生各种效果。在受众拒绝或者解读少数民族非物质文化遗产的信息的过程中，受众与组织者之间的信息传播，受到作为桥梁作用传播途径的影响。这种影响包括传播方式的选择，传播技术的更新，传播内容的侧重取舍，传播者的政治倾向与文化背景等，这些因素对信息解码的外延思想和内涵表意有着一定的作用。

由此可见，在大众传播过程中，传播者、媒体和受众这三方均对所传递的信息有着自己的选择、诠释和解释。因此，少数民族非物质文化遗产传播的过程并不是完全地由传播者所决定的，媒体在传播过程中的作用不容忽视。在传播学研究做出重要贡献的斯图尔特·霍尔就信息传播途径重要性提高到一个新的层次。他认为"将经过意识形态编码的文化诸形式与受众的解码策略联系起来"，与此同时他"关注媒介符号和讯息的变化不定的政治语境"[1]。

因此，新媒体环境下的少数民族非物质文化遗产传播，需要立法加以制度执行，同时对新媒体的传播途径也要加强规范。规范新媒体传播途径需要相关的法律法规，更需要新媒体从业者加强自律信条，建立新媒体自律组织，从而使新媒体传播者具有自觉维护社会的责任，扮演传播少数民族非物质文化遗产的积极倡导者的角色。规范新媒体传播的途径依赖的不单是相关法律法规，更是新媒体传播者的内在规范，使其从内心对新媒体传播的非法途径说不。

优化和完善新媒体环境下少数民族非物质文化遗产的传播途径，应建立新媒体评议制度。如建立自发性的新媒体行业传播规范评议组织，积极开展

---

[1]　[英] 尼克·史蒂文森著，王文斌译：《认识媒介文化——社会理论与大众传播》，北京：商务印书馆，2003年，第60页。

日常性的传媒规范评议活动，以及制订相应的传播非物质文化遗产的道德操守和途径规范等。对于通过网络媒体、手机媒体、电视媒体等新媒体媒介，以不正当的渠道进行少数民族非物质文化遗产传播的，无论是否歪曲、违背少数民族非物质文化遗产的本质都要给予严厉警告；对于违反法律法规的内容，应该给予完全取缔。而以正当渠道进行少数民族非物质文化遗产传播的新媒体，则予以鼓励和表彰，使新媒体环境下的少数民族非物质文化遗产的传播能够在正常、有序的范围内健康发展。

（三）加强非物质文化遗产传播的监督力度

由于新媒体时代下的少数民族非物质文化遗产的传播具有十分明显的互动、多元、善变的特点，其种类也远远超过了传统六大类媒体。新媒体还包括通过互联网、通信和移动通信网、数字电视网、播放器等传播的各种媒介形态。仅仅网络上的媒体形态就不下 10 种，如新闻图文网站、音视频网站、自组织媒介、聊天室、即时通信组等。在新媒体快速发展的形势下，其分众效应也逐渐显现出来，这种分众效应除了选择媒介多样化外，还表现在"受众的原创性被充分地发挥出来。消费者自身不仅可以选择媒介、反馈媒介，甚至可以将自己变成媒介"①。

新媒体分众效应促成媒体之间竞争的激烈性，谁赢得广告商和消费者的青睐，谁就能在众多媒体中脱颖而出，这也是媒体生存的一种必要手段。正因为新媒体的商业利益也在其中，所以大众传媒已成了娱乐主义的推行者、建构者与引导者，甚至"所有的内容都以娱乐的方式表现出来"②。

针对这种新媒体带来的文化冲击，要构建少数民族非物质文化遗产数字化建设，规范新媒体环境下少数民族非物质文化遗产的传播，摆脱目前所处的困境，单靠监管部门的力量是远远不够的，还要发动广大的受众群体。一方面要提升受众的文化素养，增强意识形态的辨别能力，能够依赖常识判断出哪些是真正的少数民族非物质文化遗产；另一方面要加强受众的批判意识和明辨思维，勇于挑毛病、找错误，敢于带着显微镜来明察新媒体传播下的少数民族非物质文化遗产的真伪。

对于脱离实际、歪曲事实的少数民族非物质文化遗产的传播，应该鼓励

---

① 仲琛：《当代文学与媒介神话》，北京：华夏出版社，2008 年，第 152 页。

② ［美］尼尔·波兹曼著，章艳译：《娱乐至死》，桂林：广西师范大学出版社，2004 年，第 114 页。

民众向有关部门予以揭发检举，并给予一定的精神与物质上的奖励。完善新媒体监督机制，加强社会公众监督，对违反规章制度和职业道德规范的行为和传播活动进行惩戒。

在当今中国社会大众媒体经营逐步市场化趋势下，经济利益成为许多非物质文化传承的主要动机。新媒体对少数民族非物质文化遗产的报道或纪实，其态度可以是自由决定的，其报道的理由也可以是多种多样的。尽管新媒体逐渐趋同于自觉的利益导向，但是在与少数民族非物质文化遗产传承相结合的过程中，无论深层动机如何，少数民族非物质文化遗产传承是带有社会责任和道德舆论的导向目的的。

因此，要从根本上摆脱新媒体环境下少数民族非物质文化遗产的传播困境，维护新媒体环境的意识形态安全，广大的新媒体使用者的教育工作不可忽视，要注重发动人民群众的力量加大对非物质文化传播的监督力度，提高受众对文化传播的监督能力和辨别意识，要以新媒体、学校、公共场所等为中心，宣传民众新媒体传播的素养。"通过出版专门的图书、报刊、制作媒介素养教育节目或鼓励专家、学者以及媒体从业人员走进社区、课堂做理论与实例相结合的讲座，来满足人们接受媒介素养教育的需要，帮助人们提高信息鉴别能力。"① 只有这样，新媒体环境下少数民族非物质文化遗产传播事业才能保持长久的成效。

（四）注重对非物质文化遗产传承人的培训

规范和监督新媒体环境下少数民族非物质文化遗产的传播，应从源头上加以严格要求，其中当务之急就是加大对非物质文化遗产传承人的培训。传承人是非物质文化遗产保护工作的中心，但就目前来看，少数民族非物质文化遗产传承人往往年岁较大、身体欠佳、普通话水平不高，这就更加深了少数民族非物质文化遗产传承与发展的困境；另一方面，注重对非物质文化遗产传承人的培训符合非物质文化遗产活态传承的本质，应大力加强对非物质文化遗产传承人的培训力度。尤其是少数民族非物质文化遗产传承人往往居住在经济欠发达的偏远山区，更需要新媒体来进行搜集、整理、传播和推介。

值得欣慰的是，当今社会对新媒体环境下少数民族非物质文化遗产传承人的重视程度越来越高，采用各种新媒体手段来进行口述史采录，在田野调查中已并不鲜见，非遗传承人所承载的历史价值和文化内涵逐渐显示于世人

---

① 肖文涛、许小美：《新媒体时代的网络舆论现状与引导对策》，载《行政论坛》2012 年第 6 期。

面前，"写在书上的历史或许并不特别注意这些文化传承人的名字，但是他们留给人类的智慧、才具以及这些智慧和才具所成就的物化的成果……像无数杰出的非物质文化遗产的物化成果，都是我们的前辈留给我们的财富，都是我们民族文化史的记录。而在伟大文化成果的背后都是前辈非物质文化遗产传承人的智慧、才艺和精神的展现"①。

新媒体环境下的少数民族非物质文化的传播中，难免会遇到各种商业性的需求。如一些少数民族非物质文化遗产传承人往往受到市场行情和经济利益的左右，导致脱离非物质文化遗产原本的样态，甚至歪曲和贬值"活态"艺术的原貌，尤其是新媒体传播速度快、受众面广，这就很容易造成事态的扩大。另外由于法律政策上的不健全，一些文化遗产的产权不明晰，且少数民族非物质文化遗产传承人大多年龄偏大、居住地偏远、法律意识淡薄，这些都给一些不法分子造成机会，使他们钻了法律政策上的空子，往往不经过非遗传承人的委托授权，随意篡改非遗文化的内容，甚至侵犯其知识产权，以至于日后造成不必要的纠纷。

随着现代化和城市化进程的不断加速，特别是新农村建设不断开展，使得少数民族非物质文化遗产的社会环境面临着前所未有的挑战，传统的少数民族社会的生活环境、生存方式、生活理念、价值观念也在不断发生改变。新媒体带来的便捷性和舒适性，使得众多的少数民族群众开始放弃传承了数千年的生活方式和文化形式，开始适应现代的生活，传统文化所遗传下来的文化符号及信息资源被不断扭曲和改变。新媒体环境下多样的娱乐化，很多传统民俗活动逐渐淡出人们的生活，族群文化传承载体自然减少。传统的文化生活方式逐渐退出历史舞台，少数民族年轻的一代群体关注、喜欢非物质文化遗产的人越来越少，愿意学习并传承的人更是屈指可数，严重影响了少数民族非物质文化遗产的生存和发展。

因此，新媒体环境下的少数民族非物质文化遗产健康、有序的传播，要求各级相关政府部门一方面要加强对非遗传承人法律意识的培训，增加少数民族非物质文化遗产传承人的经费支持和培养力度。在大力传承非物质文化遗产的同时，要注重保护知识产权意识的强化，确保其权利的实现，保护其经济收益的稳定和增值，从而吸引更多的年轻人加入少数民族传承队伍之中。另一方面要明确少数民族非物质文化遗产传承人的责任，尊重非遗的真实性、原创性，"保持非遗的历史感、真实感、纯洁感……防止非遗被过度现代化，

---

① 刘魁立：《非物质文化遗产传承人的文化价值》，《贵州民族报》，2016年11月28日。

过度开发，过度商业化……必须持历史的、发展的观点来思考和对待'原汁原味'这个问题"①。

同时也要加大对传承人、热心人、接班人的培养，确保民间传承"不断代"；要增加新媒体环境下少数民族非物质文化遗产传承的技术更新、知识支持，运用新媒体互动性强的优势来推进资源整合，进一步突出时代内涵，提高艺术水准，推动少数民族非物质文化遗产进一步发展。

综上所述，少数民族非物质文化遗产的保护与传承的模式，是随着时代的变迁而改变的，当然也没有一种方式是通用和万能的。尽管新媒体环境下文化传播带来的诸多社会问题已经显见，但是新媒体与少数民族非物质文化遗产传播的结合，是符合时代发展要求的。只要我们能够认清新媒体环境下少数民族非物质文化遗产传播的困境，厘清背后的缘由，寻找两者和谐发展的客观规律，思考解决新环境下少数民族非物质文化遗产传播困境的对策，就能够依据新媒体时代的发展，根据少数民族非物质文化遗产的特性及现实需要而灵活变化，使少数民族非物质文化遗产的继承与发展具有永恒的动力。新媒体时代下技术的不断创新为少数民族非物质文化遗产的传承与发展提供的新空间越来越明显，而新的经济模式也可能将收益越来越投注到边缘、属于小众的少数民族非物质文化遗产中去，这将开创新媒体环境下少数民族非物质文化遗产的传承与发展的新时代。

---

① 王宏宇：《谈非物质文化遗产保护与传承中观念转变的意义》，载《文化学刊》2016 年第 12 期。

建立民俗工艺文化数字化档案

陈国玲

（中国社会科学院民族学与人类学研究所）

民俗工艺文化是各民族在历史上创造并传承至今的具有重要历史文化价值、艺术价值和社会价值的文化遗产，是各族人民在不同的地域、经济和文化环境中经历长期的生产和生活实践积淀成的民族文化宝库。民俗工艺覆盖面广阔，涉及民众的衣食住行各个方面。它既包括工艺品的视觉、听觉、味觉、触觉等所表达的物质文化形态，又蕴含了感觉、历史记忆、无意识形态的文化认同、生活结构和社会结构等民族传统文化的非物质文化形态，是民族传统文化的本质核心和传承载体。在国务院公布的 4 批 1372 项国家级非物质文化遗产代表性项目名录中，传统工艺项目共有 300 余项，包括传统美术类、传统技艺类，以及传统医药类中的药物炮制项目、民俗类中的民族服饰项目等，多涉及民俗工艺的范畴。

在现代社会经济模式和生活方式的挤压下，这些具有民族特色的工艺文化逐步趋于消亡或淡出人们的生活。一方面，民俗工艺品一般不具有耐久性，不能长期保存；另一方面，变化中的社会和经济条件使民俗工艺文化的生存状况恶化，损失了其历史的、艺术的或科学的价值。近年来的文化产业振兴与非物质文化遗产保护的热潮提升了民俗传统工艺的受关注程度。联合国教科文组织在《保护非物质文化遗产公约》的第 2 条第 3 项中界定保护为"采取措施，确保非物质文化遗产的生命力，包括这种遗产各个方面的确认、立档、研究、保存、保护、宣传、弘扬、承传（主要通过正规和非正规教育）和振兴"。但是，民俗工艺文化具有活态性、生态性、代际性、情境性、变异性等特殊属性，保护难度较大。在当前保护和开发民俗工艺文化的研究工作中，创新民俗工艺文化的保护和开发模式是极具挑战性的问题。在保护民俗工艺文化既有的文化生态基础上做出文化创新，却不破坏当前的民族文化多样性，保持民俗工艺文化的自身特色，又是一个值得深层次探讨的问题。

民俗工艺品具有原生民俗形态、经济形态和工艺技术形态三种存在模式。

在当前信息技术和市场资源下，要将民俗文化资本转化为产业财富，实现多元、原生态的文化遗产的数字化保护、传承、利用和开发，是一条有效的文化形态建设途径。以数字化手段留存民俗工艺品自身的文化价值，并努力提升其经济价值，使文化保护与产业化开发协同并进，是实现其合理开发的可行之路。合理地创新民俗工艺文化并建立起产业链式的开发体系，并不是如今天的民俗工艺品市场化一样粗制滥造，而是要建立起集保护文化传统—数字化遗产档案—文化产业开发于一体的创新开发模式。

一、保护民俗工艺文化生存的传统文化空间

我国的非物质文化遗产保护已经进入第二个十年，"后申遗时代"的工作已经从前十年的非遗名录建设和保护机制的探索转向更深层次的保护实践。非物质文化遗产的数字化保护、非物质文化遗产的文化创意与产业化开发等已经成为"非遗"实践中的热门话题。数字化采集与存档、数据库的运用与开发，以及数字化应用和大数据分析的引入等数字技术为"非遗"保护提供了技术支持和后备力量。但是，非物质文化遗产的数字化实践中存在"重技术、轻文化"的现象，忽视了非物质文化遗产保护的地方性、活态性和常态性的特点。民俗工艺文化的保护要坚持技术与文化并重，重视民俗工艺文化生长的文化空间，开拓可持续发展的道路。

"文化空间（Culture space）"又被译为"文化场所"，最早出现在联合国教科文组织的《宣布人类口头和非物质遗产代表作条例》中，"宣布的目的在于奖励口头和非物质遗产的优秀代表作品。这一口头和非物质遗产（文化场所或民间和传统表现形式）将被宣布为人类口头和非物质遗产代表作》"①。《联合国教科文组织人类口头和非物质遗产代表作申报指南》界定"文化空间"的概念为"一个集中了民间和传统文化活动的地点，但也被确定为一般以某一周期（周期、季节、同程表等）或是以一时间为特点的一段时间。这段时间和这一地点的存在取决于按传统方式进行的文化活动本身的存在"②。民俗工艺文化有其产生、存在和发展的文化空间，我们要保存民俗工艺赖以生存的文化空间，同时在该文化空间内部保持地域文化的多样性。对

---

① 冯骥才：《中国民间文化遗产抢救工程普查手册》，北京：高等教育出版社，2003年，第218-219页。

② 邹启山：《联合国教科文组织人类口头和非物质遗产代表作申报指南》，北京：文化艺术出版社，2005年，第2页。

于现阶段的民俗工艺来说，这个空间有两种：一种是民俗工艺的原生空间，即民众的生活，包括民俗工艺生存的地理环境、劳作方式、传统信仰、节令时尚等。民俗工艺文化的原生文化空间涵括广泛：不同地域与自然景观塑造的传统地域文化空间，不同民族和文化形成的传统族群文化空间，不同民间文学素养下的口头叙事文化空间，不同语言或方言构成的"语言认同"文化空间，以天文和历法维系的节日文化空间，古村落文化下的封闭文化空间，传统手工艺技能传承文化空间，等等。一种是次生空间，就是我们设立的博物馆、作坊、传承人工作室等民俗工艺展示和传承的特定空间。在这两个空间中，民俗工艺分别以自发状态或刻意保护的状态存在着。在现阶段，民俗工艺的原生空间和次生空间是相互结合、相辅相成的状态。次生空间以实物陈列、技艺展示以及文化讲解等形式最大限度地还原了民俗工艺的过程，但是原生空间所特有的由地域文化、民俗生活方式、社会经济转型和承载于民俗工艺美术的民众情感所形成的生态在时刻变化，这是次生空间所不能模拟的。

民俗工艺文化从生育它的文化空间中汲取养分和文化基因，积淀为艺术和实用的融合体。就像苗族的银饰锻制技艺借用了大量的苗族古歌里的故事传说和苗族刺绣中的纹饰作为装饰纹饰，与其所在的苗族文化空间具有一脉相承的血缘关系，它在传统苗族民俗文化的母体上生根发芽。民俗工艺文化是民族传统文化上开出的灿烂之花，没有传统文化给予养分，民俗工艺文化就会凋谢。民俗工艺不是一种纯粹的艺术品，也不是一般的生活用品，它是融艺术品与生活用品为一体的民间创造。它从民众的生活文化中因为积淀而成为传统，传统因为积累而成为民族文化之根。因此保护民俗工艺文化存在的族群传统文化是文化遗产创新的根源性任务。保护民俗工艺文化生存的传统文化即是保护其扎根的族群或村落的地域文化系统和族群文化空间。因此，维护民俗工艺根植的文化空间和保持当地文化的多样性对民俗工艺文化的生存与发展具有重要意义。

二、建立数字化的民俗工艺文化遗产档案

在信息时代和文化数字化形态的时代趋势下，实现文化遗产的数字化是新兴文化产业的关键环节。"文化遗产数字化就是采用数字采集、数字存储、数字处理、数字展示、数字传播等数字化技术将文化遗产转换、再现、复原成可共享、可再生的数字形态，并以新的视角加以解读，以新的方式加以保

存，以新的需求加以利用。"① 民俗工艺是民族传统文化和工艺文化的融合体，是民族文化遗产的综合代表。伴随社会发展、环境变化、经济结构更新和文化融合等诸多原因，单纯的工艺品保存并不能解决民俗工艺发展的困境，也不能阻止民俗工艺文化的流失。当前，保护民俗工艺文化主要通过保护村落传统文化和确立明晰的传承人保护机制展开。这种保护形式正在受到来自社会变迁、经济改革、文化观念等各方面的压力。以拍照、录音、访谈、记录、摄影、物品收藏等传统保护手段保存下来的大量的珍贵资料极具价值。但是这些手段并没有记录下活态的民俗工艺文化。以文化遗产确认、立档、搜集、保存、整理为主要手段搜集整理的单纯的图片和文字资料并不能实现民俗工艺文化的传承、弘扬和振兴。因此，建立以数字化展示民俗工艺文化的数字遗产档案的保护模式是民俗工艺文化的振兴之路。数字化保护可以突破传统的物质保护形式，以数字信息获取与处理技术整理、收集和记录民族手工艺文化遗产的信息，并将民族手工艺传播的内容从表面化、模式化、边缘化向深度推广。

联合国教科文组织和世界各国做了较多试探性工作，将数字化保护看作文化遗产保护的有效途径。始于 1992 年的"世界记忆"项目是联合国教科文组织在世界范围内推动文化遗产数字化，以期望永久性地保存和共享文化遗产数字化的成果。2005 年，国务院公布的《关于加强中国非物质文化遗产保护工作的意见》提出"要运用文字、录音、录像、数字化多媒体等各种方式，对非物质文化遗产进行真实、系统和全面的记录，建立档案和数据库"。原文化部 2010 年启动的"中国非物质文化遗产数字化保护工程"凸显了非物质文化遗产保护中数字化保护的战略地位。中国文化资源数字化包括早期的"国家数字图书馆工程"②、"数字故宫"③、"数字敦煌"④ 和近几年的"数字圆明园"⑤ 等多个项目，是以国家为主导进行的中华民族传统文化的数字化保护与共享。民俗手工艺文化的数字化不是对传统工艺的简单复制，而是要依靠数

---

① 王耀希：《民族文化遗产数字化》，北京：人民出版社，2009 年，第 18 页。

② 国家数字图书馆工程于 1999 年获得国家批准，是我国第一个政府支持的国家级数字图书馆工程，由国家图书馆承担研究、开发和建设。展示平台为 http：//www.nlc.cn/（中国国家图书馆·中国国家数字图书馆）。

③ 故宫博物院开发的展示"故宫学"的数字化网络平台，网址为 http：//www.dpm.org.cn/index1024768.html。

④ 2016 年 5 月 1 日，"数字敦煌"正式上线，这是敦煌研究院首次向全球发布敦煌石窟 30 个经典洞窟的高清数字化内容及全景漫游。"数字敦煌"网址为 http：//www.e-dunhuang.com/index.htm。

⑤ "数字圆明园"是借助虚拟现实及增强现实技术，重新"恢复"圆明园原貌的数字化工程。"数字圆明园"以网页版和微信公众号版本提供共享。"数字圆明园"网址为 http：//www.ymy3d.com/。

字化手段实现传统文化资源的合理利用和开发。

　　建立民俗工艺文化的数字化档案可将文本、图片、影像、视频转化为数字化数据资源，为非物质文化遗产的数字存储、管理、共享提供技术支持，并借助数字化的展示、展演和展览的手段进行传播。其实践操作包括以下几个步骤。

（一）数据采集与记录

　　数字化的民俗工艺文化遗产档案的数据包括与民俗工艺相关的物质文化遗产和非物质文化遗产的内容（如图1），采用数字化采集和记录手段（如图文扫描、立体扫描和数字摄影、录像技术）以图形、影像等形式搜集和整理当前民俗工艺文化的物化形态和与之共生的生产方式、民族节日、民俗等传统文化。采集和存储民俗工艺文化的数据主要包括测量工艺品的尺寸，记录工艺品的民俗名称，拍摄工艺品形制和纹饰图片，录制工艺品的制作流程和使用方式的图像，并搜集采录与民俗工艺相关的地域自然生境和经济模式、生产习俗、节日文化、传统工艺文化和民俗语言等人文生境的动态影像资料，展现民俗工艺的文化资源，记录民俗工艺生存的文化空间等。

　　采用民族语言或国际音标记录工艺使用群体对民俗工艺的称谓和描述，用族群的语言记录和阐释公益文化的本质，为民俗工艺的族群内部交流和对外展示提供文化传播途径。

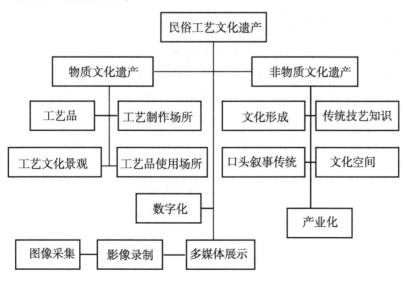

图1　民俗工艺文化遗产的数据采集内容

在民俗工艺文化的数据采集与记录的过程中，数字化技术是涵盖图文记录、立体3D扫描、全息拍摄、数字摄影等多媒体影像采集的手段，并可实现数据的网络存储、检索、共享和管理，具有较高的共享数据库的价值。为能够真实反映民俗工艺文化的面貌，采集的数据资料需要达到标准，如图片的大小，影像资料的清晰度，资料的真实性与可信度，数据处理的标准化，数据库管理的规范性等，以达到最高使用价值。

（二）数据处理与保存

资料和数据的数字化保存与处理主要通过图像处理与编程、数据格式转码与压缩、数字编录与提取等过程建立多维度的流媒体数据库，并采用多媒体技术展示和传播，建立共享平台。采用图像处理技术识别并重构民俗工艺品的形态，采用虚拟现实（VR）技术再现民俗工艺品的加工和使用场景，用数字场景和角色构拟解读民俗工艺文化的历史与发展过程等，为民俗工艺文化增加数字化信息价值和网络共享服务价值。

数字化保存是指通过数据库、磁盘列阵、光纤与网络链接等手段对采集到的民俗工艺文化遗产数据高效管理、档案存储与资源共享的文化遗产保护手段。数字化存储技术（如图像处理、影像数据库、在线存储与展示等）可以超越传统的资料保存形式的限制，利用多媒体和网络数据库建立有序、可检索的存储和管理系统，为民俗工艺文化的完整保护提供保障。

（三）数字化的复原和再现技术

数字化的复原和再现民俗工艺的文化空间可以重现民俗工艺品的历史形态，系统化地展示民俗工艺品的历史演化过程。生产和生活方式的变迁以及生存环境的变化带来了民俗工艺传承的困境，许多民俗工艺的种类失传。数字化的虚拟的2D\3D成像技术可以复原和重现系统的民俗工艺品的变迁，以便于学习交流、解读文化和创新。图片、视频和三维动画将会成为民俗工艺文化遗产可视化的一种形式。

数字化再现民俗工艺文化遗产是借助现代多媒体技术模拟、再现、解读和阐释民俗工艺文化的一种手段，数字化的平面展示、全景模拟与立体空间成像能够构建全方位、多视角的音、像、意识的动态立体展示场景，能够直观地反映民俗工艺在历史发展过程中形成、创造与发展的文化体系。

（四）数字化展示与传播

数字化的民俗工艺文化遗产档案是一个多维度、多视角和多种展示形式的民俗工艺文化空间的数据资源库，其内容涵盖了某种民俗工艺的完整的民俗文化空间，其展示方法也囊括了静止的文字、图片和活动的影像、声音的数据库，以及图表、软件和网页等多种形式。

数字化的展示与传播技术可以为民俗工艺文化的展示平台提供超越时空限制的传播方式。民族手工艺的历史流变、工艺文化背景、制作工艺、使用或佩戴方式、传承和传播方式等可通过三维虚拟场景在任意场合真实展示，并可以此为中心建立起汇集工艺品展示、民间艺人档案、文字叙事、影音图像再现、视频展示文化背景等在内的数字化博物馆体系，以活态的文化展示民间工艺的艺术精髓。以苗族银饰为例。苗族银饰是苗族特色的服饰手工技艺，是本民族银匠将族群历史文化浓缩于银饰锻制技艺中制作的工艺品。以苗族银饰工艺文化建立起的数字博物馆会系统地展示苗族银匠制作银饰的工艺流程（如花丝工艺经过熔炼银材—锻制银条—加工银丝—搓丝—掐丝—填丝—攒焊—清洗等步骤的图像、视频的展示，并以传统的纹饰、造型资料库对比展示），并以数字多媒体的方式展示银饰的佩戴方式、佩戴人群和传统节日文化。这样的展示方式更直观地将苗族银饰的工艺和文化展现给受众。以数字媒介建立、采用多种媒介形式展示的民俗工艺文化博物馆可以通过网络、影视等形式传播，成为民俗工艺文化的大众传播平台。这有利于文化遗产保护的普及和全民参与，有助于搭建民俗工艺文化的多媒体交互展示平台，构建民俗工艺文化的数字化保护和传承的技术体系。

三、数字化保护模式的确立与生产性保护

民俗工艺文化遗产是历经历史的惊涛骇浪和细水长流所凝结出的特定民族文化精华的结晶，它不是短时间内形成的，而是经历了漫长的动态的渐变过程。它带有时代性和民族性的文化烙印。民俗工艺符号化的独特的艺术风格和文化价值是民俗社会经济的助力，能够带动区域文化、民俗旅游和地区规划建设的发展。既往的文化遗产开发经验告诉我们，非理性的开发往往会在消费过程中造成对文化不可挽回的破坏与损失，如只顾手工艺的经济利益而忽视对其传统文化空间和其文化价值的保护，使其丢失原有的文化特色而导致文化的流失。因此，我们要在活态保护的前提下正确认识传承与开发的

关系，针对民俗工艺的特色确立实用的保护策略和开发方式。

任何文化现象，一旦在社会中失去原有的功能，就会自动消失。在民俗工艺文化的保护过程中，从民俗表演到旅游工艺品开发，从工艺品展销到文化创意开发，多手段、全方位的生产化保护和创新才能激活民间工艺的文化价值和经济价值，真正实现其活态传承。民俗工艺文化的生产性保护和创新包括原生态工艺品的生产、民族风格旅游工艺品开发和民俗工艺再设计等不同程度的保护与创新层面，实质上是一种文化产业发展的道路，旨在弘扬传统民间工艺文化，振兴民族艺术，以活态保护文化遗产。以苗族银饰为例，在其生产性保护与创新中存在三个层面：（1）苗族聚居区传统银饰技艺的保护和传承；（2）苗族旅游区的民俗旅游饰品的开发；（3）苗族银饰的再设计，这主要通过提取苗族银饰中具有典型性的符号进行银饰创新设计，如对符号化纹饰的设计、符号化加工工艺的借用等。数字化保护模式可以促进民俗工艺文化的符号化、变化和活化。数字化的民俗工艺文化档案可以留存更多的民俗工艺的文化记忆，将传统工艺中的民族精神和人文内涵塑造为文化符号，有利于民俗工艺与市场结合，推陈出新，有助于民俗工艺文化的传承与发展。

民俗工艺文化的最大特点是依附于生产活动和民俗生活而存在，保护民俗工艺文化生存的传统文化空间和建立数字化的民俗工艺文化遗产档案是建立民俗工艺文化的数字化保护的基础工作，是对当前民俗工艺文化现状的存储和保护。要保持民俗工艺文化的生命力和活性，则要在此基础上对民俗工艺文化进行生产性保护。

生产性保护是我国文化遗产保护工作实践得出的三种可行性保护方式之一。生产性保护主要是在遵循文化遗产自身发展规律的基础上，通过生产、流通、销售等形式将文化遗产和资源转化成为生产力和产品，并实现其价值，从而创造社会财富而获得社会保护的动力。生产性保护是以文化遗产的开发来促进保护的方式。但是，在文化遗产的保护与开发之间，保护等于桎梏与开发等于破坏的分歧一直存在。在这个分歧上，笔者根据实践经验得出一些认识。文化遗产包括物质文化遗产和非物质文化遗产，这两个方面随着自身环境、历史条件和人文发展的变化而不断得到发展和创新。其产生和发展的主体——人也因它们而具有认同感和历史感。民俗工艺品的这个特点就更加清晰了。以苗族银饰为例。在苗族漫长的迁徙过程中，民族内部的社会结构、生产方式、居住地域条件、族群审美和民族关系等都发生了极大变化，苗族银饰也在历史的长河中出现波澜。从最早出现在唐代史料中的东谢蛮"金银络额"起，发展到现代以"多、重、大"为美的风格，苗族银饰在历史的经济因素、族群信仰因素、历史文化因素、社会结构因素的影响下守护传统并创新发展。民俗工艺文化并不是静止不变的，而是随着时间变迁的。因此，在对民俗工艺的保护中并不能死守其现状，要采取生产性保护，让其"活"起来。

结　论

综合上述论证，民俗工艺文化的数字化档案构建在三个台阶之上。

原生态工艺文化遗产数据库：保护、开发与管理现实中的民族文化遗产，并将其发展路径进行数字化纪录。

数字化工艺文化遗产平台：借助传统手段与现代化科技手段采集基础数据，采用数字化手段集成数据共享平台和数字化虚拟展示系统，通过数字化的采集—处理—存储—展示和传播，实现民俗工艺文化的保护、展示、开发和管理。

产业化工艺文化模型：通过实验性模拟民俗工艺文化遗产的文化空间，对民俗工艺文化的产生、发展和演化进行反演、模拟和类推，寻找民俗工艺文化传承和发展的客观规律，通过计算机分析和模拟，构建民俗工艺文化的保护和开发方案。

这三个台阶逐级递进，相辅相成。通过数据库建设、虚拟现实和感官体验，并辅以大数据分析，民俗工艺文化的数字化档案库为非遗保护提供了新的发展方向。集保护文化传统—数字化保护—文化产业开发于一体的保护模式将试探性地开拓民间工艺文化的数字化创新之路。在尊重优秀传统文化、尊重地域文化特点、尊重民族传统、保护文化多样性的基础上，立足中国非物质文化遗产保护经验，发掘和运用传统民俗工艺的文化元素和工艺理念，对民俗工艺文化的可持续发展做出实践。期望通过后期研究和实践可以探索民俗工艺文化基于静态图像、动态影像和生产化的产业开发数字化保护路径，开拓从"静态遗产"保护向"动态遗产"和"活态遗产"的数字化保护和生产性保护转变的模式。

湘西土家族音乐舞蹈类
"非物质文化遗产" 数字化保护策略

徐 媛

（长江大学文学院）

引 言

随着数字技术的发展，尤其是虚拟现实和自然交互等技术与设备的演进和更新，"文化遗产的数字化"以其独特的文化呈现形式正逐渐成为一门显学。非物质文化遗产（简称"非遗"）作为文化遗产的重要组成部分，承载着各族人民世代相承的、与群众生活密切相关的各种文化表现形式和文化空间，也被纳入数字化保护范围，并受到国家"非遗"保护的重视。2005年3月26日由国务院办公厅下发的《关于加强我国非物质文化遗产保护工作的意见》和2010年10月原文化部启动的"中国非物质文化遗产数字化保护工程"以及2011年6月1日开始实施的《中华人民共和国非物质文化遗产法》分别在具体的法规性文献中明确了开展非物质文化遗产数字化保护的必要性和方向性。具体而言，国家对文化遗产数字化"承传体系"之构建提出了一纵一横的发展趋向：在纵向上，数字化探索应能对历史文化遗存起到保护和继承的"历时性"支撑作用；在横向上，数字化手段应有助于历史文明在当代的弘扬，有益于传统文化精粹在共时性上的传播。可见，运用数字化技术对非物质文化进行保护已成为我国文化建设工程的重要内容。

一、湘西土家族音乐舞蹈类"非物质文化遗产"保护困境

土家族是一个历史悠久的民族，主要聚居于湖南湘西、湖北恩施和渝东南地区。在其民族历史发展的进程中，土家人创造并积累了丰富的非物质文

化成果，然而在现代化和全球化的冲击下，非物质文化遗产依附其生存与发展的传统民族生境在逐渐变化和消亡，土家族非物质文化遗产面临日渐凋敝的严峻形势。黄柏权在《土家族非物质文化遗产现状及保护对策》① 中对土家族非物质文化遗产的现实状态进行分析，认为土家族地区非物质文化遗产可分为消失、濒危、变异、衰退几种状态，尤其是现代化的冲击，民族民间文化已处于式微的状态。此外，刘玉坤《少数民族非物质文化遗产保护之立法探讨——以湖北省长阳土家族自治县为例》②、颜艳梅《土家族非物质文化遗产连箫调查研究——以万州地宝土家族乡为例》③、周兴茂、周丹《关于非物质文化遗产保护与传承的几个基本问题——以土家族为例》④ 等皆关注到土家族非物质文化遗产流失严重的现状，并对突破土家族非物质文化遗产保护困境给出合理建议。值得一提的是，林继富在《非物质文化遗产基因保护探讨——以清江流域土家族始祖信仰为例》⑤ 中提出土家族非物质文化遗产基因保护的基本原则，探析"文化基因"保护的可操作性。综合前人研究，可以发现：土家族非物质文化遗产作为非物质文化遗产的一部分，既有非物质文化遗产的共性，亦有自身的个性，如由于土家族地域分布的不同必然带来其非物质文化遗产的多元特性；由于土家族非物质文化遗产类别的差异必然导致其非物质文化遗产保护手段的特异性。

　具体到湘西土家族非物质文化遗产资源，自国家颁布《国家级非物质文化遗产代表作申报评定暂行办法》以来，截至目前，我国已公布四批国家级非物质文化遗产名录，而入选国家级非物质文化遗产名录的土家族项目多达30 项，其中土家族音乐舞蹈类"非遗"共有 18 项，而湘西土家族苗族自治州就有"土家族打溜子""土家族摆手舞""湘西土家族毛古斯舞""土家族咚咚喹""土家族民歌"等 8 项。单以湘西土家族音乐舞蹈类"非物质文化遗产"项目观之，由于受到土家族生存环境及历史文化等影响，此类"非物质文化遗产"项目保留了强烈的土家族自身特点，原生性突出，在中国乃至全

---

①　黄柏权：《土家族非物质文化遗产现状及保护策略》，载《湖北民族学院学报》（哲学社会科学版）2006 年第 2 期。

②　刘玉坤：《少数民族非物质文化遗产保护之立法探讨——以湖北省长阳土家族自治县为例》，载《湖北民族学院学报》（哲学社会科学版）2006 年第 1 期。

③　颜艳梅：《土家族非物质文化遗产连箫调查研究——以万州地宝土家族为例》，载《网络财富》2010 年第 10 期。

④　周兴茂、周丹：《关于非物质文化遗产保护与传承的几个基本问题——以土家族为例》，载《西北民族大学学报》（哲学社会科学版）2007 年第 1 期。

⑤　林继富：《非物质文化遗产基因保护探讨——以清江流域土家族始祖信仰为例》，载《中央民族大学学报》（哲学社会科学版）2010 年第 3 期。

世界都是独一无二的。如土家族摆手舞颇具民族特色，是最能反映土家族古老风俗的民间舞蹈。又如土家族打溜子通过其独特的碰撞方式，不仅产生出特有的音响效果，而且充分体现了土家族民族艺术的古老和神秘。再如堪称"活化石"的湘西土家族毛古斯舞是土家族经济、历史、文化、宗教、民俗的综合反映。

表 1　湘西土家族国家级"非物质文化遗产"名录

批次	项目名称	项目类别	申报地区或单位
第一批名录	土家族打溜子	传统音乐	湘西州
	土家族摆手舞	传统舞蹈	湘西州
	湘西土家族毛古斯舞	传统舞蹈	湘西州
	土家族织锦技艺	传统技艺	湘西州
第二批名录	西水船工号子	传统音乐	保靖县
	土家族梯玛歌	民间文学	龙山县
	土家族咚咚喹	传统音乐	龙山县
第三批名录	土家族哭嫁歌	民间文学	永顺县、古丈县
	土家族吊脚楼营造技艺	传统技艺	永顺县
	土家年	民俗	永顺县
第四批名录	土家族民歌	传统音乐	湘西州

　　在丰富的音乐舞蹈类非物质文化遗产资源背景下，湘西少数民族地区是国内较早列入"全国民族民间文化遗产保护"综合试点地区之一，而湘西土家族苗族自治州政府也加大了保护力度，先后制定颁布了《湘西土家族苗族自治州民族民间文化遗产保护条例》《湘西自治州土家族苗族文化生态保护基地实施方案》等，为音乐舞蹈类非物质文化遗产保护提供了法律法规保障。与此同时，在保护的基础上，湘西自治州政府对非物质文化遗产项目进行了相应的开发，如 2008 年北京奥运会开幕式上演湘西土家族毛古斯舞、2009 年原文化部举办的少数民族传统音乐舞蹈专场演出土家族吹大乐《毕兹卡的节日》等，形成了一系列的音乐舞蹈类非物质文化遗产品牌。然而，在湘西各级政府取得"非遗"保护成绩的同时，由于时代的进步、多元文化的冲击、传承人的锐减和湘西少数民族地区经济欠发达、财政困难与保护意识的欠缺以及地方政府"重申报，轻保护"商业化严重等因素而导致的"非遗"保护机制脆弱，正在加速湘西少数民族"非遗"的濒危和消亡。如民族语言的濒

危使湘西土家族 "非遗" 项目面临消失或绝迹。又如传承人的不断减少和老龄化使湘西土家族 "非遗" 项目面临传承危机。因此，采取一系列可行性措施保障 "非遗" 的传承和发展是一项刻不容缓的艰巨任务。

二、湘西土家族音乐舞蹈类 "非物质文化遗产" 的数字化现状

非物质文化遗产的数字化保护保存、开发、利用、传递，是信息时代赋予非物质文化遗产保护的新兴路径，也是数字时代具有社会文化意义的战略举措。目前，国内外学者积极探索以合适的数字化技术实现音乐舞蹈类非物质文化遗产的数字化保护。M. Riley 等通过人机工程学原理，以冲绳民间舞蹈为例，将演员舞蹈动作捕捉下来，把动作参数传给机器人以保持动作的本真性。[1] Aspasia Dania 等人同样致力于利用技术手段精准地捕获舞蹈的动作技巧，并将其运用到舞蹈教育领域及多媒体教学产品的开发之中。[2] 日本文化遗产的数字化成果较为丰富，如日本专业舞蹈剧场 Warabi-za 自 1998 年开始采用运动捕捉系统记录日本民族民间舞蹈。[3] Ellen Cushman 等以印度古典舞蹈和切罗基跺脚舞蹈为例，探讨民间舞蹈的数字化保护对文化记忆的影响。[4] 相对于国外学者积极从技术领域探究音乐舞蹈的数字化保护问题，国内学者做了一些实际的工作。《〈中国民族民间舞蹈集成〉多媒体汇编》[5] 全集结合现代多媒体技术来记录中国原生态民间舞蹈，利用其视听结合、声像一体、形象性强、信息量大、资源宽广等优点，完成中国民族民间舞蹈的动态保存，将民族民间舞蹈通过声形并茂、色彩逼真的数字画面呈现出来，为我国民族民间舞蹈的教学与表演以及舞台创作提供现实直观的素材，同时促进与国际研究机构在民间舞蹈研究领域的学术交流。[6] 此外，学者们强调非物质文化遗产的活态性特征，将三维技术与动作模型相结合，对数据采集过程中的动作

① M. Riley, A. Ude, C. G. Atkeson. Methods for Motion Generation and Interaction with a Humanoid Robot: Case Studies of Dancing and Catching. AAAI and CMU Workshop on Interactive Robotics and Entertainment 2000, Pittsburgh, Pennsylvania, April 2000.

② AspasiaDania, Dimitrios Hatziharistos, Maria Koutsouba. The Use of Technology in Movement and Dance Education: Recent Practices and Future Perspectives. Procedia Social and Behavioral Sciences. 2011 (15): 3355-3361.

③ Digital Archives of Folk Dances Using Motion Capture. Digital Art Factory / Warabi-za Co., Ltd.

④ Ellen Cushman, Shreelina. The Mediation of Cultural Memory: Digital Preservation in the Cases of Classical Indian Dance and the Cherokee Stomp Dance. The Journal of Popular Culture, 2012, 45 (2): 264-283.

⑤ 吴晓邦：《中国民族民间舞蹈集成》，北京：中国 ISBN 中心，1999 年。

⑥ 中国民族民间舞蹈网，[2012-5-15]。http://www.jichengbda.com/。

捕捉展开研究。安铁毅等以新疆维吾尔民族舞蹈为例，通过对舞蹈按照特征归类，综合运动捕捉、三维动画技术，对新疆民族舞蹈进行三维虚拟展示。[①]邱望标等提出了一种应用运动捕捉技术对我国少数民族舞蹈舞姿进行全方位的三维数字化保护，并建立少数民族舞蹈数据库的方法。[②] 总体而言，音乐舞蹈数字化技术包括从静态摄影技术—无声电影—模拟摄影机—数字摄像机—电脑技术—全息摄影，再到动作采集，最后完成虚拟现实塑造的历史进程。近年来，国内外学者和技术人员通过运动捕捉技术、多种展示手段、人机交互界面开发的三维数字化音乐舞蹈产品，为音乐舞蹈的数字化提供了全新思路。

随着图形图像、视频处理和三维建模等技术的快速发展，高精度、高逼真的数字化保护技术与非物质文化遗产结合，成为非物质文化遗产保护事业的有效途径，被广泛地应用于物质与非物质文化遗产的数字化保护中。2006年以来，在原文化部的监督和推动下，中国非物质文化遗产保护中心、省级非物质文化遗产保护中心、地市级非物质文化遗产保护中心和县级非物质文化遗产保护中心纷纷建立，积极探讨非物质文化遗产保护的整体保护体系，并初步建立了涵盖国家级、省级非物质文化遗产网站、专题数据库的非物质文化遗产数字化网络服务体系。如开通于 2006 年 6 月 9 日的"中国非物质文化遗产网·中国非物质文化遗产数字博物馆"（http：//www. ihchina. cn/main. jsp）是中国首个非物质文化遗产领域的国家级专业网站，设有"组织机构、法规文件、申报指南、国家名录、代表作、传承人、保护工程、保护论坛、遗产选粹等模块，较全面地涵盖了非物质文化遗产领域的各个方面。在其示范效应下，目前我国 13 个省级非物质文化遗产保护中心的非物质文化遗产网站开始建立，推动了省级非物质文化遗产数字化保护工作的有效展开。此外，各级非物质文化遗产服务网站还针对公众需求开发出各具特色的专题性非物质文化遗产数据库，丰富了非物质文化遗产数字化服务内容。又如启动于 2010 年 10 月的"中国非物质文化保护工程"，以全面推动中国非物质文化遗产数字化保护工作为宗旨，充分利用图、文、音视频等多种记录手段，加快遗产资源收录，建立遗产项目展示平台，积极对非物质文化遗产进行数字化保护。2014 年 11 月 25 日至 27 日，全国非物质文化遗产数字化保护（首

---

① 安铁毅：《新疆维吾尔族舞蹈数字化研究——以赛乃姆舞蹈为例》，载《大陆桥视野》2013 年第 2 期。

② 邱望标、李超：《基于运动捕捉技术的中国少数民族舞蹈艺术保护方法研究》，载《北京舞蹈学院学报》2009 年第 3 期。

批）试点工作先进总结会在北京召开，标志着我国非物质文化遗产数字化保护工作进入一个新的阶段。

如前所述，湘西土家族音乐舞蹈类"非遗"项目艺术语汇丰富多彩，形式内容各具特色。湘西土家族音乐舞蹈是民间舞蹈中与民俗事象联系最密切的组成部分，尤其与岁时节令民俗、人生仪礼民俗和祭祀信仰民俗联系最为紧密，揭示了舞蹈与民俗有机结合的规律及其自身的发展规律。如土家族的《八宝铜铃舞》是用于祭祀先祖、祈求五谷丰登的舞蹈，只是经过漫长的发展，其原有的功能已经发生演变，除了一小部分舞蹈继续保留着祭祀信仰的功能外，大部分舞蹈进入民间，演变为民众喜爱的民俗民间舞蹈。数字化技术在传统音乐舞蹈保护方面的应用，实现了传统音乐舞蹈保护的持久性和传播的宽广性。"舞蹈影视录像片是舞蹈大众传播媒介，也是目前最好的舞蹈传播手段，它既简易方便，又形象准确，一个动作可以反复地播放，还可以慢速播放，舞蹈姿态也可以定格地观看，这就给学习和研究舞蹈提供了便利条件。"① 随着原文化部中国艺术研究院中国非物质文化遗产中心有关数字化保护工程试点全面展开，作为全国首批 16 个数字化保护试点项目中的"湘西苗族鼓舞"和"土家族织锦技艺"分别在吉首大学音乐舞蹈学院蒋浩副教授和吉首市文化馆研究员与土家族著名文化学者田明教授的主持下于 2013 年 10 月开展数字化采集工作，录入系统数据共计 1641 条，其中：著录视频数据 143 条，图片数据 1244 条，音频数据 5 条，文档数据 249 条，较好地完成了数字化采集录入工作。

三、湘西土家族音乐舞蹈类"非物质文化遗产"的数字化保护策略

（一）建设湘西土家族音乐舞蹈类非物质文化遗产资源数据库

自 2010 年原文化部提出"非物质文化遗产数字化保护工程"以来，通过数字化技术，逐步建立了非物质文化遗产档案和数据库，或者通过建立数字博物馆等对"非物质文化遗产"数据进行记录和管理，成为各级政府和地方"非遗"中心实现非物质文化遗产数字资源整合的有效途径。目前，我国非物质文化遗产数据库建设种类繁多：首先是政策公告保护动态为主要内容的综合 Web 型数据库，如"中国非物质文化遗产网·中国非物质文化遗产数字博

---

① 隆荫培、徐尔充：《舞蹈艺术概论》，上海：上海音乐出版社，2009 年，280 页。

物馆"；其次是地方区域性的非物质文化遗产保护数据库，如贵州非物质文化遗产网、浙江非物质文化遗产网等；再次是"准研究型"的 Web 型数据库，如中山大学非物质文化遗产保护中心主办的"中国非物质文化遗产保护与研究网"；最后是一些专项数据库，如"西北人文资源环境基础数据库""山西戏剧文物文献数据库"等。从目前我国已建成的非物质文化遗产数据库来看，数据库的数字化内容表现手段比较单一，主要以名录库的建设为主，且静态的文本库较多，对活态非物质文化遗产资源收录十分有限。相形之下，物质文化遗产保护的示范之作——"数字敦煌"项目利用先进的科学技术与文物保护理念，对敦煌石窟和相关文物进行全面的数字化采集、加工和存储，构建了一个多元化与智能化相结合的石窟文物数字化资源库，并通过互联网和移动互联网面向全球共享。尤其是其对石窟寺的数字化展示既是虚拟与现实的结合，更是科技与艺术的融合，以可视、可感、可听、可触的多种数字展陈方式呈现在公众面前，打破原有的固定的环境界限，最终营造石窟艺术多元、异构的文化内涵和观赏氛围。"数字敦煌"项目对物质文化遗产的诸如忠实复制、沉浸式展示、三维重建、主题投影展示、虚拟体验等多种呈现形式，能够为湘西音乐舞蹈类非物质文化遗产资源数据库的建设提供借鉴。

　　习近平总书记明确提出："要系统梳理传统文化资源，让收藏在禁宫里的文物、陈列在广阔大地上的遗产、书写在古籍里的文字都活起来。"[①] 有效盘活和合理利用湘西土家族这些鲜活生动的"非物质文化遗产"资源，让更多的民众感知湘西土家族民俗舞蹈文化精髓和民间音乐和舞蹈以外的信息资源，让民众利用已获得的数字化数据更好地感受丰富的湘西土家族非物质文化遗产的文化价值，让民众进一步感悟数字化展示与艺术高度融合的新成果，成为湘西州政府和各级非物质文化遗产中心迫切需要解决的问题。具体而言，湘西州政府应重点建立湘西音乐舞蹈类非物质文化遗产资源数据库，首先根据已获批的国家级和省级音乐舞蹈类非物质文化遗产项目特性，科学论证和提炼可以永久传承和坚守的诸多地域属性、时代特征、精神内涵、价值体系、话语体系等非物质文化基因信息的核心元素；其次利用模式识别、人工智能等数字化技术对湘西音乐舞蹈类非物质文化遗产影像符号、展示动漫等特征进行识别和抽取并建立矢量数据集；最后湘西音乐舞蹈类非物质文化遗产资源数据库是整体数据库的子系统，它在遵循非物质文化遗产总体分类逻辑和

---

　　① 习近平：《建设社会主义文化强国着力提高国家文化软实力》，http：//news.xinhuanet.com/polotics/2013-12/31/c_118788013.html。

导航规则前提下，通过对涉及非物质文化遗产字段、语义和内容检索的数字化体系建构，不仅在内部数据库之间能实现相互打通查询，而且在技术标准上留有接口，还可以实现与其他非物质文化遗产数据库的链接查询。[①]

（二）利用虚拟现实和可视化展示技术开展湘西土家族民俗舞蹈数字化实践

音乐舞蹈类非物质文化遗产大多依托于人本身而存在，以声音、形象和技艺为表现手段，是"活"的动态文化，这一特殊性质对此类非物质文化遗产的数字化保护提出了较高的技术要求。当前，在虚拟现实和可视化展示技术的支持下，在分析研究音乐舞蹈类非物质文化遗产活态传承规律的基础上，通过对音乐和舞蹈演绎过程中的声音、表情、动作的捕捉、记录，形成多维数据信息，再运用数字图形图像、渲染、动画等技术手段再现此类非物质文化遗产的鲜活面貌。这些数字化技术在音乐舞蹈类非物质文化遗产保护中的运用，以直观生动的表达方式，为此类非物质文化遗产的传承提供了真实、动态、高效的信息服务，有效地推动了此类非物质文化遗产项目的保护和传播。

具体以湘西土家族摆手舞为例，首先由于摆手舞在不同的地域和特定时间区间有着不同的表现形式，因此对其进行知识编码需要考虑舞蹈沿革、历史记载、分布地域、舞蹈技法、表现形式、各地风物志及相关文献、重要传承人信息等内容；其次，在抽象维度上，对编码中的道具、舞蹈技法、表现形式、舞蹈空间场所等不同的知识类型进行提取和简化，并尽量与真实环境匹配；再次，在动作制作方面，通过三维运动捕捉系统，对传承人的舞蹈现场表演动作进行三维处理和还原；最后，在扩散维度上，搭建土家族摆手舞表演场所，通过人机交互的形式，实现摆手舞舞蹈表现形式、舞蹈空间的原生态再现，并利用现代网络工具和移动终端显示设备，对文化馆、各级图书馆、博物馆、非物质文化遗产研究所、有传统文化或传统舞蹈专业的大专院校等进行传播推广。

（三）借助新媒体促进湘西土家族音乐舞蹈类非物质文化遗产的传播

文化的表达和传播必须依赖一定的工具和载体，而技术的进步提供了更多传播文化及其观念的手段和方式。互联网尤其是移动互联网具备强大的资

---

① 黄永林：《数字化背景下非物质文化遗产的保护和利用》，载《文化遗产》2015年第1期。

源整合功能，促进了人际交往的深化和网络覆盖的广化，可以产生较高的经济效益和社会效益。在新媒体的助力下，非物质文化遗产会实现新的传播方式的突破，不仅仅局限于图文传播，而且表现为视听语言丰富的音视频传播，以及在传播广度、深度和互动参与方面也将会有重大突破。

目前湘西土家族音乐舞蹈类非物质文化遗产的传播途径主要为动态的面对面传播和静态展示传播。以动态的面对面传播为例，土家族梯玛歌、土家族哭嫁歌等非物质文化遗产的传播主要是将能够讲述本民族语言的传承人请入学校课堂进行面对面的口传心授。而土家族打溜子、土家族摆手舞、湘西土家族毛古斯舞、土家族咚咚喹、土家族民歌，这些歌舞曲艺中只有少量的片段能够在互联网上传播，大部分"非遗"项目还停留在数字化记录阶段。以静态展示传播为例，主要是通过"守望精神家园——湖南省非物质文化遗产网络展""湖南非物质文化遗产网络展示交易馆"等网络平台，以图片加文字的形式，将湖南省国家级、省级非物质文化遗产项目介绍给广大民众，忽视了提供观众互动的环境氛围，将非物质文化遗产孤立于观众面前，传播的意义和效果大打折扣。

针对湘西土家族音乐舞蹈类非物质文化遗产项目的特点，充分利用图像、音频、视频、3D 动画等方面的先进技术，对此类需要活态展示的"非物质文化遗产"项目进行精确而细致的数字化，充分利用新媒体的传播特点和优势，通过交互立体的传播渠道构建，实现此类非物质文化遗产项目的全方位呈现，是当前湘西州政府和各级非物质文化遗产中心需要积极探索的新媒体传播路径。需要强调的是，非物质文化遗产不仅需要抢救和保护，更需要传承和发展，通过技术创新和文化创意将非物质文化遗产转化为创意产业从而产生产业价值，是新媒体时代非物质文化遗产重新焕发生命活力的路径之一。如中央美术学院 2012 年发布的《中国古典家具》APP，以明代榫卯家具为主要内容，运用游戏的手法，完成虚拟榫卯的实现过程，将榫卯家具带入人们娱乐视野的同时，实现了中国家具设计技艺的传播和推广。可以说，在非物质文化遗产的文化传播维度，只有充分利用新媒体的传播特性和传播优势，才能实现非物质文化遗产的"活态"传承和全面推广。

结 语

在全球化和信息化时代，依靠先进的技术手段，数字化保护使非物质文化遗产的保护与传承更具科学性和现代化，取得了丰硕的研究与实践成果。

以湘西土家族音乐舞蹈类非物质文化遗产的数字化保护路径观之,一方面需要将最前沿的科学技术应用到此类"非遗"项目的保护和开发中来,使此类"非遗"项目的传承和发展得到进一步的拓展与衍生。但是,另一方面仍不得不注意一些发展中出现的问题。如目前的数字化保护存在"重技术、轻文化"的现象,这不仅影响了数字化保护的实际效果,而且有可能对非物质文化遗产的保护与传承造成破坏。数字化技术虽然对非物质文化遗产的保护与复原、虚拟与重建具有重大意义,然而过度依赖数字化技术也容易造成文化的数据化和遗产化,在一定程度上损害文化多样性和文化生态的平衡。因此,对于湘西土家族音乐舞蹈类非物质文化遗产的保护和开发,需要重视"动态遗产"和"活态遗产"的保护原则,使数字化技术能够保障民间文化的多样性、鲜活性和文化生态的平衡。

文木公司民间文艺数字化实践研究

周灵颖

（中央民族大学民族学与社会学学院）

美国社会学家托夫勒在 1980 年出版的《第三次浪潮》中指出，今天的变革是继农业文明、工业文明之后的第三次浪潮，是人类文明史的新阶段，是一种独特的社会状态。具体的第三次浪潮是指，以电子工业、宇航工业、海洋工业、遗传工程组成工业群；此时，社会进步不再以技术和物质生活标准来衡量，而以丰富多彩的文化来衡量。还有最为重要的是人类社会正在向信息化时代过渡。这些三十多年前多少有些预言味道的话，在当下已经成为每个人都在切身感受的现实，今天我们已然进入一个信息化的时代。人们的生活因信息技术而变得更加便捷，交流沟通方式也更加多元化，信息流通的速度、广度进入了一个新的高度，信息技术俨然成为现代人类生产生活所依赖的重要工具和媒介。在此社会背景之下，我国的非遗保护工作也开始加强非遗与信息技术相结合的文化信息化创新工程，于 2011 年由中国艺术研究院中国非遗数字化保护中心启动实施，到 2012 年原文化部发布的《文化部"十二五"时期文化改革发展规划》将"非物质文化遗产数字化保护工程"正式纳入规划，2013 年起先后在辽宁、云南、贵州、湖北等 13 个省及地区进行非遗数字化保护试点工作。[①] 在 2014 年中国非遗数字化保护中心完成了《非物质文化遗产数字化保护专业标准》，为全面推进非遗数字化保护提供了理论依据和操作指南。目前数字化的培训和采集工作进入了实质操作阶段。[②]

[①] 宋俊华主编：《中国非物质文化遗产保护发展报告（2014）》，北京：社会科学文献出版社，2014 年，第 14 页。

[②] 宋俊华主编：《中国非物质文化遗产保护发展报告（2015）》，北京：社会科学文献出版社，2015 年，第 13 页。

一、何为民间文艺数字化

数字化就是将许多复杂多变的信息转变为可以度量的数字、数据，再以这些数字、数据建立起适当的数字化模型，把它们转变为一系列二进制代码，引入计算机内部，进行统一处理，这就是数字化的基本过程。简而言之，就是把大量繁杂琐碎的信息通过一定的规则进行转码，通过数字化的模型来进行编码，录入计算机内部。我们非专业的人群对数字化的认识往往与网络、信息、数据库、媒体等科技技术紧密联系。例如，现在全新的"虚拟游"依靠数字化技术，把景区介绍、景区地图、360度全景风景照、人文景观、导游词等有关景点的信息全都整合叠加起来，进行数字化的转码和录入电脑，再通过各种 GIS 技术（信息地理系统）、WebGIS 技术、GPS（地理定位系统）和一些交互技术呈现在网页上，"游客"需要做的只是点一点鼠标，用用眼睛，足不出户就能旅行。①

民间文艺数字化具体就是将数字信息技术应用于民族、民间非物质文化遗产的抢救与保护。借助数字摄影、三维信息获取、虚拟现实、多媒体与宽带网络技术等，建立一个以计算机网络为基础的综合型数字系统，从而实现对非物质文化遗产的保护、传承与发展。民间文化数字化应用大致分为以下几种类型：

- 文化遗产的数字化保存与存档；
- 数字化虚拟博物馆；
- 虚拟文物修复；②
- 复原及演变模拟技术；
- 数字化图案、工艺品辅助设计系统；
- 数字化舞蹈编排与声音驱动技术。③

民间文艺数字化的提出离不开数字典藏技术和数字博物馆技术理论的发展，在20世纪90年代初，数字典藏技术是从数字图书馆管理中提出的，其基本理念是将纸质书籍的典藏进行数字化，并提供数字化检索服务。主

---

① 参见 http：//www.quanjingke.com/dest/ramble。

② 参见数字圆明园 http：//video.baomihua.com/janny001/7105186；http：//www.ymy3d.com/。

③ 谭必勇、徐拥军、张莹：《技术·文化·制度：非物质文化遗产数字化研究评述》，载《浙江档案》2011年第6期。

要是利用数字化技术管理书籍的典藏信息①，为使用者主要提供基本图书信息查询、全文检索、超链接检索、异地检索和馆藏位置快速查询等。20 世纪 90 年代后期，王宁最早将数字典藏技术应用于中国古代语言文字学的研究，如利用计算机技术研制小篆字库系统和《说文解字》教学研究系统。② 具体运用在民间文艺方面的如：民间文艺数字典藏库，可以贮存民间文艺基础资源数据、民间文艺分类数据、民间故事主题研究数据、民间故事类型研究数据、民间文艺数字合成数据和信息发布系统等多个层次的数据。③ 而数字博物馆则是综合利用现代技术，以数字化形式对博物馆馆藏内容乃至更广泛的内容进行采集储存，并通过多媒体交互技术和互联网媒介为用户提供这些数字化内容的虚拟博物馆。数字博物馆最早出现于 20 世纪 90 年代初，一些西方发达国家通过数字博物馆的建设来推动文化资料的数字化存储和传统文化遗产的保护。数字博物馆与传统的实体博物馆相比，在资金、人力、参观时间以及场馆空间等制约因素方面更加自由，在呈现媒体和交互方式方面，较传统博物馆有着很多的优势。④ 两者之间具体的区别是，数字典藏主要是对藏品信息进行描述，用数字化技术进行管理，其检索方式是平面的；数字博物馆主要对藏品内容进行研究和整合，侧重公共展示和公共教育层面，用数字化技术展示研究成果，其浏览方式是立体的。⑤ 例如后文所提到的数字故事民俗地图就是数字故事博物馆的一部分，其中又与故事文本数据、故事节日数据库等数字典藏数据库实现超链接。总之，数字博物馆和数字典藏是相互依托的两种数字化技术和数字化理念。

二、民间文艺数字化的必要性

在维克托·迈尔-舍恩伯格和肯尼斯·库克耶所著的《大数据时代》一书中有这样一段话："大数据开启了一次重大的时代转型，就像望远镜让我们感受宇宙，显微镜让我们能够观测微生物一样，大数据正在改变着我们

---

① 赖彦斌、董晓萍：《数字故事民俗地图志》，北京：学苑出版社，2012 年，第 135 页。

② 赖彦斌、董晓萍：《数字故事民俗地图志》，北京：学苑出版社，2012 年，第 136 页，转引自宋继华《基于超文本环境的〈说文解字〉教学、研究系统的设计》，北京师范大学博士学位论文，1999 年。

③ 董晓萍：《现代民间文艺学讲演录》，桂林：广西师范大学出版社，2008 年，第 504 页。

④ 李彩萍：《用数字形式记录北京民俗的历史与现在》，载《史苑撷萃：纪念北京史研究会成立三十周年文集》，2011 年 11 月。

⑤ 赖彦斌、董晓萍：《数字故事民俗地图志》，北京：学苑出版社，2012 年，第 137 页。

的生活以及理解世界的方式，成为新发明和新服务的源泉，而更多的改变正蓄势待发。"① 大数据不仅仅是"庞大数据"的含义，更为重要的是对庞大数据的深入挖掘。就像浮在水上的冰山，露在水面以上的部分已经被人们看得一清二楚，而藏在水下的那部分才是整座冰山最为庞大和重要的部分，大数据就是对藏在水下的冰山的挖掘。在这本书中举了许多分析、利用大数据而撼动我们生活、工作和思维的实例。其中有一则是 2009 年甲型 H1N1 流感在全世界爆发时，美国谷歌公司通过把 5000 万美国人最频繁检索的词条和美国疾控中心在 2003—2008 年间季节性流感传播时期的数据进行比较②，发现了 45 条检索词条组合（如"哪些是治疗咳嗽和发热的药物"等），并通过特定的数学模型预测出流感是从哪里传播出来的。通过对海量数据的分析，获得了巨大价值的产品和服务以及深刻的洞见。从上述的例子可以看出，我们已经处于网络信息数字化时代，数字化和信息化使得我们的生活更加便捷，社会劳动成本大大降低，而且发现、分析、解决问题的方法和思维模式都发生了颠覆性的转变。

联系我国民间文艺资料的自身特点，民间文艺的数字化对珍贵民间文艺资料的保存、保护和发展占有重要的地位。

首先，我国民间文艺资料丰富、多样，总量十分巨大。仅以 60 年来我国曾进行过三次大规模的口头文学调查为例：（1）1957 年开始开展民歌调查运动；（2）1984 年起实施中国民间文学三套（故事、歌谣、谚语）集成普查编纂工作；（3）2002 年启动实施中国民间文化遗产抢救工程。"这'三大战役'对我国各民族、各地区的口头文学进行了地毯式的普查，获得了巨量的第一手口头文学资料。"其中仅中国民间文学三套集成经 20 余年的记录，就获得民间故事（含神话、传说、故事、笑话、寓言、童话等）184 万篇、民间歌谣（不含史诗、长诗、叙事诗）302 万首、谚语 748 万余条。另外冯骥才还介绍道，"各省、直辖市、自治区上报中国民协的口头文学普查资料乡、镇、县卷本，现在保存我们手中的共 5166 本，总字数至少已达 8.4 亿字。而现今，第三次口头文学抢救还未结束，这个数字还在与日俱增。"③ 可见光现已记录在册的民间文艺资料就是一个庞大的数据，如

---

① ［英］维克托·迈尔–舍恩伯格、肯尼思·库克耶著，盛杨燕、周涛译：《大数据时代》，杭州：浙江人民出版社，2013 年，第 2 页。

② ［英］维克托·迈尔–舍恩伯格、肯尼思·库克耶著，盛杨燕、周涛译：《大数据时代》，杭州：浙江人民出版社，2013 年，第 3 页。

③ http：//www.chinazhwh.com/Newsshow.asp？id＝180&big＝11。

果不引进数字化理论和技术，这些庞大的数据既不方便保存又难以检索和查阅，对民间文艺的研究和探索的效率和方式也存在限制。

其次，我国的民间文艺资料多是通过印成书册进行保存，例如已经出版的《中国民间文学三套集成》包括《中国民间谚语集成》《中国民间故事集成》《中国民间歌谣集成》《中国民族民间文艺集成志书》分为"中国民间歌曲""中国戏曲音乐""中国民族民间器乐曲""中国曲艺音乐""中国民族民间舞蹈""中国戏曲""中国民间故事""中国歌谣""中国谚语"和"中国曲艺" 10 大门类，还有大量民间文学的县卷本资料。大量的纸质化保存存在着弊端：（1）占空间、难检索、难保存、可携带性差、可交流性差。（2）各种各样的民间文艺资料中难以胜计的方言载体和文化隐喻，也随着当年搜集学者的逝去，或随着现代化和全球化下大量原地特异群体及其居住环境的悄然消失而变成无人能懂的永久的秘密。[①]（3）民俗文化不是孤立的、平面化的存在，例如，在《中国歌谣集成》中对某一首布朗族歌谣的记录，只记录了演唱人、采集人和采集地。但歌谣的演唱无法让人能通过纸质传媒感受到；另外，对采集地的记录也只是单纯的地名记录，而歌谣真正的流传地和演唱地则是一个完整的"文化空间"概念，而不是"地名"概念。例如，云南省文山壮族苗族自治州的壮族童谣《水母鸡》是普遍流传于文山州西畴县鸡街河流域壮族地区的民歌，鸡街河流域的壮族地区是一个"文化空间"的概念，不是简单的"地名"概念。所以，用简单的文字记录无法直观地描绘出民间文艺的发源及流传地域。

最后，民间文艺数字化理论和技术已成为世界非物质文化遗产保护的主流。早在 1990 年美国国会图书馆启动了名为"美国记忆"的国家数字图书馆项目，目的是让所有学校、图书馆、家庭能够在所在地便捷地接触到他们所需的资料，并按个人要求理解、重新整理和使用这些资料。这一项目在资源内容上整合了不同机构，在数字化标准上采用了统一的国际标准，在检索方式上提供了多种途径，有完善的知识产权和隐私保护的技术措施和制度保障，同时还专门为青少年教育设立专区，建设用户帮助系统。日本的数字化技术也一直居于世界前沿，在民俗文化资源的数字化研究和实践方面也一直走在前列。日本不仅有很好的民俗文化资源收集传统，同时积累有相当规范、完备的民俗文化资源。这些民俗文化资源有力地支撑了

---

① 董晓萍：《现代民间文艺学讲演录》，桂林：广西师范大学出版社，2008 年，第 485 页。

日本动漫、游戏等产业的发展。在民俗文化虚拟展示方面，日本也有丰富的成功案例，如日本京都立命馆大学使用包括虚拟现实、网络 3D-GIS 在内的可视化技术等构建了自 20 世纪到 17 世纪乃至日本平安时代的"京都虚拟时空"。相比起来，我国的民间文艺数字化的起步时间较晚，且发展的渠道和成果较为单一。我国的民俗文化数字化大致始于 20 世纪 90 年代，是与信息技术在我国的逐渐普及同步的。最初的数字化工作，主要还是在对以遗址、古建筑、古村落以及古代壁画、造像、绘画、文献等为代表的物质文化遗产和对以古乐曲、传统剧目、民风民俗等为代表的非物质文化遗产数字化复原之上。比较有代表性的就是敦煌研究院从 1993 年开始的对敦煌壁画进行的数字化记录和管理。

总之，人类文明长河中越来越多的文化遗迹或被岁月尘埃掩埋，或变得晦涩难懂，而数字化技术正在架设起物与人、历史与现在乃至未来的桥梁作为充满活力与希望的现代化方式，数字化正在试图将破碎的历史密码进行破译，将已经消失或者尚存的珍贵历史信息记录并解读，以可视化的方式展示传递给公众。[①]

三、民间文艺数字化不是一劳永逸的事情

民间文艺数字化将民间文艺资料通过信息技术手段进行存档保存，仅仅实现了非遗保护的开始，并不代表非遗保护和发展的全部和结束。因此，过分依赖数字化的科学信息技术，固执地认为民间文艺数字化是一劳永逸的事情，仍然会使得民间文艺资源无法实现真正的保护与发展。原因如下：

其一，将纸介成果数字化容易造成海量信息的堆积。一般看来，产生海量信息有两种可能性：一是把数字化技术当作复印技术，对纸介著作进行重复的复制；一是把数字化当一个筐，把民俗资料塞入盛放，却没有去画龙点睛地体现和提升纸介著作的精华。[②] 例如：2010 年中国民协正式启动了 200 万人次田野采风，踏遍 2800 个县普查作业，汇集 60 年记录成果，总字数达 10 亿的数字工程——中国民协口头文学遗产数字化工程。由汉王科技经过数据加工后灌装到数据库软件系统，最终形成一套完整的数字图书馆，包括扫描的图像文件、文本文件、PDF 文件和检索发布系统。其中，

---

① http：//www.chinazhwh.com/Newsshow.asp？id=180&big=11。

② 董晓萍主编：《数字钟敬文工作站》，北京：北京师范大学出版社，2009 年，第 68 页。

在原数据加工的基础上进行知识加工即二级分类是数字化的关键环节。尽管二级分类将耗费巨大的人力和财力，但正如万建中、叶舒宪等学者所指出的："如果不进行二级分类，我们的数据库就是废品，后代子孙使用起来将极为不便。"于是，中国民协组织民间文学专家学者，在神话、传说、民间故事、民间歌谣、史诗、民间长诗、谚语、谜语、歇后语、民间说唱、民间小戏 11 个一级分类之下进行严格的二级分类，并最终在 2011 年 9 月中国民协八届主席团二次会议上确定了 67 个二级分类目录。

其二，简单数字化之后仍存在许多问题。联合国教科文组织在 2002 年起草《数字文化遗产保护指导方针》和《数字文化遗产保护纲领》草案的过程中提出的数字文化遗产保护所面临的主要问题，对我们认识民俗文化数字化问题有很强的指导意义。这些问题包括：

（1）资料的价值可能在其消失或变化以前尚未得到认可；

（2）没有人对资料负责；

（3）负责的人可能缺乏履行职责所需的知识、系统或政策框架；

（4）可能没有足够的资金或其他资源在要求的时间内持续进行保护工作；

（5）可能会丢失许多相关信息和链接信息，使得人们存取资源时资源本身不能被人们理解，或者不可靠；

（6）由于不能确认数据和数据处理应用软件的独立性，资料的有用性被降低。例如，数据库中的数据集可以被保留，但是如果没有办法理解其结构和其规则，则不能够被存取；

（7）囿于传统数字化保护的路子。[①]

传统数字化保护——即对本土文化传统直接进行数字化记录，或者将本土文化进行与最新技术和当代文化表现模式相适应的阐释或转换。数字化不等于数字本身，而是要形成系列数字产品。[②]纯粹数字化仍会造成民俗资料的单一化和平面化。董晓萍关于"钟敬文工作站"和"数字故事民俗地图"的两个项目就是不把数字化局限于数据，而是进一步利用数据与地理信息技术进行整合，从而得到更为立体、全面的数字产品。

其三，民间文艺数字化背后的公平与侵权问题。有能力运用数字化技

---

① 李松、王学文：《跨越数字鸿沟——信息化时代中国民俗文化数字化的现状、问题与对策》，载《西南民族大学学报》（人文社会科学版）2014 年 3 期。

② 董晓萍主编：《数字钟敬文工作站》，北京：北京师范大学出版社，2009 年，第 112 页。

术来实现民间文艺数字化的仍是一些大国及其强势文化。例如，来源于我国北方民歌《木兰辞》的传统民间故事《花木兰》，在 1998 年被美国迪士尼公司拍成一部家喻户晓的动画片。这是对民间文艺进行的深刻挖掘以及多样利用。但许多中国观众认为，"木兰是一个传统的中国女性，孝顺、内敛、坚强，为年迈的父亲不得不披甲上战场……可笑的迪斯尼却把她变成了一个印第安的女野人。完全不能接受!!"① 还有人认为"这是中国的木兰，反映的却是美国的文化"。简单的一个例子可以看出，一些国家借用别国文化资源却推广着自己的文化，所以由强势文化和国家主导的民间文艺数字化会加剧多元文化的单一化以及强势主流文化的普及化。如何保障数字化技术尚不发达的国家充分保持自身文化的特殊性以及运用文化的自主性问题以及如何限制强势文化利用数字化技术的侵入问题就是如何公平地使用数字化技术的问题。还有，在董晓萍所完成的"数字故事民俗地图志"与"钟敬文工作站"的两个项目中，大量的数据、表格、地图信息是没有完全公之于众的。原因在于，现代信息技术的发展使得人与人之间的信息交流更加及时、便捷、无拘无束，这也就带来了专利保护和侵权问题。在抄袭之风日盛的情况下，应让花费了巨大人力、物力、财力的民间文艺数字化成果在不被窃取的前提下更好地被认识、传播和利用。

四、文木非遗数字化经验的借鉴

图 1　文木微信公众号二维码

---

① http://movie.douban.com/review/1255313/。

文木，作为国内首家非物质文化遗产一站式专业服务平台，2004年在广州成立，依托于中山大学，成为国内最早接触非遗的一分子。其以研究为起点，扎根于非遗，紧密围绕非遗的申报、保护和发展，提供非遗普查申报、非遗数字化采集、抢救性记录和专项规划等专业解决方案。在2006年协助项目保护单位申报的项目，成功入选第一批国家级非遗名录。于2009年独立进行品牌运作，承担了中国粤剧网等专业数据库建设，是国内较早参与非遗数字化数据库建设的实践者，后相继成为"王老吉"等非遗项目顾问。2012年，文木在中国非遗生产性保护大展上完成了多项非遗展馆（群落）的策划布展和运营工作，并跟随中国非遗走向了世界多个国家。2014年，文木参与的古琴（岭南派）数字化采集项目被列为国家非遗数字化示范项目。目前文木在开展非遗数字化、专项规划、普查申报的非遗研究和保护方面业务的同时，更着眼于生活，以应用为追求，提供文化展览展示设计、创意文化产品设计、传习游学等非遗文化活动策划、全媒体出版等非遗衍生应用及营利性和公益性公众传播等业务（见图2）。截至2017年5月，文木已经承担了300余项非遗项目和传承人申报，完成了10余个专项数据库，进行了10个非遗专项规划项目，负责4个省区的国家级传承人抢救性记录工作，建成了10余个非遗展览馆和传习所（群），开拓了10余个非遗体验项目和游学线路。①

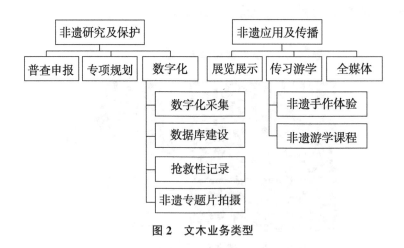

图2　文木业务类型

文木官网资料显示，文木目前完成的非遗数字化成果主要分为三大类

---

① 文木官网 http：//www. wenmu. com. cn/z_ html/about/about-180. html。

（参见图 3）：（1）纪录片拍摄。（2）相关数据库及非物质文化遗产网站建设① （参见图 4）。(3) 利用多媒体技术出版的影像作品集，创新性开发的非遗文化知识网络在线课程和游戏（图 5)②。文木在利用文字、口述史记录、图片、视频技术对非遗文化资料进行数字化保存与存档的基础业务外，使用多媒体技术，使非遗数字化成果的展现形式更加丰富化，非遗数字化成果在社会公益和机构盈利两方面得到有效转化，通过文木官网、微信公众号文章推送，将与非遗保护和发展相关的非遗数字化采集、抢救性保护的知识和主要过程对大众进行传播和普及，③ 为非遗文化资源的数字化保护与真正实现民间文艺资源和数字化技术之间的相互促进与良性发展提供可能。正如美国学者 Christopher Robbins 所认为的，在网络社会，很多非物质文化遗产的数字化保护项目启动用以保护本土文化传统，然而很少有学者关注通过本土文化来促进数字媒体与网络技术发展所具有的广阔潜力，应探索利用本土文化传统原则来创作新技术的全新思路。④

3 数字化

3.1 纪录片

3.1.1 中山市非物质文化遗产传承人...　　3.1.2 广州市非物质文化遗产国家级...

3.2 数据库及网站

3.2.1 中国非物质文化遗产保护与研...　　3.2.2 中山市非物质文化遗产网　　3.2.3 中国粤剧网

3.3 多媒体

3.3.1 中山原生态民歌民谣精选集　　3.3.2 中山白口莲山歌精选集　　3.3.3 我们的节日课程

3.3.4 "岭南风格"多媒体

图 3　文木非遗数字化成果

---

① http：//www. wenmu. com. cn/z_ html/about/about–141. html。

② http：//www. wenmu. com. cn/z_ html/about/about–177. html。

③ 参见文木公众推送文章《揭开数字化采集的神秘面纱之一——广西文场数字化采集》，https：//mp. weixin. qq. com/s? _ _ biz = MjM5MzA2OTU5Mg = &mid = 2650770019&idx = 1&sn = 6eb17b84d5441ec9917e9d9b7461a637&chksm = be97851489e00c0209f327374d0607a7664a8c360b064b786 ef9007e7ff567a2158413563c61&mpshare = 1&scene = 1&srcid = 05186Eh5N2DltMpjZ0X5ZlcF&key = 532ed1b9 cf2e8ea185023850a8b4fa6a52b9c646e8a0ce4b29fcbb7c833a60b21b77d6f5a565dc8ea1eb77fc8b8e2　f1d617de 305b46284cde9d4390e7737d31eb06d209aea8e44　eca1a7756a0c250ea2&ascene = 0&uin = NjIxOTYyNjU% 3D&devicetype = iMac + MacBookAir7% 2C2 + OSX + OSX + 10. 10. 5 + build （14F2109） &version = 12010210&nettype = WIFI&fontScale = 100&pass _ ticket = 4xW% 2FwjLk91KA4mHI0RJ% 2BbVkEdYPQP 8uWKzHQ5SB0sgY%3D。

④ 谭必勇、徐拥军、张莹：《技术·文化·制度：非物质文化遗产数字化研究评述》，载《浙江档案》2011 年第 6 期。

图 4   文木建立的非遗数据库

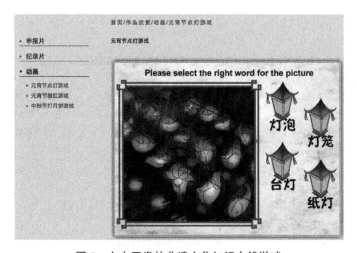

图 5   文木开发的非遗文化知识在线游戏

历经 12 年磨练，文木已经从一个普通的文化活动策划和创意文化产品开发公司，转变为围绕文化遗产，提供专业文化遗产资源整合的服务机构。文木的发展历程是我国非遗保护与发展历史与过程的一个侧面写照，更为重要的是，文木作为目前国内较为领先的文化资源类服务机构，正在积极参与我国各个地区相关非遗文化规划与条例的调研和规划，如参与中山市非物质文化遗产规划工作，提出中山非遗纲要；参与制定《广州市非物质文化遗产保护规划》与《广州市非物质文化遗产保护办法》；协助《顺德地区文化遗产保护与发展战略规划》的制定[1]等。文木在非遗保护与发展方面的经验既是全国非遗保护与发展实践和反思时的重要借鉴对象，更是我们对全国非遗保护与发展历史变迁和现状分析的独特切入点。

结　语

　　文化资源是体现一个国家文化实力的核心要素，也是国家文化及文化产业发展的基础和源头。我国对各类物质和非物质文化资源数字化工作的开展，为我们利用大数据分析等先进技术，加强对中华文化的充分认知和深入挖掘利用提供了前所未有的契机和条件。数字化与文化遗产和非物质文化遗产的保存、继承和发展密切相关，我们应利用大数据等先进信息技术手段，进一步加深对中华民族几千年文明史的系统了解和认知，在更好地支撑我国文化产业发展的同时，促进中华文化血脉的传承延续。

---

　　① http：//www.wenmu.com.cn/z_html/about/about-129.html。

非物质文化遗产的社区保护

——以重庆广阳民间故事为例

莫 愁

（中央民族大学民族学与社会学学院）

一、社区与非物质文化遗产保护

社区研究是社会学家和人类学家既往研究的重要范畴，"社区"一词为 20 世纪 30 年代由国外翻译而来。社区的概念、内涵、类型极为多样化，以社区视角进行民俗探讨的研究寥寥无几。学界对社区的重视历经了从群众文化到公共文化服务研究，并与联合国教科文组织非遗政策讨论结合的过程，逐步将社区与非遗相关联。

刘德君对我们很多城市在社区发展中没有在挖掘社区的传统文化（本土文化）资源上下功夫，在增强"社区人"的社区认同感上下功夫提出反思。① 金天麟认为社区文化是一种特色文化，它的基石是社区的民俗文化。② 《西北民族研究》开设专栏邀请杨利慧、安德明针对联合国教科文组织制定的非遗政策，进行细致梳理与深入讨论，其对社区含义与地位的理解为非物质文化遗产保护提供了重要的研究视角。杨利慧通过《联合国保护非物质文化遗产公约》及其衍生文件的梳理确定了社区地位并探究其本身含义：社区、群体或个人是生产、认定、保护、延续和再创造非遗的关键性主体，保护的目的便是确保非物质文化遗产在该人群内部并通过该人群而得以继续实践和传承，因此，社区毫无疑问应该成为非遗保护政策的中心。社区同样指的是直接或者间接地参与相关非遗项目的施行和传承的人，因此与"群体"的界定没有形成本质区别。③

---

① 刘德君：《论社区文化与社区发展》，北京：北京出版社，2002 年，第 23 页。
② 金天麟：《群众文化民俗学研究》，哈尔滨：黑龙江人民出版社，2004 年，第 143 页。
③ 杨利慧：《以社区为中心——联合国教科文组织非遗保护政策中社区的地位及其界定》，载《西北民族研究》2016 年第 4 期。

安德明则认为作为联合国教科文组织（UNESCO）所发起的非物质文化遗产保护运动中的核心概念之一，"社区"是被理解为可以与"传承人"相互置换的一个概念来加以强调的，对社区在非遗保护中的参与、知情乃至引领权利的强调，体现了 UNESCO 力图通过文化的保护来保护普通人的权益的根本目标。每个社区都具有非均质的、多样性的特点，社区成员在传承和实践非遗项目的过程中，往往存在着"作为非遗知识保存者的实践者"同"单纯实践者"之间的不同和相互协作，他们通过不同的分工，共同促成了相关非遗项目的延续与实施……政府力量应该以一种"文化对话"的态度，尽量克服具体实践过程中强势干预的立场，最终促成非遗保护中社区主导的局面，并为普通人的全面发展作出切实的贡献。①

教科文组织所制定的政策原则中多处涉及到"社区"，将社区与群体和个人并置，强调社区建设与参与能力的重要性。在已通过的人类非物质文化遗产代表作名录中，与"社区"有关的项目有：墨西哥的"传统的墨西哥美食——地道、世代相传、充满活力的社区文化，米却肯州模式"（2010）、哥伦比亚的"瓦尤社区'话事人'执行的规范体系"（2010）、匈牙利的"马提奥民间艺术——一个传统社区的刺绣技艺"（2012）、肯尼亚的"西部社区舞蹈肯尼亚"（2014）、韩国的"农乐舞，社区音乐、舞蹈以及典礼"（2014）、意大利的"潘泰莱里亚社区种植藤蔓的传统农业实践"（2014）。

由此，在既往非遗保护研究传统地以村落、个人为研究中心的背景下，属意并侧重于社区视角的保护，创新了学术研究的维度，拓深了非遗保护的内涵，契合了教科文组织非遗政策的旨意。本文即以重庆广阳民间故事与明月沱社区为例，展现中国非遗中的社区保护现状和思考。

二、社区保护下的广阳故事现状

笔者于明月沱社区开展了为期半年多的田野调查工作，调查主题为民间故事的传承与讲述。明月沱社区位于重庆市南岸区广阳镇，是广阳镇镇政府所在地与该镇的政治、文化中心。2014 年 11 月，广阳镇民间故事入选第四批国家级非物质文化遗产民间文学名录。广阳民间故事基地正处于明月沱社区，而以此故事基地为中心辐射的故事讲述活动在整个广阳民间故

① 安德明：《非物质文化遗产保护中的社区：涵义、多样性及其与政府力量的关系》，载《西北民族研究》2016 年第 4 期。

事传承中所占比重最大。因此，特以此地为田野调查点，旨在通过数次故事会的观察，故事传承人、讲述人和听众的访谈及在明月沱社区走访调查等途径，展露非物质文化遗产背景下社区保护的现状和相关思考。

（一）晚起的社区、渐兴的老龄化

城市化是由传统乡村到集约化城市的社会经济结构的转变过程，一个多世纪以来，城市化伴随现代工业的兴起而成为衡量现代与发达的重要标志之一。中国在改革开放后城市化进程发展加快，2011年我国城市化率已超过一半。同时，政府基于西方城市化的经验和弊病，针对我国国情提出了稳妥推进城市化的"新型城镇化"国家发展战略。相较西方世界成熟的城市化，中国晚起的城镇化兼有诸多特点，集中于乡镇社区的是：资源分配不均、文化生活贫瘠、民众群体分层、与乡土社会藕断丝连等，尤其是老龄化日趋严重。老龄化是全球很多国家正在和即将面临的社会问题，欧美国家和日本更为凸显。西方民俗学研究重视社区老年人与民俗的研究，旨在提醒和启发学者对老年人创造力的关照和重视。而中国社会仍处于对于社区公共文化和老年人精神关怀欠缺的状态。

明月沱社区位于长江南岸，地处重庆市城区内偏远的丘陵地带。明月沱曾以"三线建设"中制造军舰和重庆造船厂闻名，2005年造船厂破产重组，遗落在社区的是当时修建和居住、而现今破败的大片厂房。明月沱对外交通有重庆绕城高速及一班公交。由于当地医疗、教育、公共文化等资源不足，年轻人大多出外读书或打工，很多居民都已在重庆主城区购置房产，留守明月沱社区的以老年人和低龄孩童为主。截至2016年10月，明月沱社区的人口数据显示，整个社区居民有11045人，其中60岁以上4264人，占总人口的比例为38.6%。而对比全国数据来看，《2015年社会服务发展统计公报》显示，截至2015年底，我国60岁及以上老年人口22200万人，占总人口的16.1%。两个数据来源时间虽有一年的间隔，但仍能清晰地判断出，明月沱社区为一个远高于全国老年人口比例的典型老龄化社区。除却大年初一和正月十五等重要传统节日，行走在明月沱社区街道很难看到一二十岁的年轻人。

每月逢十的日子，广阳民间故事传承人及讲述人都固定在故事基地举行故事会，而平均每场都有五六十人以上的观众前来聆听。作为国家非遗项目的广阳民间故事，其所包含和影响的故事传承人、讲述人和故事听众则多以老年人为主。从故事传承人和讲述人的构成而言，如今整个广阳能够讲述民间故事的有近百人，不包括近几年东港学校（包括小学和初中）所培训的小故事员共 39 人。其中 60 岁以上的为 24 人，年纪最大的讲述者年逾八旬。在例行故事会中，前来参与故事讲述、歌舞表演、故事聆听的成员里，中老年人占据了相当大的比重。几乎满目皆为老年人的观众里，还有许多拄拐或坐轮椅前来、行动不便的高龄老人。故事基地的对面是一片有着健身器材的小广场，每日下午聚集着许多闲坐的老年人，每月两次的故事会是他们期盼已久的活动。

（二）非物质文化遗产背景下的社区故事讲述

2011 年 4 月，重庆市广阳民间故事被列入"重庆市非物质文化遗产名录"，随后广阳民间故事传承基地经过修建完备并投入使用。2014 年 11 月，广阳镇民间故事入选第四批国家级非物质文化遗产民间文学名录。2016 年，广阳民间故事传承人、重庆市一级故事讲述家杜志榜被评为国家级非物质文化遗产项目代表性传承人。广阳民间故事正是借助非遗的绝佳机遇，一步步纳入各级非遗体系并声名鹊起，得到了全国上下的瞩目。如今，广阳民间故事存录有 4800 余则，出版有 8 本民间故事册子，其内容涵盖神话、传说、生活故事、历史故事、人物故事、地名故事等。

在非物质文化遗产背景下，广阳民间故事传承与社区密切相关。一方面，从组织和机构上，负责广阳民间故事申报、传承、保护等的政府人员工作在明月沱社区，其行政、文化身份上相互交织。广阳明月沱社区上有区政府非遗办公室、社区文化站、广播站等相关机构设立，但基层实际情况决定了不同机构的负责人基本属于同一群。同时，这些人员身上不乏故事传承人的身份，他们是社区公共文化服务的组织和参与的主体力量。另一方面，从故事传承群体上，为社区公共文化服务和从事民间故事非遗传承的群体为同一类人。在明月沱当地，活跃于社区文化事业的组织人员有：广阳民间故事各级传承人和故事员、广阳民间故事传唱协会、春晖艺术团等。这几个组织的参与者也大致为同一类，只是表演的场合有差别。如广阳民间故事传承人和故事员只在广阳故事基地或"枇杷文化节"等与"广阳故事会"相关的场合或东港学校非遗传承基地讲故事。广阳民间传唱协会是一个社会组织，游离于政府和民间。而春晖艺术团则为更纯粹的民间组织，参与个人生日祝寿、婚礼庆典、拜年游艺等活动并适当收取报酬。

近年来在政府参与的非遗制度保护下，广阳民间故事得到了长足发展，具体表现为：政府下拨资金补助传承人，修缮、打造广阳民间故事基地、廉政故事基地，在东港学校建立故事传承基地培养小故事员，定期开展故事会等故事讲述活动。这些故事讲述都依托于明月沱社区才得以完成，广阳民间故事基地和东港学校的非遗传承基地位于明月沱社区，实际参与者和所吸引的观众大多为明月沱社区居民。

三、社区保护之于故事：发挥功用

（一）为老龄化减忧

林继富在叙事功能的转换中谈道："民间叙事表达情感的功能已经被现代化的歌唱和游戏所取代，传承知识的功能也被书本、影像所取代；识字的人多了，文化水平高了，口耳相传的知识传播，特别是民间叙事的讲述越来越不适应都镇湾人的现代生活……如果说民间叙事还保留一定的传统功能的话，那么它更多发生在中老年人身上。在都镇湾，民间叙事成为人们打发时间、消磨时光的方式。"这样的事实和场景也是明月沱社区民间故事讲述的写照。

以明月沱为老龄化社区代表，可展现出中国非物质文化遗产与城镇化的碰撞在于新与旧的交织。面对时代的大发展和城镇化的快速推进，老年人是承担着传统文化、非遗传承和保护的主体，同时也是对民间故事这一传统形式表示认同、满怀期待、热衷欣赏的广大群体。年轻一代日趋远离故土，城镇化冲击着非遗传承的深厚土壤，孕育民间故事的传统社会、生活、文化等关键要素均已被淡化和剥离。这是西方社会经历过的城市化过程，也是中国比其更为久远的农耕文明与飞速现代化的剧烈交锋。

回归到老龄化问题上，非遗在一定程度上填补着老年人普遍存在的、诸多无法排遣的心理状态。广阳明月沱社区里，常伴老年人观众的是猫狗和幼童，讲述人也多是出于退休后无事可做而选择民间故事消遣。这就表征了全国各地所共同面临的老龄化问题背后，还蕴藏着老年人心理上害怕孤独、空虚无聊、期待交际、渴望满足等深层社会问题。非物质文化遗产在这些问题的化解上发挥着积极的作用，扮演着抚慰老年人心理、丰富老年活动、充实老年生活、促成老年人成就等方面的重要角色。更为重要和实际的是，非遗制度不仅使广阳民间故事得到良好保护，也令老年传承人的生活及技艺传授有所保障。广阳民间故事的老年传承人通过每年政府的资金补助、民间故事的采录奖励、民间故事的讲述酬劳等方式，获得了相应的物质保障。

（二）群体观念的表达

传承人是社区文化的积极弘扬者、保护者，社区文化活动、社区民众生活是传承人故事素材的重要来源，社区传统的伦理观念和道德准则成为传承人故事世界的审美原则，社区的民俗环境和自然环境构成了传承人故事活动的文化背景。因此，加强村落或社区故事环境建构成为故事传承人保护的重要内容之一。

民间故事讲述依托的是社区，主体是社区所有民众，因为它是被社区民众所共同认同、接受和追求的表达。从纵向来看，民间故事于每一个体而言有着独特的作用，但横向来看，对社区所有民众起到了结构群体的作用。讲述场域里故事是由个人传达的，但是由此可观故事与民众、故事与社区群体间的关系，借助故事本身考究彼此之间的关系，窥探其所连接的社区共同体和文化、道德、价值观念，有利于故事意义的展现。当故事被社区群体所讲述时，就不仅仅是文化活动和娱乐活动，而是符合生活需要的行为。在这里，民间故事所串联和展现的便是人与人之间的关系和社区群体共同的观念。如在明月沱社区，人们普遍喜爱薛仁贵征西、闯滩历险的故事，体现的是常年生活在长江边上的明月沱社区群体对冒险和开拓精神的认同。我们保护民间故事正是保护故事本身所具有的这种文化传统所赋予的思想意识和价值观念。

（三）社区关系的协调

林继富认为民间叙事的功能是协调作用：民间叙事作为村落重要的文化资源，不断调节着人们的社会关系，成为沟通历史和现实、虚幻与真实、生活与理想的纽带和桥梁。广阳民间故事在明月沱社区同样发挥着协调关系、团结成员的作用。

据广阳镇政府的非遗工作人员介绍，明月沱社区现有居民主要由三类群体组成：明月沱原有居民、"三线建设"时期重庆造船厂的外来人口和新时期新型城镇化建设中农转非的居民。其中，相对于广阳镇其他村落的农民，明月沱作为镇政府所在地是政治、文化中心，原有居民文化水平较高。重庆造船厂的工人多为外来支援"三线建设"的技术人员，其本人和家属文化水平更高一些。在重庆造船厂衰落后有大量外来人员离开了明月沱，但还有一些将青春献给"三线建设"和已习惯当地生活的职工选择留在明月沱。他们偏爱高雅的艺术，每晚在厂区家属楼旁的篮球场跳华尔兹之类的交谊舞。而近年来通过农转非来到明月沱社区的居民，倾向欣赏更为民间性的艺术，如腰鼓、广场舞等。这三类人之间因其迥异的文化观念和审美取向曾产生过诸多矛盾和摩擦，但是伴随着社区工作者发现这三类人对广阳民间故事有着同样的兴趣后，以此为契机所开展的故事会使得不同群体成员彼此熟悉、友好起来。居住在同一社区的不同群体，因社区文化的喜爱而具有共同的文化认同和追求，是民间故事帮助他们打破了彼此隔绝乃至对立的状态。

文化生态保护实验区
建设要关注的几个问题

——以北京服装学院民族服饰博物馆馆藏为例

李 昕

（北京服装学院民族服饰博物馆）

苗族人尚银，黔东南地区尤甚。而施洞，一座位于贵州省黔东南苗族侗族自治州中部，下辖于台江县的焕灿小镇，依仗着清水江流域便利的交通和发达的木材贸易，得到了经济的大力发展，也加速了白银作为货币在当地的流转与积累。白银的大量累积构成了银饰产生的物质条件基础，使得施洞地区的苗族人，长期保持着以银为饰的佩戴喜好和以"盛"为美的装饰理念。施洞苗族银饰也因其造型最为繁丽、银质最为优良、工艺最为精细，成为以"盛"为美的苗族"盛饰"之典范。

无论是否亲自到过施洞，在这样一套银饰盛装的面前（见图 1），人们都会不禁发出由衷的赞叹与惊讶。的确，与日常生活中将银饰作为"配饰"使用的概念不同，施洞苗族银饰这看似有些"喧宾夺主"的架势，着实颠覆了现代人的审美观念。在研究领域，也曾有无数学者表述、歌颂过施洞苗族银饰那无以复加的美丽。然而，说它离谱，证据何在？赞颂"盛饰"之美，又究竟美在何处？

以下笔者将以对北京服装学院民族服饰博物馆馆藏① （下文中简称"馆藏"）的全套施洞苗族银饰为样本，通过对实物的研究来论证施洞苗族银饰之"盛"，深入解读施洞苗族的"盛饰"之美。

---

① 根据馆内登记的资料，该套"盛饰"的使用年代为 20 世纪中期，收购地为贵州省台江县施洞镇，是一位施洞苗族女子的嫁妆。

图1 施洞苗族青年女子盛装（施洞姊妹节）

一、名目繁多的数量款式

论及苗族银饰，印入人们脑海的首先就是五花八门的款式和佩戴时不计其数的数量。清《黔南识略》①载："苗族男子，项戴银圈一二围……女头必裹布，耳戴大环，项戴银圈一二以至十余围不等……女子银花饰首，耳垂大环，项戴银圈，以多者为富，其所绣布曰苗锦。""一二以至十余围不等"的银圈、"以多者为富"的衡量标准，表明了"喜多"的佩戴方式，在当时就已贯穿于苗族人民的生活和思想中了。

作为贵州黔东南地区苗族的"盛饰"典例，一套施洞苗族"盛饰"究竟由多少件不同的银饰组成，又涵盖了多少种款式？笔者首先运用地域间比较的方法，结合国家民族事务委员会对苗族银饰成本和使用地区情况的调查结果，整理出"台江县各地区苗族银饰种类概况"②表（见表1）。表格中的数字，即表示该地区所出现的银饰种类。通过此表可知，早在20世纪五六十年代（与馆藏施洞苗族"盛饰"的使用时间接近），施洞苗族银饰的款式已达37种之多，丰富程度在同地域间可谓首屈一指。

① ［清］爱必达：《黔南识略》。
② 本表所使用的数据是根据《苗族社会历史调查（一）》"台江县苗族银饰成本和使用地区概况"一表中的调查统计结果（第267-270页），经笔者重新核算后，归纳整理而来。

表1　台江县各地区苗族银饰种类概况（单位：件）

类别	使用地区						
	施洞	城郊	革东	革一	绥阳	覃膏	巫芒
头饰	13	7	6	2	8	6	3
耳饰	1	1	1	2	1	3	1
颈胸饰	8	7	8	7	6	8	6
肢饰	14	10	10	8	10	11	10
衣饰	1	1	–	1	1	–	–
总计	37	26	25	20	26	28	20

丰富的款式预示着更为傲人的饰品数量，而这种种类、数量上的"多"，依照饰品与人体的比例，被均衡、合理地分布于身体各佩戴部位。根据银饰在人体的佩戴部位，笔者对馆藏的全套施洞苗族"盛饰"进行了更为详细的分类统计（见表2）：

表2　北京服装学院馆藏全套施洞苗族银饰基本信息

类别	项目	具体款式	数量	克重	类别小计	总计
头饰	银角	大银角头饰	2件	674	9件 1896克	17组，共计80件，20个款式，总重7101克
		小银角头饰		299		
	头围	马排银头围	1件	243		
	钗	银凤钗	2组，共3件	248		
		银花钗（小）		143		
		银花钗（大）		159		
	簪	龙头发簪	2组，共3件	66		
		千足虫发簪配件		64		
肢饰	手镯	龙骨手镯	4副，共8件	269	18件 988克	
		小米手镯		300		
		小宝珠镯		156		
		大宝珠镯		217		
	戒指	錾花银戒指	2款，共10件	46		
颈胸饰	项圈	银龙项圈	2件	947	3件 2850克	
		龙骨项圈		1409		
	压领	錾花压领	1件	494		
耳饰	耳柱	圆轮银耳柱	1副，共2件	215	2件 215克	
衣饰	衣片	长方形银衣片	1组，共16片	592	48件 1152克	
		方形银衣片	1组，共16片	352		
		圆形银衣片	1组，共16片	208		
备注	48件衣片的纹样各不相同，为方便计算，暂将形状统一的每一组计为1款					

　　经统计，该套"盛饰"可分为五大类十个小项，包含了 17 组饰品，共计 80 件，含 20 个不同的款式。而所谓的"盛饰"之多，指的不仅是银饰种类、件数本身的繁多，也涵盖了"戴得多"的状态——这些银饰几乎都是同时使用的。在田野考察的过程中笔者就发现，较之这套馆藏"盛饰"的数量，施洞地区实际使用的银饰数量还要更多。例如，龙骨项圈的佩戴数量一般为两只（见图 2），依照个人和家庭的经济承受能力的不同，最多时甚至可达到 9 只。所以，在银饰的种类方面，馆藏的这套"盛饰"也只能算是露出了冰山一角：在施洞当地，仅手镯的款式就多达十余种；体积较小的银戒指，更是随着佩戴者的个人喜好和银匠的创作能力，发展出各种不同的式样。

图 2　多只龙骨项圈同时佩戴（摄于施洞姊妹节）

二、丰富多彩的装饰题材

　　琳琅满目的装饰题材，也是施洞苗族"喜多"观念的体现。以每件银饰为单位，笔者对该套馆藏"盛饰"中所涉及的装饰题材进行如下罗列（见表 3）。这些题材主要来源于对自然界中存在的动植物的仿生；对现实生活场景的复刻；或是为祈盼美好之意而产生的具有神化意味、宗教气息、吉祥寓意的形象。除了表中所列出的纹样，这套"盛饰"上还有许多叫不出名字的纹样，它们是非象形的，甚至是抽象的。

表 3　馆藏全套施洞苗族"盛饰"装饰题材

名　　目	包含的造型纹饰
大银角	二龙抢宝、蝴蝶、凤凰送子、鱼、蜈蚣、虾龙、牛、花、云纹、日月纹
银龙项圈	主体纹饰：二龙抢宝 坠饰：鱼龙、"三多"、茄子、蝴蝶、枫叶、鱼、瓜子、芝麻花、菩萨纹、叶片（刻有几何线性纹样）
小银角	二龙抢宝、蝴蝶、螳螂、葫芦、花、鱼、凤、日月纹
银凤钗	主纹：双凤、各式鸟雀 坠饰：鱼
银花钗	花、蝴蝶、凤鸟、昆虫、叶片（刻有寿字纹、几何线性纹样）
头围	芒纹、人骑马
龙头发簪	龙
压领	主体纹饰：狮子、绣球、莲台菩萨、盘长纹、钱纹（背面） 坠饰：鱼、蝴蝶、铃铛、叶片（刻寿字纹、几何线性纹样）
手镯	乳丁（宝珠、钉螺）、花
衣片	各种动植物、瑞兽、人物、故事

（一）多样的表现手法

以丰富的装饰题材为基础，施洞苗族"盛饰"上的装饰，既采用了接近客观原型的写实手法，也注入了人的主观思想后所形成的写意手段。既有对生活中真实形象的仿生，也有宗教信仰的体现。它们有的被錾刻成具有浮雕感的平面纹样，有的被塑造成活灵活现的立体造型，共同汇聚成了一个精彩的银饰世界。

写实手法是施洞苗族"盛饰"上装饰题材的主要处理方式。大到动物的姿态动势、植物的长势走向，细至昆虫的触角、动物的毛发，无一不生动，无一不逼真。当然，这种写实的手法并非完全的"仿真"，而是更多地在保持物象原有面貌特征的基础上，对其进行形态、结构的调整，使之规整化、条理化（见图 3）。

图3　（左上）逼真的蝴蝶、蜈蚣　　　（右上）富有动感的龙须
（左下）活灵活现的螳螂、花枝　　　（右下）写实的牛头

　　写意的表现手法是施洞苗族"盛饰"造型中，极具想象力、创造力的部分。为了渲染出某种气氛、传达某种感觉，在装饰题材的处理上时常会出现一些"合情不合理"的现象（见图4）。如在同一个画面中，为了烘托出"盛饰"上的热闹场景，牛和花朵的尺寸相当，甚至会出现花大于牛的情况；龙虽有灵性，但其形象不再高高在上，而是与各种自然界中真实存在的动植物平等共处于一个空间之中。在这里，"理"让位于"情"，尽管塑造出的形象不尽真实，也不符合逻辑，但写意的手法本身就重在表达造物者的主观意念，也正是因为运用了这样的表现手法，才能准确地制造出"盛饰"上生趣盎然的气氛。银饰上的写意手法，除了表现在对具体物象做出一定添加、删减、嫁接、变形的处理外，有时甚至还会将其幻化为抽象的造型。经过艺术处理后的形象，增添了几分装饰的趣味："增大"后的花朵，与周围"缩小"了的动物形象产生对比，较为简洁的花朵造型，反衬出动物形象细节之处的精雕细琢，在更显其活灵活现的同时，也展示出银匠高超的技艺。

图4　（左）大银角上的"合情不合理"现象　（右）银衣片上的"合情不合理"现象

而在该套施洞苗族"盛饰"中出现频率极高的"二龙抢宝"题材，则被同时以写实和写意的手法表现出来。银角、项圈上的"二龙抢宝"，造型风格或霸气张扬，或稚拙古朴，虽有所不同，但都还是较为具象的"龙"。而当地人俗称为"千足虫"的头饰，则以另外一种方式传达出"二龙抢宝"的主题。"千足虫"也叫"细丝龙"，是用拉细的银丝编织出的两条管状装饰物，形成"二龙"。这是一种以意象化的造型代替具象的龙的表现手法，使用时，将"二龙"盘于发髻，以此形成"二龙抢宝"式。相比两种表现手法，前者重"形"，强调"二龙"的形象；后者在"意"，着重突显"抢宝"的动态。二者各具千秋，增加了装饰题材在"盛饰"造型中的可塑性，从侧面上丰富了"多"的内涵（见图5至图7）。

图5　（左）小银角上的二龙抢宝纹　（右）银龙项圈上的二龙抢宝纹

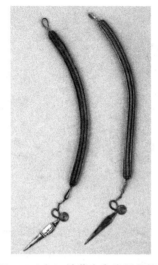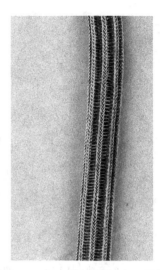

图6　（左）馆藏全套施洞苗族"盛饰"之"千足虫"　（中、右）"千足虫"局部

图7　"千足虫"经佩戴形成"二龙抢宝"（摄于施洞姊妹节）

（二）多元文化的糅合

作为民族文化的载体，施洞苗族"盛饰"的造型特征上，保留着显著的文化交融印记。施洞苗族大多信仰本土原始宗教，但在该套"盛饰"的造型上却时常有菩萨、仙人等形象的出现。银龙项圈坠饰上的菩萨纹、"三多"①

---

① 三多：即石榴、佛手、桃，取其多子、多福、多寿的吉祥寓意。

纹（见图8），以及小银角上集人脸、鱼身和凤的双翅、尾羽于一体，意在表达"成仙"主题的凤凰形象，都是佛教、道教文化渗入该地区的表现（见图9）。如图10中这只錾花压领，就集中反映出了施洞苗族的本土文化与外来文化的碰撞。压领因其佩戴后可使衣襟服帖而得名，此压领的整体造型衍生自汉族的"长命锁"，形似云头。狮子本就是域外文化的产物，"狮子滚绣球"纹样则是其形象在经由汉化改造后，传入施洞苗族地区的结果。但与传统汉族文化中的狮子造型有所不同的是，虽然引入了外来的装饰题材，可从造型风格来看，压领上的狮子仍保留着苗族的装饰趣味：浑圆的狮身、卷曲的狮毛，都比汉文化中的狮子更显憨态可掬。除此之外，云头顶部的莲台菩萨、狮身下方的盘长纹、吊坠末端刻有寿字的银叶片、以及藏在压领背面的镂空钱纹（见图11），都是施洞苗族"盛饰"吸收汉族文化的成果展现。

图8　银龙项圈上的"三多"纹样：（左）佛手　（中）桃　（右）石榴

图9　（左）菩萨纹　（中）表达"成仙"主题的纹样　（右）银凤钗后部的太极纹

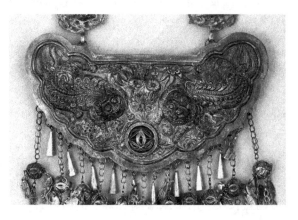

图 10　（左）馆藏全套施洞苗族"盛饰"之银压领　（右）狮子滚绣球纹样

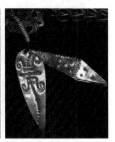

图 11　（左）银压领上的菩萨纹　（左中）银压领上的盘长纹
（右中）银压领背面的钱纹　（右）银叶片上的寿字纹

　　苗族传统文化与汉族传统文化的高度融合，还体现在龙的造型上：大、小银角上的龙纹，几乎与汉族文化中的龙如出一辙，龙身鳞片分明，双眼炯炯有神，着重强调出四爪尖利和龙须、龙角等细节的刻画，这与我们通常观念中龙的形象十分吻合。而银龙项圈上的龙纹则有很大不同，龙的造型不再是一味模仿汉文化中的龙，而是混合了各种几何图形，形成更为自由的表达。同时，有意弱化龙角、龙须、龙爪等极具特征的局部，使龙的造型少了几分锐气，多了几分稚拙之感，流露出浓郁的苗文化的造型特征（见图 12）。

图 12　（左）小银角上的龙纹　（右）银龙项圈上的龙纹

透过该套馆藏"盛饰"，我们可感知施洞苗族在坚守本民族传统文化的同时，也表现出对外来文化，尤其是汉文化的认同。他们从中提炼出可用、喜爱的装饰题材，形成了外来题材本土化、民族化的独特装饰风格。多元文化相糅合的客观条件，和主观意识上对外来文化的兼容并蓄，促成了施洞苗族"盛饰"在造型上和谐的艺术共融现象。

三、满而不乱的布局理念

直观的数据是施洞苗族银饰之"盛"的直接体现，而丰富的视觉细节，更是以"盛"为美的银饰佩戴观念的深层含义。

在银饰的装饰上，施洞苗族"盛饰"呈现出偏好将造型各异的纹样并置于一个共同的画面中，追求饱满的构图效果。以馆藏全套"盛饰"中处于视觉中心的大银角头饰为例，十余种不同的装饰题材并置于同一画面中，但丰满的布局却从未令人感到杂乱无章（见图 13）。

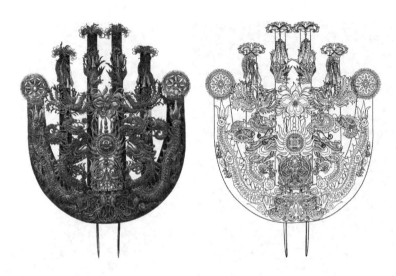

图 13　（左）馆藏全套施洞苗族"盛饰"之大银角头饰　（右）大银角头饰

（一）平衡感

对称——在纹样构图中被普遍遵循的美学原则，在施洞苗族银饰纹样的布局理念上得到了充分的发挥，几乎每一件银饰都是以对称平衡为构图原则的。对称的构图方式，将复杂的局部纹样统一在对称的大关系中，所以人们不会被各个相去甚远的局部所干扰，而是优先进入对称的视觉环境中。在这样的环境里，任何复杂的局部都被规整到两个对称的个体中，人们的视觉会自动选择将其节省地看作一个一分为二的整体。当然，这种对称并非绝对的对称。在一些局部造型、纹饰的处理上，仍有一些细节的差别，如牛和虾龙[1]的形象并不是两两完全统一的，花朵的细枝末节处也没有刻画得完全对称（见图 14）。细节处的变化，将外在形的绝对对称，转换为内在力的均衡，使整个画面显得更加真实、活泼、富有生机。另外，相较一枝独秀的单独纹样，成双成对的纹样形式似乎更容易被人们赋予美好的寓意，二龙抢宝、双凤朝阳等纹样就是很典型的例子。出于造型上的平衡感和成双成对的好意图，对称的构图形式同时满足了人们对视觉和心理上双重的美的需求。

———————

① 以虾为原型，生成的具有神化意味的形象。

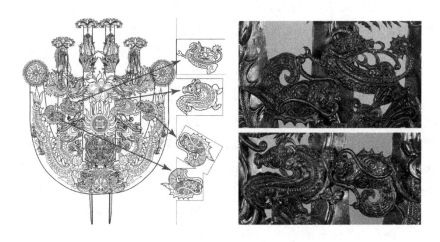

图14　对称构图中"非绝对对称"纹样处理

（二）向心力

银角的主纹——"二龙抢宝"被放在了整个银角的视觉中心处，围绕着主纹，周围的其他纹样都呈现出朝向"宝"的趋势分布，构成了画面主次的划分：从天而降的凤凰、蜿蜒而下的蜈蚣龙、身体向外也要回头观望的牛、虾龙，都烘托出了"宝"在整个画面中的重要地位。突出的主纹仿佛凝聚着一种向心力，在这股力量的作用下，各个纹样都被统一在同一个故事主题中，形成了从四面八方涌向中心的画面动势。引人入胜的故事场景，让人们将所有装饰形象都视为缺一不可的"角色"，也就不会产生画面"过满"的感觉。

（三）合理性

在大关系均衡的构图基础上，银角上各纹样造型所分布的位置，也十分符合自然中、现实生活中的空间逻辑：银角顶部的四只蝴蝶、两端的日月纹，以及靠上位置的四只飞翔的凤凰，都还原了它们应有的"腾空"状态；同理，花、牛等陆地上的生物，理所应当地被分布在银角的中段位置；而诸如鱼、龙、虾龙一类生活在水里的动物形象，则被搁置于银角的下半部分或是底部位置。因此，即便繁多的造型纹样和精细的錾花工艺已经堆砌出了一个极"满"的视觉状态，但在这样一幅热闹非凡的画面中，我们仍能从中看出与自然环境相符的天空、大地、河流的空间关系。现实生活的经验，让我们能够理解并认同"天空—大地—河流"之间存在的"上—

中—下"的方位关系。根据这样的逻辑对各种造型纹样进行分布，人们会理所当然地认为这个画面是合理的、能够接受的，也就不会因为"满"而产生"乱"的感觉。反之，如果将鱼放在"天空"的位置，让展翅的蝴蝶"沉入水底"……可想而知那将会是一个多么混乱、疯狂的视觉世界。

相反，如果舍弃"满"的装饰理念，采取局部点缀的方式对其进行装饰处理，反而会使"盛饰"的图与底之间产生过大的反差。如图 15 所示，笔者通过绘制大银角和银衣的款式矢量图，并试着删去大银角上的一些纹样，发现在"大"的环境下，"不满"的银角布局、由密变疏的衣片排列，都会造成不完整、"空"的视觉感受。银角的"骨架"是异形的，填满纹样后，形成了一个大而完满的形状，容易为人们所接受；而如若大银角表面的装饰过于稀疏，则会引发怪异的感觉。所以，大而不空也是施洞苗族"盛饰"能够给人以美感的秘诀之一。

图 15　（左）纹样布局饱满的大银角　（右）布局"不满"的大银角

四、面面俱到的设计细节

"喜多""求满"的装饰观念，甚至蔓延到了该套"盛饰"上那些体积极小又处于饰品末梢处的部位，和一些不具备展示功能的内部结构上（见图 16、图 17）。它们看似微不足道，却往往记录着银饰的信息，制造出锦上添花的效果。可以说，施洞苗族"盛饰"上的每一个造型纹样、每一种排列方式都在竭力地表达着一种"多"，"多"从一个量化的概念，升华成一种具有多义性的装饰理念。这是一种无法一目了然的装饰效果，也是一种面面俱到的设计巧思，从而极大地丰富了"盛饰"的审美价值。

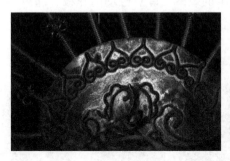 

图 16　（左）银花钗钗首底托的装饰　（右）银头围底托的装饰

图 17　（左、中）记录着名字、地点等信息的银叶片　（右）响铃上的细节装饰

（一）全方位的空间利用

对装饰空间的充分利用，也是施洞苗族银饰造型的一大特征。虽然平面的装饰方式被大量地灌输到施洞苗族"盛饰"中，但从这只大银角头饰上，仍能看出各纹饰在平面的装饰概念下的层次之分：银角两端的日月纹、底部的鱼纹与银角底托融为一体；二龙抢宝的"龙"，处于半贴附的状态；其余的造型纹样则是先经由单独的錾花制作，再焊接组合到银角上。这样的造型方式，使银角底托与各装饰局部间形成了一定的前后关系，从而在平面装饰中实现了空间的进深效果。

在小银角头饰上，苗族人钟爱的蝴蝶形象总是被置于中间顶端的位置，脱离了银角平面展示的状态，立体的蝴蝶造型为整件银角拓展出了三维的装饰空间。挣脱了平面束缚，蝴蝶的形象显得更加轻巧、鲜活。蝶口衔着的芝麻响铃，随着人体的活动发出悦耳的响声，全方位的空间利用，带来了视觉与听觉的双重享受。这种突破平面的布局巧思，在该套"盛饰"的发钗、头围上也都得到了很好的演绎：栩栩如生的螳螂、肆意颤动的花枝、随风摇摆的银流苏……由此，银匠通过对装饰空间的利用，为"盛饰"创造出了动静相宜、声色俱美的多重效果（见图18、图19）。

图 18 （左）大银角顶端立体的蝴蝶造型　（左中）"既平面又立体"的小银角头饰
（右中、右）小银角的局部立体造型

图 19 "声色俱美"的银凤钗

（二）零死角的视觉美感

作为装饰品，"盛饰"多是经由人体的佩戴来进行展示的。除了银角、银衣片等饰品是以平面的展示为主，该套"盛饰"中的其他银饰基本都处于一个多角度、全方位的展示状态。由于人体本身就是立体的、具有活动性的，也就要求银饰需要具备立体的造型效果，以及在各个角度下都无视觉死角的特性，才能彻底满足佩戴者、观赏者视觉上的舒适感。从这个角度入手，笔者对馆藏全套施洞苗族"盛饰"中的两副手镯进行了多角度的观察试验。

宝珠手镯也被称为乳丁手镯，因镯面上的装饰形似钉螺，也有人形象地将其称为"羽毛球手镯""草帽手镯"，各种不同的叫法都强调出其塔状的立体装饰特征。从图片中我们不难发现，无论是手镯的整体还是局部，几乎在每一个角度下，两幅手镯都具有十分浓厚的装饰意味和无懈可击的视觉美感（见图20至图22）。完美的观感势必与其合理的造型结构息息相关。为了能够更加清晰地认知手镯上装饰元素的构成情况，了解展示中得以面面俱到的原因，笔者根据测量所得的实际数据，对两幅手镯进行了平铺展开的效果再现（见图23、图24）。展开之后，手镯表面的造型被完整地展现出来，呈现出极具规律的排列形式。富有节奏的纹样排列带来视觉上的秩序感，确保了手镯在佩戴时，佩戴者、观赏者在各自不同视角下都能领略其美感。在图23的角度下，其"钉"状的体积感成为装饰的重点，突显出平面纹样所不具备的立体装饰效果；当手镯处于平视观赏时，立体的乳丁装饰又产生了透视的效果，在手镯表面上呈现出盛放的朵朵小花，形成了崭新的平面装饰趣味。

图20　各角度下的大宝珠镯

图 21　各角度下的小宝珠镯

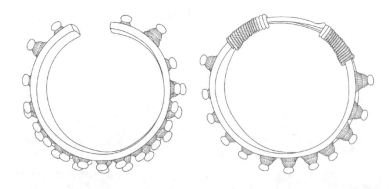

图 22　（左）侧视效果下大宝珠钉镯的矢量图　（右）侧视效果下小宝珠镯的矢量图

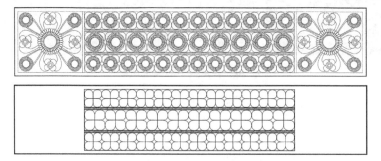

图 23　（上）大宝珠镯展开正面图　（下）大宝珠镯展开背面图

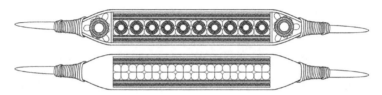

图 24　（上）小宝珠镯展开正面图　　（下）小宝珠镯展开背面图

　　此外，笔者还对两副手镯两端的局部纹样进行了提取（见图 25、图 26）。两端的纹样在使用了与主体部分相呼应的乳丁元素的基础上，还运用纤细的银丝勾勒出局部的特殊花朵造型，使其在不影响整体和谐融洽的前提下，又不失去局部的个性。变化与统一并存的装饰效果，打破完全同一所造成的沉闷感，增添了手镯造型的丰富度和视觉的层次感。同时，当手镯表面的线性成分，引导着人们的视线向两边延伸时，构置于手镯两端的局部纹样，犹如形成了一种界限，产生了视觉上的"尽头"。这个"尽头"将两端之间反复排列的乳丁元素和人们的视觉范围，控制在一个适当的"度"内，避免了过度的重复所引发的乏味感和肆意蔓延的无序感。

图 25　大乳钉镯两端的局部纹样提取

图 26　小乳钉镯两端的局部纹样提取

　　由此可见，无论是在组合佩戴的整体中，还是将手镯从全套"盛饰"中分离出来，在近距离单独观赏或是陈列摆放的状态下，每一处细节，哪怕是手镯的内部，也都是无可挑剔的。富有体积感的立体造型往往多出现于手镯、项圈等需要进行全角度展示的银饰上。由于这些饰品的固定、展示都是附着在人体上的关节部位，如若饰品的平面面积过大，则会对人体的活动有所影响。而颈部、手腕又恰巧都是人体上较为纤细的部位，这就需要使用一些具有分量感、体积感的饰品对其进行平衡，才不会令肢体"末梢"与"主干"之间产生过于极端的反差。那么，本就造型宽厚的手镯，通过叠加佩戴后更是产生了类似"钏"的筒状效果，起到了很好的平衡作用（见图27）。

图27　组合佩戴后形成体积感的手镯（施洞姊妹节）

　　一件银饰在不同视角下所形成的各具特色的视觉效果，最大限度地满足了人们对饰品装饰功能的心理需求，也从多个角度折射出施洞苗族银饰无处不"盛"的造型方式。

（三）深层次的功能权衡

　　除了作为纯粹的装饰，该套"盛饰"中的某些饰品、某些部件还具备一定的实用功能，如发簪就常常需要起到固定、支撑的作用。那么，如何在保证其正常使用的状态下，不破坏整体造型的美感；或者说如何在展现装饰效果的同时，不妨碍其实际功能的发挥？在这个问题上，笔者仍以"龙"这个常见的装饰题材为例，分析施洞苗族银饰在装饰与功能之间的权衡之术。

　　如图28所示，大银角上"二龙抢宝"纹样中的"龙"呈轴对称分布于银角的底部，"双龙"沿银角底托的形状"俯冲而下"，向上扬起的龙头、遒劲有力的龙爪、"随风飘动"的龙须、点缀其间的云纹，都烘托出了"龙"的动势和昂首之态。由于银角上的纹样多处于正面的、平面的展示状态，基本不需承担装饰以外的其他功能，因此，银匠充分利用了底托的形状来实施纹样的布局，这才有了大银角上形象完整、线条流畅、细节丰富的龙。而在同样以"龙"为造型要素的龙头发簪上，却仅强调了龙头的形象，对龙的躯干和四肢，则采取了弱化、舍去的处理方式（见图29）。簪首部分的"龙头"造型刚硬，"龙头"连接着实心簪体的最宽处，簪体逐渐变窄直至长针状，簪首"龙头"的侧视长度约占整支发簪的四分之一。如此取舍，既保障了佩戴时有足够长度的簪体可以插入发髻实施固定，满足了发簪的功能性需求，也保留了"龙"最主要的识别特征，使簪首的装饰效果得以施展。银匠根据饰品所佩戴的位置、功能，做出有意识的权衡，因地制宜地刻画出不同的"龙"的形象，同时满足了饰品的装饰功能和实用功能。

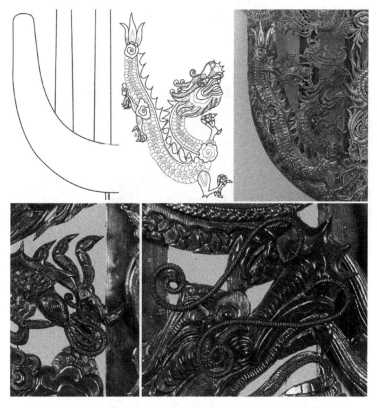

图 28　大银角上的"龙"及其矢量图、局部细节图

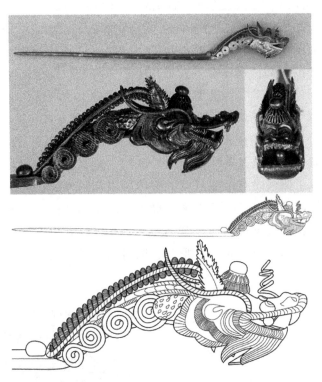

图29　龙头发簪上的"龙"及其矢量图、局部细节图

图30　馆藏全套施洞苗族"盛饰"之银龙骨项圈

再如图 30 所示的这件银龙骨项圈，虽没有精雕细琢的装饰纹样，但并不意味着这是一件粗暴简单、不假思索的随心之作——即便是这样一件以粗犷、厚重为造型主旨的项圈，也绝非大刀阔斧能成。"龙骨"的线条虽粗，但并不是完全等大的。"龙骨"的通径厚度由中间的 8 厘米向两端逐渐缩小至 3 厘米，构成"龙骨"的单根银丝也有着微妙的粗细变化——银丝周长由项圈中间部分的 2 厘米，依次向两边递减至 1.5 厘米（见图 31）。因此，项圈在整体上形成了从胸前较粗，至颈后逐渐变细的造型。交缠的银丝勾勒出流动感，银丝的粗细变化构成了极富规律的连续美。

相较于"龙骨"的粗犷，项圈上半部分的银管和搭扣则细腻许多。银管由下至上逐渐缩小，管壁上缠绕着编织的细银丝，简约的造型、细致的肌理效果，与"龙骨"部分的粗厚感形成鲜明的对比。粗细的反差不仅丰富了项圈的装饰趣味，也具有很强的科学合理性：项圈与脖颈接触的受力部分较细，且表面相对平整，这样的设计增加了人体佩戴的舒适度，也便于项圈的叠加佩戴；管状的结构能够有效地遮挡四根银丝在合股处的"不规律"现象，维持了项圈的连续美。粗中有细的设计引导人们的视线，沿着项圈曲线进行有序的运动，带来了赏心悦目的韵律之美。细节上的变化成就了龙骨项圈粗犷但不粗糙，厚重却不显笨重的造型特征（见图 32）。

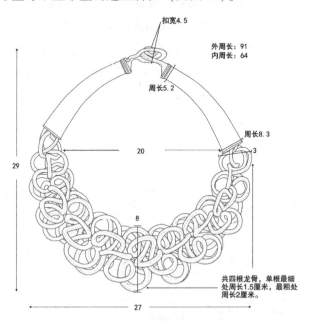

图 31　龙骨项圈细节尺寸矢量图

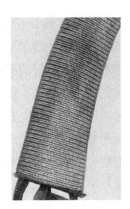

图 32　龙骨项圈细节图

五、不胜枚举的工艺技法

如果说，不知凡几的数量和应接不暇的纹饰，是施洞苗族"盛饰"之多的外在体现，那么繁复的制作工艺则是支撑"盛饰"之多的内在力量。一套施洞苗族"盛饰"，是以各种看似平凡无奇的银丝、银片为基础，经过数道不同工艺的锤炼，才最终构成一件件精美绝伦的银饰。在其熔融、铸料、捶揲、拉丝、焊接、清洗等一系列工艺流程的基础上，笔者整理出该套馆藏"盛饰"上所使用的装饰性工艺技法，力图展现出施洞苗族"盛饰"的工艺之多。

鏨花是该套"盛饰"中使用较多的一种工艺。通过敲打的方式将装饰纹样鏨刻在银片的表面，产生凸起和凹陷的浮雕效果，其制作的大体步骤为：将捶薄的银片夹在事先制好的锡质花型模具（分阴模和阳模）中，敲打出具有凹凸感的基本纹样（见图 33），出模后再用鏨子进行细微处的雕琢，以加深银片上的起伏效果，这种"铸型"的方法丝毫不逊于现代的失蜡浇铸法（见图 34、图 35）。

图 33　（左）吴水根师傅家中用于制作宝纹的阴阳模具　（右）馆藏"盛饰"上的宝纹

图34　（左）施洞当地的錾花工艺操作台　（右）錾好纹样尚未剪形的银压领半成品

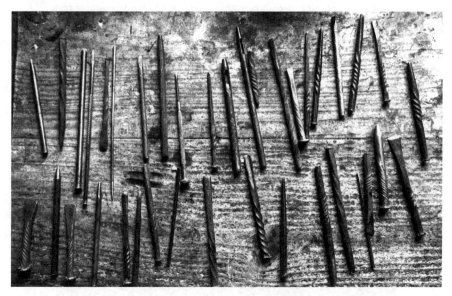

图35　石家军师傅的各式錾子

　　常与錾花工艺并行使用的还有镂刻工艺。所谓镂刻，即先用錾子在银坯表面凿出线性纹样，确定大致的造型后，再将其凿空。镂刻工艺适用在体积较薄、面积平展的银片上，"开窗"后所产生的镂空效果，通常被作为银饰的"背景"来衬托錾花而成的主纹（见图36）。这样的组合方式形成鲜明的图底关系，增加了平面装饰的通透感和立体感，为银饰营造出更加丰富的视觉层次，被频频使用于该套"盛饰"中银衣片、银龙项圈、银头围的装饰上。

图 36　（左）衣片上的镂刻工艺　（右）头围底托上的镂刻工艺

炸珠是金工传统工艺之一，也称"点珠"或"吹珠"。炸珠的制作步骤是把银丝截成小段后，用火吹烧至熔化，再把银溶液滴入温水中，使之结成珠粒，再将这些珠粒粘焊成所需造型。在该套"盛饰"中，炸珠工艺多与其他工艺组合使用，上文中所提及的乳丁装饰元素，就是炸珠工艺与花丝工艺结合的产物（见图 37）。

图 37　手镯局部上的炸珠工艺

花丝是施洞苗族银饰中最具特色的工艺，轻盈灵动是花丝工艺的主要特征。广义的花丝泛指将纯银料加工成丝后，再运用盘、掐、填、编、堆等手段进行制作的细丝工艺；狭义的花丝是指花丝工艺中的一种具体的工艺形式，即根据实际需要，使用单根或双根银丝进行搓丝，在原本光滑的银丝表面制造出有序肌理的一种基础工艺（见图 38）。

图 38　拉好的银丝（施洞石家军）

　　施洞地区的花丝工艺种类异常丰富。掐丝是一项用镊子把银丝掐成各种所需造型的工艺。银匠通常会使用花丝卷进行掐丝：将搓好的花丝有序地并置在一起，用特制的胶水或白芨汁将其粘连，待干后就形成了数根银丝并排成组的花丝组，平日里卷起储存。制作时，先用镊子把花丝卷掐出所需的纹样，成形后再将花丝卷逐层分离，这样就可以一次性获得数个完全相同的纹样，既保证了纹样的左右对称，又省时省力。掐好的花丝会被焊接到银片上，制成各式各样的银饰配件（见图 39 至图 41）。

图 39　（左）花丝卷　（右）掐出形状的花丝卷（施洞石家军）

图40　（左）当地银匠自制的花丝工具（施洞石家军）

（右）未剪形的花丝半成品（施洞石家军）

图41　馆藏"盛饰"局部上的花丝工艺

　　填丝是以一定形状的闭合图形为基准，按照由外至内的顺序逐层将银丝填充进图形内部，再通过焊接进行固定的工艺方法。填丝所用的花丝多为宽扁形丝，并以侧立状填入事先掐好形状的外框内（见图42）。填丝工艺既可以单根银丝的形式塑造出镂空的通透感，也可通过多根银丝的相互贴合，形成繁复、饱满的装饰效果（见图43）。

图42　施洞石家军师傅演示填丝外框的制作

图43　手镯局部上的填丝工艺

编丝工艺主要运用在该套施洞苗族"盛饰"中千足虫配钗、小米手镯、龙骨手镯、银龙骨项圈的制作上。其制作原理是：以木棒为芯，用银丝包裹着木棒进行有规律的编织，编成后将其放入火中烧，直至木材化为灰烬，就形成了空心的网状结构。其中，千足虫配钗是用一根银丝呈纵向编织而成

（见图44）；"龙骨"的结构，是将四根银丝先两两一组缠绕成麻花状后，再予以组合，形成从中间至两端由粗到细、由疏到密的过渡；"小米花"结构则是用12根银丝，按照由中间向两端的顺序进行编织，烧制后再对编缝进行调匀、压密的处理，形成中间粗两端细的弯曲形（见图45）。

图44　编丝工艺（千足虫配钗的制作）

图45　小米手镯上的编丝工艺

焊接是将制作好的各银饰部件，以加热的方式连接、固定在一起的工艺。对于银饰的纹样而言，焊接工艺起着决定成败的关键作用。吹焊是施洞地区最为传统的焊接工艺。当银饰的各个部件都加工完毕后，银匠会在需要焊接的部位洒上焊药，嘴含吹管，将煤油灯的火焰吹到焊接部位，使之固定（见图46）。

图46　国家级非物质文化遗产传承人吴水根师傅演示传统吹焊工艺

需要说明的是，仅以此一套"盛饰"，尚不能完整地呈现出施洞苗族银饰的所有工艺，但足以帮助我们领略"盛饰"工艺之多。在"盛饰"的制作方面，施洞苗族银匠往往不拘泥于某种单一的手法，而是将各种工艺进行叠加、结合使用，应运而生出"盛饰"造型上丰富多彩的装饰效果。疏密有致的布局节奏；繁简相宜的材料肌理；装饰线条间粗细、曲直的对比；点、线、面、体多元素的灵活运用，都是我们感知"盛饰"之"盛"、"盛饰"之美的真切来源。

结　语

当每件银饰、某个局部形象被糅合进全套"盛饰"中时，我们或许会被银晃晃的视觉效果首先吸引，无法一眼发现银饰上的精巧之处。但只要悉心研究，就能体会所谓的"盛饰"，不只停留在表面的视觉冲击，而是一份由丰满的外在感官与丰厚的内在意蕴共同诠释出的美感，是凝结在华美造型中的匠心独运，更是一处处经得起推敲的细节之美——繁复之至的纹样从不显得拥挤、无序；简洁的元素与单一的题材却能创造出多样化的视觉效果；巧夺天工的技艺雕塑出大而不空、粗中有细的造型；迥异的风格、强反差的质感，非但不显突兀，反而处理得水乳交融……如此种种，终而荟萃成施洞苗族"盛饰"之美的真谛。

少数民族非物质文化遗产
如何实现有效传承发展

——"中国少数民族非物质文化遗产传承发展"
学术研讨会会议综述

王 丹

（中央民族大学中国少数民族研究中心、
少数民族事业发展协同创新中心）

2017年5月27日至28日，由中央民族大学中国少数民族研究中心主办的"中国少数民族非物质文化遗产传承发展学术研讨会"在北京召开，来自国家民族事务委员会、国家文化与旅游部、中国民间文艺家协会及中国社会科学院、北京师范大学、山东大学、中南民族大学、贵州民族大学、湖北民族学院等京内外高校和科研机构的百余名专家学者参加了此次研讨会。与会专家学者围绕"中国少数民族非物质文化遗产传承发展"主题进行了充分而深入的探讨和对话，不仅交流了思想，分享了成果，而且明确了观念，凝聚了共识，在许多方面取得了突破性进展，为我国少数民族非物质文化遗产抢救保护和传承发展提供了多种思路和可能性。

一、非物质文化遗产保护的现状

中国少数民族非物质文化遗产保护既具有非遗保护的普遍共性，又带有民族特性。乌丙安从民族文化多样性的优势、民族传统传承谱系、民众主体性增强、政府主导的保护政策以及整体性保护的优越性等方面概括了少数民族非遗保护的现状和取得的成就，并就其面临的诸多挑战，如现代化冲击、旅游开发、保护资金不均衡、伦理原则认知缺乏等，指明少数民族非遗保护传承应注意的问题及发展前景。

王丹的《中国少数民族非物质文化遗产保护现状及问题研究》分析了少

数民族国家级非遗项目和传承人的数量、类别、民族分布、性别比例等，展现了少数民族非遗保护的基本形势和状况，肯定了少数民族非遗保护的成果和经验，也反思了实际保护过程中出现的项目不对称、功能发掘利用不充分、传承人身份等问题。周毓华等的《西藏非物质文化遗产保护和传承发展报告（2006—2016）》梳理了近十年来西藏非遗保护和发展情况，以及相关学术研究成果，理析了项目名录建设、传承人保护、资金投入、保护机构和工作队伍等方面存在的问题，并提出了对策建议及立足民族、地方实际探索西藏非遗保护的模式。

进入 21 世纪，非物质文化遗产成为学界乃至社会各界关注的热点，有关非遗的研究亦呈现爆发式的增长。漆凌云的《中国非物质文化遗产研究的回顾与反思——以高被引论文为中心》运用数据统计分析的方法对以非遗为检索词的高被引论文进行重点剖析，发现研究集中在非遗保护领域，非遗保护原则、保护方式、传承人的讨论成为焦点；民俗学人的著述丰富，影响大；关注非遗内在机理的研究论文少等特点。

尹虎彬认为，包括非遗在内的文化在具有自如形态的同时也具有强制性，并不以人的意志为转移、不可随意被操作和切割。关于非遗的研究，伦理问题非常关键，应当回到伦理，回归生活来认识和理解非遗的本质。

二、非物质文化遗产传承人保护及研修培训

传承人是非遗保护、传承的主体。刘魁立从非遗保护的理念切入，分析了从"物"到"非物"的脉络关系和二者的差异，并以"志愿者""公产意识""契约精神"三个关键词诠释了传承人和传承人群的意义内涵，指出实现非遗最有效保护的手段之一就是保护非遗传承人和传承人群。田红云的《宗教艺术的当代传承——以黔东北傩戏艺人为例》、朝格吐的《蒙古说书艺人研究》、黄适远的《试论新疆少数民族非物质文化遗产中传统手工技艺的保护及对策》等均论述了传承人在非遗传承发展中的主体地位。

依据联合国教科文组织《保护非物质文化遗产公约》，并结合中国国情，我国出台了非遗传承人认定制度以及相应的政策措施，确保持有非遗的社区、群体和个人在行使非遗保护、传承和发展过程中，享有获得收益的权利、创造性表达的权利和学习、受教育、受培训的权利。田艳的《少数民族非物质文化遗产代表性传承人认定制度初探》肯定了非遗代表性传承人的价值和作用、非遗代表性传承人认定制度的实施，指出非遗代表性传承人认定中存在的不足，提

出传承人认定条件、种类、程序以及促进来源群体的有效参与等建议。

"中国非物质文化遗产传承人群研修研习培训计划"集优质教育资源、学术资源、人才资源于一体，创建交流平台，让传承人打开眼界，同时也让世人重新认识"匠人"的伟大。王建民在谈到少数民族非遗传承发展与传承人的关系时指出，非遗本身就是一种文化权利，传承人的认定及其作用发挥对于非遗的保护传承至关重要。各级各类非遗传承人群研修研习培训都应充分考量如何让传承人及传承人群发挥主动性，增强参与度，传承弘扬他们"视其为文化遗产"的文化。

三、文化生态保护实验区建设

文化生态保护实验区是对非遗整体性保护的开拓性尝试，同时也是富有"中国经验"的非遗保护模式。在目前设立的 21 个国家级文化生态保护实验区中有 11 个位于少数民族和民族地区。林继富基于家园重建的视角，考察了"5·12"地震后羌族文化生态保护实验区的规划与建设，展示了诞生于家园重建中的羌族文化生态保护实验区对非遗保护、文化选择与再塑、社会发展的积极作用。羌族文化生态保护实验区建设所关涉的家园重建与非遗传承发展之互动关系，为当下新型城镇化、特色小镇建设如何融入非遗提供了可资借鉴的经验。

段超的《关于完善国家文化生态保护实验区建设的思考》全面介绍和论述了文化生态保护实验区建立前的中国传统文化保护传承情况、文化生态保护实验区建设的理论依据与实践基础、国家文化生态保护实验区的布局与建设等。肖远平、王伟杰的《民族文化生态保护实验区：少数民族非遗保护的"中国模式"》在调研了 10 个国家级民族文化生态保护实验区建设现状的基础上，结合文献资料法、比较研究法、定性与定量相结合的多种研究方法，对建设中存在的问题从民众参与、资金来源、资源利用、文化生态、法律规范等层面建言献策。

柳倩月的《文化空间的类型及其活态保护——以武陵山区为例》分析和探究了文化空间的含义变化、文化空间的基本类型以及活态保护和创新传承等问题。才让塔的《青海热贡地区少数民族非物质文化遗产法律保护之完善》梳理和总结了青海热贡文化生态保护实验区的非遗保护工作，着重建议推进和完善热贡少数民族非遗保护的法律法规建设。曹萌的《民族杂居地区非物质文化遗产保护传承的策略》肯定了文化生态保护实验区对非遗保护的作用和意义，且对辽宁省朝阳市蒙古族汉族民族杂居地区的非遗保护情况进行了剖析。

四、非物质文化遗产保护与社区参与

在既往以村落、个人为非遗研究落脚点的背景下，属意并侧重于社区视角的非遗研讨，开创了学术研究的新维度。杨利慧的《以社区为中心——联合国教科文组织非遗保护政策中社区的地位及其界定》系统梳理和阐析了联合国《保护非物质文化遗产公约》及其衍生文件中社区的认定、参与、权利和特点等，强调社区与文化实践者之间的关系，非遗保护中社区主体的全程参与及个人与群体的关系。

安德明的《非物质文化遗产保护的社区参与》指出社区是文化认同的一个群体，要重视保护以社区群体或个人为核心的文化，充分认识社区主体性的价值及其发挥的作用，并把握好文化传承人与文化专家、社区与国家力量的关系。张士闪的《非物质文化遗产保护与当代乡村社区发展》对比日本、韩国和中国台湾、香港学界的相关研究，反思中国大陆的非遗保护研究，探讨中国非遗保护从"抢救濒危遗产"到"融入社区发展"的理念转变。

刘智英、马知遥的《城镇化背景下基于地方性知识的非遗保护与传承的启示——以天津市三道国家级法鼓老会为例》分析了村民集中搬迁模式下非遗传承的优势与分散搬迁模式下非遗传承受到的威胁，以及乡村社区根据新地方的文化认同，结合新旧地方性知识做出的文化调适和文化修补。吴薇、王晓葵的《"文化"场域的博弈与"遗产"价值的重构——基于彝族襄灾文化遗产化案例的思考》认为，申遗在当下同质于一种基于不同社会场域的主体性选择，行政权力、商业资本、地方精英、当地民众等在申遗中的行为和博弈，然而非遗保护的关键是文化持有者及其知识实践，否则它将改变文化与文化主体之间自然而紧密的依存状态。莫愁的《非物质文化遗产的社区保护——以重庆广阳民间故事为例》分析了社区在民间文学类非遗保护中的主体地位，同时民间故事的传讲也在社区人口老龄化、群体认同表达、人际关系协调等方面起着积极的作用。

五、非物质文化遗产数字化保护与互联网语境

随着科技的发展、互联网的兴起，数字报刊、移动电视、触摸媒体等基于网络数字平台的新媒体形态日益成为非遗保护的又一重要媒介和方式。穆

昭阳的《"一触即发"——指阅时代的非遗文化传播》论述了数字化技术对非遗保护、传承和传播的功能与价值，认为数字化技术扩展了非遗的生存境地和交流渠道，特别有助于少数民族非遗的传承传播，但在具体内容操作和专业团队建设上仍须进一步研讨和跟进。陈国玲的《建立民俗工艺文化数字化档案》从解析民俗工艺文化的形态和特点着手，提出建立数字化民俗工艺文化遗产档案的设想，实现其从"静态遗产"保护向"动态遗产"和"活态遗产"的数字化保护和生产性保护模式的转变。

龚翔的《"文化+"视域下非物质文化遗产保护与利用互动机制思考——以黔东南民族文化生态保护实验区为例》聚焦"文化+"新常态下的黔东南民族文化生态保护实验区的非遗保护工作，强调融入"互联网+"战略部署，借助新媒体拓宽传播维度，加快数字化保护体系建设，发展特色民族文化产业，形成当地非遗活态保护与高效利用的良好互动机制，实现文化与经济的"双轮驱动"。杨光的《论新媒体环境下少数民族非物质文化遗产传播的困境及对策》分析了新媒体环境下少数民族非遗传播的同质化、形式化、功利化、媚俗化等现象，指出应加强非遗传播的立法建设、规范新媒体的传播途径、加强非遗传播的监督力度及注重非遗传承人的培训等对策措施。

周灵颖的《文木公司的民间文艺数字化实践研究》，徐媛的《湘西土家族音乐舞蹈类"非物质文化遗产"的数字化保护策略探析》，田嘉宝、李阿茹娜的《移动互联语境下的蒙古长调传播：问题与策略》等均从特定的非遗项目类别出发，探讨数字化保护的必要性、数字化建设的内容及须注意的问题等。

在《关于实施中华优秀传统文化传承发展工程的意见》的精神指导下，"中国少数民族非物质文化遗产传承发展"学术研讨会着力于"少数民族非遗"和"传承发展"两大焦点，研讨的议题和内容反映和体现了少数民族非遗传承发展与传承人的关系、非遗保护与理论概念的关系、非遗保护传承与发展的关系、非遗保护与学术研究的关系、非遗保护的多学科参与与民俗学、民族学、人类学等学科建设的关系等。此次会议参加的机构人员多，信息量大，引起反思的问题亦颇具价值。但是，无论是共识还是争论，无论是肯定还是争议，都是会议研讨的宝贵成果，相信这些成果必将对我国少数民族非遗的保护、传承和发展起到积极的推进作用。